第七册

王蘧常文集

吳曉明　王興孫　主編

明兩翁編著年譜五種

王蘧常 著

復旦大學出版社

本書由上海文化發展基金會資助出版

出版説明

本書收入王蘧常先生所撰年譜五種:《陳化成將軍年譜》《嘉興錢衎石先生年譜初稿》《沈寐叟年譜》《王部昀年譜》①和《嚴幾道年譜》。各譜譜主陳化成、錢儀吉、沈曾植、王甲榮、嚴復,均爲身處清末民初"三千年未有之變局"中軍、政、學各領域的代表人物。王蘧常先生在數十載治學過程中,本着知人論世的學術傳統,爲這些身處時代旋渦中的人物編纂年譜,其拳拳報國之志及爲往聖繼絕學之心態油然紙上,足令後學慨歎。今將此五種年譜彙編出版,取錢竹汀《屋守齋所編年譜五種》之例,名曰《明兩翁編著年譜五種》,各譜按譜主生平年代爲序編排。

書中各譜,《陳化成將軍年譜》以《上海文博論叢》(2005年)爲底本進行整理;《嘉興錢衎石先生年譜初稿》以《上海圖書館藏珍本年譜叢刊》本(國家圖書館出版社,2015年版)爲底本進行整理;《沈寐叟年譜》以王雲五主編《新編中國名人年譜集成》本(《民國叢書》第3編,上海書店,1989年版)爲底本進行整理,並增錄了王蘧常先生於1938年商務印書館版上所做的批校、增補内容;《王部昀

---

① 本譜爲王蘧常爲其父王甲榮所撰年譜,原名《清誥授朝議大夫知府銜在任候補補直隸州知州廣西富川知縣加三級紀錄十次兼署富川縣學教諭鐘山理苗通判顯考部昀府君年譜》。

年譜》以華東師範大學圖書館藏民國十九年鉛印本爲底本進行整理;《嚴幾道年譜》以何炳松主編《中國史學叢書》本(商務印書館,1936年版)爲底本進行整理。整理過程中的不當之處,敬請讀者批評指正。

復旦大學出版社
2021 年 5 月

總　目

陳化成將軍年譜 …………………………………… 1

嘉興錢衎石先生年譜初稿 …………………………… 63

沈寐叟年譜 …………………………………………… 125

王部畇年譜 …………………………………………… 213

嚴幾道年譜 …………………………………………… 251

陳化成將軍年譜

序

今歲六月十六日，爲民族英雄陳化成將軍在鴉片戰爭中殉國日一百四十週年紀念之辰。二十餘年前，余曾爲將軍作年譜，搜羅資料至五十五種，紀其殉國事獨詳。後又兩至吳淞，尋所稱西炮臺者，憑弔其遺迹，雖碧草蔓沒，而黃土似猶殷然留其餘迹，想見將軍握旗登臺，浴血苦戰時也。退而訪其野老，謂人民至今猶念將軍不置，倭寇淞滬時，戰火漲天中，猶冒死護其塑像至難民區之城隍廟，地名屢改，而化成路坦然獨存。嗚呼，其英烈之氣，足以頑廉懦立，風百世矣！即以野老之語，冠我譜首，今政府正倡導愛國精神，將軍其首選乎？敢以問世。

一九八二年六月王蘧常序。

舊　序

日寇"九一八"變起，余痛憤所謂不抵抗主義者，曾作近代殉國忠義傳若干篇，揭諸報章雜志，欲以熄邪說，勸士氣，《陳化成將軍別傳》其一也。明年，讀《清史列傳》將軍傳，喜其繫年粗備，乃據爲年譜初稿，陸續繫以他書之言將軍事者，未能詳也，置諸篋衍久矣。今夏病中，友人出示所得將軍事蹟十餘篇，多予所未見，遂出舊稿，苴其漏缺。後復益以王韜、陸以湉、朱翊清等所著數事，未畢而復病。五月後，及門湯生志鈞以所藏鴉片戰爭史料見示，病起又加補苴，乃整齊爲此譜。或謂將軍早歲與海上義旅敵爲非義，然此由時代所局限，安得爲將軍病？或又謂將軍本蔡牽舊部背而從清者，此尤誣妄不足信：蔡牽初起，將軍即入清軍行伍。或又謂將軍雖爲國死而不善戰，不如海齡之强毅爲外寇所稱道也，此亦耳食，海齡張皇困守，何足道！將軍之治軍，戰績彰彰在人耳目，徒以失援致敗。韓退之《敍張中丞》謂：成就如此卓卓，而議論不樂成人之美何哉？亦可假慨於將軍矣。然中丞是非久而始明，而將軍在今日則固不待辯而咸知崇敬，則又當爲將軍幸者矣。回思初作譜時，國勢阽危，民族有淪胥之痛。乃不三十年，吾黨挈諸水火之中，措之磐石之上，而躋國家於世界强大之林。昔之陵籍我者，非已屈於敗傷，即日就於羸替，則將軍昔之茹痛於九原者，其亦足以無憾矣乎？

一九五九年十一月，王蘧常自序。

凡 例

一、本譜多襞積舊文，雖不甚通俗，意在無徵不信也。

二、凡取舊文無所改易者，直注某書某文。其有改易者，則注據某書某文。

三、凡一事傳說不一，則取其較可信者，而注明他説，加以考證。

四、譜主早歲與海上義旅爲敵，此爲時代所局限，不能以一眚掩大德，於序中詳之矣。譜中不復加以隱諱，以昭其實。

五、後列本譜引書目，意在徵實，不敢自侈。

六、最後附譜主文獻，備閱者稽考。

七、本譜大半成於病榻，頗多舛誤，不能一一檢正，惟閱者同志嚴繩之！

目　錄

序 ·· 3

舊序 ··· 5

凡例 ··· 7

陳化成將軍年譜 ·· 13

　清高宗弘曆乾隆四十一年丙申公元一七七六年　將軍
　　一歲 ··· 15

　　乾隆四十二年丁酉一七七七年　將軍二歲 ············· 15

　　乾隆四十三年戊戌一七七八年　將軍三歲 ············· 15

　　乾隆四十四年己亥一七七九年　將軍四歲 ············· 15

　　乾隆四十五年庚子一七八零年　將軍五歲 ············· 15

　　乾隆四十六年辛丑一七八一年　將軍六歲 ············· 16

　　乾隆四十七年壬寅一七八二年　將軍七歲 ············· 16

　　乾隆四十八年癸卯一七八三年　將軍八歲 ············· 16

　　乾隆四十九年甲辰一七八四年　將軍九歲 ············· 16

　　乾隆五十年乙巳一七八五年　將軍十歲 ················ 16

　　乾隆五十一年丙午一七八六年　將軍十一歲 ·········· 16

　　乾隆五十二年丁未一七八七年　將軍十二歲 ·········· 16

　　乾隆五十三年戊申一七八八年　將軍十三歲 ·········· 16

乾隆五十四年己酉—一七八九年　將軍十四歲 …………… 16

乾隆五十五年庚戌—一七九零年　將軍十五歲 …………… 16

乾隆五十六年辛亥—一七九一年　將軍十六歲 …………… 17

乾隆五十七年壬子—一七九二年　將軍十七歲 …………… 17

乾隆五十八年癸丑—一七九三年　將軍十八歲 …………… 17

乾隆五十九年甲寅—一七九四年　將軍十九歲 …………… 18

乾隆六十年己卯—一七九五年　將軍二十歲 ……………… 18

仁宗顒琰嘉慶元年丙辰—一七九六年　將軍二十一歲 …… 18

嘉慶二年丁巳—一七九七年　將軍二十二歲 ……………… 19

嘉慶三年戊午—一七九八年　將軍二十三歲 ……………… 19

嘉慶四年己未—一七九九年　將軍二十四歲 ……………… 19

嘉慶五年庚申—一八零零年　將軍二十五歲 ……………… 19

嘉慶六年辛酉—一八零一年　將軍二十六歲 ……………… 19

嘉慶七年壬戌—一八零二年　將軍二十七歲 ……………… 20

嘉慶八年癸亥—一八零三年　將軍二十八歲 ……………… 20

嘉慶九年甲子—一八零四年　將軍二十九歲 ……………… 20

嘉慶十年乙丑—一八零五年　將軍三十歲 ………………… 20

嘉慶十一年丙寅—一八零六年　將軍三十一歲 …………… 21

嘉慶十二年丁卯—一八零七年　將軍三十二歲 …………… 21

嘉慶十三年戊辰—一八零八年　將軍三十三歲 …………… 22

嘉慶十四年己巳—一八零九年　將軍三十四歲 …………… 22

嘉慶十五年庚午—一八一零年　將軍三十五歲 …………… 22

嘉慶十六年辛未—一八一一年　將軍三十六歲 …………… 22

嘉慶十七年壬申—一八一二年　將軍三十七歲 …………… 22

嘉慶十八年癸酉—一八一三年　將軍三十八歲 …………… 23

嘉慶十九年甲戌一八一四年　將軍三十九歲	23
嘉慶二十年乙亥一八一五年　將軍四十歲	23
嘉慶二十一年丙子一八一六年　將軍四十一歲	24
嘉慶二十二年丁丑一八一七年　將軍四十二歲	24
嘉慶二十三年戊寅一八一八年　將軍四十三歲	24
嘉慶二十四年己卯一八一九年　將軍四十四歲	24
嘉慶二十五年庚辰一八二零年　將軍四十五歲	24
宣宗旻寧道光元年辛巳一八二一年　將軍四十六歲	25
道光二年壬午一八二二年　將軍四十七歲	25
道光三年癸未一八二三年　將軍四十八歲	25
道光四年甲申一八二四年　將軍四十九歲	25
道光五年乙酉一八二五年　將軍五十歲	25
道光六年丙戌一八二六年　將軍五十一歲	25
道光七年丁酉一八二七年　將軍五十二歲	26
道光八年戊子一八二八年　將軍五十三歲	26
道光九年己丑一八二九年　將軍五十四歲	26
道光十年庚寅一八三零年　將軍五十五歲	26
道光十一年辛卯一八三一年　將軍五十六歲	26
道光十二年壬辰一八三二年　將軍五十七歲	27
道光十三年癸巳一八三三年　將軍五十八歲	27
道光十四年甲午一八三四年　將軍五十九歲	28
道光十五年乙未一八三五年　將軍六十歲	28
道光十六年丙申一八三六年　將軍六十一歲	29
道光十七年丁酉一八三七年　將軍六十二歲	29
道光十八年戊戌一八三八年　將軍六十三歲	30

道光十九年己亥—一八三九年　將軍六十四歲 …………… 30

道光二十年庚子—一八四零年　將軍六十五歲 …………… 32

道光二十一年辛丑—一八四一年　將軍六十六歲 …………… 36

道光二十二年壬寅—一八四二年　將軍六十七歲 …………… 40

本譜引書目 …………………………………………………… 59

陳化成將軍年譜

將軍年譜既寫定，以昔年東寇初警時所作將軍《別傳》弁諸首，使讀譜者先諗將軍行事大概，且亦可見作譜之初意。其文曰：

將軍諱化成，字業章，號蓮峰，姓陳氏。福建泉州同安丙洲人也。生而魁岸穎異。少長，飲啖兼三人食，力可勒奔牛。束髮隸卒伍，從提督李長庚久，累功至金門鎮總兵。道光十年，授福建水師提督。二十年，英吉利以我禁烟不得售鴉片，擾我浙、粵。將軍以江南提督移防吳淞，夙夜憂勤，常數日不寐。二十二年，將軍殉難之年，蘇廷玉《陳忠愍公神道碑》及《清實錄》皆作道光二十二年，是也。《清史列傳》作二十四年，《民國福建通志》作二十三年，均誤。予原文亦作二十三年，姜亮夫《歷代名人年里碑傳總表》即承余原文而誤，他書亦有因《總表》而誤者，茲正，且以志吾過。春，傳言浙與英吉利款議有成，將就撫粵東，朝野舉欣欣有喜色，諸軍守備多懈。將軍獨曰："夷情反復不可恃。"益飭勵所部。衆笑之。夏五月，果寇吳淞，各軍皆震駭。兩江總督牛鑑尤戰慄失次。將軍進曰："夷所恃者艦炮耳，某身歷海洋垂五十年，入死出生者數矣，今願以身當之。公弗恐。"於是麾紅旗登西炮臺，以東炮臺屬某將。西炮臺在海口北，距寶山六里，東炮臺在其南：吳淞所依爲左右犄角者也。戒部曲："海洋飄忽，火器毋浪發，度敵船少近擊之，則發無不中。且以靜待動，勞逸迥殊，勿爲所震，自亂則敗矣。"撫參將周世榮背而言曰："吾與若福皆不薄。"世榮不解，將軍曰："戰勝膺上賞，即不勝，得令名。非福而何？"已而夷船雷發雲涌，銃炮齊鳴，聲震數十里。將軍舂容應戰,連碎夷大艦一、火藥艦一、象鼻梃戰艦三。敵勢却,欲遁,我軍噪而奮。方事之殷,東臺將士少却,將軍聞之,遣將馳斬其先退者一人以徇,親帥世榮等憑高揮軍力戰,銃炮子錯落如雨,簌簌從冠際過,若無睹。是時牛鑑聞勝,自寶山趨出。軍士皆呼躍,戰益力。夷酋竊退,儴道出小沙背,由梃顛望見牛鑑,狙擊之。牛驚,跳走。督標兵遽呼曰:"制軍傷矣!"衆遂潰,斬之弗能止。東臺兵亦棄走。夷乃并力攻西臺急。世榮曰:"事不可爲矣!不如行。"將軍拔刀叱之曰:"庸奴!誤識汝!"世榮徑去。夷蟻附登岸,萃銃炮注將軍。將軍顛,復強起,手燃巨銃,未發,創重噴血,薨,而手仗紅旗終不偃。時五月初八日也,年六十有七。麾下從殉者八十餘人。守備韋印福,千總錢金玉,把總龔齡垣、許攀桂,外委許林、徐大華,死最烈。印福於嘉慶中迭著武功,每曰:"武官臨陣死生度外事,若畏死,奚官爲?"金玉臨危,或勸去,則勃然曰:"我年十六即食國餉,今焉避害?"齡垣苦戰被擒,脅降不屈,釘手足於版,擲海死。大華多力,將軍守臺,炮斃夷兵山積,皆大華手擊之也;發千斤炮,左右轉移,無不如其意。當東臺却走時,衆志動搖,將軍以忠義相激勸。攀桂大言曰:"公與某等共飲食、同風露,所爭只此一時。公受國恩,某等受公恩,欲去者共誅之!"由是士皆感奮。將軍歿,衆潰,攀桂不行,身嬰十餘創,猶奮起殺敵。許林,巷戰死。將軍之感乎得士有如此!將軍臨命時,顧謂安徽武進士劉國標曰:"我不能復生,速綣吾首。"國標亦創甚,負將軍屍,蔽蘆葦中。越十有二日,如斂於嘉定,面如生,臂胯受炮子如蜂房。百姓巷哭罷市,繪象祀之。事聞,宣宗震悼,予謚忠愍。將軍在官愛民,尤禮賢下士,拊循部曲,嫗姁如家人,軍中呼爲老佛,臨陣則嚴威若天神。夷初警,一夕大風雨,潮侵岸,高數尺。總督裕謙使人覘之,見將軍危坐帳中,鈴柝聲琅然,竟達旦。部下數千人無嘩者。夷之入寶山也,犒飲於鎮海樓,酒酣,或作華言曰:"此行良險,使有二陳將軍在，安至此？"其一陳將軍者，副將連陞也，先將軍死粵難。王蘧常曰：故老言牛鑑初至上海，夷以利餂撤淞防，牛密許之，而懼爲公覺，故陽出視師，及聞炮，即逸去。嗚呼！牛之肉尚足食乎？雖然，牛猶知貪利爲非義，知畏將軍。以視世之不恤清議、不知正義、無恥養寇、不加遺一矢日蹙國千里者，何如哉？嗚呼！或曰：事甫起，將軍與牛鑑書："海口軍事，一以付予。公第無出寶山門一步，事必濟。"牛以輕出，遂敗。

蘇廷玉所作《陳忠愍公神道碑》言將軍世次甚詳。其略曰：曾祖欽，有隱德。祖青雲，父鳴皋，俱邑庠生……公初娶吳氏，繼娶曾氏，側室康氏。子七人：長廷瑛，福建水師千總；次廷華，浙江錢塘水師都司，皆先公卒；廷芳，襲世職；廷茱，欽賜舉人；廷蕓，曾氏出；廷荃、廷蔚，康氏出。女一，適舉人吳江孫宮璧。孫五人：振聲，振興，振作，宜貞，振世。《民國同安縣志》卷二十五《藝文》。

清高宗弘曆乾隆四十一年
丙申 公元一七七六年　將軍一歲

生於是年三月十二日。據蘇廷玉《陳忠愍公神道碑》。案：是日爲陽曆四月二十九日。

乾隆四十二年丁酉一七七七年　將軍二歲

乾隆四十三年戊戌一七七八年　將軍三歲

乾隆四十四年己亥一七七九年　將軍四歲

乾隆四十五年庚子一七八零年　將軍五歲

乾隆四十六年辛丑—一七八一年　將軍六歲

乾隆四十七年壬寅—一七八二年　將軍七歲

乾隆四十八年癸卯—一七八三年　將軍八歲

乾隆四十九年甲辰—一七八四年　將軍九歲

乾隆五十年乙巳—一七八五年　將軍十歲

　　將軍案：原文作公，今改，下同。幼端重，智勇過人，尚氣節。常慨慕古忠義風烈，善讀史。讀及馬伏波銅柱，則喜其成；岳忠武金牌，則恨其敗，憤懣哭泣，如身爲之。有擔當世宇氣概。據蘇廷玉《神道碑》。案：此事不知在何年。《曲禮》謂"人生十年爲幼學"，此涉學事，姑繫於此。又案：張際亮賦將軍《死事詩》有"風流偶裘帶，儒雅即超絶"，非漫爲夸張詞，蓋紀實也。

乾隆五十一年丙午—一七八六年　將軍十一歲

乾隆五十二年丁未—一七八七年　將軍十二歲

乾隆五十三年戊申—一七八八年　將軍十三歲

乾隆五十四年己酉—一七八九年　將軍十四歲

乾隆五十五年庚戌—一七九零年　將軍十五歲

　　少長，腰腹輪囷異常兒，飲啖兼人。據某筆記。案：此筆記時所錄，已遺其名，待補。《禮記‧内則》注謂"成童十五以上"，此云少長，姑繫於此。又案：《清朝野史》引某筆記，可證此説之非誣。其言曰："公統舟師駐黃浦，值天暑，觸熱，乃同親隨二人登岸，憩某商寓。商以酒食進，公啖雞子數十，食肉無算，下以火酒三斤許。少選，商請進浴，公偕親隨入室。商於旁隙窺之，見公腰脾間緊纏青布兩幅，遂令從人去之，其腰圍大逾常人。浴罷，挺立如前，裹腰出，謝商去。"父母早喪，依其兄嫂，習爲水手得之傳聞，視汪洋巨浸如衽席也。據《廈門志》

乾隆五十六年辛亥—一七九一年　將軍十六歲

乾隆五十七年壬子—一七九二年　將軍十七歲

乾隆五十八年癸丑—一七九三年　將軍十八歲

是年，英吉利國王雅治遣使臣馬戛爾尼—譯馬加尼等來朝。據《清史稿》卷一百六十《邦交志二》。時帝弘曆在熱河。七月庚午，御萬樹園受覲。據《清史稿》卷十五《高宗紀》。貢表請派人駐京，及通市浙江寧波、珠山、天津、廣東等地並求減關稅。不許。案：朝貢云云，原爲中國官吏所粉飾以取悅弘曆者。但據馬戛爾尼日記對舟車所樹朝貢大旗並不起而抗議，蓋恐有礙外交之進行也，故仍存朝貢之名而不改。先是康熙三十七年置定海關，英人始來互市，然不能每歲至。雍正三年來粵東，所載皆黑鉛、番錢、羽緞、哆囉、嗶嘰諸物。未幾去。七年，始通市不絕。乾隆七年冬十一月，英巡船遭風，漂至廣東澳門，總督策楞令地方官給餼糧、修船舶遣之。二十年，來寧波互市。時英商船收定海港，運貨寧波，逾年遂增數舶。旋禁不許入浙，並禁絲斤出洋。二十四年，英商喀喇生、通事洪任輝欲赴寧波開港，既不得請，自海道入天津，仍乞通市寧波，並詰粵海關陋弊。七月，命福州將軍來粵按驗，得其與徽商汪聖儀交結狀，治聖儀罪，而下洪任輝於獄。旋釋之。二十七年夏五月，英商咭𠳋等以禁止絲斤，其貨艱於成造，仍求通市。粵督蘇昌以聞，許之，然仍限每船只許配買土絲五千斤、二蠶湖絲三千斤，至頭蠶湖絲及綢緞綾匹仍禁。以上據《清史稿·邦交志二》。至今年乃有遣使駐京通市減稅之請，所望愈奢矣。將軍殉英人入寇之難，故詳著其始於此。

乾隆五十九年甲寅——七九四年　將軍十九歲

自乾隆季年，安南內亂，擾及我粵東。我亡命案：《史記・張耳傳》：" 嘗亡命游外黃。"司馬貞《索隱》引晋灼曰："命者，名也。謂脫名籍而逃。"亡命非貶詞也。鳳尾、水澳兩幫附之，勢益張。本年，始犯福建三澎，銅山參將李長庚擊走之。據《清史稿》卷三百五十六《李長庚傳》。長庚亦同安人，字西巖，乾隆武進士，授藍翎侍衛，累擢至參將。據同上。將軍二十二歲以後數十年中，常與海上亡命角逐，且從李長庚甚久，故備著其始。

乾隆六十年己卯——七九五年　將軍二十歲

是年，英吉利復來獻方物表陳案：原文有天朝二字，爲當時粉飾之詞，茲刪。"前年大將軍督兵至的密，英國曾發兵應援"。的密即廓爾喀也。奏入，敕書賜賚如例。據《清史稿・邦交志二》。

仁宗顒琰嘉慶元年丙辰——七九六年　將軍二十一歲

是年，閩海亡命蔡牽起。據《清史稿・王得祿傳》。案：《傳》有 "詔以牽肆逆十有四年" 云云，蔡牽之滅在嘉慶十四年八月，則逆數之當起於本年。牽小同安人，據《厦門志》。觸法，亡入海。據連橫《臺灣通史》。善捭闔，魏源《聖武記・嘉慶東南靖海記》。能用衆。後安南新阮內附，受封守約束，其前所嘯聚無所依，在閩者悉爲牽所併，凡水澳、鳳尾諸黨皆歸之。據《清史稿・李長庚傳》。牽起義旅，與將軍搏戰餘十年，幾與終始，故詳著之。案：有謂將軍爲蔡牽餘黨，如王燾《對山樓詩稿・弔陳元戎化成》詩有 "家世重黃中"，注云："元戎爲蔡謙餘黨。" 謙當爲牽之誤。有謂欲往而終未入者，褚維塏《人境結廬詩稿・書陳忠愍公畫像》有云："將軍年少始落魄，盜窟幾爲鴨母陷。矯然氣骨不可磨，自拔英雄出微賤。"有據此而謂將軍背牽投清者。然牽起之明年,將軍即投效清營,似未必然也。

嘉慶二年丁巳—一七九七年　將軍二十二歲

入本省水師伍籍。據蘇廷玉《神道碑》。案:《清史列傳》同《民國同安縣志》卷三十四《忠義傳》謂年二十八入伍,誤。善泅水,裹甲溯流,可歷三日。據王柏心《江南提督軍門陳公誄詞》,見姚椿《晚學齋文集》卷十二。連殺海上亡命數起,生擒三十五人,斬五人,馘五人。功最,拔補據《清史列傳》卷三十九本傳增"補"字。額外外委。據蘇廷玉《神道碑》。案:海上亡命多爲義旅,而將軍與之爲敵,爲不義矣。然實由時代所局限,不解指責將軍也。故仍備著其事,以存其實。

嘉慶三年戊午—一七九八年　將軍二十三歲

以擒獲接濟蔡牽炮械之亡命七人,又在賊仔澳洋面擒殺三十人,補外委。據《清史列傳》。

嘉慶四年己未—一七九九年　將軍二十四歲

嘉慶五年庚申—一八零零年　將軍二十五歲

捕亡命於東澳黑水外洋、四礵外洋。據《清史列傳》。

嘉慶六年辛酉—一八零一年　將軍二十六歲

俘亡命許餂等七人於竿塘、下目洋面,又攻殺蔡牽黨劉遏等於白犬外洋,被刀傷額。據《清史列傳》及《神道碑》。

冬,浙江定海鎮總兵李長庚以俘獲安南倫貴利等四總兵,擢福建水師提督。據《清史稿·李長庚傳》。案:《清史稿·李長庚傳》以此事繫嘉慶五年,而《神道碑》則謂本年冬李忠毅督閩師,姑從之。一見將軍,大奇之,曰:"此名將才也!"命麾下善視之。據《神道碑》。自此從長庚習兵事,尤悉海上水師出入進退之節。據吳以淳《固溪漫稿》卷十《陳忠愍公畫像記》。

嘉慶七年壬戌—一八零二年　將軍二十七歲

遷金門右營把總。據《清史列傳》。

五月，隨金門營游擊王得祿，攻捕海上亡命孫太等。案：《清史稿》卷三百五十六《王得祿傳》："七年，從李長庚擊蔡牽於東滬洋，擒賊目徐業等百餘人，又擒呂送於崇武洋。"疑此孫太亦蔡牽黨也。"金門營"三字，依《王傳》增。將軍獨躍上其船，槍炮連環進擊，斃之無算。船傾落水。據《清史列傳》。

十月，《清史列傳》。蔡參等據橫山洋，將軍毀其船二。林以路等據田吞洋，獲其船五。復追捕及浙之南麂洋，擒施堅等十六人。據《神道碑》。案：《清史列傳》云："十月焚盜舟於橫山洋面，獲邱成夥匪三十四人。"與此當爲一事，而人名不同。

是年三月，英人窺澳門，以兵船六泊雞頭洋。粵督吉慶宣諭回國。至六月始去。《清史稿·邦交志二》。

嘉慶八年癸亥—一八零三年　將軍二十八歲

捕亡命於大板之四輿洋面。據《清史列傳》。

嘉慶九年甲子—一八零四年　將軍二十九歲

是年夏，蔡牽連艐八十餘入閩，殺總兵胡振聲。李長庚始總統閩浙兩省水師。《清史稿·李長庚傳》。

嘉慶十年乙丑—一八零五年　將軍三十歲

閏六月，水師提督李長庚追攻蔡牽於浙江青龍港洋面，據《清史列傳》。命將軍戰艦隨行。將軍即生擒彭求等十八人，長庚顧而喜之。據《神道碑》。

十月，擢南澳鎮右營千總。據《清史列傳》。案：《民國同安縣志》作本年"又六月拔把總"。又六月即閏六月。是月方立功，當時辦事因循，不得即行遷擢，不可信。

是年三月,英王雅治復遣其臣多林文附商船來粵獻方物。《清史稿·邦交志二》。

嘉慶十一年丙寅——一八零六年　將軍三十一歲

正月,蔡牽合百餘艘攻臺灣,結土衆萬餘,拔鳳山,破洲仔尾,據《清史稿·李長庚傳》自號鎮海威武王,建元光明。據《臺灣通史》。案:自此以下,蔡牽改稱鎮海王,重其爲義旅也。鑿巨舟塞鹿耳門,阻絕外援。長庚扼隘口,命將軍登陸繞出其腹背,夾攻之。鎮海王勢蹙,困守北汕。會風潮驟漲,沉舟起,奪鹿耳門逸去。將軍即遍海窮搜,在崇武外洋獲其黨陳見等五人,在水澳獲蔡三來一船,在三盤外洋獲王元等五人。據《清史稿·李長庚傳》及《神道碑》。案:《清史列傳》本年事不甚詳,只云蔡牽竄至臺灣,化成攻擒其幫匪於洲仔尾,又攻盜於崇武外洋、水澳、三盤外洋而已。

嘉慶十二年丁卯——一八零七年　將軍三十二歲

二月,追躡鎮海王,由閩洋至粵洋。將軍首先衝逼王坐船,深冒矢石,被火斗燒傷兩足。據《清史列傳》。

四月,攻鎮海王於目門洋面,據《清史列傳》。案:原文只云攻賊,《神道碑》連上文擊蔡牽事曰"四月擊之目門洋",則亦謂蔡牽也。擒李五等八人。據《神道碑》。

十一月,攻鎮海王於浮鷹洋面,獲其舟一,獲其黨黃顔等二十人,斬其首六級,據《神道碑》。槍傷左手。《清史列傳》。李長庚列其事以聞。據《神道碑》。

十二月,擢銅山營水師守備。據《神道碑》《清史列傳》《民國同安縣志》。案:《清史列傳》以升守備屬諸十四年,此出月數,似較可信,從之。屬福寧鎮。據《清史稿·兵志二》。是月,長庚追鎮海王入澳,至黑水洋,王以死拒,長庚自以火攻船掛其艇尾,欲躍登,忽炮中喉而殞。據《清史稿·李長庚傳》。時王僅存三艇,皆將軍協剪其羽翼之效也。據《神道碑》。

嘉慶十三年戊辰—一八零八年　將軍三十三歲

是年九月,英人復謀襲澳門,以兵船護貨為詞。總督吳熊光屢諭使去,不聽,遂據澳。復以兵船闖入虎門,進泊黃埔。命剿辦絕市,褫熊光職。英人始於十月退師。《清史稿·邦交志二》。

嘉慶十四年己巳—一八零九年　將軍三十四歲

八月,王得祿等擊鎮海王於定海漁山,敗之。追至黑水洋,王窮蹙自沉,餘黨千二百人皆降。據《清史稿·王得祿傳》。敍功不及將軍前績,將軍恬然安之,若罔聞也。識者難之。據《神道碑》。

是年二月,增築澳門炮臺。五月,定廣東互市章程。《清史稿·邦交志二》。

嘉慶十五年庚午—一八一零年　將軍三十五歲

七月,擒亡命陳順等十二人於烏邱外洋。據《清史列傳》及《神道碑》。

十一月,擢海壇鎮右營游擊。據《清史列傳》。屬福寧鎮。據《清史稿·兵志》。

嘉慶十六年辛未—一八一一年　將軍三十六歲

嘉慶十七年壬申—一八一二年　將軍三十七歲

二月,擒獲亡命黃茂黨陳煌等於沙州嶼。據《清史列傳》及《神道碑》。案:《神道碑》作"獲盜陳煌降吳二人於沙洲呑",陳煌降吳二人當屬於黃茂幫,降吳二字不似人名,似誤。

四月,《清史列傳》。獲亡命陳民等十六人於樹橘洋,《清史列傳》

作"擒斬劉貴夥盜於柑桔外洋",陳民等當即劉貴一夥,樹橘洋當即柑桔外洋,自爲一事。斬其首二,射殪一,沉其舟一。朝命以參將記名候升。據《神道碑》。

嘉慶十八年癸酉一八一三年　將軍三十八歲

五月,署銅山營參將。

十月,署水師提標中軍參將。以上據《清史列傳》。案:《神道碑》不載此兩事。

嘉慶十九年甲戌一八一四年　將軍三十九歲

正月,毀亡命白底船三艘於前村社,擒四十人。

二月,捕亡命於柏頭鄉。

閏二月,捕亡命於秧厝社,皆潛踪疾馳,乘其不覺,罕有逸脱者。以上據《清史列傳》。時有亡人林雁、林清匿在柏頭鄉,案:原文作"柏頭里",茲依《清史列傳》改,以歸劃一。郭守、案:《清史列傳》作"郭宇"。林陰匿在秧厝社,案:原文作"秧厝里",茲依《清史列傳》改。將軍皆偵知,手擒之。據《神道碑》。案:《清史列傳》云:"其在秧厝社所獲之郭宇,疊次將兵船米械接濟外盜,飽受賊贓,尤爲稔惡。由閩浙總督汪志伊以稽誅日久奏明,即予斬梟。"

是年十一月,禁英人傳教。《清史稿·邦交志二》。

嘉慶二十年乙亥一八一五年　將軍四十歲

補烽火門據《清史列傳》增門字參將。據《神道碑》。案:《清史列傳》作"陞烽火門參將"。將軍於嘉慶十八年已署銅山營參將,此處不得云陞,誤也。屬福寧鎮。據《清史稿·兵志二》。

是年三月己酉,兩廣總督蔣攸銛疏陳查禁鴉片烟章程,得旨:洋船至澳門,即按船查驗,杜絕來源。官吏賣放及民人私販者,分別治罪。《清史稿》卷十六《仁宗紀》。

嘉慶二十一年丙子—一八一六年　將軍四十一歲

署水師提標中軍參將。《清史列傳》。案：將軍於嘉慶十八年十月曾署水師提標中軍參將，去年已補烽火門參將，《清史列傳》云云不知是否有誤，待考。《神道碑》不載此事。

是年六月，英國復遣其臣加拉威禮、羅美爾等來獻方物，自粵經舟山、天津入都。會以事不能即成禮，帝顓琰疑其慢，却貢不納。後又酌收，歸咎使臣不知禮節。英使怏怏去。據《清史稿・邦交志二》。

嘉慶二十二年丁丑—一八一七年　將軍四十二歲

嘉慶二十三年戊寅—一八一八年　將軍四十三歲

澎湖水師副將缺出，閩浙總督董教增疏言：" 澎湖四面環海，於汪洋巨浸之中，兀然孤立。內為廈門之屏障，外為臺灣之咽喉，堵禦巡緝，撫綏彈壓，悉關緊要。非熟習海面情形，諳曉風雲沙綫，才識兼優，緝捕奮勉者，弗克勝任。陳化成在閩、粵洋面，手擒盜匪四百八十餘名，屢次斬取賊目，馳奪盜舸，並赴臺灣殺賊，歷著戰功，暢曉水師，緝捕勤奮，熟習外海風土情形，以之陞補澎湖水師副將，可期勝任。提督王得祿亦稱，見在閩省水師人員，陳化成最為結實可靠。" 嗣以籍隸本省，與例未符，格於部議，未行。《清史列傳》。

嘉慶二十四年己卯—一八一九年　將軍四十四歲

擢浙江瑞安協副將，據《清史列傳》。屬溫州鎮。據《清史稿・兵志二》。旋以丁憂，仍回烽火門參將任。據《清史列傳》。

嘉慶二十五年庚辰—一八二零年　將軍四十五歲

宣宗旻寧道光元年辛巳——八二一年　將軍四十六歲

署閩浙總督顏檢以將軍熟諳水師，才具練達，在洋巡緝，屢次受傷，實爲勇往，特疏請陞澎湖水師副將。得允。據《清史列傳》。案：《神道碑》此事亦繫本年。

是年，復申鴉片烟禁。《清史稿·邦交志二》。

道光二年壬午——八二二年　將軍四十七歲

道光三年癸未——八二三年　將軍四十八歲

二月，調臺灣水師副將。《清史列傳》。案：《神道碑》作五月，不知孰是。

八月，擢廣東碣石鎮總兵。《清史列傳》。案：《神道碑》同。《民國同安縣志》以此事屬諸道光元年八月，誤。

十二月，調福建金門鎮總兵。據《神道碑》。案：《清史列傳》同而不紀月。

道光四年甲申——八二四年　將軍四十九歲

道光五年乙酉——八二五年　將軍五十歲

道光六年丙戌——八二六年　將軍五十一歲

五月，《神道碑》。臺灣嘉義、彰化亡命糾衆焚掠，據《清史列傳》。調將軍爲臺灣總兵，《民國同安縣志·忠義傳》。帶兵由鹿港進口，會同福建水師提督許松年等，三面夾擊之。據《清史列傳》。案：《清史稿》卷三百五十六《許松年傳》僅云"六年臺灣械鬬，松年方閱兵，彈壓解散"，與此不同。解散，《清史稿·許松年傳》。旋署福建水師提督，《清史列傳》。節制三鎮，及福寧鎮左營、廣東南澳鎮左營，統轄提標五營，兼轄金門協，銅山、湄州等營。《清史稿·兵志二》。移署臺灣鎮總兵，《清史列傳》。案：《神道碑》於本年事不甚詳。統轄鎮標中營，兼轄臺灣北路，臺灣水師二協，臺灣城守及臺灣南路等營。《清史稿・兵志二》。

道光七年丁酉—一八二七年　將軍五十二歲

是年，廣東巡撫朱桂楨毀英商公局，以其侵占民地也。《清史稿・邦交志二》。

道光八年戊子—一八二八年　將軍五十三歲

閩浙總督孫爾準專疏劾巡防疏懈水師將弁。案：《清史稿・許松年傳》云"總督孫爾準與之不協，尋以治理輕縱，被議褫職"，或即此事，所謂治理輕縱，當指前年嘉義、彰化糾衆解散事，故連及將軍。帝旻寧以將軍功過相抵，免其議處。據《清史列傳》。

道光九年己丑—一八二九年　將軍五十四歲

道光十年庚寅—一八三零年　將軍五十五歲

二月，授福建水師提督。《神道碑》。故例，提督不能官本鄉，帝旻寧以非將軍不能膺海疆重任，破格授之。陸以湉《冷齋雜識》。將軍請迴避，朝命毋庸迴避。據《神道碑》。案：《清史列傳》不紀月。

道光十一年辛卯—一八三一年　將軍五十六歲

臺灣亡命張丙等起事，將軍籌備兵船藥械，以佐軍務。據《清史列傳》。將軍嘗論藥械利害至詳，其言曰："硫性重，重則下墜；炭性輕，輕則上浮。凡自他處運至之藥，舟車搖振，即用入炮，其上皆炭，取以試炮，則無力不遠；迨及下半桶，硫多炭少，用以入炮，則力過猛而炮炸矣。凡藥經舟車裝載，人夫扛抬，及藏貯日久，搬運多次者，必重碓，愈碓愈佳，然後可用。"且言："貯藥不宜於一處，蓋非人事之或誤可虞，藥多久貯，自能生火。"並言："曬藥切忌於有風之日,以風吹塵起,藥入塵沙,半月後,即能生火。"又曰:"鐵匠製成鉛子,最宜留心監視,否則或以微鐵皮包碎石,或竟以碎石磨圓,外塗火漆。鑄炮亦然,蓋是器關係極大,幸而敗,則自官迫匠,牽連多人,官惜自己功名,互相容隱,置於不問,匠復脫然事外;不幸而不敗,則臨陣之日,其害不可勝言者矣!"據曹晟《夷患備嘗記》。案:此論與下文引袁翼《陳忠愍公殉節記略》所云"守吳淞,鑄炮子,匠人抽鐵胚,填碎磚,監工掩飾,炮裂箍鐵皮"事有關應,故類繫於此。《備嘗記》結尾有云:"由今思之,公非不神而明之,其如一身之不能兼衆務何!"亦慨然於吳淞之事也。

　　帝旻寧召見四次,有"身經百戰,勇敵萬人,宜膺重"之語。據《神道碑》。

道光十二年壬辰一八三二年　　將軍五十七歲

　　七月,英吉利船駛入閩、浙各洋及江南、山東洋面。朝命將軍督率水師,認真巡邏,倘有經過閩洋之英船,即嚴行堵截,毋令北駛。

　　十月,嘉義亡命起事,將軍帶兵渡臺協擊。以上據《清史列傳》。

道光十三年癸巳一八三三年　　將軍五十八歲

　　金門、廈門沿海亡命私造快槳小船,暗藏炮械,伺劫商民,販運違禁貨物,其疾如飛,難於踩緝。而同安縣屬之潘塗、官潯、柏頭等鄉,案:《清史稿》本傳作宦潯、柏頭,誤。尤爲亡命淵藪。將軍會同鎮道,剋期兜擊,人船俱獲。閩浙總督程祖洛疏聞。帝旻寧以獲船數十隻,而獲犯只三名,恐尚有餘船窩頓,復飭將軍堵拿。據《清史列傳》。

　　是年,英吉利罷廣州商公司。西洋市廣東者十餘國,皆散商,惟英有公司,公司與散商交惡,是年遂散。公司聽商自運,而第增其稅。據《清史稿·邦交志二》。

道光十四年甲午—一八三四年　將軍五十九歲

將軍偵同安亡命無備，水陸兼馳，將潘塗、官滸、柏鄉三鄉逋逃藪全行焚拆，多獲人船，並將附近之陳頭等八鄉按戶清查，窩頓一空。據《清史列傳》。

是年，兩廣總督盧坤過聽洋商言，以英公司雖散，而粵中不可無理洋務之人，遂奏請飭英吉利仍派遣大司大班來粵管理貿易。英王乃遣領事律勞卑來粵。據《清史稿·邦交志二》。兵船擅入海口，要乞推廣通商。坤依故事，停其貿易。律勞卑挾兩船入虎門，炮擊不退，且以炮拒，進泊黃埔。坤設方略，扼其歸路，斷其接濟，集水陸師臨以兵威，律勞卑窮蹙，引罪求去。澳門洋商代請命，乃驅之出口。《清史稿》卷三百八十五《盧坤傳》。案：《坤傳》此事在十三年。

尋代以義律。義律議在粵設審判署，理各洋交涉訟事，其貿易仍聽散商自理。據《清史稿·邦交志二》。案：義律名查理，義律其姓。英貴爵。本年從律勞卑來我國任秘書。此人爲鴉片戰爭戎首，故詳著其始於此。

道光十五年乙未—一八三五年　將軍六十歲

偕閩浙總督程祖洛奏："巡洋舊制，專責金門鎮總兵，而越界總巡海壇洋面，未免呼應不靈。南澳一鎮，分係閩粵，不惟洋面遼闊，而巡閱章程，兩省互異，恒有顧此失彼之虞。臺灣協鎮總巡之期每年八月，閩安副將每年四月，亦覺勞逸懸殊。應更定章程，均勻周匝，並由水師提督揀派將弁，分作三班，作爲委巡，益昭嚴密。"下部議行。據《清史列傳》。

是年夏，有夷船一艘，突入江南吳淞口停泊。據云遇風飄泊至此，即英夷胡夏米也。案：袁陶愚《壬寅聞見紀略》作何夏密云，即胡啞咪，夷目也。《厦門志》云後易名爲天竺國劉羅夷。日與四五人登岸，縱觀海塘，或駕舢板，由黃浦至上海，遍游城市。迨至秋深，始揚帆而出。可見其覬覦江蘇久矣。毛祥麟《三略匯編·海疆紀略下》。此他日陷吳淞之先聲也，著之。

道光十六年丙申—一八三六年　將軍六十一歲

巡閱臺灣，文武供應饋遺一無所受，隨行將卒雖衆，所過如未嘗有兵者：其約已律下之嚴如此。姚瑩《東溟文後集》卷十一《陳忠愍公小傳》。臺灣歲運軍穀十萬給水師諸營，自鎮海不靖，商艘日少，穀常絀運。每至三、四年，則奏委文武雇運，費鉅而時有風濤之失。道光四年，臺灣同知姚瑩議請積穀，改給折色，以疏新穀。閩浙總督趙慎畛下其議，衆皆便之。而水師提督某有所覬，沮之。及本年，將軍巡臺，衆舉以請。將軍曰："此兵商兩便之計也。"令如議行，一無所私。據姚瑩《陳忠愍公小傳》、《民國福建通志》本傳及《清史稿》卷三百八十五《趙慎畛傳》，又三百九十《姚瑩傳》。

是年，清廷食鴉片烟罪。初，英吉利自道光元年以後，私設貯烟大舶十餘隻，謂之躉船；又省城包買戶，謂之窑口；由窑口兌價銀於英館，由英館給票單至躉船取貨。有來往護艇名口快蟹，炮械畢具。太常寺卿許乃濟見銀輸出歲千餘萬，奏請弛烟禁，令英商仍照藥材納稅入關，交行後，只許以貨易貨，不得用銀購買，以示限制。已報可，旋因疆臣奏請嚴販賣吸食罪名，加重至死，而私販私吸如故。《清史稿·邦交志二》。

道光十七年丁酉—一八三七年　將軍六十二歲

英吉利兵船遊駛閩安、五虎外洋，閩安副將周廷祥遏之。英領事換坐小船入口投稟，請將漳浦難民帶回。將軍偕閩浙總督鍾祥遣官諭止，並疏言："海面難民，應照例譯訊護送赴粵，轉令回國。今譯訊，未供係該國之人，而英稟亦未將難民姓名指出，殊難憑信。見飭押小船令回大船，已於即日一同開行，向東洋大海而去。"疏入。報聞。《清史列傳》。

道光十八年戊戌—一八三八年　將軍六十三歲

臺灣兵備道姚瑩過廈門，將軍延飲劇談。言軍事，慷慨激發，逾於壯夫。據姚瑩《陳忠愍公小傳》及《清史稿·姚瑩傳》。

是年，鴻臚寺卿黃爵滋請嚴吸鴉片罪，行保甲連坐之法，且謂其禍烈於洪水猛獸。疏上，下各督撫議。於是請禁者紛起，湖廣總督林則徐奏尤剴切。言："鴉片不禁絕，則國且貧，民日弱，十餘年後，不唯無可籌之餉，亦且無可用之兵。"《清史稿·邦交志》。帝旻寧深韙之，命入覲，召對十九次。《清史稿》三百七十五《林則徐傳》。以兵部尚書頒欽差大臣關防，赴廣東查辦。《清史稿·邦交志二》。

道光十九年己亥—一八三九年　將軍六十四歲

九月，緝亡命於東碇外洋，《清史列傳》。獲曾勝仁等三十七人。《神道碑》。

十月，有英船三隻，停泊梅林洋面。將軍偕金門鎮總兵竇振彪督帥舟師驅逐，仍然抛泊，即令各船整備炮火，聯舻駛進，連環轟擊。英船一面掛帆，一面用炮抵敵，隨拒隨走，情形狼狽，立向外洋逃駛，兵船尾追不及。據《清史列傳》本傳引署閩浙總督吳文鎔及閩浙總督鄧廷楨奏疏。

十二月，英船復在洋面遊駛，將軍又偕竇振彪督率戰哨各船，開炮轟擊，英船先後逃逸。據《清史列傳》引鄧廷楨奏疏。《清史列傳》本傳敍擊英船事只云"時英船復在洋面游駛，時或抛泊，化成屢擊退之"，極簡略，且不紀月。至明年三月，始引吳文鎔、鄧廷楨兩疏，豈互文見義耶？茲取疏文。嘗足受炮傷，猶鼓勇督師進。據姚瑩《陳忠愍公小傳》。案：原文屬二十年，下文云"旋調江南"。旋調江南在本年十二月，則此事亦當在本年。是月，命調江南提督。據《清史列傳》。案：《神道碑》、《清史稿》、各省縣志及卜起元《潛莊文鈔》卷六《書提督陳忠愍公》《吳淞海塘陣亡事》、黃金臺《木雞書屋文三集》卷六《書陳軍門殉難事》皆以此事屬之明歲道光二十年。蓋皆以莅任之日言，不知任命之日實在本年之末也。節制狼山、蘇松、徐州、淮陽、福山五鎮，統轄提標五營，兼轄太湖松北兩協，松江城守等營。《清史稿·兵志二》。至是，在厦提軍凡十年矣。據《神道碑》。

是年正月，林則徐至粵東與總督鄧廷楨會申烟禁。頒新律，以一年又六月爲限，吸烟罪絞，販烟罪斬。時嚴捕烟犯，洋人泊零丁洋諸躉船將徙避，則徐咨水師提督，分路扼守，令在洋躉船先繳烟，方許開艙。又傳集十三行商人等，令諭各商估烟土存貯實數，並索歷年販烟之查頓、顛地兩人。查頓遁走，義律托託回澳門。及事亟，斷水陸餉道，義律乃使各商繳所存烟土，凡二萬二百八十三箱。則徐命悉焚之，而每箱償以茶葉五斤，復令各商具"永不收買烟土"結。於是烟商失利，遂生觖望。義律恥見挫辱，乃鼓動國人，冀國王出而干預。時其國女主維多利亞初即位，謀於上、下議院，僉以此類貿易本干中國例禁，其曲在我。遂有律士丹者上書求禁，並請禁印度栽種。又有地爾洼，案：地爾洼爲英國劍橋大學三位一體學院布道士。作《鴉片罪過論》，以爲既壞中國風俗，又使中國猜忌英人，反礙商務。然自燒烟之信傳入外洋，茶絲日見翔踊，銀利日長，義律遂以爲鴉片興衰，實關民生國計。時林則徐令各洋船先停洋面候查，必無攜帶鴉片者，如許入口開艙。各國商俱如命，獨義律抗不遵命，謂必俟其國王命定章程，方許貨船入口，而遞書請許其國貨船泊近澳門，不入黃埔。則徐嚴駁不許，又禁絕薪蔬食物入澳。義律率妻子去澳，寄居尖沙嘴貨船，乃潛招其國兵船二，又取貨船配以炮械，假索食，突攻九龍山。參將賴恩爵炮沉其雙桅船一，餘船留漢仔者亦爲水師攻毀。義律求澳人轉圜，願遵新例，惟不肯即交毆斃村民之犯；又上書請毋逐尖沙嘴貨船，且俟其國王之命。水師提督關天培以不交犯，擲還其書。案：天培，字仲因，號滋圃，江蘇淮安府山陽縣人。由行伍起家。道光十四年九月，英領事律勞卑來粵貿易，兵船不遵法度，闖入內河，廣東水師提督李增階不能制。天培時任江南蘇松鎮總兵，擢代之，屢却英軍。後與將軍先後殉國難。以下凡與將軍同殉此役者，皆予附記。冬十月，天培擊敗英人，義律遁。十一月，罷英人互市。英貨船三十餘艘皆不得入，又搜捕偵探船日數起。英商人人怨義律，義律不得已，復遣人投書乞恩，請仍回居澳門。則徐以新得旨難驟更，復嚴斥與之絕。而英貨船皆泊老萬山外洋，不肯去。惟以厚利唆島濱亡命漁舟、蜑艇致薪蔬，且以鴉片與之市。是月，增嚴海防。據《清史稿·邦交志二》。

道光二十年庚子—一八四零年　將軍六十五歲

二月，英船復在洋面遊駛，將軍又偕寶鎮彪督率戰哨擊退之。據《清史列傳》引鄧廷楨奏疏。

帝旻寧召見將軍，面陳夷不足平，帝嘉其勇，命之任。《神道碑》。閩浙總督鄧廷楨素倚重將軍，奏請回廈門，帝不許。袁翼《江南提督陳忠愍公殉節記略》。

夏五月，蒞任江南。據《清史列傳》、吳以淳《陳忠愍公畫像記》及姚椿《晚學齋文集》卷十二《江南提督軍門陳公述誄》。案：《清史列傳》本傳二十年三月引署閩浙總督吳文鎔奏："查上年十月間，有英船三隻，停泊梅林洋面，經調任水師提督陳化成督帶舟師驅逐。"云云。又引閩浙總督鄧廷楨奏："上年十月、十二月，本年二月，屢經調任水師提督陳化成……督率戰哨各船，開炮轟擊，英船先後逃逸。"云云。據此知將軍雖已奉調任之命，而二月猶在閩，當因海警暫留。三月稱調任水師提督，則蒞任江南，當在三月以後。蓋由閩人觀，觀後赴任，以當時行旅艱辛測之，爲時必久。姚椿及毛祥麟《海疆紀略》皆以蒞任爲在夏，吳以淳則謂在六月。案：繆荃孫《續碑傳集》載袁翼《江南提督陳忠愍公殉節記略》云將軍任事五日而浙警至。《清史稿·宣宗本紀》："二十年六月甲申，英人陷定海。"似可證吳說之確。然《清史列傳》謂是年五月，將軍偕伊里布視察海塘，則吳說誤矣。袁《略》所云，蓋指其初警，非言城陷之日也。惟毛祥麟則謂抵任七日即有定海失陷之信，宜若非是。吳又云："公蒞吳淞日，某公適至，刻日巡視海塘。"某公即伊里布。以《清史列傳》證之，則公蒞任之日，當在五月，則各說俱通，絕無扞格矣。將軍此次蒞任，爲盡瘁民族之始，故詳考之。即事五日而浙警至。已見上案。黃金臺《書陳軍門殉難事》作"調任江南甫七日"，卜起元《潛莊文鈔》卷六《書提督陳忠愍公吳淞海塘陣亡事》同。不知孰是，姑兩存之。即駐吳淞海口，《神道碑》。操臺基。袁翼《殉節記略》。吳淞江並海上西南，與舟山近，東則崇明，東北則福山、狼山，相倚爲唇齒。將軍整飭營壘，終歲據朱翊清《埋憂集》卷八。不入行署,《神道碑》。寒暑居一小布卡,與士卒同甘苦,食不兼味,案:《光緒松江府續志》卷二十《名宦傳》云:"吳淞防守,宿帷幕,食赤米、乾魚,無加士卒。"與此大同小異。夏夜不設帳。以上據曹晟《夷患備嘗記》。曰:"卒伍皆露宿,我何忍即安!"或饗酒食,曰:"麾下衆多弗能給,獨享非所當也!"却不受。王韜《瀛壖雜志》。案:朱翊清《埋憂集》、卜起元《吳淞海塘陣亡事》皆同。與海塘民若鄰里,民有擔糞過卡門者,兵叱之。將軍曰:"農工灌溉第一要務,我輩安然食糧,彼汗血淋漓,而尚叱之乎?"乃責兵。居恒執一火繩、一短烟袋,巡視海塘,終日奔波,無片刻坐,夜間亦數起行走。南風略起,即結束執令,日夜坐相風旗下,至風轉而始已。其於兵則甚逸,凡一卡居十兵,十兵則分晝夜十班,一人當直者居卡外,九人則居卡逍遙。有警之際,暗傳密號,一日數易,故兵皆有志而敵不知。曹晟《夷患備嘗記》。嘗大雪壓帳,將軍竟夕失寐,晨起編閱部下,單寒者製棉衣給之。袁翼《殉節記略》。江南水師素怯,非閩比也,將軍選閩中親軍往教之,始皆奮厲。姚瑩《東溟文後集》卷十一《陳忠愍公小傳》。案:梁廷枏《夷氛聞記》略同。守吳淞二載,深得兵民心,《夷患備嘗記》。案:《神道碑》作"與士卒同薪膽者三年",蓋通二十年至二十二年虛言之,此以實言之也。有"陳老佛"之稱;英夷窺視二年,不敢遽發,又有陳老虎之稱。《殉節記略》。

偕協辦大學士、兩江總督伊里布閱視吳淞、上海各營。《清史列傳》。案:吳以淳《陳忠愍公畫像記》云:"公莅吳淞日,原任總督某公适至,刻日巡視海塘。至日,某公擁八人輿前導,儀衛甚盛,公戎服趨道左,某公乃步從公,巡視海塘終日。"所謂某公,即謂伊里布也。相度形勢,沿塘築二十六土堡。袁翼《殉節記略》。

六月,英軍犯舟山,將軍擇東西炮臺要害處,依塘列帳,爲守御計。《清史列傳》。案:黃金臺書《陳軍門殉難事》謂公馳赴吳淞築東西兩炮臺,卜起元《潛莊文鈔·書提督陳忠愍公吳淞海塘陣亡事》亦謂公馳赴相度形勢、築東西兩炮臺,恐非事實。將軍所築爲二十六土堡,非炮臺也。《同治上海縣志》卷十一《兵防》雖有"修築炮臺以資守禦"之言,要亦泛指土堡,未明指東西炮臺。吳以淳《陳忠愍公畫像記》云吳淞口故有東西炮臺,是矣。東西炮臺者,爲吳淞口犄角。據《清史稿》。西炮臺在海口北，距寶山六里，《民國同安縣志・忠義傳》。可直擊夷船，使之不能犯我。佚名《入寇志》引雷葆廉《陳軍門小傳》。案：王清亮《潰癰流毒》卷四亦引此傳。東炮臺在其南，險與西稱，《同安縣志》。可阻夷登岸，使之不能截我，法至善也。《陳軍門小傳》。案：英人伯納德《復仇神號輪艦航行作戰記》述兩炮臺形勢至詳，云："吳淞要塞的防綫，主要設於吳淞江兩岸。從吳淞鎮的盡頭開始，沿吳淞江江口延伸，又向揚子江江岸彎過去，長達三英里。離吳淞炮臺二英里爲寶山鎮，係吳淞的後方，炮臺一直築到那裏。在這長長一綫的炮臺中，共計安置了約一百三十四門大炮。吳淞鎮的西邊，有一條較大的河浜、或説運河，沿着鎮南的邊緣流行，通向吳淞江。在運河地方，用石頭修築了一座堅固的半環形的正規炮臺，其上置有十門二十四磅彈的銅質大炮。從這座炮臺所占據的位置來看，它雄視吳淞的全部地區，一面保衛運河的入口，也保衛吳淞江本身。吳淞鎮的對岸，就是吳淞江的東邊，有一座以磚頭爲主要材料砌起來的堅固炮臺。炮臺大致成圓形，從它的高度來計算，射程一定是很遠的。"我國公私記載無此詳也。西炮臺爲將軍授命之地，而東炮臺之失守，又將軍致死之由也，故詳附之。**安徽壽春鎮總兵王錫朋受邀來吳淞、寶山，會同將軍防禦。八月，回壽春。**《清史列傳》卷三十七《王錫朋傳》。案：錫朋，順天寧河人。武舉人，累官至總兵。本年六月，英軍陷定海，檄赴江蘇，旋回壽春本任。明年八月，英將璞鼎查再犯定海，又調至浙江，與定海鎮總兵葛雲飛、處州鎮總兵鄭國鴻同殉難。錫朋殺賊獨多，生時與將軍善，又先後死事，故詳著之。

七月，據《清史列傳・伊里布》。案：《邦交志》作六月。**伊里布奉命赴浙督辦軍務，江蘇巡撫裕謙兼署總督，駐節寶山。初聞將軍狀，猶未信之深也。一夕**，案：原文作是夜，似未安，爲易之。**颶風大作，暴雨傾注，潮溢塘面。**[部]**將請將軍移帳，將軍曰："大帳一移，三軍驚擾，且我就高燥，而士卒湫隘，於心何安？"嚴不動而潮亦退。裕謙度必移帳，使人驟馬覘之。將軍凝坐帳中，聞蹄聲出視，**[使]**曰："大人以風雨非常，使某問候。"將軍笑謝焉。裕謙移駐上海，聞將軍劇痢，遣醫來。將軍却之曰："櫛風沐雨，軍營常事，某以老憊偶疾，何獨張皇？"不服藥而病愈。**袁翼《殉節記略》。

**是年正月，廣東遊擊馬辰焚運烟濟英匪船二十餘。五月，林則徐復遣兵逐英人於磨刀洋。時義律先回國，請益兵。其國遂命伯麥案：伯麥名戈登，伯麥其姓。原任駐印度海軍司令。本年六月，統艦隊大舉侵我。其父亦爲海軍官。魏源《道光洋艘征撫記》謂伯麥爲英王外戚，非其實也。率兵船十餘，及印度兵船二十餘來粵，泊金星門。則徐以火艘乘風潮往攻，英船避去。英人見粵防嚴，謀擾閩，敗於廈門。案：《清史稿》卷三百七十五《鄧廷楨傳》云：三月，英船窺廈門，遣提督程恩高等迎敵於梅林澳，擊走之。

六月，攻定海，殺知縣姚懷祥等。案：懷祥字斯徵，侯官人。舉人。是年五月，權知定海縣事。六月初七日，英人陷定海，懷祥出北門，投普慈山下梵宮池死。同殉者尚有典史全福。福字疇五，甘肅人。寇至，大罵被戕。事聞，特命伊里布爲欽差大臣，赴浙督師。

七月，則徐遣副將陳連陞、案：《清史稿》卷三百七十八《關天培傳》云：連陞湖北鶴峰人，由行伍累擢增城營參將。道光十九年，破英兵於官涌，擢三江協副將，調守沙角炮臺。後與其子長鵬及千總張清鶴同戰歿。敵以連陞戰最猛，臠其屍。遊擊馬辰率船五艘，攻英帥士密於磨刀洋。案：英國約瑟林《在華六月作戰記》謂士密爲都魯一號船長，非帥也。馬辰一艘先至，乘風攻之，炮破其船。八月，義律來天津要撫。時大學士琦善任直隸總督，義律以其國巴里滿案：梁廷枏《夷氛聞記》作巴釐滿，即巴力門，所謂國會也。衙門照會中國宰相書，遣人詣大沽口上之，多所要索。一索貨價；二索廣州、廈門、福州、定海各港口爲市埠；三欲敵體平行；四索犒軍費；五不得以外洋販烟之船貽累岸商；六欲盡裁洋商浮費。琦善力持撫議，旋宴其酋目二十餘人，許陳奏。遂入都面陳撫事。乃頒欽差大臣關防，命琦善赴粵東查辦。是月，免浙江巡撫烏爾恭額，以失守海疆、又英人投書不受故也。義律既啓碇過山東，巡撫托渾布具犒迎送，代義律奏事，謂義律恭順，且感皇上派欽差恩。罷兩廣總督林則徐，上諭切責，案：《清史稿·林則徐傳》罷在九月，則罷上應有九月字，方與上八月、下十月相應。以怡良暫署總督事。案：怡良時爲廣東巡撫。會義律南行過蘇，復潛赴鎮海。時伊里布駐浙，接琦善議撫咨，遣家丁張喜案：《入寇志》

所載張喜作《探夷説帖》及《撫夷日記》內所稱名皆作禧。赴英船犒師。英水師統領伯麥踞定海數月，聞撫事定，聽洋艘四出游弈。至餘姚，有土人誘其五桅船入攔淺灘，獲黑白洋人數十。伊里布聞之，飛檄餘姚縣設供張，委員護入粵。十月，琦善抵廣州，尋授兩廣總督。義律請撤沿海諸防。虎門爲廣東水道咽喉，水師提督駐焉，其外大角、沙角兩炮臺，燒烟後，蓋增戍守，師船、火船及蜑艇、扒龍、快蟹，悉列口門內外，密布橫檔暗椿，至是裁撤殆盡。義律遂日夜增船櫓，造攻具，首索烟價，繼求香港，且行文趣琦善速覆。十二月五日，突攻沙角炮臺，副將陳連陞等兵不能支，遂陷，皆死之。案：《金壺浪墨》謂：夷目義律進攻沙角炮臺，副將陳公連陞預埋地雷，夷至而雷發，擊死百人，夷怒，知我兵少，麾衆前進，連陞以數百兵當彼五倍，自辰及申火藥告罄，連陞中銃，仆。夷人恨之入骨，刀矛交下，身被數十創。又執其子斫之，剖破胸腹而死。魏源《海國圖志》略同。王清亮《潰癰流毒》引《林少穆先生家書》亦云：“可憐陳連陞並其子鵬舉（應作長鵬）被剉數十刀，並剖破肚腹，可痛！”英寇之禽獸行，今日讀之，猶有餘憤！而英人賓漢《英軍在華作戰記》僅言：“當我們的軍隊在山脊出現時，中國人作了不少抵抗，不久就戰勝了。他們協臺陳連陞正在設法集合他的兵士，胸部中彈，在他的崗位上殉難。”輕描淡寫，既諱其敗，又諱其殘忍，可恨也！副將與將軍，海內取稱二陳者也，故詳著之。英人又以火輪、三板赴三門口，焚我戰船十數艘，水師亦潰。英人乘勝攻大角炮臺，千總黎志安受傷，推炮落水，潰圍出，炮臺陷。英人悉取水中炮，分兵戍守。於是虎門危急，水師提督關天培、總兵李廷鈺、遊擊馬辰等守靖遠、威遠炮臺，僅兵數百，遣弁告急，不應。廷鈺至省泣求增兵，以固省城門戶。琦善恐妨撫議，不許。文武僚屬皆力請，始允遣兵五百。義律仍挾兵力索烟費及香港。《清史稿·邦交志》。

道光二十一年辛丑—一八四一年　將軍六十六歲

春，朝命裕謙爲欽差大臣，赴鎮海軍營攻剿。案：此事《清史列傳》作在正月，《殉節記略》作“辛丑夏，節相伊公被逮入都，上以裕公爲欽差大臣”。考《清史稿》卷三百七十六《伊里布傳》云：“二月，襯協辦大學士，暫留兩江總督任，以裕謙爲欽差大臣。"卷三百七十八《裕謙傳》云:"春罷伊里布,以裕謙代之。"則《殉節記略》作夏,固大誤,《清史列傳》作正月,亦未確。兹依《裕謙傳》改正月爲春字。諭將軍以江蘇海口紛歧,見經裕謙布置周密,着會同護理兩江總督程矞采小心籌備。又屢諭裕謙會同將軍實力巡防,勤加哨探。據《清史列傳》。

裕謙駐杭州,調狼山鎮總兵謝朝恩案:原文名缺,據《鎮海縣志》補。爲前鋒。特命徐州鎮總兵王志元率師助將軍,將軍令守塘北小沙背,不從。據袁翼《殉節記略》。案:原文"助將軍"下有"聽節制"三字,《清史稿·兵志》江南提督本節制徐州鎮,則"聽節制"三字爲蛇足矣,兹刪。居寶山城中書院。據唐蔚芝先生文治《陳忠愍公殉難碑記》。小沙背者,由崇明入吳淞口門户也。徐兵獷悍滋事,公廉得其情,召志元治不法者鞭貫十餘人,志元由是銜將軍。據袁翼《殉節記略》。案:姚椿《江南提督軍門陳公述誄》誤徐州鎮總兵爲湖北提督。軍興,凡節度調遣,均非公意。寶山蔣敦復嘗謁公論兵事,深以上下苞苴、文武塗飾、訓練無素、心力不一爲憂。公嘆曰:"吾武人,脱不幸,知有死耳!"據蔣敦復《嘯古堂詩集·潁川將軍行序》。案:此事不知在何年,姑繫於此。

八月,英人陷定海,總兵王錫朋、鄭國鴻、葛雲飛皆死之。案:錫朋已詳上。國鴻字雪堂,湖南鳳凰廳人,將家子,累遷至浙江處州鎮總兵。英人犯定海,壽春鎮總兵王錫朋守曉峰嶺,定海鎮總兵葛雲飛防半唐土城,而國鴻壁竹山門,所謂同時三鎮者也。三鎮兵合僅四千,而賊數倍之,又器窳,餉給不時,先後被破,同死難。雲飛,浙江山陰縣人,武進士,累官至定海鎮總兵。定海之役,雲飛死最烈。是役也,將軍氣類之傷尤甚。

裕謙亦殉。案:裕謙之殉,魯一同書《裕靖節公死節事略》言之詳矣。而馮桂芬《陳君若木家傳》云:"裕靖節公當鎮海兵潰,僚屬將擁之走,君曰:'吾無官守,可不死;公不死,則萬矢集公。終一死,死西市、死此,孰愈?'靖節以爲然。則酹酒生奠之,伏地哭曰:'公從此千古矣!'靖節意遂決。"此異聞也。裕謙雖與將軍不類,然亦同時殉國者也。附之。將軍聞耗,潸然出涕,謂諸將曰:"武臣衛國,死於疆場,幸也!汝曹勉之!"據袁翼《殉節記略》及《清史稿》本傳。

定海既陷,帝旻寧以江蘇寶山等處緊要,命將軍偕江蘇巡撫梁章鉅相度布置，務使水陸交嚴。

九月，偕梁章鉅奏稱：委員赴湖北采購精鐵，先將廢炮改鑄數百斤及二三千斤炮位。得旨，迅速鑄造演試。如有調撥，即飛速解往。以上據《清史列傳》。閩安副將周世榮案：原文作閩安協周。清制，總兵下設副將，領一協，通稱協鎮，此則簡稱矣。茲改。原官名周下不著名，疑有所諱，然舊文例亦有只稱官與姓者。此周姓守西炮臺，即將軍殉難前勸將軍後退之周世榮也。據《金壺浪墨》補名。外貌樸訥，將軍信爲誠，奏升蘇淞鎮總兵，案："總兵"二字增。留攝吳淞營參將事，守西炮臺。將熔廢鐵鑄炮子，世榮監工，鐵汁精純，實勝新鐵。匠人抽鐵胚中填以碎磚，見者譁然。世榮爲掩飾，試炮炮裂，箍以鐵皮，公皆不知也。袁翼《殉節記略》。

河南巡撫牛鑑總督兩江，奏請督師於吳淞。知將軍忠勇，聞食粗糲，疑其囊澀，飭軍需局每十日饋白金二百五十兩。堅辭不受。案：此事不知在本年何時。考《清史稿》卷二百五《疆臣年表》云"道光二十一年辛丑，九月丙辰，牛鑑署兩江總督"，又三百七十七《牛鑑傳》"十月至蘇州受事"，則此事必在十月以後矣。將軍生日，客營某弁製金字旗以壽。立命裂之。案：公生日在三月，此事不知在何年。《殉節記略》繫前事事後，姑仍其舊。以上皆據袁翼《殉節記略》。時有"官兵都吸民膏髓，陳公但飲吳淞水"之謠。據陸以湉《冷齋雜識》。

冬，雪方盛，平地積數尺。將軍乘小舟，出入風濤中；或踏雪按行部曲，守禦特嚴。據王拯《陳將軍畫像記》及黃鈞宰《金壺浪墨》。是時蒙古、吉林及京師火器健卒營兵，由揚威將軍宗室奕經案：原文作"某將軍"，蓋當時有所諱，茲依《清史稿》卷三百七十九《奕經傳》補。帥領南來者，命翼長等統之，分布江浙，資策應。而奕經駐節蘇州，往來於杭、紹之間，營帳、器皿、珍羞，窮極瑰異。又幕客知州鄂君者，濫支軍餉，費用無度，以博奕經歡。會天寒風雪，簾幕、壁衣之屬，皆以貂狐洋鼠爲之。圍鑪擁酒，侑以管弦。時夷人要求不已，參佐或請進兵，奕經酒半啓帷探望，曰："寒哉氣也！"論者謂有緩帶輕裘雅歌投壺之意，據《金壺浪墨》。蓋深有所諷云。

是年正月，琦善以香港許英，而未敢入奏，乃歸。浙江英俘，易定海。義律先遣人赴浙繳還定海，續請獻沙角、大角炮臺以易之。琦善與訂期，會於蓮花城，義律出所定貿易章程，並給予香港全島，如澳門故事，皆私許之。既而琦善以義律來文入奏，帝怒，不許。罷琦善並伊里布，命宗室奕山爲靖逆將軍，尚書隆文、湖南提督楊芳爲參贊大臣，赴粵剿辦。時義律以香港已經琦善允給，遍諭居民，以香港爲英屬埠。又牒大鵬營副將，令撤營汛。粵撫怡良聞之，大駭，奏聞。帝大怒，遂籍琦善家。下詔暴英人罪，促奕山等兼程進會各路官兵進剿。尋以兩江總督裕謙爲欽差大臣，赴浙視師。時定海、鎮海等處，英船四出遊弈。裕謙遣兵節次焚剿，並誅其酋目一人。二月，英人犯虎門，水師提督關天培死之。丁晏《關忠節公傳》云："辛丑正月（案：此誤，應作庚子十二月五日）夷兵攻陷大角、沙角兩臺，又進攻威遠、靖遠諸臺。大吏一意主撫，盡行撤防，併木排鐵鏈皆毀棄之。公詣制府，慟哭請益兵。不許。守臺僅羸兵二百，公自度衆寡不敵，孤立無援，乃決爲死計。晝夜駐炮臺督戰，創痕遍體，血濡衣襟。會事急，公顧其僕孫立（魯一同《關忠節公家傳》作係長慶）使去，至山半，回首視公，已爲飛炮所中，隕絕於地。時辛丑二月初六也。"同殉者游擊麥廷章。乘勝薄烏涌，案：英人陷烏涌，湖南篡鎮總兵祥福死之。《廣州府志》云：祥福溺死，起屍時，尚手搏一英人，以手入其喉，相抱同溺云。省城大震。十三日，參贊楊芳抵粵，各路官兵未集，而虎門內外舟師悉被燬。楊芳議以堵爲剿，使總兵段永福率千兵扼守東勝寺陸路；總兵長春率千兵扼鳳凰岡水路。英人率師近逼，雖經鳳凰岡官兵擊退，仍乘潮深入，飛炮火箭，併力注攻。會美利堅領事以戰事礙各國商船進口，赴營請進埔開艙，兼爲英人說和，謂英人繳還定海，惟求通商如舊，並出義律書，有"惟求照常貿易，如帶違禁物，即將貨物入官"之文。時定海師船亦至粵，楊芳欲藉此緩兵退敵，遂與怡良聯銜奏請。帝以其復踵請撫故轍，嚴旨切責不許。三月，詔林則徐會辦浙江軍務，尋復遣戍新疆。四月，奕山以楊芳、隆文等軍分路夜襲英人，不克。英人遂犯廣州城。不得已,仍議款。義律索烟價千二百萬,美商居間,許其半,議遂定。奕山奏稱義律乞撫,求許照舊通商,永不售賣鴉片,將所償費六百萬改爲追交商欠。撫議既定,英人以撤四方炮臺兵將擾佛山鎮,取道泥城,經蕭關、三元里,里民憤起,號召各鄉壯勇,四面邀截,英兵死者二百餘,殪渠帥伯麥等。義律馳援,復被圍,亟遣人突出告急於廣州知府余保純。保純馳往解散,翼義律出圍,登舟免。時三山村民亦擊殺英兵百餘,佛山義勇圍攻英兵於龜岡炮臺,殲英兵數十,又擊破應援之杉板船;新安亦以火攻燬其大兵船一,餘船遁。義律牒總督示諭,民始解散。義律受挫,久之,始變計入閩,攻廈門,再陷。案:金門鎮總兵江繼蕓等死之。復統兵攻定海,總兵葛雲飛等戰歿。裕謙以所部兵督余步雲與總兵謝朝恩各領其半。步雲違裕謙節制,不戰先走,英遂據招寶山,俯攻鎮海,陷之。裕謙赴水死,謝朝恩亦戰歿。案:朝恩爲狼山鎮總兵,守金雞山。與定海游擊張玉衡、黃巖千總王萬隆、鎮海把總金夢、黃巖把總汪宗賓、解天培、外委林廣、吳定江等同戰死。英人乘勝據寧波。八月,英人攻雞籠,爲臺灣道姚瑩所敗。九月,命大學士宗室奕經爲揚威將軍,侍郎文蔚副都統特依順爲參贊大臣,赴浙江,怡良爲欽差大臣,赴閩,會辦軍務。《清史稿·邦交志》。

道光二十二年壬寅——八四二年　將軍六十七歲

三月,牛鑑調集各路兵防上海。俞樾《同治上海縣志》卷十一《兵防志》。將軍嘗與大閱,見近地兵多弱,而上江各營較強。牛曰:"是可當前鋒乎?"將軍曰:"近者皆有家室慮,且服吾久,無離心。客兵恐難恃。"陸以湉《冷廬雜識》。夷數窺吳淞,不敢入。潛購奸民焚將軍火藥姚瑩《陳將軍畫像記》。幾盡。吳以淳《陳忠愍公畫像記》。將軍怒,擒斬之。姚瑩《陳將軍畫像記》。案:《同治上海縣志·兵防志》承三月牛鑑調兵後云:"適蘇省解到火藥四萬五千餘斤,儲西城積穀倉。火藥猝發,烟焰熏天,中挾屋木磚石,硼轟飛墮城外十餘里乃止。民間傳說:有內地奸民放火。"即此事也。朱翊清《埋憂集》謂奸商通夷者爲之，劉長華《闕名筆記》則謂解到本省火藥數十罐，監局官宿娼酗酒，不慎於火，不知孰是。以形勢度之，自以奸人縱火爲近實。江南海傍諸大市，率薈集上海，時閩、粵奸民之在上海者，多與海賈習，海賈與夷習，輒以利相煽誘，窺伺無虛日。吳以淳《陳忠愍公畫像記》。嘗獲晏士叮喇嘛，案：楊秉杷《陳公殉節記》作晏士叮喇嘿。失名《犀燭留觀記事》載白夷晏士打喇埋供詞，則此亦係夷人姓名也。謂夷中以吳淞炮多不敢攻；而閩、粵之商上海者，傳廣東洋商語，謂夷人素憚將軍名，謂其猶能直行己意，收發左右如往時。故夷中有"不畏江南百萬兵，只畏江南陳化成"之語。朱翊清《埋憂集》。案：黃金臺書《陳軍門殉難事》、雷葆廉《陳軍門小傳》均傳夷人"不畏江南百萬兵，只畏江南陳化成"兩語。傳言浙軍議和有成約，英人將就撫廣東。將軍獨謂夷情反覆，未可深恃，請留所部兵弗去，增築海口炮臺。《金壺浪墨》。先是，已築土城幾二十里，鑄大炮六十位，其最大者重八千斤。案：文慶等《道光朝籌辦夷務始末》載道光二十二年六月己卯耆英、伊里布奏疏，有"前年鼓鑄之八千斤洋銅大炮八尊"云云，則此言甚確。惟有原文下有"可及數十里"句，證以下袁翼《殉節記略》及《軟塵私議》練廷璜所言，則似夸侈失實矣，茲删。案：《復仇神號輪艦航行作戰記》載攻陷吳淞後之情形有云："好多又大又好的大炮，特別是新近鑄造的幾門比較長的銅質大炮，爲我方虜獲過來。有幾門最好的也是最重要的大炮，曾被安置在運河上面都座具有十門大炮的炮臺之上，摩底士底曾經與之作過一次激烈的戰鬥。但多數的大炮，差不多半數左右都是六磅炮彈，最大的是二十四磅炮彈。若干大炮是在十到十六磅之間。包括在寶山鎮所獲的大炮在內，一共俘獲了約二百五十門大炮，其中四十二門是銅製的。"此雖狂寇所記，然與此合觀，亦足見將軍當時苦心經營之績，實足以捍衛國土。終陷於狂寇之手，悲！將軍察其兵已可用，授以避炮法：先辨烟色白者，乃空發，不必避；色黑烟冒出者，宜亟避，伏地乃不損，以炮火必離地三尺。故且演之，使士卒觀，無不信服。據雷葆廉《陳軍門小傳》。案：朱翊清《埋憂集》亦載此事而略簡。湯睿譯日本人撰《英人強賣鴉片記》亦有相類語。屬諸吳淞激戰之日。又謂屬吏云："我善水性，能任海防事。爾毋恐！"朱翊清《埋憂集》。案：楊秉杷《軍門陳公殉節記》亦引此言，謂得之其從子與學生，皆從公者。此類事不知在何時，姑類繫於此。海防既嚴備，牛鑑入告曰：吳淞海口地方緊要，已於東西炮臺及東溝分紮四營，作爲遊兵、奇兵，期於彼此接應。

四月，英人犯乍浦，牛鑑又入告曰：督飭化成駐守海塘，聲勢聯絡，吳淞之東西炮臺，均宿重兵，並伏兵爲應援堵截計。嗣又屢以會同化成添設炮位、掘置濠溝、稽察漢奸、申明紀律、激勵將士各事入告。以上皆據《清史列傳》。案：英人犯乍浦，據《清史稿·紀傳》爲本年四月事。《清史列傳》屬之二十四年，已大誤；又將牛鑑此兩疏亦屬諸二十四年，是年將軍已早殉國，牛鑑亦褫職逮問，何來此種語？則更誤矣。今皆改，移入本年。

乍浦逼近金山衛，英人既陷乍浦，遂屢遊奕金山衛、川沙洋面，窺伺漸急。據雷葆廉《陳軍門小傳》。公知其必大至，因大饗士卒，約曰："即至萬無可爲時，幸弗有一人臨陣逃避，此爾等之所以報國，即爾等之所以報我也。"衆皆慷慨泣受命。卜起元《書提督陳忠愍公吳淞海塘陣亡事》。案：此事雷葆廉《陳軍門小傳》及朱翊清《埋憂集》俱載之而略簡，惟下皆云"復給藥人一丸，云臨陣納諸口可壯膽，皆感泣拜受"，則近於誕矣，不取。時將軍率攝參將案：據袁翼《殉節記略》增"攝"字。周世榮守西炮臺；參將崔吉瑞、遊擊董永清守東炮臺；據《清史稿》本傳。案：《民國同安縣志·忠義傳》作"以牛、王守東炮臺"，謂牛鑑、王志元也。《光緒松江府續志》卷十九《武備志》謂"謂牛鑑督師至寶山，駐吳淞之東炮臺"，朱翊清《埋憂集》同。《壬寅聞見紀略》謂署川沙營參將崔吉瑞與王志元同守小沙背、周世榮與前營海擊王鳳翔守東炮臺，貝青喬《咄咄吟》自注謂將軍守東炮臺，皆誤也。泰州、溧陽營守衣周塘，安徽撫標暨河南營守校場及塘堤；後營守城東；海州營守東北；吳淞營守備易占奎等偕知縣周恭壽守城；《海疆紀略》下。徐州鎮總兵王志元守小沙背，防繞襲。據《清史稿》本傳。旋一頭陀乞食於東炮臺，逗遛久之。實賊諜隱詗徐鎮情形也。《殉節記略》二十日，有夷船二隻，由匯頭内洋一路測水而入，泊吳淞口十餘里外。將軍以炮力所不及，勿擊。二十一日，兩夷船去。毛祥麟《海疆紀略》下。二十三日，晝霧漫空，暴風動地，賊船齊泊口外。

五月初一日，有大輪船三隻，列木人兩舷，繞小沙背，直向西炮臺，欲試吾軍炮力。將軍知之，不發炮，忽揚去。以上皆據袁翼《殉節紀略》。案：袁陶愚《壬寅聞見紀略》以此事屬諸五月初六日，云："午刻，一巨艘對塘駛至，賊伏艙中，外列木偶，蓋欲試我炮力遠近。軍門識其狡，飭士卒毋開炮，以觀動静。旋退出."不知孰是。《海疆紀略》謂"初一日大夷船二隻,火輪二隻,又從内洋駛泊舊所",當即此事,而船數不同。初二日,牛鑑由高橋赴衣周塘,會將軍巡視。據《壬寅聞見紀略》。案:《海疆紀略》以爲初一事。又入告:化成心如金石,士肯用命,寶山民情甚屬固結。《清史列傳》。初五日,寇船集益多,炮聲震天,擊往來商船。案:《壬寅聞見紀略》以炮擊商船事屬初一日,云:"吳淞之距塘十餘里外,英夷駛到火輪船三隻,並於黃家灣及銅沙地方各泊兩船,爲聯絡之勢,遇商舶進口,輒издействоval之;有揚帆遁者,即以鎗炮轟擊。似恐近塘水淺,欲借商船裝兵爲入口計。時船之被擄者四十餘號。"又《紀略》於初五日記云:"制軍(牛鑑)撥兵三百名,各戴五色面具,衣虎衣隱身塘後,時躍出土塘之外,互相跳舞,蓋使逆船遥望,莫知我軍虚實也。"真所謂棘門兒戲矣。初六日,寇插影旗於陣頂,以水牌浮戰書來告。世榮得之,請將軍緩師旗。將軍弗許,擲書塘外,出口號,誡戰備。以上據袁翼《殉節紀略》。案:《壬寅聞見紀略》以此事屬初四日,云:"申刻,逆船十餘號,連檣而進。其至大之船,連桅高數十丈,船身三層,四面皆設炮眼,夷兵内伏,外不見一人。移時開空炮數門……時軍門親駐海塘,守極嚴,賊以木匣盛書乞和,乘潮入,守塘兵得之以獻。制軍(牛鑑)聞之,欲遣弁許和。軍門恐墮軍心,堅不從。"初七日,日加辰,瞭塘兵報:望見寇船檣列如林,計大船二十有四;案:《光緒松江府續志》卷二十一《名宦傳》云:"夏五月,英夷以三十艘逼吴淞。"當指此。其舢舨暨被脅之商船,不可悉數;距塘較遠處時復有船窺伺。牛鑑復周歷海塘,見寇勢大,深以爲憂。將軍告曰:以上據《壬寅聞見紀略》。"某經歷海洋幾五十年,海上防禦全憑炮力,此身在炮彈中入死出生,難以數計,據《道光朝籌辦夷務始末》載二十二年五月壬戌牛鑑奏疏。案:《清史列傳》本傳以此疏屬諸二十四年,大誤。説已見前。無畏死之心,則賊無不滅矣。據《神道碑》。案:《神道碑》與牛疏所言大致相似,惟以爲將軍誓師語,則大異。要以牛疏爲可信。碑或據誤傳也。兹取一二語,以補牛言之不足。公勿怖!《殉節紀略》。第坐鎮,毋輕出入也!"《同安縣志》。案:《民國福建通志》作"勿輕出入恐怖也"。牛鑑不答去。袁翼《殉節紀略》。時將軍嚴飭各營將士整器械,具戰艇,備迎敵。已七晝夜不交睫矣。夜三鼓,牛鑑檄周世榮遣弁赴夷船招撫。會有脚船二駛入,周令衆軍呼噪,船驚退。將軍聞之,嘆曰:

"軍心亂矣，明日敵必至。"使各營備益嚴。據《壬寅聞見紀略》。案：喬重禧《夷難日記》云："初八日，清晨，復有專人議和，持二十萬洋，以保一□□之説。然皆密謀，非外人所得與聞也。募敢□□（案：疑"赴夷"兩字）船關説者，潘清泉、金聽泉皆應召，中變，不願往。忽有右營標下兵二名，挺身敢往。劉等（案：劉爲上海縣令劉光斗）喜甚，先以百洋爲賞。持縣印文書、白旗，櫂一小舟即行。至吳淞，夷人已進口，陳軍門已陣亡，三軍皆逃散，夷勢甚張。二兵懼，藏白旗，不敢出以招呼。夷船見之，疑偵卒爲奸細者，遞放洋鎗。二兵遂回櫓遁，亦不暇復劉命。"檄文書云劉令之謀款自當有所受，其爲牛鑑無疑。蓋檄周世榮之謀未成，乃有命劉令之事，蛛絲馬迹，尚可尋也。將軍方見危授命，而牛尚持兩端，其肉尚足食乎？初八日，日加寅，據《潰癰流毒》、雷葆廉《陳軍門小傳》。寇艦銜尾南進，兩兩相輔，空一艦於西，以防西臺，若預知東臺之不足慮者。揚帆出小沙背前，徐鎮按兵不動。袁翼《殉節紀略》。將軍執紅旗，登臺麾戰，戒左右："海洋飄忽，火器毋浪發，度敵船稍近，擊之，則發無不中。且以静待動，勞逸迥殊，勿爲所震！自亂則敗矣。"撫周世榮背語之曰："吾與若福皆不薄。"世榮不解。將軍曰："戰勝上賞；即不勝，得令名。非福而何？"已而夷人據船檣，縶炮而上，乘風鼓浪，頃刻至前。公遽命炮擊，敵船銃炮亦發，雷轟電掣，聲震百餘里，烟焰蔽空。案：兩軍交戰之始，各書所記時刻不同。喬重禧《夷難日記》云："寅刻至巳正初刻，聞炮聲不絶。"曹晟《夷患備嘗記》云："自昨初七夜三更，於枕上聞大炮聲不絶，且甚遠。"袁陶愚《壬寅聞見紀略》云："初八日，天甫明，賊駛駕火輪船及大兵船，直抵吳淞，以大炮攻擊。"佚名《夷艘入寇記》下云："初八日黎明開炮。"俞樾《同治上海縣志・兵防志》云："初八日卯刻，兵船直撲炮臺。"《夷患備嘗記》所言最早，《上海縣志》則最遲，《夷難日記》與《陳軍門小傳》同謂寅刻。然《小傳》謂此時直逼吳淞，與《夷難日記》又小異。兹姑從《小傳》，與下《金壺浪墨》所記時刻亦無矛盾也。自卯及巳，以上據黃鈞宰《金壺浪墨》。案：《光緒松江府續志・名宦傳》同。毀敵艦三，殲斃甚衆。《清史稿》本傳。案：殲敵船隻，各書記載亦多不同。兹以多少差別順列於後。雷葆廉《陳軍門小傳》云："壞夷船大小十餘隻，逆夷死者甚衆。"袁翼《陳忠愍公殉節紀略》云："是役也，碎賊八船，殺賊五百餘。"王拯《陳將軍畫像記》云："擊毁夷舶五，又二火輪。"陸以湉《冷廬雜識》同。梁蒲貴《光緒寶山縣志・兵制》云："擊傷輪船二，大兵船五，殲西兵數百人。"《同安縣志・忠義傳》云："壞夷船六七艘。"李元度

《先正事略》同。《金壺浪墨》云："擊〈毀〉夷人大艦一，小輪船五。"《民國福建通志》本傳云："轟壞其船六艘，斃數百人。"《夷艘入寇記》云："擊沉二艘，又折二艘之桅，夷兵溺死者二百餘。"《壬寅聞見紀略》云："擊沉火輪三，大兵船一。"《光緒松江府續志·名宦傳》云："自卯至巳，毀其艘四，夷卒二百餘。"《道光朝籌辦夷務始末》載二十二年五月壬戌兩江總督牛鑑奏摺云："曾轟壞夷船三隻，約傷斃匪數十人。"《清宣宗實錄》、道光朝《東華續錄》、《清史列傳》、《清史稿》同。不老老翁《鎖城日志》亦謂"焚其三舟"。朱翊清《埋憂集》船數相同而文異，云："擊損火輪船三巨艦，夷匪數十"。喬重禧《夷難日記》云："轟壞大夷船二隻，擊死夷匪及下水死者無數。"貝青喬《咄咄吟》注亦云"用大炮擊碎其船二"。吳以淳《陳忠愍公畫像記》則但云"毀其火輪船，擊死夷卒千人"，而不言船數。核上所述，言壞船三隻為最多。不獨官書，私家著述亦多同之。如《鎖城日志》為當時所記，決非憑牛鑑奏語也；即牛奏亦未見誇張，則其數似為得實，故取之。湯君志鈞《鴉片戰爭時期江蘇人民反侵略鬥爭史料匯編》云惟貝青喬謂擊碎其船二，為得其實。蓋貝嘗隨奕經規復江浙，奕經被逮後又從之入都，助繕親供，故於軍事始末，知之最悉。證之侵略者所著《英軍在華作戰記》，可以證實所擊壞二艘，疑即"東索斯梯斯號和它的同伙船"。備一說。然青喬誤以將軍守東炮臺，牛鑑守西炮臺，其言亦未必可盡信也。寇沮欲退，我軍噪而奮。方事之殷，東臺將士稍却，將軍聞之，遣將馳斬先退者一人以徇，親帥世榮等憑高瞭望，指揮弁兵。銃炮子錯落如雨，欻欻從冠側過，將軍行所無事，屹立如故。據《金壺浪墨》。慮彈藥不繼，請於牛鑑，牛搢不發。據淮陰百一居士《壺天錄》。時松江、太湖兵當前，徐州兵在後，安徽兵伏土城，雷葆廉《陳軍門小傳》。案：吳以淳《陳忠愍公畫像記》："上江兵伏土城內。"牛鑑駐節寶山，聞勝趨出，寇於檣上覘見其纛駕，炮狙擊之。牛跳而免，督標兵遽呼曰："制軍傷矣！"師遂潰，斬之弗能止。東臺兵亦棄臺走，據《金壺浪墨》。案：牛之出，《壬寅聞見紀略》及《夷艘入寇記》等皆言之，蓋聞勝意在邀功。牛疏言親往督戰，雖不無誇張，而其出寶山城，則似事實也。第以不聽將軍所戒，致牽動大局，則罪無可逭矣。人或並此而疑之，則以牛言之不足取信也，迹過已。《金壺浪墨》"聞勝趨出"下有"將及西臺"四字，與他書所記不同。茲刪。徐州官兵聞風亦遁，據《海疆紀略》下。案：《夷艘入寇記》下同。牛見勢不支，急遣弁檄退兵，將軍不應。檄三至，終不為動。據《壬寅聞見紀略》。寇遂由小沙背登岸，據《夷艘入寇記》。案：貝青喬《咄咄吟》

注云：" 英夷遂闖入吳巷橋內，化成腹背受敵。" 拼力攻將軍。據《金壺浪墨》。我軍炮子多磚心，比至寇船而灰，炮門且裂，全塘震動。部將多死，屍積將軍前。將軍麾旗痛哭，有飛炮拂旗角而墜，陷地一尺許。將軍見事急，以令箭召王占元並駐海神廟之王游擊等，案：王游擊疑即《壬寅聞見紀略》所云前營游擊王鳳翔也。皆已潛遁。據袁翼《殉節紀略》。案：《壬寅聞見紀略》云："五月初八日之戰，軍門親放大炮，累中夷船，賊氣已奪。使小沙背之兵不退，而後有勁援，賊且遁矣。垂成之功，敗於瞬息，嗚呼惜哉！或謂逆夷船堅炮猛，不可與敵，不知林制軍挫之於洋面，廣州義民圍之於陸地，辛丑、壬寅兩犯臺灣皆爲總兵達洪阿、兵備道姚瑩所破，而靖江區區僻壤，且爲鄉民擊走，賊非不可敵，顧待之何如耳。"其言甚壯，極確。附之。安徽兵尾之。據《陳軍門小傳》。案：吳以淳《陳忠愍公畫像記》作"上江兵"。世榮曰："事不可爲矣，請速行！"將軍拔劍叱之曰："庸奴！誤識汝！"世榮徑去。親軍存者數人，據《金壺浪墨》。將軍乃解所佩印付麾下，賚至官所，上之。據吳以淳《陳忠愍公畫像記》。炮耳已折，架瓾不可用，猶親掬藥納子，炮震傷手，血流至脛。旋有巨炮衝陷土牛，擊將軍仆地，細子中股，紛如雨點。寇見將軍手執紅旗終不偃，藥子亦垂竭，回帆欲退，而桅上寇見塘下弁兵潰散，遂麾大隊登塘。將軍拔佩刀接仗，鎗洞腹。據《殉節紀略》。時在塘僅投效武進士劉國標、額外外委徐大華及太湖營外委千總顧大貴三人。據吳以淳《陳忠愍公畫像記》。將軍呼國標曰："我不能復生，汝急免我首，擲體溝中。"一慟而絕。據《殉節紀略》。案：朱翊清《埋憂集》作："日向午，夷人遂由東炮臺陸路入，火箭及帷幕，甲盾俱著。公股被重創，猶屹然不動，而夷人已蜂擁至，右脅又中洋鎗七，血涔涔沾袍襟，猶秉旗促戰曰：'爾毋畏！爾施鎗炮！'未幾，聲漸微而絕。"姚椿《江南提督軍門陳公述》、王韜《瀛壖雜志》、吳以淳《陳忠愍公畫像記》亦均云：臨卒，尚曰："爾毋畏！爾施鎗炮！"當是實情。又案：張文虎《壬寅聞見紀略序》述劉國標云："當敵飛炮中將臺，紛紛登岸，兵卒潰走。敵鎗雨至，惟見將軍帽左右創側，且避且燕炮回擊，無何火藥盡，身中三槍，乃踣。"尤詳，並附之。國標，太湖人，工詩善書，不只勇力過人也。據黃金臺《木雞書屋詩選》卷六《喜晤劉再蘆武進士詩序》。案：《壬寅聞見紀略序》云："劉進士國標者，太湖人。初以漕務黜籍，從裕制軍防堵上海，制軍赴浙，以屬陳軍門。"類記於此。時亦創甚，據《殉節紀略》。負屍奔，潛匿葦蕩中。日暮，追者止，撫屍，喉間嗚嗚然，手指天者三，呼劉曰："好男子！"遂卒。據張文虎《壬寅聞見紀略序》。案：《壬寅聞見紀略》作大滌山人，大滌山人爲張文虎之託名。序文見《舒藝室雜著賸稿》。此所記爲山人親聞之劉國標者，自當可信。據此則將軍之殉爲五月初八日之晚。《瀛壖雜志》等謂爲初八之午，《福建通志》謂在五月十三日，皆誤。又案：失名《軟塵私議》記嘉定知縣練廷璜言將軍死事先後甚詳。其言曰："此次練立人召對兩面，頭一次詢：'汝在嘉定距吳淞若干里？'對：'四十餘里。'問：'吳淞打仗情形，汝知之否？'對：'炮聲相聞，故知之。'問：'牛奏陳化成打壞夷船數隻，自是撒謊。我們之炮，安能打壞夷船？'對：'斷不敢欺皇上，實在陳化成起先打的是勝仗。'上問：'何以見得？'對：'是日開仗，臣聽得我軍開了七十餘炮。'上問：'難道英吉利不放炮嗎？何以辨得是我軍之炮？'對：'我軍炮出，其聲絀然而止，英夷之炮，則尾聲甚長，如鞭炮畢剝之聲不絕，以此不同。'上問：'陳化成到底如何死的？'對：'確是炮打的。陳化成屍身經臣裝殮，胸前一傷，肋一傷，小腹一傷，腸胃俱出，腹中尚有小炮彈數十，未能取出。盛暑之時，屍由葦中負出，已十三天，面如生，目不瞑，是臣親見的。'上爲之憮然大慟……次日入對。問：'汝既云陳化成先打勝仗，何以又至失守？'對：'係由於士氣終餒，鼓不起來。'問：'何以鼓不起來？'練無以對。上又問，練情急，乃叩頭曰：'臣不敢欺皇上，彼時若有一股精兵，前往協濟，則事成矣'。上頷之。立人退而縷述於人焉。"立人爲廷璜之字。所言似皆確實可信。又案：某筆記云："相傳公鎮守吳淞時，檄鎮將某分駐西炮臺。其步卒有盜民雞者，民訴於公，公飭鎮將率其部卒至，將斬以徇，卒哀求乞免，乃減等，責以軍棍，插箭游行以示戒。未幾敵近吳淞，公盡力轟擊，戰將捷矣，制軍聞警，即棄寶山而遁。由是西炮臺守將以前隙，反炮擊公，中項而卒。兵遂潰。"此蓋附會袁翼《殉節紀略》所云"徐兵獷悍滋事，公廉得其情，召總兵王志元，治不法者，鞭貫十餘人，志元由是銜公"之事，而爲之辭。且西炮臺即將軍所守，安得有西炮臺反擊之變？此尤足證其無知而妄說也。國標脫公涼鞋一隻懷之，以蘆葉對縋爲識，出葦而逃。

初，將軍中鎗時，賊頭陣船冲入土門，有衣周塘炮兵王某，出賊不意，迎船然炮，轟擊艦面如掃。案：《海疆紀略》則謂吳淞南畔之新塘有大銅炮五位，司炮者見夷船驟至，引火開炮，恰中一火輪船甚傷，而謂夷人登岸，衣周塘兵已走。蓋所傳聞異辭。塘上賊驚竄，公體乃得匿。是役也，碎賊八船，殺賊五百餘口。惟衣周塘炮斃黑石夷匪百餘口，皆其健卒。

越八日，案：《清史稿》同。蘇廷玉《神道碑》作"逾十日"，《同安縣志》、《光緒寶山縣志》、李元度《國朝先正事略》、《陳忠愍公事略》作"越十日"，王拯《陳將軍畫像記》作"公死十日"，陸以湉《冷廬雜識》作"閱十月"，《光緒松江府續志·名宦傳》、黃金臺《書陳軍門殉難事》及《喜晤劉再蘆武進士詩序》、雷葆廉《陳軍門小傳》、王韜《瀛壖雜志》、朱翊清《埋憂集》、黃鈞宰《金壺浪墨》、毛祥麟《海疆紀略》皆作"越十二日"，《軟塵私議》作"十三日"，張際亮《陳忠愍公死事詩》作"十七日"。頗多歧異，不知孰是，姑從《殉節紀略》。將軍從者尋蘆中所識公屍，負之以出，據《殉節紀略》。案：《陳將軍畫像記》、《福建通志》、《同安縣志》皆謂嘉定令練廷璜購化成屍，劉長華《闕名筆記》謂將軍炮傷淹死數日後打撈得屍，皆非其實。殮諸嘉定據張文虎《壬寅聞見紀略序》及《殉節紀略》。武帝廟。據《表忠紀實》及《冷廬雜識》。案：《海疆要略》作殮於陸清獻公祠。膚體不改，《瀛壖雜志》。面如生，目不瞑，胸、肋及腹受銃炮傷三。《軟塵私議》。百姓罷市。《金壺浪墨》。丹旐所過，排巷祭爲位哭者數十百萬人。《神道碑》。案：王清亮《潰癰流毒》云："城中紳耆士庶及婦人女子、擔夫販豎，莫不奔走哭送。柩過處，盡設香案，祭於路者相望。道出省垣，江蘇巡撫程矞采率文武僚屬設祭官亭，痛哭皆失聲。"賊入寶山城，酌酒於鎮海樓，案：樓在寶山城中，一名韓樓，相傳爲韓世忠駐節之處。又案：《海疆紀略》謂夷酋入城犒軍，登鎮海樓酣飲，即在初八日午刻。頭陀與焉。《殉節紀略》。酒酣，或作華言曰："此行良險，使有兩陳公在，安能至此？"其一陳公，蓋謂副將連陞也，《金壺浪墨》。先將軍死粵難。將軍之薨也，麾下從殉者，中營守備韋印福，《光緒重修華亭縣志》卷二十三《雜志》千總錢金玉，《金壺浪墨》。把總龔齡垣，《華亭縣志·雜志》許攀桂，外委許林、徐大華，《金壺浪墨》。中營兵朱德芳、朱錦芳、周玉成、周榮、張得貴、張春、董瑞海、陳大元、徐錦彪、趙文榮、馬榮昌，左營兵王森、丁泰、顧塱、陸得勝、吳錦榮、邱洪海、尤大坤、朱渭元，前營兵王廷杰、王貴、奚成榮、吳錦榮，案：上左營兵同，疑有誤字。後營兵林得貴、林燦、丁樹聲、盛得忠、朱壽林、胡錫林，城守營兵武生許祥、張成、張得成、胡巽、林世揚、褚得昇等《華亭縣志·雜志》。八十餘人。案：《海疆紀略》《瀛壖雜志》皆作"八十一人"。而韋印福、錢金玉、龔齡垣、許攀桂、許林、徐大華名尤著。印福，上元人，

《瀛壖雜志》。豐下,痘花著面。以趫勇好謀,處總督標下,知名。楊秉杷《吳淞陣亡六忠事》。嘉慶中,以功授奮武校尉,累擢提標中營守備。《瀛壖雜志》。案:汪士鐸《光緒江寧府志》云印福爲江蘇金山營游擊。將軍守西炮臺,誓死戰,以印福忠貞,隸左右。《清史稿·忠義傳》。印福每言曰:"武官臨陣,斯爲奉職,死生固度外事。若畏死,不作武官矣!"《金壺浪墨》。先將軍殁於炮。年五十有六。楊秉杷《吳淞陣亡六忠事》。金玉,字爕堂,華亭人。少入行伍,洊補外委千總。嘉慶中,林清起直隸、山東、河南三省,烏軍門敍君徐州防禦功,遷把總。又以緝私販,擢前營千總。勤慎,歷敍巡官。是役爲前衝監炮。據《吳淞陣亡六忠事》。臨危或勸避去,答曰:"我年十六即食國餉,今焉避害?"遂及於難,《金壺浪墨》。年五十有七。君偉干巨足,里人稱錢大脚云。據《吳淞陣亡六忠事》。齡垣,案:《光緒松江府續志·名宦志》注云一作齡增,《金壺浪墨》《清史稿·忠義傳》皆作增齡。崇明人。官把總,《吳淞陣亡六忠事》。案:《殉節紀略》作吳淞把總,《同治上海縣志》《光緒寶山縣志·職官志》《瀛壖雜志》同。惟《金壺浪墨》作守備,不可信。初,賊登岸,齡垣迎戰,刃數夷。羣夷圍而擒之入船,脅降,不屈,釘手足於板,擲諸海。《殉節紀略》。攀桂,字瀛川,亦隸華亭籍。先世多武功。君少投營,身豐而顧,以善運槍,拔萃於營中。敍巡海勞績,擢修武校尉。隨防吳淞三載,不辭勞瘁,補前營外委千總。《吳淞陣亡六忠事》。當東炮臺却走時,衆志搖動,將軍益拊循之,以忠義相激勸。攀桂大言曰:"主將與某等共飲食,同風露,所爭只此一時。公受國恩,某等受公恩。欲去者,衆共誅之!"由是士心始固。將軍卒,攀桂不行,飲劍而死,《金壺浪墨》。案:《瀛壖雜志》云公殞於飛炮,不知孰是。年甫壯也。《瀛壖雜志》。林字揚德,華亭人,《瀛壖雜志》。將軍部堂官也。《殉節紀略》。少浮沉市井,其鄰姜明經國駒偉其狀,贈衣履,勸投提督標下,以功授修武校尉,升左營外委千總。將軍察其忠勇,尤任焉。敢戰。據《吳淞陣亡六忠事》《瀛壖雜志》。事亟時,率帳下巷戰,《殉節紀略》。死尤酷,年三十有二。《吳淞陣亡六忠事》《瀛壖雜志》。大華亦華亭人，方面白皙。隸提督標下，以發槍迭中得冠服。《吳淞陣亡六忠事》及《瀛壖雜志》。多力，發炮左右轉移，無不如志。《殉節紀略》。將軍令守西炮臺，司紅彝炮二十有四。及賊艦進海口，《瀛壖雜志》。手擊《殉節紀略》。多所中。及賊登岸，擁而西，君力戰，手刃十餘人。折足殞臺北，年三十有三。事聞，皆贈卹如制，《吳淞陣亡六忠事》《瀛壖雜志》。世所謂吳淞六忠者也。據楊秉杞書《吳淞陣亡六忠傳》。案：《同治上海縣志·兵防志》謂從公殉難者，尚有內黃營外委姚雁宇。考袁翼《殉節紀略》云："牛公奔至胡巷鎮，遣守備姚雁宇以令箭檄徐鎮急援人馬，中炮死。"則雁宇非將軍部下也。不著，附出於此。方將軍力戰時，牛鑑退屯嘉定，越日又退崑山，猶以手書趣將軍暫避，豈知將軍已血濺征衣，騎箕尾而去耶！《殉節紀略》。案：《埋憂集》亦謂牛遺騎邀公偕遁者再。當賊之陷寶山也，得北門譙樓炮子五百石，運歸船中。繼而掠上海，陷鎮江，犯江寧，即以我之炮子，攻我郡縣。嗚呼！是誰之罪與？《殉節紀略》。案：《夷患備嘗記》謂："將軍盡節後，洋人願以洋錢五千枚求其屍而不得。迨和議既成，洋人索去，九月之朔，用太牢，率其醜類，祭奠於吳淞口。其魁璞公使者(案：當是璞鼎查。璞當時文移自署官銜爲英國欽奉全權公使大臣世襲男爵璞，故此云璞公使)且泣且祝，若不勝情。"蘇廷玉《神道碑》謂："至今夷人就撫，尚讚嘆不已曰：'如此好將軍，自入中華來所未見也！'"似不可信，姑附於此。

　　將軍既殉國，牛鑑疏報："周歷海塘，會晤陳化成。據云：化成束髮從軍以來，經歷海洋幾五十年，海上防禦，全憑炮力，此身在炮彈中入死出生，難以數計。如刻下之布置精密，可期必獲勝仗。詎料初八日卯刻，驟聞塘岸炮聲，臣即親往督戰。遙見敵船巍如山立，桅懸巨炮，直向化成營中施放。隨兵多被擊斃，臣竟不死於賊焰，經將士扶回。化成在塘力戰，手然巨炮，轟壞英船三艘，擊斃英人無數。旋炮箭雨集，化成猶有進無退，遂被炮陣亡。"《清史列傳》本傳。案：王清亮《潰癰流毒》卷四載："有牛鑑奏爲逆夷大集船炮，闖入吳淞，提臣陣亡，寶山縣城失守，臣駐嘉定，收集潰兵情形，恭折由驛馳奏，請旨將提臣從重治罪，以儆失律，仰期聖鑒事。竊照五月初七日，馳奏逆船相持情形，臣於拜折後，復周歷海塘，會晤提臣陳化成。據該臣面稱：經歷海洋幾五十年，海上防禦，全憑炮力，此身在炮彈中入死出生，難以數計，刻下布置精密，可打勝仗，並屬臣放心等語。詎料初八日卯刻，臣正傳署遊擊張薫轉傳軍令間，驟聞塘岸炮聲，知係開仗，即至南門城外，親往督戰，庶將士見臣親至，益加奮勵。惟時炮子從空亂飛，冒險而往，乃甫至校場地面，炮彈在臣前後左右落者無數。遙見該夷船巍如山立，係將巨炮安於桅上，覷定臣所隨之隊，重疊施放，隨兵被擊斃者十餘人。俄報提臣陳化成在塘對擊，曾轟壞夷船三隻，約傷斃夷匪數十人。夷匪仍疊放大炮火箭不止，校場房屋，以及將臺，連被打破。臣憤懣填胸，恨不以一身敵愾，而將士見勢危急，扶臣折回。見炮彈所着處，屋瓦亂飛，草木披靡。臣自度萬無生理，行五六里之遙，漸至城門，竟未遭其毒焰。臣回至縣城，城內居民本少，業已搬空。而寶山縣令周恭壽帶鄉勇二千名，已在乍浦防堵。俄報提臣業已陣亡，遊擊張薫身帶重傷，周恭壽墜馬跌傷。又報土塘業已轟裂，所堆土牛，多被打塌，逆夷由衣周塘登岸。臣看此光景，已不可支，即從西門退去，不過四五里之遠，即見東門一帶火起，又見西炮臺存貯火藥之處，並被焚燒。又探逆船二隻，已驀進海口。尚恐後船連檣而進，上海無險可守，知已不可復問。臣於黃昏時，始抵嘉定，連夜持令收集各營潰兵。即馳至太倉州城，堵禦瀏河要口，並一路查探逆艅，截其入省之要道，保守根本重地。臣惟有仰天痛哭，自撾自恨。又提督陳化成爲國家忠勇兼全之臣，遽效死於頃刻之際，臣又不禁仰天痛哭。伏念臣以一介庸儒，未嫻軍旅，仰蒙皇上不次鴻恩，擢任兩江。半載以來，與提鎮文武等講求防禦，舉凡練兵繕械，賞功懲惰，一切機宜，實已稿目腐心，不遺餘力，詎料逆夷兇猛，迥出尋常意料之外。此次挫失，臣目擊身經，方知兇焰不可猝制，委非將士不肯用命。惟有仰求天恩，先將臣從重治罪，以爲失律者儆。除查明陣亡將備丁另行具奏外，所有英夷突入吳淞、提臣陣亡、寶山失守緣由，六百里馳奏。伏乞皇上聖鑒訓示，臣不勝惶悚待罪之至。謹奏。"此文間有缺誤。以文慶文，然不紋將軍殉難情形，則又不盡全符，抑有缺文，不可知矣。讀此可見牛之心膽俱裂，狼狽逃死光景，不啻親畫供狀。而於諸將怓怯潰逃，以致牽動全局，將軍授命，竟無一語敘及。或因掩飾己之逃命，而亦包容之乎？清廷竟未置法，可謂失刑。附出於此。五月十四日，帝旻寧諭曰："英人突集船隻，攻犯寶山，江南提督陳化成督率弁兵在塘堵禦，相持七日之久，開炮轟壞英船三隻，傷斃洋人數十人。該縣地本濱海，英人輒將巨炮安於大船桅上施放，致將土塘轟裂，捍蔽無資，該提督陣亡。該縣城旋亦失守。覽奏曷勝悼惜！陳化成久歷海洋，素昭忠勇。此次臨敵，亦極果毅。竟爾捐軀，允宜特沛殊恩，以慰忠藎。

陳化成着交部照提督例賜恤；仍加恩賞銀一千兩，即由江蘇軍需局給發，並着該原籍督撫查明該故員子孫幾人，據實具奏，並於殉難處所及該原籍各建專祠；該故員靈柩回籍時，並着各該地方官妥爲照料。"旋賜恤如例，予諡忠愍；賞騎都尉兼一雲騎尉世職，襲次完時，以恩騎尉世襲罔替。《清宣宗實錄》卷三七二。十二月，閩浙總督怡良等以查明陳化成子孫五人奏聞。諭曰："陳化成之子陳廷芳，着照例承襲世職；陳廷菜，着賞給舉人，一體會試；伊孫陳振世，着俟及歲時，由該督撫給咨送都引見。案：蘇廷玉《神道碑》云孫五人，振聲、振興、振作、宜貞、振世。舊例蔭長孫，長孫爲振聲，不應捨長而及最幼之振世。疑有誤。用示朕篤念忠貞、賞延後嗣之至意。"《清史列傳》本傳。又祭文曰："朕惟立功報國，良臣能致其身；賜恤褒忠，曠典用昭其節。惟精誠之克矢，斯寵予之尤隆。爾原任江南提督陳化成，謀裕六韜，勞經百戰，初隨行伍，歷任水師。叠書州載之勳，屢禽渠魁；允是萬人之敵，洊陟軍門。邇以釜底魚游，井中蛙聚，念海氛之未靖，資國士以專征。辟歷飛聲，申天威而討賊；風雲列陣，據地勢以鏖兵。虜已在其目中，氣能吞乎洋外。三軍賈勇，丈人吐地水之占；七日衝鋒，壯士固寶山之守。賊鯨鯢其待掃，師貔虎以無前，重寄攸關，相持不懈。何意吳淞馳進，方肆逆而逞兇，大樹飄零，竟捐軀以殉難。忠魂邈矣，生氣凜然。覽奏心傷，爲之涕隕。酬大勳而蔭其子，特沛殊恩；發內帑以恤其家，頻頒鉅典。階居極地，祀立專祠。於戲！俎豆馨香，薦忠良而易名兩字；粵閩江浙，垂功烈而炳節千秋。靈如有知，尚其來格。"

松郡士民公祭文曰："維道光二十有二年，歲次壬寅，六月戊寅朔，越二十七日甲辰。松郡紳耆士民等謹以清酌庶羞之奠，致祭於誥授振威將軍提督江南全省軍務蓮峰陳公之靈曰：夫百姓無私加之諡，激於天者最真；三代有直道之公，德在民者必報。列星沈上將，幽則爲神，世重尸臣，沒有祭社。如我蓮峰陳公本同安之果毅，爲圻父之爪牙，束髮從戎，裹瘡殺賊，縛孫恩於瀹島，誅楊太於湘湖，屢敍戰功，特膺寵眷。翎飛翠羽，飄縷揚海帥之威，節駐金門，畫錦媲相州之治。六宇視如頗牧，八關倚作屏藩。乃自道光二十年，夷逆鴟張，倭奴豕突，案：英夷稱倭奴，不合。暗布鴆媒之毒，驟矜螳臂之掌。上親策廟謨，預籌江省，乃簡宿將，移鎮茸城。斯時也，八千子弟，久戢干戈，十萬水軍，未經鋒鏑，寂寞袁公之壘，濠塹俱湮，迢遙黃歇之江，樓船不設。加以霓旌晝駐，甫及浹旬，銀燧宵騰，徒驚旁午，帳下之鸛鵝未列，甬東則草木皆兵。公當伏波據鞍之年，值吉甫出師之月，鳶墮既蒸於毒霧，鷁飛宜畏乎颶風。而乃羽翼星馳，牙旗飆舉，審嚴邑失輔車之勢，重閉猶難，謂國人有望歲之心，辦嚴不暇。於是激昂誓衆，草創安營，終夜枕戈，慮寇徒之犯壁，經年囊土，憑衆志以成城。部分而士得番休，整先以暇，紀要而軍能成誦，勇更無譁。然此特一時之令行，非四方之心感也。所異者驃騎勳高，張惟一幕，貔貅隊肅，賞每千金。饋但受饗，愧傷廉悉將璧返，飛堪食肉，除饗士並却鼎烹。至於海岸風號，穹廬雪積，持遠鏡以晨瞭，吹律管而宵興。固已誠達主知，忠邀天鑒，忌功者彈章莫入，誦德者巷陌僉同。方謂荊楚得羊公，民皆安堵，合肥屯韋武，屯不侵疆矣，豈謂浙洋寶逼，漸欲窺吳，武庫方灾，便圖望蜀。江先量去，跳梁之技何窮，艦欲飛來，游釜之踪不定。至公薨之日，狂瀾揚沸，火輪蔽空，公果察鬼蜮於機先，策虎羆於麾下，倉皇結伴，慷慨登臺，申號令於三軍，聽指揮於一纛，郎機炮振，迭摧鷖背之帆，霹靂弓鳴，迅奪鼉腰之鼓。而況寇軍建壘，刁斗相聞，醜類興波，舳艫殆盡。向使鄭師未北，□或是先字揚考叔之螯弧，欒伯不來，但視中行之馬首，則幺麽悉殄，魑魅同殲，不特揮戈無慮放霆奔，且將磨盾而書露布。奈何軍無後繼，功敗垂成，潰等符離，孰作宏淵之焰，驚同淝水，恍聞朱序之呼。卒至太尉靴刀，但防賊辱，將軍馬革，竟裹屍還，此士民爲之抔膺，天子聞而揮泪者也。嗚呼！推轂元戎，未試屠鯨之手,握符方鎮,難憑驅鱷之文。獨此軍一當匈奴,乃中國願封京觀,何以征鼙奮擊,掌僅孤鳴,契箭傳呼,肘多旁掣,子玉之師未動,周處之死無援。赤火白茶,枉瘁三年之力,淒旌冷翣,空歸千里之魂。欽惟聖朝祀重昭忠,恩榮錫命,蔭後而簪纓勿替,建祠而黍稷惟馨。諡當議乎太常,帑已頒於內府。意張巡誓為厲鬼,以報涓埃,或韓擒死作閻羅,永留精爽。某等向資保障,恃若長城,共感忠貞,肅將私祀。謹具牲牢之奠,用申葵藿之忱。至如將書知方,士聞效命,青燐(磷)白骨,新鬼煩冤,風馬雲車,壯心騰鬱,知在天仍隨鞭鐙,宜為位並受蒸嘗。易鐃吹而作悲歌,海甸已傾一柱,奉明禋以彰忠悃,云旗永護千秋。哀哉! 尚饗。"案:見王清亮《潰癰流毒》卷四。作者為華亭副貢生雷對。

將軍遺像,江浙兩省,幾於家置一幀。貝青喬《咄咄吟》注。案:王拯《陳將軍畫像記》云:"嘉定令練廷璜募公屍,獲積葦中,命工繪像二,一吳淞民留祠之,一歸練君。今此本乃練君所摹出者,公死十日,練君始得公屍,而色如生,故令摹之。"《同安縣志》則謂繪像二,一貽其子。當時詩人題將軍像者,屢見卷帙,則傳摹必多可知。一九五九年十月二十六日《上海晚報》有《看近代肖像畫展覽》一文云:"有一張肖像畫,畫着一個眼尖如刀,嘴闊過眉的人,他正襟危坐在披着虎皮的靠椅上,顯得十分端莊威武,這就是曾經領導上海人民抵抗英寇(案:原誤作倭寇)侵略的民族英雄陳化成。作者是一個不署名的民間肖像畫家。全面濃墨重彩,是明清時代在民間盛行的供奉像。畫上的陳化成,雖已老態龍鍾,但神氣凜凜,當年威武不屈的神態,還躍然紙上,使人看了肅然起敬。"當亦山諸練本重摹者。又是時尚有立像,褚維塏《書陳忠愍公畫像》詩云:"紫彩棱棱上騰面,白鬚數莖月閃電,軀幹修偉衣戎裝,左手橫摩腰下劍。"當即詠此。其後更有據此木版刻印者,則傳播當更廣。貝青喬謂幾家置一幀者,非夸詞也。松江人哭將軍尤哀,作詩成帙,顏曰《表忠崇義集》。陸以湉《冷廬雜識》卷七。

將軍殉難後,杭州將軍耆英查看戰地後云:"廬舍炮臺,盡成瓦礫,海塘樁石,亦多斷裂。原設鐵炮,有敲斷兩耳釘塞火門者,有推墮海中者,有銅炮盡為攫去,種種蹂躪情形,竟至目不忍睹。詢之土人,僉稱:該逆夷船兩面排炮,人藏艙底,接連數船,照準瞄頭,轉輪施放，或東或西，權操必中。我之炮位安設炮臺塘岸，雖有炮車可以推轉，而究係重笨不能移動之物。彼於一、二十里之外，可以擊我中堅，我炮致遠不過數里，即使對準轟擊，而彼船之來，係乘落潮時逆潮而上，風先彈至，彼船即可趁風順潮，以避我炮，並可不致擱淺。其於侵犯吳淞之時，又於寶山城外沿塘一帶，如大校場、吳木烽、天后宮、小沙背、石洞等，凡屬安兵設炮之處，分其餘舶，開炮牽制，使我不暇應援。是彼逸我勞，彼靈我笨，不能取勝，並非戰之不力，亦非防之不嚴。案：失名《夷艘入寇記》云：'是時寶山東西炮臺有炮三百餘、勁旅七千，海塘高厚數丈，塘上土堆形如雉堞，我炮可以中夷，而夷炮不能透塘；即懸炮桅上飛擊，亦冒空而過，不能命中，其小船登陸之賊，涉灘登，爬峭岸，我兵居高臨下，一可却百，但能膽定心齊，縱不能制賊死命，亦可自守無虞。'則此次之敗，仍由人謀之不臧，不能委過於敵人之船堅炮利也。按視故壘，吳淞口迤南之胡巷口、衣周塘、江灣、東溝、李家廠以訖上海縣城；又吳淞口迤北之大校場、吳木烽、天后宮、小沙背、石洞、瀏河、白茆口等處，以訖福山。凡屬要隘，無不安兵設炮，勢若長蛇。無如地段綿長，兵分則未免單弱，中堅一破，風鶴皆驚，又無後路，以致官兵遂成瓦解。以所見證諸所聞，忿恨之餘，不禁爲陣亡殉節諸臣及被難居民痛哭也。"據北京故宮博物院編《道光朝留中密奏・耆英片》。案：此爲耆英奏摺附片，大旨在委過強寇，爲牛鑑等誤國諸人開脱，原不足取，惟其中亦有與吳淞一役頗有關係者，爰加節取，並略有移乙，假作本譜結穴。

專祠成，帝宴寧又制廟碑文曰："朕惟折衝禦侮，履危而果毅斯昭，取義成仁，歷久而精誠益顯。將帥志存敵愾，任重干城，國家典懋旌忠，名垂竹帛。爾原任江南提督陳化成，赳桓素著，韜略能精，早歷戎行，備嫻水戰。習往來於海島，竹箭波恬，擒嘯聚於江洋，崔符澤靖。制勝則羣推膽識，論功而洊晉頭銜。駛下瀨之樓船，鶗飛比迅，建中軍之旗皷，狼燧無驚。爰資保障於巖疆，久播聲威於渤澥。閩南開府，迭寬展覲之期，江左移防，更賴宣勤之力。乃者夷氛騷動，逆焰鴟張，允宜大受創懲，庶可潛消窺伺。惟援枹氣奮，擐甲躬先，冒矢石以衝鋒，睹旌旗而變色。火器則雷轟電掣，山嶽崩頹，舟師則雨驟風馳，波濤震撼。賈餘勇以伸士氣，撥先幾以懾敵情。方期貔虎前驅，鯨鯢就戮，何意犬羊突陷，猿鶴同悲，七日相持，一身竟殞。眷思臣節，彌愴朕心。星落蜚弧，感飄零於大樹，雲寒鼓角，懷捍衛於長城。象厥生平，諡爲忠愍。於戲！奠忠魂而隆廟貌，凛凛如生，蔭後嗣以振家聲，繩繩弗替。豐碑屹立，巽命欽承。"

某月，廷芳等扶將軍柩回籍，葬於金榜山之麓。據蘇廷玉《神道碑》。其友蘇廷玉爲之碑辭曰："天生上將，毗代作楨，東南海澨，峙爲長城。天不死公，鯨孽一空，天竟死公，罔奏膚功。天子曰吁！爾謀獨訏，爾竟授命，爾竟捐軀。茫茫巨浪，莫息天吳，有誰擊楫，有誰執枹。念爾藎臣，難贖百身，爾志何遂，爾目何瞑。昔事先皇，斬蛟重洋，廓清掃蕩，潮汐星霜。越余在位，重閫攸寄，爲余腹心，豈徒指臂。環顧百僚，如爾無兩，爾支大廈，爾鳴孤掌。采薇出車，歌詩可廢，忍聽鼓聲，興思敵愾。其命部曹，書勳書勞，鼎鐘騰美，崧嶽爭高。嘉爾神勇，愍爾精忠，易名定諡，恤後飾終。匪云酬庸，用紀宗功，以勵來者，禦侮折衝。恩綸叠至，合祀專祠，公死不死，公如生時。熱血滿腔，英靈千古，國事孔殷，忠魂來補。"

九月，牛鑑褫職逮問。《清史稿·宣宗紀》。初吳淞陷時，王志光挾所部遁松江，旋死。有刻其坐視上海之破不出一兵者，奉旨盡革去生前官職，並查其子孫有功名者，一概不准應考出仕。江南人快之。《同治上海縣志》卷十一《兵防》注。

是年正月，大兵進攻紹興，揚威將軍與參贊定議，同日分襲寧波、鎮海。豫洩師期，及戰，官軍多損失。是月，英人攻慈谿營，金華協副將朱貴及其子武生昭南、督糧官即用知縣顏履敬死之。案：朱貴，甘肅河州人。由武生入伍循化營。道光二十一年，授浙江金華協副將。本年，英人內犯浙洋，貴率領陝甘官兵禦賊，於慈谿大寶山力戰，身受三處槍傷，死之。子昭南從戰，身受兩槍，同時殉難。顏履敬，甘肅皋蘭人。進士。浙江即用知縣。辦糧臺赴軍營，遇賊於大寶山，殆於陣。是月，起用伊里布。先是伊里布解任，並逮其家人張喜入都遣戍，至是浙撫劉韻珂請起用，報可。旋以耆英爲杭州將軍，命臺灣設防。夏四月，英人犯乍浦，副都統長喜、同知韋逢甲等戰死。案：長喜爲駐防都統，《清史稿》不詳其仕履。韋逢甲，山東齊河人。進士。分發浙江爲知縣。二十一年正月，調赴鎮海，督鑄大炮。十一月，署乍浦同知。二十二年，英軍陷乍浦，逢甲率鄉勇禦於西行汛，死之。時伊里布已來浙，即命家人張喜見英酋，告以撫事有成，令先退至大洋，即還所俘。英人如約，遂以收復乍浦奏聞。將軍既授命，英人遂犯寶山、上海、松江、鎮江。陷上海，典史楊慶恩投江死。據《瀛壖雜志》。案：楊慶恩字尊庵，浙江山陰人。投浦江死。《清史稿‧忠義傳》作，劉慶恩誤。鎮江陷，副都統海齡自縊死。案：海齡殘殺良民，不聽逃難，終至城陷自縊，不能以死節例之。赴援遊擊羅必魁、把總趙連璧均死之。《清史稿‧忠義傳》。淮揚鹽商懼甚，賂英帥乞免。案：陳康祺《燕下鄉脞錄》云："道光二十六年（案：六字誤）六月，夷船入長江，鎮江不守，屠戮甚慘。揚州官紳令餘東場鹽大使顏崇禮效鄭商人弦高故事，始犒以羊酒雞豚，繼賂以金幣，復許番銀五十萬，相約不入揚州城，卒以無事。"梁章鉅《浪跡叢談》更謂顏"頭頂說帖，跪獻江干，因得上夷船見其頭目郭士利，引與郭富相見，往復數四，遂與嘆酉定約"，皆謂此事也。賣城求活，讀之慨然。

七月，犯江寧，英火輪兵船八十餘艘溯江上，自觀音門至下關。時耆英方自浙啓行，伊里布亦自浙馳至，遣張喜詣英船道意。英人要求各款：一、索烟價、商欠、兵費銀二千一百萬；一、索香港爲市埠，並通商廣州、福州、廈門、寧波、上海五口；一、英官與中國官用敵體禮；餘則割抵關稅、釋放漢奸等款，末請鈐用國寶。會耆英至，核款稍駁詰，英突張紅旗，揚言今日如不定議，詰朝攻城。遂即夜發書，一如所言。翼日，遣侍衛咸齡、布政使黃恩彤、寧紹臺道鹿澤長往告各款已代請，俟批回即定約。奏上，許之。時耆英、伊里布、牛鑑以將修好，遣張喜約期相見。馬利遜請以本國平行禮見，耆英等遂詣英舟，與璞鼎查等用舉手加額禮，訂約。復親具牛酒犒師，畫諾於靜海寺。是謂白門條約。案：即《南京條約》自此烟禁遂大開矣。英猶以臺灣殺英俘爲總兵達洪阿、兵備道姚瑩罪來詰。不得已，罷之。《清史稿・邦交志》。案：《清史稿・姚瑩傳》曰："海疆戒嚴，瑩與總兵達洪阿預爲戰守計。達洪阿性剛，與同官鮮合，瑩推誠相接。一日謁謝曰：'武人不學，爲子所容久矣，自今聽子而行。'道光二十一年秋，英兵兩犯雞籠海口，明年正月，又犯大安港。瑩設方略，與達洪阿督兵連却之，大有斬獲，收前所失寧波、廈門炮械甚多。敵構奸民煽亂，海寇亦竊發，皆即捕獲，一方屹然。洎江寧議款求息事，遂有臺灣鎮道冒功之獄。故事，臺灣以懸隔海外，加兵備道以按察使銜，得與鎮臣專奏事。雞籠、大安之捷，飛章入告，總督怡良心不平。英兵留駐鼓浪嶼，前獲俘欲解内地，勢不能達，奏請便宜誅之，以絶内患。已報可，怡良仍令解省，瑩與達洪阿謀曰：'大府意欲市德，藉以退鼓浪嶼之兵，兵不可退，徒示弱，不如殺之。'怡良愈怒，諸帥並忌之。款議既成，交還敵俘，以妄殺被劾，逮問。瑩與達洪阿約，義不與俘虜質，即自引咎。宣宗心知臺灣功，入獄六日，特旨以同知直隸州知州發往四川效用。"瑩保巖疆，挫强敵，反遭誣譴，而誤國諸臣安富尊榮如故。清室之不亡幸也！瑩與將軍善，且戰爭失利以來，唯雞籠、大安之役，差强人意，足爲將軍吐氣，故附著之。瑩字石甫，安徽桐城人。

本譜引書目

一

《清史列傳》
《清宣宗實錄》
《清史稿》
王先謙《東華續錄》
文慶等纂《籌辦夷務始末》
清同治重修《上海縣志》
清光緒《寶山縣志》
清光緒《松江府續志》
清光緒重修《華亭縣志》
民國《福建通志》
民國《同安縣志》
清道光《廈門志》
清光緒《鎮海縣志》
清光緒《廣州府志》
清光緒《江寧府志》
連橫《臺灣通史》

二

魏源《聖武記》

佚名《夷艘入寇記》

梁廷枏《夷氛記聞》

夏燮《中西紀事》

曹晟《夷患備嘗記》

袁陶愚《壬寅聞見紀略》

喬重禧《夷難日記》

不老老翁《鎖城日志》

王韜《瀛壖雜志》

朱翊清《埋憂集》

陸以湉《冷齋雜識》

毛祥麟《海疆紀略》

黃鈞宰《金壺浪墨》

淮陰百一居士《壺天錄》

佚名《軟塵私議》

佚名《入寇志》

怡雲軒主人《平夷錄》

王清亮《潰癰流毒》

劉長華《雅片戰争史料》

李元度《國朝先正事略》

繆荃孫《續碑傳集》

  案卷六十三袁翼《江南提督陳忠愍公殉節記略》蓋本寶山茂才吳君《忠愍紀略》，原本冗長，刪節千餘字而成。吳名已佚，文亦不傳。陸以湉《冷齋雜識》謂寶山王樹滋作《忠愍殉節始末記》，亦未見。

三

姚瑩《東溟文後集》

王拯《龍壁山房文集》

  案卷五《陳將軍畫像記》，繆荃孫《續碑傳集》以爲彭昱先撰，誤也。記言將軍鄉人陳君金城爲公神道碑，今不見。惟存蘇廷玉所撰《神道碑》見《同安縣志》。

丁晏《頤志齋文鈔》

卜起元《潛莊文鈔》

黃金臺《木雞書屋文三集》

  又《詩選》

吳以淳《固溪漫稿》

姚椿《晚學齋文集》

  案卷十二《江南提督軍門陳公述誄》，《述》爲椿作，《誄》則監利王柏心撰也。

魯一同《通甫類稿》

張文虎《舒藝室雜著賸稿》

  案《賸稿·壬寅聞見紀略序》，在《紀略》爲後序，署名大滌山人。大滌山人者，文虎別號也。或以爲《壬寅聞見紀略》作者袁陶愚別署，誤。

張際亮《思伯子堂詩集》

蔣敦復《嘯古堂詩集》

貝青喬《咄咄吟》

王燾《對山樓詩稿》

褚維壋《人境結廬詩稿》

唐蔚芝先生《茹經堂文集二編》

四

湯叡譯日本人撰《英人強賣鴉片記》
英人柏納德《復仇神號輪艦航行作戰記》
壽紀瑜、齊思和合譯英人賓漢《英軍在華作戰記》

嘉興錢衎石先生年譜初稿

目 錄

嘉興錢衎石先生年譜初稿 …………………………………… 69
 清高宗乾隆四十八年歲在癸卯西曆一千七百八十三年
  先生一歲 ……………………………………………… 72
 乾隆四十九年甲辰一千七百八十四年 先生二歲 ……… 73
 乾隆五十年乙巳一千七百八十五年 先生三歲 ………… 73
 乾隆五十一年丙午一千七百八十六年 先生四歲 ……… 73
 乾隆五十二年丁未一千七百八十七年 先生五歲 ……… 74
 乾隆五十三年戊申一千七百八十八年 先生六歲 ……… 74
 乾隆五十四年己酉一千七百八十九年 先生七歲 ……… 74
 乾隆五十五年庚戌一千七百九十年 先生八歲 ………… 75
 乾隆五十六年辛亥一千七百九十一年 先生九歲 ……… 75
 乾隆五十七年壬子一千七百九十二年 先生十歲 ……… 75
 乾隆五十八年癸丑一千七百九十三年 先生十一歲 …… 76
 乾隆五十九年甲寅一千七百九十四年 先生十二歲 …… 76
 乾隆六十年乙卯一千七百九十五年 先生十三歲 ……… 77
 仁宗嘉慶元年丙辰一千七百九十六年 先生十四歲 …… 78
 嘉慶二年丁巳一千七百九十七年 先生十五歲 ………… 79
 嘉慶三年戊午一千七百九十八年 先生十六歲 ………… 79

嘉慶四年己未—千七百九十九年　先生十七歲 ················ 80

嘉慶五年庚申—千八百年　先生十八歲 ························ 82

嘉慶六年辛酉—千八百零一年　先生十九歲 ················ 82

嘉慶七年壬戌—千八百零二年　先生二十歲 ················ 83

嘉慶八年癸亥—千八百零三年　先生二十一歲 ············ 84

嘉慶九年甲子—千八百零四年　先生二十二歲 ············ 85

嘉慶十年乙丑—千八百零五年　先生二十三歲 ············ 86

嘉慶十一年丙寅—千八百零六年　先生二十四歲 ········ 87

嘉慶十二年丁卯—千八百零七年　先生二十五歲 ········ 88

嘉慶十三年戊辰—千八百零八年　先生二十六歲 ········ 89

嘉慶十四年乙巳—千八百零九年　先生二十七歲 ········ 90

嘉慶十五年庚午—千八百十年　先生二十八歲 ············ 92

嘉慶十六年辛未—千八百十一年　先生二十九歲 ········ 93

嘉慶十七年壬申—千八百十二年　先生三十歲 ············ 93

嘉慶十八年癸酉—千八百十三年　先生三十一歲 ········ 94

嘉慶十九年甲戌—千八百十四年　先生三十二歲 ········ 94

嘉慶二十年乙亥—千八百十五年　先生三十三歲 ········ 96

嘉慶二十一年丙子—千八百十六年　先生三十四歲 ···· 96

嘉慶二十二年丁丑—千八百十七年　先生三十五歲 ···· 96

嘉慶二十三年戊寅—千八百十八年　先生三十六歲 ···· 97

嘉慶二十四年己卯—千八百十九年　先生三十七歲 ···· 97

嘉慶二十五年庚辰—千八百二十年　先生三十八歲 ···· 98

宣宗道光元年辛巳—千八百二十一年　先生三十九歲
·· 98

道光二年壬午一千八百二十二年　先生四十歳 ………… 99

道光三年癸未一千八百二十三年　先生四十一歳 ………… 100

道光四年甲申一千八百二十四年　先生四十二歳 ………… 101

道光五年乙酉一千八百二十五年　先生四十三歳 ………… 101

道光六年丙戌一千八百二十六年　先生四十四歳 ………… 101

道光七年丁亥一千八百二十七年　先生四十五歳 ………… 101

道光八年戊子一千八百二十八年　先生四十六歳 ………… 102

道光九年己丑一千八百二十九年　先生四十七歳 ………… 102

道光十年庚寅一千八百三十年　先生四十八歳 ………… 103

道光十一年辛卯一千八百三十一年　先生四十九歳 ……… 104

道光十二年壬辰一千八百三十二年　先生五十歳 ………… 105

道光十三年癸巳一千八百三十三年　先生五十一歳 ……… 106

道光十四年甲午一千八百三十四年　先生五十二歳

……………………………………………………………… 108

道光十五年乙未一千八百三十五年　先生五十三歳 ……… 108

道光十六年丙申一千八百三十六年　先生五十四歳 ……… 109

道光十七年丁酉一千八百三十七年　先生五十五歳

……………………………………………………………… 110

道光十八年戊戌一千八百三十八年　先生五十六歳 ……… 111

道光十九年己亥一千八百三十九年　先生五十七歳 ……… 112

道光二十年庚子一千八百四十年　先生五十八歳 ………… 112

道光二十一年辛丑一千八百四十一年　先生五十九歳

……………………………………………………………… 113

道光二十二年壬寅一千八百四十二年　先生六十歳 ……… 115

道光二十三年癸卯—千八百四十三年　先生六十一歲
　　……………………………………………………… 115
道光二十四年甲辰—千八百四十四年　先生六十二歲 …… 116
道光二十五年乙巳—千八百四十五年　先生六十三歲 …… 117
道光二十六年丙午—千八百四十六年　先生六十四歲 …… 118
道光二十七年丁未—千八百四十七年　先生六十五歲 …… 119
道光二十八年戊申—千八百四十八年　先生六十六歲 …… 120
道光二十九年己酉—千八百四十九年　先生六十七歲 …… 120
道光三十年庚戌—千八百五十年　先生六十八歲 ………… 121

嘉興錢衎石先生年譜初稿

先生原名逵吉，辟從叔名，易爲儀吉。《衎石齋記事稿》卷五《跋訓弟遺言》。小名桐，《衎石齋晚年詩稿》卷五《錄世母金恭人四時閨詞題後》有云：恰留一葉待桐添。自注：桐，予小名也。又見蘇源生《書先師錢星湖先生事》。字藹人，蘇源生《書事》。號新梧，先生詩文集題名。字除《閩游集》作星湖，《北郭集》作侃石外，餘皆作新梧。一作心壺，繆荃孫《續碑傳集》卷首。一作星湖，見上及蘇源生《書事》。又號侃石，見上。一作衎石，《續碑傳集》。又號靜讀學人，《北郭集序》。案：《記事稿》卷五《大父秋涇集書後》云：公書室自題曰靜讀，取先儒"半日靜坐，半日讀書"語也。先生號蓋取此。定盧居士、《刻楮集》序及《定盧集》序。颺山樵者①，先生有朱文方印如此，又《衎石齋記事續稿》卷八《妻陳恭人述略》云：冬夜述此，它日葬後，同于所自爲颺山樵傳刻而陷之墓屋。颺山者，先生子彝甫《刻楮集跋》云：在澉浦祖塋之麓，左曰颺山，右曰麂山。先公嘗自號颺山樵。浙江嘉興縣人。《清史列傳·文苑傳四》。先世盧江何氏，明初有曰貴四公者，籍海鹽，于洪武二十三年戌都匀衛，長子瓊隨行，幼子裕寄育同邑錢富一家，始易姓錢。至先生已十有四世矣。據先生《錢氏藝文略撰人世系圖》。清雍正三年，先生曾祖父端公奉母陳太夫人自京師歸，始居府城，僦屋甪里街。其後三徙，皆在郡城。子孫占籍嘉興自此。據先生《盧江錢氏年譜》。曾祖太傅文端公諱陳羣，《錢氏藝文略撰人世系圖》云：字主敬，號香樹，康熙辛丑進士，刑部尚書，太子太傅，贈太傅，謚文端。《清史稿》列傳九十二本傳云：父綸光，蚤卒。

---

① 眉批：又號待軒。周稚圭中丞《寄先生詩》云：待軒吾友。又《颺山樓初集》、《記事稿》卷三之《滇行程圖序》自署"謹識于京師寓舍之待軒"。

母陳，翼諸孤以長。康熙四十四年，聖祖南巡，陳羣迎駕吳江，獻詩。上命俟迴蹕召試，以母陳病不赴。六十年，成進士，引見，上諭及前事。改庶吉士，授編修。雍正七年，世宗命從史貽直、杭奕祿赴陝西宣諭化導，陳羣周歷諸府縣，集諸生就公廨講經，反覆深切，有聞而流涕者。使還，上諭獎爲"安分讀書人"。五遷右通政，督順天學政。乾隆元年，以母喪去官。服除，高宗命仍督順天學政，除原官。陳羣以母陳夜紡授經圖奏上，上爲題詞。疏請增順天鄉試中額，上以官制有定，取者多，用者益遠，國家不能收科目取人之效，寢其議。三遷內閣學士。陳羣屢有建白：嘗疏請嚴治匿名揭帖，無論事鉅細，非據實首告而編造歌謠詩詞，匿名粘貼閭巷街衢，當下刑部依律治罪。疏請廣勸種植樹木，官地令官種，州郡吏種至千本以上，予紀錄；受代時具册，備地方公用。民地令民種，至五六百本者，予扁額獎賞，成材後聽取用。疏請偏災蠲免分數，分別貧富，富者按例定分數蠲免，貧者被災幾分即蠲免幾分，使之相等。及敕詢州縣耗羨，疏言："康熙間，州縣官額徵錢糧，收耗羨一二錢不等。陸隴其知嘉定縣止收四分，清如隴其，亦未聞全去耗羨也。議者以康熙間無耗羨，非無耗羨也，特無耗羨之名耳。世宗出自獨斷，通計外吏大小員數，酌定養廉，而以所入耗羨按季支領。吏治肅清，民亦安業。特以有徵報支名色不能畫一，多寡亦有不同，應令直省督撫明察，某件應動正項，某件應入公用，分別報銷。各省州縣自酌定養廉，榮悴不一，其有支絀者，應令督撫確察量增，俾稍寬裕。仍飭勿得耗外加耗，以致累民。則既無加賦之名，并無全用耗羨辦公之事，州縣各有贏餘，益知鼓勵。至於施從其厚，斂從其薄，古之制也。及此倉庾充裕，民安物阜之時，大臣悉心調劑，使養廉之入，不爲素餐，元氣培扶，帑藏盈溢，然後以三十年之通制國用。宋太祖能罷羨餘，臣固知皇上之聖，不必廷臣建白如張全操其人者，而德音自下也。"七年，擢刑部侍郎。上令廷臣議州縣常平倉應行諸事，諸臣皆議歉歲減價。陳羣疏言："成熟之年，出陳易新，倉米必不及市米，而民以米值納倉，銀色當高於市易。擬今石減一錢二分，還倉時加穀四五升，以爲出入耗費。"十七年，患反穀疾，連疏乞解職，許之。命其子編修汝誠侍行，且賜詩以寬其意。陳羣進途中所作詩，上爲答和。時有僞爲孫嘉淦疏稿語謗上，上令窮治，陳羣自家密疏請查株連，上嚴飭之，而事漸解。二十二年，上南巡，令在籍食俸。二十五年，上爲橋梓圖寄賜陳羣。二十六年，偕江南在籍侍郎沈德潛詣京師祝皇太后七十壽，命與香山九老會，加尚書銜。上諭："明歲南巡，諸臣今年已赴闕，毋更遠迎。"二十七年，南巡，陳羣偕德潛迎駕常州，上賜詩稱爲"大老"。三十年，南巡，復迎駕。是歲陳羣年八十，加太子太傅。賜其子汝器舉人，汝誠扈蹕，命從還省視。三十一年，陳羣復進其母陳畫册，册有綸光題句。上題詩以趙孟頫、管道昇爲比。三十五年，上六十萬壽，命德潛至嘉興勸陳羣母詣京師，陳羣獻竹根如意，上批劄云："未頒僧紹之賜，恰致公遠之貢，文而有節，把玩良怡！今賜卿木蘭所獲鹿，服食延年，以俟清晤。"三十六年，上東巡，陳羣迎駕平原，進登岱祝釐頌。是冬，復詣京師祝皇太后八十萬壽，命紫禁城騎馬，賜人蓑，再與香山九老會。陳羣進和詩有句云"鹿馴巖畔當童扶"，上賞其超逸，復爲圖賜之。南歸，以詩餞。陳羣里居，每歲上録寄詩百餘篇，陳羣必賡和，親書冊以進，體兼行草，屢蒙獎許。三十九年，卒，年八十九。上諭謂："儒臣老輩中能以詩文結恩遇、備商權者，沈德潛卒後惟陳羣。"加太傅，祀賢良祠，謚文端。四十四年，上製懷舊詩，列五詞臣中。**曾祖妣俞夫人**，《錢氏年譜》云：桐川俞公諱長策女。**維曾祖妣俞夫人**，《文端公年譜殘稿》云：俞擅溪先生聞族弟肅瞻先生尔望有女賢，勸公求爲繼室，允焉。遂就昏津門。《錢氏年譜》引。**生曾祖妣沈恭人、庶曾祖妣黃恭人、曹恭人**。《錢氏年譜》。**祖安慶同知諱汝恭**①，《錢氏藝文略》云：字雨時，號菽齋，乾隆丁卯舉人，江南安慶府同知。《嘉興府志》云：發江南，補沭陽令。沭有六塘河，每暴漲，城之西門當其衝。汝恭審地勢，開支河以殺其流。縣東有洼下土田不治，民多逋賦，具牒極言其累，得減額。又縣民輸漕無水路，艱於運，請改民折官辦，沭人便之。調興化，清積案百餘起。邑多盗，爲嚴立賞罰，使互相訐發，得免罪。未幾，禽其魁，餘黨悉散。尋調丹徒，以艱歸。服闋，補新鄉縣。縣瀕河，自康熙間河決，有壓廢田三百餘頃，責虛糧於富户，爲民病者六十餘年。汝恭勘得實，力請上官奏豁之。民立祠縣之趙村以祀。擢安慶府同知，以父喪哀毁致疾，卒。**祖妣沈恭人**。《錢氏年譜》。**考侍讀學士諱福胙**，《錢氏藝文略》云：字爾受，號雲巖，乾隆庚戌進士，翰林院侍講學士。《記事稿》卷九《洙涇橋墓堂刻辭》云：府君生十二歲，失怙恃，孝慕終身，忌日必蔬食。通籍後，以禄養不逮，言及輒流涕。府君奉使江南，以恩賞路費置五世祖以下祭田若干畝，又增置十二世祖太慰廟不祭田，又修築太常府君祠堂。待家族一意歸厚，不以服屬殊。及府君歿，族長瞻翁遍告我宗曰："仕官不忘根本，宜配食于先人。"乃奉府君栗主于永思堂頭忠祠，皆祔焉。**妣戚恭人**。蘇源生《書事》。**大世父户部郎中諱豫章**，《錢氏藝文略》云：字培生，號艮齋，乾隆丁未進士户部雲南司郎中。《記事稿·世父户部府君神道》云：自乾隆甲午春文端公薨，秋七月，安慶府君以毁卒，逾七日，大母沈太恭人又卒。惟時我考年甫十二，凶禍薦臻，冰霜仍屬。大廈支而不傾，千鈞墜而弗絶，則惟我府君是賴。外侮不復，内言不出，寢苦泣血，昆弟相戒，敬慎刻屬，思貽令名，則我考暨我世父大興府君、檢討府君一惟我府君是帥是聽。天道周星相係通籍銜命便蕃服勤中

---

① 眉批：《錢氏年譜續編》云：爲文端公次子沈恭人出。

外。人皆謂我大考陰德有後，錢氏復興矣。府君以爲老氏之敎，惟懼滿盈，世祿之家，易傷根本，引疾謁告，拂衣遂行。始府君之觀政也，時則圍海初定，西方用兵。巴里坤、廓爾喀皆地處絶邊，罕接聞見。府君則山川廣陝，指掌可圖，故於儲胥芻茭之數，明駝行輕丁之置，豐約有無之宜，萬里如見，片言立定。戶部之長，倚如左右手。至是，固留府君，侍郎松筠公揖還啓事，府君逡巡辟謝，志不爲奪。府君之歸也，非慕名高，非求閒適，追遠盡孝，睦鄉救災。於是墓廬未建者始作，中廢者更興，俾守人有居，受脤有所，法周禮創。族葬之塋從伊川定家祭之禮，宗人之秀者敎之學以成其材，若某某。愿者命之工以世其業，若某某。自修者知所勵，負過者罔不悛。則使我家法益崇，州黨胥勸。其他疏屬懿戚，死喪孤遺，斂坎昏嫁者，莫得而覶縷也。**世母金**，《記事續稿・金太恭人行狀》云：仁和金汝白德瑛孫女。**二世父大興縣知縣諱復**，《錢氏年譜》云：字景顏，一字家緣，號蓉裳，直隸大興縣知縣。《嘉興縣志》云：居官三十年，爲政務平易，求民之隱，每舉蘇詩"遇民如兒吏，如奴而由之"曰："民果不良，亦奴也，吏果良，亦兒也。然大勢吏強而民弱，吏黠而民愚，故每事必持以平。"胥役相與語曰："曩者百姓畏吾儕，今吾儕反畏百姓矣。"聽訟決曲直，兩造具服即判牘尾，所至無留獄。治事精勤，吏胥備數無所事。勘水災，殿蝗不辭勞苦，以此得偏枯疾，乞休，未歸而卒。治所之民有甘棠遺愛焉。**世母陳宜人、沈宜人**。《錢氏年譜》云：同邑貢生諱大業女。**三世父翰林院檢討諱開仕**，《錢氏藝文稿》云：字漆林，乾隆己酉進士，翰林院檢討。《錢氏年譜》云：歿于雲南學政任，在滇之政俱不可得詳，僅于遺稿中得一事。試院向設供給所，每日例進雞鴨各四，予至，禁止之。**世母王宜人**。見《錢氏年譜》。又云：側室汪氏，事先生纔二年，治內政清肅。先生始病時，刲腦肉以進，病良已。生一女。**姊一**，適崑山李耕淳主事。培厚，見《記事稿》卷十《戶部陝西司主事李君墓志銘》。**妹□**，早殤。先生《北郭集》卷二《春暮寓舍雜詩》注云：七妹周殤。則先生妹不衹一人。**配陳恭人**，餘杭陳鳳翬刑部紹翔女。見《衍石齋記事續稿》卷八《妻陳恭人述略》。**側室程氏**，《錢氏年譜》。**胡氏**。名硯貞，嘉善人。

清高宗乾隆四十八年歲在癸卯

西曆一千七百八十三年　**先生一歲**

　　三月，先生生①《定廬集》卷一《庚寅立夏借槐軒詩》注：是日爲予初度。由此

---

①　眉批：學士公二十一歲。三月二十三日生。《錢氏家譜》。

可考其日月。於郡城北郭外秋涇橋老屋，據《衍石齋紀事稿》卷九《洙涇橋墓堂右壁刻辭》推而知之。有五色文禽見于室，故初名逵吉。蘇源生《書事》。時爲美利堅獨立之年，而高宗開四庫全書館之後十年，法蘭西大革命之前五年，英吉利來聘、白蓮教作亂之前七年，據《世界大事年表》。公曾祖文端卒後之九年也。是年歲在癸卯，先生嘗舉昔賢癸卯生者，得嵇叔夜、宋臨川王義慶、文中子、令狐德棻、徐季海、洪文敏、程文簡、余忠宣、梁孟敬、何仲默、陳恪勤、河督梁山舟學士十有二人。復又得岳倦翁，《定廬集》卷二。賦詩尚友焉。蘇源生《書事》。

乾隆四十九年甲辰 一千七百八十四年　先生二歲

車駕南巡，學士公獻詩行在，以病未及應召試。《記事稿》卷九《洙涇橋墓堂右壁刻辭》。

先生少多疾，本年大病幾殆。據同上。

乾隆五十年乙巳 一千七百八十五年　先生三歲

三世父漆林先生諱開仕侍講公在京師，寓揚州會館，一夕不戒於火，書籍、衣服皆燼。後日世母金太恭人爲先生言乙巳之厄，兄弟幾不能相存活。今雖貧，願無忘乙巳。《續稿》卷九《世母金太恭人行狀》。

乾隆五十一年丙午 一千七百八十六年　先生四歲

學士公計偕京師，《澄觀集》卷二《述舊三首》序。秋涇老屋質他姓。《記事稿》卷九《洙涇橋墓屋右壁刻辭》。戚太恭人挈先生依外家以養以教。《澄觀集》卷二《述舊三首》序及蘇源生《書事》。外大父弁亭大令朝桂籍餘姚，爲循吏，有聲豫楚間，年四十八即歸隱，據《記事稿》卷八《戚府君家狀》。僑居海昌袁花鎮之南街。《洙涇橋墓堂右壁刻辭》。晚號芋園[①]，見先生，

[①] 眉批：外父王芋園先生僑居園一作袁花鎮，在小塘河北岸。舅氏餘齋先生。

奇愛之。據《戚府君家狀》。①

九月，學士公舉於鄉，考充咸安宮教習。《記事稿》卷九《洙涇橋墓堂右壁刻辭》。

本年，先生又大病幾死。據同上。

先生讀書於花豀之樓上七年，每晨起挾一冊上樓，夕而下樓，孑然獨往來，無所與語。《記事續稿》卷三《戚復村表兄七十序》。

乾隆五十二年丁未—千七百八十七年　先生五歲

餘抗陳鳳罿員外紹翔來謁弁亭大令②，見先生以爲好，遂以女爾士字先生，即陳恭人也。手書恭人生乙巳三月二十七日戌時，小紅箋上戚太夫人時恭人財四歲，員外謂芋園先生曰："爲錢氏婦。必讀書，兩三年間當令就塾也。"據《衍石齋記事續稿》卷八《妻陳恭人述略》。

學士公考取咸安宮教習。《錢氏年譜續編》。

乾隆五十三年戊申—千七百八十八年　先生六歲

本年，先生又劇病幾殆。五年中凡大病三，皆戚太夫人於極困乏中醫藥拯治以得生。《記事稿》卷九《洙涇橋墓堂右壁刻辭》。

乾隆五十四年己酉—千七百八十九年　先生七歲

春，始業《禮記》，時仍依外家。一日，外大父弁亭大令問所業，對曰："《檀弓·曾子寢疾病》章。"因細論華而睆句，大令方夜酌，爲盡醉。③案：《澄觀集》卷二《述舊》三首《上餘齋先生其二》述其事："清溪七十歸田翁，

---

① 眉批：先生《海昌備志》云：海昌城東五十里有鎮曰袁花，余所長也。
② 眉批：邢部直隸司員外郎。
③ 眉批：《記事稿》卷八《戚府君家狀》曰：儀吉讀書府君家，府君奇愛之，夜下學講書，府君聽之輒歡甚。壺卷復沽，或連引巨觥，亦終無醉云。

卜築水塘河北東。柴桑二頃聊種秋，深堂夜酌春鐙紅。外孫下學謁而走，呼問授書今至某。業在檀弓曾子篇，細論華睆何其久。翁喜奮髯一軒渠，壺酒限盡重提壺"云云。前後兩首皆言七歲事，知此事亦在本年也。又第一首云："扶牀日索鵝油餅，七歲兒從孺人寢。（自注：舅維室氏許封孺人。）母行省墓兒遷枕，宵爲卷衣朝結袜。鄰胡不蠲怒祝融，嘻嘻出出聲乘風。火光終夜照窗紙，恐兒裳裳驚擁不起。明朝歡息吾過矣，事未可知那得已。母還一家笑成圍，牀頭餘餅兒攜歸。"又第三首述郝僕事云："牽牛織女看渡河，號吾桐官說故事。吾宗遠祖老且聾，七夕仰臥中庭空。腹藏萬卷云可曬，官好讀書與之同。秋風秋月不流宕，七年咿唔小樓上。"皆本年事，附記於此。**大令置酒，命賓觴詠，先生多隨侍**。據《記事續稿》卷四《海昌備志序》。

乾隆五十五年庚戌—千七百九十年　先生八歲

學士公第進士，選庶吉士。《記事稿》卷九《洙泾橋墓堂右壁刻辭》。

乾隆五十六年辛亥—千七百九十一年　先生九歲

春，《澄觀集》卷一《新鄉》詩注：乾隆癸巳清明，大父攜先子兄弟過駱駝灣普濟寺，分體賦詩，寫付寺僧藏之，旋爲某君取去。辛亥春，先子重錄一册，並著跋留寺中，當在其時。**學士公假還省墓**。《記事稿》卷九《洙泾橋墓堂右壁題辭》。

初見從兄學源支泗於郡城。《記事稿》卷五《跋訓弟遺言》。學源爲先生世父蓉裳大令復長子，據《錢氏藝文略》。**長先生四歲，愛先生甚**。《跋訓弟遺言》。

世伯父大興公歸自閩，先生始拜見。公戲問曰："桐，汝何姓？"對曰："同姓。"公以爲慧，甚愛之。時學士公居東門外槐樹頭，距公居二里許，公時步至，偶有嘉饌，必命之侍食。《續稿》卷十《追慕錄》。

乾隆五十七年壬子—千七百九十二年　先生十歲

六月十八日，外大父弁亭大令卒於家。《記事稿》卷八《戚府君家狀》。**爲卜孝廉，傳已具史裁**。戚嗣曾《衎石齋記事稿序》。

學士公假滿還京。《澄觀集》卷一《新鄉》詩注。

表兄戚復村從其本生父山泉先生至自德清,一見若親昆弟。塾師適他出,兩人辟衆人,匿接上,裁紙舐筆,雜塗抹笑語,長者趣之飯,久久不去,留句日始反。《記事續稿》卷三《戚復村表兄七十序》。後嗣先生舅氏餘齋先生。

乾隆五十八年癸丑—一千七百九十三年　先生十一歲

先生侍戚太恭人入都從官。《閩游集》卷一《出都留別不孝廉》詩有云:"憶歲杜昭陽,侍母來京師。"《記事稿》卷九《洙涇橋墓堂右壁刻辭》云:"儀吉生四歲,府君北行,九歲始識我府君。又復二年,乃從官京師。"《澄觀集》卷二《述舊詩序》云:"八年乃從官此來",謂依外家至本年爲八年也。蘇源生《書事》云九歲侍母入都,誤也。時學士公寓土地廟下斜街。① 《北郭集》卷二《春莫寓舍雜詩》注。案:其第一首云:"斜街舊宅忍重經,古寺東頭户不扃。恰有鐘聲隨客到,依然山色繞檐青。攤書講授霜深屋,屬對徘徊月上廳。悽絕天涯寒食候,墓門回首憶趨庭。"可略見當時隨侍之樂。

九月,從父籜石侍郎載卒。《錢氏年譜續編》。

本年,學士公授編修。《記事稿》卷九《洙涇橋墓堂右壁刻辭》。

乾隆五十九年甲寅—一千七百九十四年　先生十二歲

是年,已遍讀十三經,熟精《文選》,背誦不遺一字。初讀賦,即擬作山賦數千言立就,張船山先生歎賞不置。② 一日手畫桐一梅一以贈,題句曰:"錢郎十二已英妙,能讀盧同月蝕詩。此似卷阿桐一樹,露華新長鳳凰枝。"先生小字桐,故云。又曰:"尚書家世多才子,十葉金貂萬首詩。我欲拈毫畫梅里,爲君點染向南枝。"蘇源生《書事》及《清史列傳》。

---

① 眉批:槐市斜街。
② 眉批:清明,先生詠詩,有"一片炊烟綠",爲世父漆林檢討開仕激賞。《閩游集》卷二《漫成六絕句》注。

先生是年學爲辭賦於王僑嶠太守蘇，乾隆庚戌翰林，河南衛輝府知府，江陰人。戚嗣曾《衍石齋記事稿序》。喜鈔雜書故事。毛氏《津逮》所刊及《水經》、《文選》諸注，皆節取焉。自謂用心不專，見輒喜，喜輒遷而之他，而功不竟。而塾師所課書貫數輒不足，學士公見而訶之曰："小子好博而無恒，何以爲學？"爲師勤功半說以示。見《颱山樓初集》卷六《意鈔自序》。

本年，先生擬漢《賢良詔》、司馬長卿《諫獵書》。世父蓉裳先生官大興，縣令見之，大獎許，自保陽寄賜文端公庚子元日詩卷。見《刻楮集》卷一詩題。

是年，外舅陳鳳翬員外卒。《北郭集》卷二《遣外舅葬》詩有"奉訃春明竟十年"句，時爲嘉慶九年甲子，則員外當卒于本年也。

學士公充順天鄉試同考官。《記事稿》卷九《洙涇橋墓堂右壁題辭》。

乾隆六十年乙卯一千七百九十五年　先生十三歲

先生自幼好詩，自言十三四歲稍能造句。《閩遊集序》。

從兄學源從學來京師，與先生相遇無虛日。《跋訓弟遺言》。或談世務，或論古人，皆反究身心，不爲浮說。學源敦厚樸實，出於自然，語人皆不省，惟先生語之曰："與兄同志，願各勉爲，毋自暴棄。"同上。學源嘗問先生："它日居史傳何等邪？"對曰："文苑。"學源笑而若有慍，曰："弟何所見之細也。夫人所以布聖賢而蘄自得者，非道德其曷歸邪？"《記事續稿》卷五《警石弟文集序》。

本年，學士公典試江南。①據《北郭集》卷二《富莊驛詩》注及《衍石齋晚年詩稿》卷五《文端公自書三絕句謹次元韻》詩注。充江南鄉試副考官，正考官劉公權之，得士李賓等如額。《錢氏年譜續編》。

九月，七妹周殤，瘞於全浙誼園。《北郭集》卷二《春莫寓舍雜詩》注下云："時先公使江南未回。"

---

①　眉批：金鐩孫年文云：乙卯，先生等人錫嘉先生副江南主試。《洙涇橋刻辭》云：乙卯先江南鄉試副考官，正考官長沙劉公權之。

春，從兄子壽公車來京師，同游棗花寺看牡丹，和從父少宗伯公。謂籜石先生諱載。集中真字韻詩，各成七律一首。《澄觀集》卷二《苔子壽》詩注。

是年，從許西麓名鎬廣文學畢業。《颿山接初集》卷五《龍遊小志序》及戚嗣曾《衍石齋記事稿序》。《記事續稿》卷九《西麓許先生墓志銘》云：我年十三，獲從夫子爲析經疑。俾經選證程之古辭。日在甲巳，時如閹明，夢絲條紀。

三月，《記事續稿》卷五《張介侯養素堂詩集序》。始識武威張介侯澍，漆林檢討典試陝西所得士也，《記事稿》卷十《封儒林郎翰林院庶吉士張君墓誌銘》。見先生小賦千言，欣賞之，遂訂交。據《養素堂詩集序》。時從上下其議論，同上。偕爲文課，如擬淳于越請封建及氣論諸篇，間效韓、孟聯句，押强韻，争奪戲難相樂也。如是者五年。《記事續稿》卷五《張介侯文集序》。

仁宗嘉慶元年丙辰—千七百九十六年　先生十四歲

三月，學士公分校禮闈①。《刻楮集》卷四《慇殤女亥壽》詩注。

先生爲父執擬進御文字，得金學士公，遂賜之以觇所用，則之廠肆買《水經注》、《高青邱集》讀。蘇源生《書事》云：先生家無長物，筆□器具取適用而已，惟癖嗜書，十四五歲時云云。

嘉定陳蓮夫孝廉公車來京師，先生獲識之。孝廉從錢竹汀宮詹大昕受諸經大旨，砥行篤學，尤專精六書。《颿山樓初集》卷五《讀書證疑序》。

秋，蓉裳先生以直隸總督梁公肯堂保題，自雄縣丞遷吳橋縣知縣。九月，引見入都，居艮齋先生教場五條胡同寓，召先生往見。是日值塾課期，題爲陶泓傳擬昌黎毛穎傳體菊影詩錄稿畢，蓉裳先生遣僕控一驪馬來命之騎，知未習也，諭曰："是我所乘良馬也，無懼。"先生作《試馬》詩，蓉裳先生覽之，大喜。後居學士公槐市斜街寓，夜命先生同寢，枕間猶教之文字，連夕置酒，俱侍坐。據《記事稿·追慕錄》及《錢氏年譜》。

---

① 眉批：《洙涇橋墓堂刻辭》：充會試同考官。

嘉慶二年丁巳—千七百九十七年　先生十五歲

無錫顧晴沙撰《梁溪詩選》，其友賈素齋瘞其餘稿，蔣仲和爲作《梁溪詩冢圖》，先生題句曰：滿墳荒草碧痕斑，萬古詩魂天土間。畢竟詞壇誰作將，一尊清酹問龍山。見金錢孫年文《北蕃閩游集後記》。詩後題："欈李十五齡錢逵吉。"

五月，學源自京師省親，《錢氏藝文略》。於吳橋縣廨將行，《跋訓弟遺言》。以先生輕躁卞急①，作贈言，分存心、讀書、保身、爲人四門，談理切實，如宋儒語録文字。《錢氏藝文略》。學源克己至嚴，言動小有過，輒自訟發憤，若不能容。《跋訓弟遺言》。嘗曰："我將津逮濂洛，以遡乎洙泗。"自號四水子。七月，《錢氏藝文略》。感喉疾卒。《跋訓弟遺言》。凶耗至京，先生曰："遺縅在篋，音容渺然。"因執卷沈慟。錢楷《訓弟遺言跋》。

本年，始得《日知録》讀之，以爲百數十年碩儒，如顧先生者爲僅有。《颿山樓初集》卷五《讀書證疑序》。

艮齋公艱於嗣育，愛先生甚。學士公請於公曰："兄愛阿桐，惟兄命。"阿桐，先生小字也。公喟然曰："弟惟一子，何忍奪也。"據《記事稿》卷十《世母金太恭人行狀》。

嘉慶三年戊午—千七百九十八年　先生十六歲

御史翰詹學士公列二等，記名候陞。《記事稿》卷九《洙涇橋墓堂右壁刻辭》。旋有典試湖南之命，《澄觀集》卷一《新鄉》詩注。從兄裴山同日命典四川鄉試，都下傳爲盛事。《錢氏年譜》。②

六月十七日，《盧江錢氏年譜續編》。世父漆林檢討開仕卒於滇南同上。學政任。《洙涇橋墓堂右壁刻辭》。時方按試廣西州，《錢氏年譜續編》。訃至京，

---

① 眉批：《洙涇橋刻辭》云：儀吉性卞急，府君尤朝夕提撕，以爲大戒。
② 眉批：京察副考官刑部員外郎寧化伊秉綬，伊先生爲漆林先生同年，與學士公論詩，夙相契。歸命先生曰："墨卿之詩必宗唐，樂府漢魏，篆八分丞相中郎。凡事溯源，不屑徇末流，事固應爾。"《錢氏年譜》。

學士公使楚未反，喪紀賓客皆戚太夫人諭先生庀其事。同上。學士公撤棘始聞之，慟甚，將引假，直國制，不敢請。《澄觀集》卷一《新鄉》詩注。

冬，大雪，《閩游集》卷一詩題。學士公作《雪師篇》，譏切時相。《澄觀集》卷三。一日，雪初霽，侍學士公陪張船山先生過太液池橋，歸隱命賦詩云："净業湖寬夾鏡明，乘橋馬似御空行。海山粉本開仙繢，閣道全徑照晚晴。風定鐘聲迴上苑，雪消柳色動南城。攬環結佩家翁喜，劇賞公應醉百觥。"《閩游集》卷一。

本年，詩始存稿。《閩游集》卷一存戊午詩二十四首。學士公嘗教先生詩云："孺子，詩律未易言也，不可無詩情。情亦未易至也，不可無詩況。詩況云者，情移而味出，充其極，即比興風雅不外是。"先生謹識之①。《北郭集》自序。學士公性嚴毅，先生散塾，侍立移晷，不輕與語，惟説詩，輒寬然有喜色，每舉杜、韓、蘇集，玉谿生詩，近則竹垞、樊榭某篇某句，出手評本，指言其意，或授之讀。出見它人詩，歸亦爲先生誦。船山、秋藥兩先生作尤多，因推言及己詩而曰："吾前作云云。"或及半而上問曰："汝試思下當如何。"或全句闕一字，命之擬議，以觀其所見之離合而訓誘之。《記事續稿》卷五《學士公竹房遺詩書後》。

秋，從季晴郊大令麟學。時方讀兩漢策奏，一事一言，必詳覈其本末意旨，授而講焉。尋習爲制藝，亦大令教之。《記事續稿》卷八《季先生家傳》。

嘉慶四年己未—一千七百九十九年　先生十七歲

將出都，積詩百篇，曰《敝帚集》。《閩游集自序》。同里朱梓盧大令休度評之曰："當古者入學之年，已似此斐然成章，豈非天人。"蘇源生《書事》。初，先生以詩就正於大令，大令灑然異之，令讀朱子書曰："天下

---

① 眉批：吴薖圃宫保杜詩評本舊在先生家，先生幼時讀杜，即受此爲講授。道光初，元宫保以協揆改仕歸所，先生奉之官保。

惟義理之學無窮盡也。"《記事稿》卷八《山西廣堂知縣名官朱君事狀》。

侍學士公入閩學署，蘇源生《書事》。春出都①，留別張澍、李賓、孔傳勳、朱本元、許嗣容、龔元鼎六孝廉六百字云："江湖浮東南，凱風揚船旆。陽春二三月，贈之以將離。憶歲杜昭陽②，侍母來京師。先後識諸君，自頍蒙迄茲。今者曰還家，還家豈不怡。念我同心人，望望去天涯。永惟顏仲義，竊擬河梁詩。張君初入洛，博辨驚一時。達官強延致，亢直招南箕。遂令負狂名，悵悵無所之。授徒臧家稿，稍得續晨炊。夜聞絲竹聲，詰旦忽復辭。若翁方酣歌，焉用教其兒。人生行直道，我命甘長飢。其氣蓋一世，符采俗目推。一朝離直諒，誰復效箴規。大江蘊靈秀，季君冠其儕。照人秋月瑩，坐我春風吹。子雲著《太玄》，載酒時問奇。亦有洙泗裔，三年勤下帷。朱震樸學邃，許渾春華摘。龔君字寧人，慕蘭力相追。彬彬諸賢豪，勞我夢寐思。昔在過從日，何嘗壎與箎。相逢意飛動，那能拘藩籬。褰衣奪艸稿，翻手倒接䍦。村酤俄頃盡，射覆更賭棊。樂事忽去人，歲月真如馳。今我獨行邁，悵望潞河湄。同舟有從弟，萬里攀靈輀。尚憶我仲父，使旋自關岐。寄書光歎賞，張君才不羈。買書恣君讀，寒衣為君裁。能無西州慟，勉副國士知。諸君皆俊才，瞬息鴻漸逵。玉堂到天上，何論鳳皇池。所期君子心，毋俾紛華移。力由乃有秋，仁義為鎡基。矯性以招名，浮榮徒爾為。川塗指吳越，山水縣邐迤。晚雲陟坡陀，曉月晚漣漪。興到或弄筆，郵寄幸勿嗤。麤梳汰沙礫，勿以在遠遺。去鄉七年久，宗黨展睽違。嚴君侍投紱，歸擢秋為期。出聆父師訓，入依母氏慈。北來定何日，索居感臨歧。丈夫志四海，無為兒女悲。良玉必求琢，素衣

---

① 眉批：《洙涇橋刻辭》：二月，學士公任福建學政。又世母王宜人因世父檢討公之喪，自潞河南歸，先妣乃請于府君偕王宜人行。《續稿》卷五《學士公竹房遺詩書後》云：嘉慶四年春，公奉命使閩，命儀吉侍先妣先一月南下。

② 頁下注：案：己亥。

母化緇。努力保貞信,千秋常勿衰。"《閩游集》卷一。

五月,過揚州。同上《雨中虹橋泛舟族父東堂先生同作六絕句》有云:"歸程五月過揚州。"

秋,至錢塘,遊西湖,有詩。同上《初至湖上有秋生吟興此扁舟》。

冬,至閩垣。同上《榕城冬日偶成》有云:"高城□山海,到及歲將新。晴島蒸疑雨,冬花艷過春。"同上自序云:"冬到閩。"

姊歸崑山李耕心舍淳培厚,主事來就昏。據《紀事稿》卷十《戶部陝西司主事李君墓誌銘》。

嘉慶五年庚申—千八百年 先生十八歲

與姊壻李耕淳偕歸應省試。《記事稿》卷十《李誌》。閏四月十九日,首途,《閩遊集》卷二《閏四月二十一日劍溪舟夜》有云:辭親三日數征程。過建陽,訪崑山顧笠帆有穀,遊溪閣,晚眺聯句。同上《建陽溪閣晚眺聯句》。上黎嶺,偕心舍即耕淳。下輿小憩,迹水聲所在,于右得一谿谷。小風聚石捍水鳴相激成響,作《水石吟》。《閩遊集》卷二。重午,行江山道中,有詩。《閩遊集》卷二《江山道中重午》。重遊西湖,有詩。同上。

八月,病闈中,吳臺卿顯德調護其至。《北郭集》卷三《哭吳臺卿杜卿二首》注。

九月,自里門返閩,同上《詠歸雁詩》題曰:"時庚申九月,將自里門返榕城侍下。"耕淳偕行。《記事稿》卷十《李誌》。

十月,過仙霞嶺,梅已著花,到閩後所居庭中兩樹盛開,有詩,用蘇長公《和秦太虛梅花韻》。同上。

是年,學士公累擢至翰林院侍讀學士。《洙涇橋刻辭》。

嘉慶六年辛酉—千八百零一年 先生十九歲

夏,歸里。《閩遊集》自序:夏歸里。心舍同行。《記事稿》卷十《李志》。過延平及漁梁嶺嚴瀨,皆有詩。《閩遊集》卷二。侍閩二年,有《閩遊集》,刪存一卷。今刊本作二卷。從曾孫振聲刻之。自言少時本作年,依自序改。侍下可樂之境，勵此不忍棄也。蘇源生《書事》、《閩游集》自序。

領鄉薦①，蘇源生《書事》。與徐新田副貢養原同舉。因病不赴公車。《北郭集》卷一《有病不應禮部試友人賦春柳屬知二首》，則不赴公車因先生病。蘇源生《書事》謂因學士公小病，遂不赴公車，非也。

冬，學士公自閩北還，至清江浦，以疾請陵歸。《記事稿》卷九《洙涇橋墓堂右壁刻辭》。學士公督學閩中，以通經實踐訓多士，求得張清恪公《正誼堂叢書》及《真西山先生大全集》、《李文員遺書》以歸，藏于家，嘗戒先生曰："金玉玩好，汝父本不有，有亦弗之愛。書數千卷，吾節廉俸以買，亦未嘗取非其有，是我之布帛菽粟也。子孫受之，其無飢寒乎？"《記事稿》卷五《正誼叢書編目書後》。

是年，陳恭人來歸。案：《記事續稿》卷八《妻陳恭人述略》云："恭人來歸數月，先考卒。"則來歸當杜本年秋冬間。母蔡恭人與之金二千，多爲先生買書。同上。更脫簪珥縱之。先生癖耆書，斗室中連牀塞屋，無隙地。行役則緘縢自隨，纍纍後車，多費無所恡。據蘇源生《書事》。《記事續稿》卷七《題三體摭韻》云："甲子秋日，獲此，妻陳質釵珥以償值，藏爲枕秘》。"

庚申、辛酉間，先生在家候試，學士公自閩寄諭，有曰："節用度，耐氣性，屏除外務。"又曰："門第不足衿也，聰明不足恃也。"又曰："但實心讀書，成否顯晦有命焉，不可強也。"《洙涇橋刻辭》。

嘉慶七年壬戌——千八百零二年　先生二十歲

三月，學士公抵家②，《洙涇橋刻辭》晦日，同上。棄致③，蘇源生《書事》：三月，丁外艱。年四十。《洙涇橋刻辭》。初，安慶公卜居於郡北郭之

---

① 旁注：本省第二十二名舉人。《錢氏家譜》作二十四名。是科浙江鄉試考官吏部侍郎滿洲公文亭、詹事府中允江夏周公北奎。附錄首場題：子夏曰"富哉言乎"兩節，"今夫吳劭"節，"君子引而不發"一節。賦得"魚躍惟流"得魚字。
② 眉批：《北郭集》有《三月五日讀大人和世父春草二律謹題後》詩，有注云："大人甫自袁浦引疾歸里。"據告亡兒文學士公蓋以傷寒卒。
③ 旁注：晦日卒。《錢氏年譜》。

秋涇橋，先後居不二年，卒。後十餘年，屋賃他姓。學士公嘗曰：
"是先人之所經營也，必復之。"復之，居月餘，捐館。舍人以爲不
祥，先生曰："修短之數，非居宅之所爲也。"居之七年，《北郭集》自序。
有書室曰靜讀齋，蘇源生《書事》。自號靜讀學人。《北郭集》自序。時從
朱梓盧及舅氏餘齋先生講詩法，益精進。蘇源生《書事》。梓盧先生及
餘齋先生皆嘗教先生詩，餘齋先生曰："子詩自有家法，文端宗伯學
不盡，勿傚隨園。"又曰："漢魏樂府詩，唐宋以來大家集，隨意讀，博
其旨趣。及自作詩，即目前情景寫出便得，無求似前人。"一日偶言
黎二樵頗許，云："此是自作詩，但有意崛奇，欲爲昌谷奴僕命，騷然
不可有二。"因言某先生工雅，自是好詩，惜味近甜，甜則去古已遠。
梓盧先生曰："杜詩微妙，蘇詩通脫，都是言下了然。若可解不可
解，最是誤人入魔道。元遺山論文，喻以國手下棋，著著有著落，蓋
深有鑒於蹈空之弊也。"又曰："說理歸于雅，便不腐。"又曰："談禪
頒了徹，不可生翳偶然湊拍，又不可有意求之。"又曰："求深反晦，
求脫易離。"先生謂此皆中余隱疾者。據《北郭集》序。餘齋與梓盧兩
先生皆從籜石少宗伯談詩，或連日夕，交相折也。《記事稿》卷十《舅氏餘
齋先生墓誌銘》。自是至己巳奉母里居之日，多沈潛經史，纂述極
富。同上。

是年，始流覽乙部，日誦政書。《記事稿》卷三《三國會要序例》。

嘉慶八年癸亥—千八百零三年　先生二十一歲

某月，赴吳江黎里省蒯氏姑。《記事稿》卷三《術算簡存序》。

□月，李公破海賊蔡牽，先生賦《潢池》五首云："赤子潢池始弄
戈，黃金日調事如何。鶯歌武帳從軍樂，禽狝空山獻馘多。一闋么
麼誰芥蒂，三年涓滴宛江河。皇持斗柄勤宵旰，到此真看玉燭和。"
其一。"衣冠劍佩集螭頭，誰解深宮側席憂。遇虺經時成大癉，斷鰲
獨立整神州。似聞漢相惟黃老，可惜唐廷亦李牛。飲至策勳公等

在，激昂青簡幾能酬。"其二。"阻兵瀛海竟齋糧，除是飛來孰可當。彼倚使船如使馬，可憐禽賊未禽王。鯤濤出没難分界，雁户招徠豈過防。合遣戈船齊下瀨，銜刀猶及畏龍驤。"其三。"淮隄縣圮俯高城，河患頻煩似大兵①。共説源從天上至，誰能力挽地中行。電將產黿居無所，龍只貪珠夢不驚。人事百年須變計，可無羣策採商攘。"其四。"詞賦雍容竹素場，盛名幾輩冠巖廊。春陵行可求元結，劍關銘還憶景陽。吾見勞師歌杕杜，恭聞休否戒苞桑。盛朝草澤言無諱，敢附風雩寓激揚。"其五。《北郭集》卷一。

是年，葬學士公於漆涇橋之原②。《記事稿》卷九《洙涇橋墓堂右壁刻辭》。

冬莫出門，每懷邱壠，四更風雨中泫然作詩云："皇天是處皆成漏，后土何時始得乾。苦雨連旬如夢寐，崇封四尺可平安。遥山近水憐心折，稚柏新松試歲寒。築室未能輕去里，一鐙中夜照汍瀾。"《北郭集》卷一。

本年以後五年，與表兄戚復村嗣曾共治經，爲旬課。其于六書形聲、三代制度考釋辨駁，兩人積稿各數萬言。戚嗣曾《衍石齋記事稿序》。

嘉慶九年甲子——千八百零四年　先生二十二歲

春，戚復村嗣曾以學士公舊藏宋本《棠湖詩稿》歸先生③。詩稿，岳倦翁撰。《宮詞百首》自序云："以示《黍離》宗周之未忘，蓋追記東都遺事而作。"前後有"汲古主人"、"宋本甲"諸印，末業一行云："臨安府棚北大街陳宅書籍鋪印行。"即解元陳起也。己未春，

---

① 眉批：是年水患，應查。
② 眉批：《洙涇橋刻辭》：先府君之葬也，久之未得吉卜。世父户部府君夢有指言之者，記其水道曲折，堆阜橋梁高下之勢，如所求求之，而得洙涇橋。或猶以爲疑，先妣曰："以公之于第也，是必住壤，吾以天理信之矣。"遂葬，並自營主壙。
③ 眉批：嗣曾爲餘齋嗣子。

學士公攜以出都，失之，先生有詩志之。據《北郭集》卷一。先生嘗欲譜倦翁生平梗概而未暇，涉獵所及編年，別紙于此書之末。《記事稿》卷四《跋棠湖詩稿》。

至餘杭，送外舅陳鳳罼員外葬①。據《北郭集》卷二詩題。

三月，之清江南河督署下榻憺園中，偕吳臺卿、杜卿名元凱及彭遠峰、沈崇齋敦禮孝廉觴詠旬日，合寫五人詩爲一卷。《北郭集》卷三《哭吳臺卿杜卿》二首注。冬，南歸。《北郭集》卷二《淮上書事》云："霜飛水落雁聲前，一月冬晴返故廬。只取隨身家具了，打包容易待明年。"則明春北上，已決于此時矣。通錄少作，就正于同里朱籽盧先生。《閩遊集》自序。

嘉慶十年乙丑—千八百零五年　先生二十三歲

春，北上。②《北郭集》卷二《我車行》："稅車復駕駕復行，王營直北寒原平。春風披拂無句萌，道旁相值榆柳樨。"則首途當杜初春也。經宿遷、滕縣、東平、富莊驛，皆有詩。至京師，寓從父蓉裳大令復北城賃舍③。《北郭集》卷二《春暮寓舍雜詩》注。

三月，大興公生辰，鄉民担蒜果走京師致祝，見先生，一皆致賀。先生有詩云："朝來叩户聲何急，野菜濃香壽故侯。"蓋紀實也。④

四月十六日，出都，《北郭集》卷二詩題。歸里。⑤道中夢學士公謂曰："汝買書籍，良費。顧所得大坑硯後有雍熙五年三月字者，諸硯

---

① 眉批：游西湖，赴吳興。《北郭集》卷二皆有詩。
② 旁注：此行當係應禮部試。
③ 眉批：《續》卷九《浙江金華府湯溪縣學教諭沈君墓誌銘》云：予自乙丑會試，爲先兄裴山舍中。
④ 眉批：乙丑，緣與會試，值先生三月生辰，見吳橋耆民什伍，攜負蒜果走數百里來爲我公壽。《錢氏年譜》。
⑤ 眉批：入都應禮部試與雲壽先生械、余敬先生祝同寓大興公□第。始至數日，公命作課題"老者安之"三句，余敬先生曰："不似場屋題"。爲笑易之，則"德者平也"三句，適與上命乙丑、戊辰兩科試題次第符合，衆以爲異。見《紀事稿》、《追慕錄》。

譜所無，真宋硯也。"先生感愴有作，有"豈謂硯田無晚歲，難忘經訓乃菑畬"云云。同上。

夏，赴平湖，省吳氏姑。《北郭集》卷二《吳臺卿杜卿二首》詩注。

是年，始纂《盧江錢氏藝文略》。《颿山樓初集》卷二。自序云："先大夫捐館舍後三年，懼不克讀書，終隕越前訓，爰集我錢之藝文，始考之。"冬，復輯錄先世遺稿，爲《盧江錢氏文匯》。《颿山樓初集》卷六、《記事稿·盧江錢氏文匯序》。

冬十二月初三日，二世父蓉裳先生卒於京師。《錢氏年譜》。

嘉慶十一年丙寅—千八百零六年　先生二十四歲

先生時考釋《禹貢》，《北郭集》卷三《二月二日夜聯句》注。兩年來，輯《萃韻》十卷，首尾粗具，未能審定成書。同上。二月二十九日，武威張介侯自京師來訪①，先生歸自秦溪，握手大笑喜，乃不能言。少焉，列燭堂中，張筵並坐，有二客默爾忻聽，俄皆逡巡去。兩人酒酣，摻筆各書其意，聯爲一紙，自謂范張雞黍，不如張錢。據《北郭集》卷三《延澤堂會友聯句引》及《西湖同張介侯》詩注。

三月初，與張介侯同游西湖。見上聯句，有"明日遊南湖，明月遊西湖"句。將作一月留，遍歷諸勝。十一日小雨，登南屏山頂，謁于忠肅公祠，先生有詩。《記事續稿》卷七《自書于忠肅祠卜詩後》。案：上文云"嘉慶乙丑"，蓋誤記。介侯北望，浩然有歸志，不可止，遺詩以爲別。②《北郭集》卷三詩題。

七月，長女天孫生。③ 據《記事稿》卷十《小女子瘞磚銘》。《記事稿》卷八《妻

---

① 眉批：介侯是年二十七。
② 旁注：介侯言嘉慶十年翰林院編修閩縣陳壽祺見公諫易衍疏于皇史宬。
③ 眉批：七月，以威太夫人命□簉胡貞貞。硯貞，嘉善人。初，母金請長以歸先生。後惑于人言，將他屬硯貞大哭，期必死，悲懑疾甚。至是歸先生逾月卒，年十七。能讀《毛詩》、唐詩絕句《鴛鴦湖櫂歌》，且多識奇字。先生作權厝誌銘及別誌，擬夫毛西河之于曼殊也。《記事稿》卷十。

陳恭人述略》："恭人始生女天孫"，則長女也。

遊崑山。據《北郭集》卷三。

十二月，子淳殤。據《北郭集》卷三詩題。

是年，陳蓮夫詩庭來主鴛湖書院，相從講經旨。先生好顧先生《易》《詩本音》，嘗循聲涌之，蓮夫自外至，則爲抗聲和爲先生説《説文》，以錢竹汀先生手注本俾先生傳録，得未見書必相示，有疑義必告，幾無旬日不相見。先生嘗謂：少慕學則知顧先生，冠而知錢先生，辟若鵠然，期有以赴之。而蓮夫則嘗教余支左絀右者也。據《颿山樓初集》卷五《讀書證疑序》。先生嘗爲《顧先生象贊》曰："守先生之道，平百世之政。介於石而知幾，維松柏獨也正壯，無南陽之遇主。晚與禮堂之寫定百二山河十三陵闕，去父母之邦而老于行曰有命。"又爲《錢先生象贊》曰："深服六藝，言皆醇靡。原不滌開其湮，繼亭林後此一人。"《記事稿》卷九。

從弟警石，泰吉。奉世父大興公喪①，歸自京師，年十有六。英特而退謹，喜爲文辭，郡人交稱之曰"錢氏二石"云。《記事續稿》卷五《警石弟文稿序》。先生嘗舉警石伯兄學源德性粹然，蚤歲奉教事告之，警石益暱就先生。其後雖在遠，警石日月通書，必陳所業而質疑焉。同上。

嘉慶十二年丁卯—千八百零七年　先生二十五歲

七月，長女天孫殤。據《記事稿》卷十《小女子瘞磚銘》及《北郭集》卷四《天孫殤詩》。案：《天孫殤詩》第二首云："兩子先汝亡，頻歲見三夭。"則前歲阿淳殤外，尚有一子。《陳恭人述略》但云恭人始生女天孫、男衍徽俱殤，所謂衍徽，不知即阿淳之名，抑另子，今不可考矣。②

赴蘇州。《北郭集》卷四詩題。案：歸期不可知，下有《九日雨中遊真如寺》，則

---

① 旁注：蓉裳大令。
② 眉批：據《錢氏族譜》衍徽嫡出，衍淳程出。

重九前必歸里矣。

纂《錢氏藝文略》成，凡兩卷。① 自序云歷三年，四易稿乃成。依朱氏《經義考》而作。自序。

正月至四月，鈔有《容齋類筆》、《水經注》碑，皆卒業，名曰《意鈔》，自謂竊比馬子之《意林》。《颿山樓》卷六《意鈔自序》。

兄子子壽寶甫呈詩曰："行年二十四，下筆足千秋。"② 蘇源生《書事》。

編《水蔬集》，自序："陽月閒居陋巷，風雪偃卧，無所用心，漫録近詩，得若干家。大都閒靜深峻之作，從吾所好，非欲示人。題曰水蔬，記時而已。"《續稿卷五》。

嘉慶十三年戊辰—千八百零八年　先生二十六歲

春，北上應禮部試，經鎮江，登金山寺浮圖。《刻楮集》卷一《補爲雲壽兄楲五十詩》注："戊辰春，偕兄登金山塔，絕頂賦詩。"滕縣道中，聞李提督喪③，哭之以詩。提督與學士公有舊，據《北郭集》卷四詩題哭李公詩有"先子同岑舊，談深惜鵁媒"云云。到京，寓姑夫蕪湖繆澂香員外元益所。《北郭集》卷四《懷繆澂香丈》詩有"江鄉寒獨詠，斜日滿空林。卻憶小園住，時聞清磬音。"

四月，舉進士，選庶吉士，據蘇源生《書事》。假歸。④《北郭集》四末有展外大父苧園戚公墓先隴吾盧諸詩。錢昌齡《盧江錢氏藝文略跋》云："叔今年成進士，以吉士假歸。明年，將入都。"末敍戊辰十一月。⑤ 題家居詩，起壬戌，訖本年，曰《北郭集》，凡四卷。吳蘭雪舍人題曰："讀書能養氣，醞釀出新詩。諫果多回味，寒花少媚姿。"又曰："改官仍澹泊，訂史更精研。

---

① 眉批：序作于本年壯月。
② 眉批：寶甫，籜石孫，世錫子。
③ 眉批：大約是李長庚。長庚於十二年討海盜于臺灣，戰死。
④ 旁注：房師鄧筠嶰，見《記事稿》卷三《重刊枡桐先生集序》。會試二十四名，殿試二甲第二十二名。家譜作會試第八十名，進士殿試第二甲二十六名。參考《錢氏年譜》。
⑤ 眉批：本年，英兵據廈門，旋退去。

同社慚余長，名山讓汝專。"其推重至矣。① 蘇源生《書事》。案：未刻金錢孫丈有傳鈔本。

先生考先世有集不傳，而得見其遺詩者十四人，其未必有集而篇什僅存者十七人，輯而次之，曰《清芬集》。十月，序于吳門舟次。《颿山樓》卷六《清芬集序》。

先生寫數年來所爲古文，曰《晝書》。四月佛生日，張船山先生問陶題曰："大父合理，小文愜情。情理兩得，浩氣縱橫。如此少年，益以閱歷。因文見道，改用可必。"又同里丁小鶴序曰："衍石子成童，泛濫于詞章。弱冠，沈潛于典籍。窮理養氣，深究治亂得失之故，洞若觀火。無益之文，悉爲屏棄。每發一義，必合于道，而于人心風俗三致意焉。"據《記事稿》卷首及蘇源生《書事》。《記事續稿》卷五《見堂文集序》云："吾郡近數十年來能古文辭者，人皆曰見堂丁君。余幼歲見君子敦本書塾中，其後家居，君頻過余論學，引爲忘年交，序予所爲《晝書》。"

嘉慶十四年乙巳一千八百零九年　先生二十七歲

春正月十八日②，據《記事稿》卷五《世父户部府君年譜跋》。北上，經蘇州、無錫、丹陽，小駐江寧，謁方正學祠、明太祖陵，登周孝侯臺、雨花臺。渡浦口，經滁州，弔清流山。過定遠，弔垓下。渡淮，轉歸德，經夏邑，至開封，省從兄裴山楷病半月。③ 二月廿八日，游吹臺。三月，據《記事續稿》卷二《與劉梅坪兵備書》。至新鄉，拜大父安慶公祠。安慶公嘗宰是邑，有惠政，民爲祠堂兩所，一在城東，一在趙村。④《澄觀集》卷一《新鄉》詩云："我行新鄉縣，落日氣蕭蕭。大父有

---

① 眉批：本年，從兄裴山出藩于汴。
② 眉批：提督王得祿等破海盜，閩浙兩洋始平。
③ 眉批：《澄觀集》卷二《裴山兄拓寄宋開封石經禮記殘本》詩云："汴州昨過病半月，吹臺一登意闕然。"
④ 眉批：《旅逸小稿》卷一《過湯湖感懷芙初同年》自注云："己巳、亥午間，同譜八人爲消寒之會。"

祠宇，其一城隅築。望國光傴僂，適館躬齋沐。振衣俟雞鳴，寒月生古屋。守祠八十翁，廨舍嘗服從。（舍人劉佩）聞耗杖藜來，蹇步當階伏。瞿然與扶掖，延坐詢家族。爲言此邦人，戴主如頭目。方去即見思，瓣香展誠篤。報功意猶歉，遠更趨村卜。春風賽簫鼓，兩地走巫祝。公子官程經，聯翩伯仲叔。艸介凡三經，城野肩輿熟。使臣詠皇華，君子有詒穀。道旁歎廉吏，感動到今牧。"經湯陰，謁岳忠武王祠。經邯鄲，還京師，皆有詩。據《澄觀集》卷一詩題。仍假館於繆澂香員外所。廊樹臨池，地極清曠，扁日澄觀，取陸士衡《聯珠》語，先生甚愛之。《澄觀集》自序。

五月十二日，夜雨，作詩云："廣庭深樾聽蕭寥，燭炧窗昏坐此宵。官裏未妨清睡穩，雨聲彌覺故山遙。風來削迹蟁如埽，日出衝泥馬不驕。正癉炎威怕庚伏，商聲吾欲先秋招。"

六月十四日，大雨，法梧門式善、戴金谿敦元、吳蘭雪嵩梁、劉芙初嗣綰、董琴南國華、屠琴隖倬、黃霽青安濤同過澄觀水榭，先生與蘭雪作詩紀事。① 先生詩有云："梧門先生金谿翁，走未投謁先拜貺。"《澄觀集》卷二。其爲前輩推重如此。

本年，散館，改主事。② 《續稿》卷十《世母金太恭人行狀》云："戊辰，儀吉成進士。明年，散館，改户部。"家譜改主事户部江南司兼陝西司主事。

時詔修《全唐文》，揚州進本有羅昭諫隱《讒書》只六十篇之十五，吳縣董編修充纂修官，從先生借録舊藏鈔本。先是，乙丑冬，駕湖書院院長陳妙士從嘉定王氏借示先生元版鈔本，先生録藏之，闕第二卷子高之讓以下六篇。至是，先生又從《永樂大典》補得所闕六篇之四。《記事稿》卷四《跋讒書》二首。

杪秋，從子子壽補官至京師，與先生同居常，相敦勉，以無替先人。一日，先生怒一僕，譙訶不已，子壽微誦曰："君子貴氣，不潛則揚，潛之又潛，寡過之。"方先生近所譔《五戒》中語也。先生大笑。

---

① 眉批：識法梧門在戊辰夏，見《續稿》卷五《餘齋遺詩書後》。
② 旁注：户部江南司，旋兼陝西司主事。

《記事續稿》卷一《子壽同居記》。

嘉慶十五年庚午—千八百十年　先生二十八歲

春，移居。《澄觀集》卷二有《移居》詩，前一首《送吳蘭雪》詩有"春草猶嚴寒"，則在春初矣。

是年，陳恭人與李氏姊侍戚太夫人入都。① 先生同產惟一姊，南北追隨，共侍几杖。又嘗款族姻子孫下榻寓廬，具脩廷致。戚太恭人姪某使更番侍母，笑言瞻視，顏色先意惟謹。家貧累重，陳恭人黽勉有無，甘旨無闕于供。蘇源生《書事》。案：《書事》云改官之明年云云。改官在何年，今不可考，惟《澄觀集》卷二《庚午九月二十日署廨見寒菊》，則改官當在己巳九月。眷屬來都，當在本年。《記事稿·陳恭人述略》云：恭人事先妣京師七年，至丁丑，丁內艱，正七年餘。惟《澄觀集》卷二辛未年夏詩始有"覓果鬧兒女"、"暇奉高堂娛永夜"等句。本年詩極少，無迹象可尋，則尚不能確定也。② 《續稿》卷十《世母金太恭人行狀》："戊辰又明年，迎吾母北上。"《續稿》卷一《子壽同居記》春夏再遷，則又似再遷在夏時矣。下云居六月，吾母至京師，則戚太夫人之至當杜冬月矣。

秋，移居永光寺中街，其西齋有竹一叢，翠潤可悅，顏曰"蘇雨"，作記曰："吾嘗浮錢唐，道仙霞，以至于閩，凡再往來，而四過所謂蘇嶺者，在仙霞嶺南。又南為浙之衢州，自衢州舍舟而輿，至閩之古田。日行萬山中，松竹之色，風泉之响，千餘里不絕。而蘇嶺之竹，尤盛甲於諸嶺。吾過輒坐磬石聽瀑，移時始去。或不能去，久之乃張燈行三十里抵宿所。辛酉之歸也，天雨竹益奇，如王孝伯著鶴氅立雪中，襤裯而夭矯，又如太白之徒，酒酣從水仙舞，風影超絕也。自是不至者十年，而思蘇嶺之竹也日深，故扁之曰'蘇雨'。"《颿山樓初集》卷四《蘇雨齋記》。

冬，與同年劉芙初、董琴涵、朱勳楣、屠琴隖、謝何亭、賀耦耕、周稚圭為消寒詩會，敦勵學行，不事嚴氣。蘇源生《書事》。

① 旁注：心盦同官戶部，《續稿》卷一《子壽同居記》。姊壻同行。《記事稿》卷一《李志》。
② 眉批：《洙涇橋刻辭》遘府君喪，其後六年，儀吉服官于朝。又二年，迎養再入京師。

嘉慶十六年辛未—千八百十一年　　**先生二十九歲**

立夏後二日,偕金岱峰、從兄雲壽、族孫本之游棗花寺,看牡丹,相唱和。復與宋芷灣湘唱酬。

又作"閉門那識軟紅塵,潔養惟憑故紙攻。妻感人情信《周易》,兒探物候話《豳風》。興圖萬里丹鉛畔,全鑑千秋涕泗中。暇奉高堂娛永夜,懿親三兩一薄同"。《澄觀集》卷二。可見門庭一時之樂。

十一月初八日,大世父艮齋户部豫章卒。① 《澄觀集》卷三本年詩有《十一月八日世父艮齋先生小祥釋服》,以此推知。《記事稿》卷五《世父户部府君年譜跋》明記年月日。安慶公之卒,學士公年甫十二,户部恩勤教養,至於成立,先生詩所謂"趨庭昔有聞,每晚誦家督。教我兼師,不爾何能淑"者也。《澄觀集》卷二《新鄉》詩。愛先生甚深,幼時攜抱煦嫗,疾痛嘗先知。及長而娶婦而孤,其視之也如幼時。《記事稿》卷五《世父户部府君年譜跋》。

董琴涵觀察贈詩曰:"實事必求是,誤書獨能詩。文章重義法,精絕詞無疵。丹黄謝朝謁,十日九下帷。"又曰:"英年御長轡,萬里堂堂馳。他時定七略,名山非子誰。"蘇源生《書事》。

時子壽仍同居,而三兄雲壽亦至。先生非公事,不常出聽事。三間爲一左右壁,倚大厨八,列經史習見書略具。三人者各據案披覽,考評相可否,亦頗涉道德精麤之旨。人多以爲迂,即賓友之跡罕至焉。惟同里沈鼎甫侍郎維鐈方館繆十二員外家,及員外間來談論。侍郎性嚴正,一無所假借。而員外好爲道家言,雲壽頗喜其説,先生與子壽皆嘗觀二氏之書而不溺也,亦不深排之,以爲蕩塵穢,化偏執,亦有可取者。《記事續稿》卷一《子壽同居記》。

嘉慶十七年壬申—千八百十二年　　**先生三十歲**

冬,朱梓盧太令卒,先生哭以詩云:"鄉信傳來共茹悲,盡言社

---

① 旁注:《錢氏年譜》載之。

祭必于斯。壯辭選吏依于母，老撫邊氓看作兒。以弱養生躋大耋，其清如話得真詩。范湖憶款雙扉語，舊卷丹黃忍更窺。"《澄觀集》卷三。

二月，先生擬創爲讀史會，作序曰："同讀者迭爲會，設寒具無過二品，共飯無過四簋。一月兩集，各出半月所讀史，迭相問，能答不能答皆記之於冊，所以考業也。人各習一史，不必同。各因其資力之高下，歲月之曠冗，日習若干字，不必限。無始勤而終懈，無舍前而躐後，無苛論成敗，無用心細碎，非公事疾病，無輟業。其諸史時事相涉，能參稽者聽，能折衷異同、訂正訛闕者傳寫之。爲文章相可否能否，相勸勉無面欺，凡有過皆相規。夫友以輔仁，又非獨多聞講習而已。凡爲會者，謹如約。"《颿山樓初集》卷六《讀史會序》。

先生喜讀史，尤熟于《漢》、《三國》、《晉書》，先後補晉兵志、朔閏諸表，輯十八家逸史，撰《三國會要》、《晉會要》、《南北朝會要》，本史外博采羣書，得渾天象説、三字石經、魏吴都城金墉城圖之類數十有篇，悉爲甄録。尤詳于地理，旁行斜上，易稿數四。推步術算，直取李四香、朱笥麓注，謂專門名家不可攘美，視徐仲祥、王齊物精審十倍之矣。① 據蘇源生《書事》及《嘉興府志·經籍門》。

嘉慶十八年癸酉—一千八百十三年　先生三十一歲

正月二十七日，太常仙蝶集先生寓齋賦詩。《澄觀集》卷三。八月十九日，復至，重紀三首。二十四日，送之天壇柳間。同上。

嘉慶十九年甲戌—一千八百十四年　先生三十二歲

春來多病，始見二毛，有詩云："致身郎署愧浮沈，善病經時墮壯心。歲月何曾供把玩，山川祇自費高深。著書半失叢殘稿，倚枕

---

① 眉批：徐仲祥有《兩漢會要》，王齊物有《唐五代會要》。

多成斷續吟。我正行年潘騎省，春來新見二毛侵。"自謂二年來考撰輿圖，頗費心力。①《澄觀集》卷四。

六月，李氏姊與姊壻李心畬南歸。②《澄觀集》卷三有《心畬姊壻將于六月廿八日南歸，聞道塗積潦難行，詩以留之》，又《次韻心畬南歸留別》兩詩。《陳恭人述略》云甲戌别去，誤也。戚太恭人思之，陳恭人日侍爲笑語。姊歸財數月，《陳恭人述略》。以產亡。③太恭人遂多病，先生百計承歡，心力爲瘁。蘇源生《書事》。案：《書事》云：甲戌夏，女兄產亡，誤也。《澄觀集》卷四《遊陶然亭》詩注尚云：八月十九日接李氏姊信。

本年，寫己巳以後古文，爲《颺山樓初集》十六卷。蘇源生《書事》。案：《錢氏家譜》作十二卷，夐東周雁石慇藏原鈔本只六卷，僅有賦、志、論、辨、説、記、序七體，都五十三篇。書內夾簽標雲注者十一，江注者四，鈐曉滄印者七。雲者，金錢孫年丈北蕃以爲即先生從兄雲壽棫。江者，周雁石以爲即曹江。江字百川，號玉水，上海人，官至池州府知府，《松江府志》有傳。曉滄者，沈炳垣號。炳垣原名潮，字魚門，桐鄉鑪鎮人，嘉慶庚午舉人，官至松江海防同知。夾簽之外，眉注者十有二。文中句乙增損者十有一。皆先生親筆。點定有引彥聞云者，彥聞，方履籛字，順天大興人，嘉慶戊寅舉人。有引介侯云者，介侯，張澍字，甘肅武威人，嘉慶己未進士，官至永新縣知縣。先生至及集中屢稱其人者也。集中紀年有闌入丙子者，後于甲戌且二年，或後所入歟？

五月，兄子《記事稿》作從子。寶甫出守滇。假還浙一月，將之官，先生念其行之遠也，爲續其道所經山川，歷布政司治五，府十有九，州一，廳一，水陸五易程，行七千里而後至，總爲圖十有九，爲卷一，序而遺之。《颺山樓初集》卷五、《記事稿》卷三《之滇行程圖序》。

冬，與劉芙初、董琴涵、觀察吳、陳石士、朱蘭坡、陶文毅、梁茝鄰、胡墨莊，重舉消寒詩會。蘇源生《書事》。七月五日，先儒北海鄭君生日，先生與同人爲位于海岱門外之萬柳堂以祀。至二十四年，祀如初。同會者，元和蔣廷恩，新城陳用光，涇朱珔、胡承珙，桐城徐

---

① 眉批：《衎石齋禮事稿》卷三《贈趙鹿潭序》云："予嘗求古今地記之説累數十家。"
② 旁注：《記事稿》卷十《李志》云：甲戌之夏，君以念母陳假歸。
③ 旁注：《李志》云：八月，我姊没。

璈光、聰諧、鶴山馮啓蓁，武進張成孫，益陽魏源，太倉陳煥、陳兆熊，爲之主者歙胡培翬。《記事稿》卷一《鄭君生日祠記》。

嘉慶二十年乙亥—千八百十五年　先生三十三歲

三女仲愉生。

往歲，於湖州書船中得仁和杭董浦編修世駿雜手書一束，中有《蒜市雜記》艸稿。夏日無事，尋其塗竄，拾其叢脞，次而錄之。六月十日成，序其首。蒜市在京師海岱門南二里許，先生時寓興隆街，又在蒜市南十里。《颿山樓禄集》卷五《蒜市雜記序》。

輯《盧江錢氏文匯》成，自序謂自奏議以下，因類區分，著其尤要者。又訪于族之尊賢，蒐拾隊遺，校正同異。其講道德之崇深，衡政事之得失，發忠孝之性情，垂家門之榘範，以至論文品詩，樹藝醫藥，靡不賅備。凡四十九卷，十易寒暑乃成。《記事稿》卷三《盧江錢氏文匯序》。

嘉慶二十一年丙子—千八百十六年　先生三十四歲

嘉慶二十二年丁丑—千八百十七年　先生三十五歲

三月九日，《洙涇橋刻辭》。戚太恭人卒，年五十有六。《洙涇橋刻辭》。奉櫬歸里，據蘇源生《書事》。眷屬留京師。①

先生題己巳至本年奉諱前詩曰："《澄觀集》凡八卷，予見金錢孫年丈及胡宛春同學傳鈔本，皆只四卷，至甲戌年止，闕乙亥、丙子、丁丑三年。後四卷用繆十二員外廊區語，嘗序之曰：孟子曰：觀水有術，必觀其瀾。陸生通其意，故曰澄風觀水則川流平。夫必

---

① 眉批：《記事稿》卷十《舅氏餘齋先生墓誌銘》云："儀吉奉吾母喪歸，去年十一月九日丁夜，先生擁敞裘危坐，秉燭待握手，痛哭移時。"則歸在十一月也。《盧江錢氏年譜》引先生雜記殘稿，八月出京，十一月抵里。

見川之平也,而後得其瀾。不然,涌濤揚波,挾泥沙爲氣勢,將曰巨觀,如清濁不分何?吾聞昔人之美黃叔度,有曰:澄之不清,撓之不濁,誠使撓之不濁,雖澄之,何加於清?然而不能及也。是以居京師,從仕官,尤不可不澄觀。余後屢移居,常憶此語,而題諸詩卷。且夫心之清濁,必形于言,以云詩亦若是已矣。吾且以爲永監。"《澄觀集自序》。

冬,奉戚太夫人柩祔葬於學士公之窆壙中,煖然如春。其上若垂露而不濡,衆皆曰:"吉於是始。"築墓堂五間及左右廂。《洙涇橋刻辭》。

嘉慶二十三年戊寅—千八百十八年　先生三十六歲

葬戚太恭人。《定盧集自序》云:"予奉母喪歸。既葬之明年,入都。"蘇源生《書事》云:"乙卯服闋還京。"則葬事在本年也。啓生壙,壙中暖然如春,其上若垂露而不濡,衆皆曰:"吉於是始。"作墓堂五間及左右廂。《洙涇橋墓堂刻辭》。

二月,泝富陽江而上,沿途流覽山川,越二十日而抵南昌,省視潤齋先生於撫節署,句留半月而歸。先生有《赴贛日記》殘本,未付刊。《錢氏年譜》。

夏,於湖州書船中見趙東潛譯注《三國志》。《記事稿》卷三《贈趙鹿潭序》。

嘉慶二十四年己卯—千八百十九年　先生三十七歲

服闋,還京師。① 據蘇源生《書事》。偶題所居曰"定盧",劉芙初太史見而稱之曰:"如子足當一定字。"據《定盧集自序》及蘇源生《書事》。時先生養親事畢,益淡於功名矣。性情介,事上官,歲一投門狀,不請謁。落落寡交,一二知己外無漫與酬酢者。尤不好筆牘。夙苦痔不能久坐,倚牀執卷無倦容。嘗黎明起,中夜寢,無分寸功不在書,

---

① 眉批:時先生居憂里中,甘泉先生朝夕共讀。甘泉先生以父端公詩卷繁冗,讀者不易,因與先生商定香樹齋精華録分類鈔讀。《甘泉年譜》。

曰："吾于此得養心之樂。"作詩文,亦如日用飲食,殆安之若性矣。蘇源生《書事》。

仲冬,同人飲於朱蘭坡新齋,蘭坡出閩王王審知德政碑索題,先生作跋語。撰碑者于兢王大理以爲無考,先生謂兢以唐臣相梁,引二史《梁本紀》及郭若虛之説證之。《記事稿》卷四《跋王審知德政碑》。

嘉慶二十五年庚辰—一千八百二十年　先生三十八歲

春,病嗽上氣一月,飲竹葉湯而愈。據《定盧集》卷一詩題。

本年,總辦八旂現審處,①《定盧集》卷一《秋花三絶句》有《八旂現審處即事》二首,總辦當在其時。總纂會典館,並提調。《定盧集》卷一有《庚辰八月二十七日借居會典館》詩,總纂提調當亦在本年。

夏,長孫招生。據《定盧集》卷三《雛孫》詩云:"雛孫四歲周,三歲在五月。"《旅逸小稿》卷二《癸巳長至夜夢攜招孫登泰山大雪》詩注云:"招孫年十三矣。"則是生于辛巳,待考。

秋,逢宣宗登極覃恩,先生以户部主事加四級。《記事稿》卷一《觀荷圖記》。

秋,甘泉先生至京師,寓先生城南興隆街邸舍。《錢氏年譜》。

宣宗道光元年辛巳—一千八百二十一年　先生三十九歲

三月,補户部雲南司主事。《錢氏年譜》引先生日記殘稿。

五月廿七日,陳恭人感時疫,六月二日時加申卒,年三十有七。②《陳恭人述略》。七月十六日,移柩于長椿寺後寮。《定盧集》卷二注。

---

① 眉批:本年補官。沈子語尚書《海日樓文集》卷一《定盧集序》云:當嘉慶朝開館,重修會典,先生與桐鄉程春盧大理、秀水朱雲陸給諫同在館中,咸以博聞通識綜練國故,見推京朝。官字爲嘉禾三傑。

② 眉批:《定盧集》卷二《重有感》云:"還山舊約話分明。"自注:"五月二十四日夜。"下云:"明日投牀頓隔生。"則二十五日始病也。

恭人所出多不育，視庶子尤至，先生嘗自課寶惠兄弟，有不暇，輒以屬恭人。及戚太夫人棄殁，先生奉柩歸葬，兒女輩盡從恭人授書。① 恭人嘗課寶惠寫《春秋左氏》五十凡一篇。間點定所爲策論。先生還京師見之，知恭人善教，大慰。京居日用不繼，典釵珥，粥衣物，拮据家事，常少暇，暇則執卷以讀《春秋左氏傳》、《貞觀政要》，同里朱氏《樂府廣序》，其所尤習者。録經史中訓誡婦女者爲一編，又次第歷代后妃事以爲表。其卒也，先生删存其詩及雜文、隨筆等，爲《聽松樓遺稿》，鋟之木。黄左田尚書及陳顧士侍郎卿滋圃學士祖培見之，屢從先生索本以贈人，曰："是有益於婦教也。"據《陳恭人述略》。

四月，莘兒生。② 《定盧集》卷二《悼莘兒》詩云："去年四月生"。

五月，妾某氏卒。同上詩云："爾生及見母，五旬母亡矣。"

八月，以山東司主事李湘茝迴避本籍，改補雲南司缺，奏調山東司主事。日記殘稿。

道光二年壬午—千八百二十二年　先生四十歲

先生恒讀海聖俞詩，未嘗以語人。李杏村孝廉昭德見先生詩，以爲似梅，先生謂："予於梅詩徒好之而已，非能喻其性情之真也。"賦詩。《定盧集》卷二詩題。

三月，先生年政四十。③ 弟輔宜④奉文端公書《晉書・良吏傳》遺墨遺之。據《定盧集》卷二詩題。先生與李杏村孝廉馮晴川烱閨圃同

---

① 眉批：《嘉興府志・經籍門二》陳爾士《聽松樓遺稿》四卷下引陸以湉曰：錢新梧給諫官京師，時無力延師教子，其室陳煒卿女史親自督課。女史嘗于講貫之暇，推闡經旨，著《授經偶筆》以訓子女。
② 眉批：《錢氏家譜》六子，四朋壽，五師恬，皆胡出。《記事稿》卷十《十殤志銘》：自嘉慶甲戌至壬辰十九年間，殀者九人，子四：曰朋壽，曰莘云云，則莘即師恬，其母則胡氏也。長洲人，見家譜。
③ 眉批：《錢氏年譜》誤繫明年。
④ 旁注：即甘泉。

生乾隆癸卯,冬日,招集寓廬,舉昔年癸卯生者得十有二人,各擊以詩,而先生復爲之序云。① 據《定盧集》卷二詩題。

道光三年癸未—千八百二十三年　先生四十一歲

三月三日,太常仙蝶集英兒袖間送之舍南丁香枝上,移時乃去。自癸酉以來,三至矣。《定盧集》卷三詩題。因題其書室曰"仙蝶齋"。先生有《仙蝶齋藏書目》,見蘇源生《書事》。

四月十五日,以畿内旱,赴賑所。據《定盧集》卷三詩題。

是年②,先生升河南道御史。③《定盧集》卷三有《次韻答功甫聞予入臺》之作,在癸未閏《七夕》詩之後,《寄答楊篔士時客孫相國幕府》詩之前。自注癸未七月,當在其時。

入臺後,章數十上,皆焚其草。蘇源生《書事》。謂人臣以封事入告,不宜傳播人間。《嘉興縣志》。所可知者,爲陳京師流民不應押送回籍,劾浙撫諱飾糧艘事,劾江南吏治,劾浙江學政,又陳河漕、鹽政、南路、屯田事宜。巡城,每四五日一視事,隨到隨決,無稽留旬日者。嘗曰:"小民細故,導之使速已。縱不免小有不平,猶愈于久繫株累耳。"事關倫紀,不可以窮治。既輕決,猶衿慎以思,且筆錄以訪于人。在西城設廣仁所,推廣棲流所之意。歲集資以養贏老,又奏請廣義冢地。滿事日嘗從容問屬官許君惇書曰:"吾治事有失乎?"許肅然對曰:"貧民爲小貿易者感公德尤深。"蓋無賴子多挾私誣控,先生燭其奸,遇事懲創,不妄傳訊,一人吏無可緣爲利。久之,亦無妄控者矣。蘇源生《書事》。

與吳侍郎傑論事相契。

---

① 眉批:有序,應查。
② 旁注:此在四年。
③ 眉批:《記事稿》卷三《國朝碑傳集後序》:"予再莅雲南司檢舊牘,時道光三年也。"案公前爲雲南司主事,此云再莅,則爲郎中時矣。

董方立孝廉祐誠卒①,年三十三,先生哭以詩云:"忍教玉樹委塵埃,天意曾無惜異才。賈誼長賒前席召,張衡那冀後身來。圖書雜揉亡遺稿,今占蒼茫奠此杯。落日滿階琴語絶,傷心人海刺船迴。"《定廬集》卷三。

道光四年甲申—千八百二十四年　先生四十二歲

四子彝甫生。《晚年詩稿》卷五《莨兒生日》詩云"稚子亦已冠",當爲本年生。莨當係彝甫之小字。

授河南道監察御史。御史題名:先生于是年由户部郎中選授。

道光五年乙酉—千八百二十五年　先生四十三歲

奉命巡視中城,識坊官李修齋德林。越日,修齋獲鄰境盜,且傾其巢,先生特疏保爲令,後遂以例。據《記事稿》卷三《西平從政略序》及蘇源生《書事》。

道光六年丙戌—千八百二十六年　先生四十四歲

元日丑時,得孫,名之曰絳。先生作四詩志喜。《定廬集》卷三詩題。

四月,奉命監試廷對諸貢士。同上。

是年,兄子子壽寶甫卒。《記事稿》卷九《李烈女血書贊》。初自晉藩任,以病暫歸。踰年遽殞,年財五十七。《記事續稿》卷一《子壽同居記》。

道光七年丁亥—千八百二十七年　先生四十五歲

從孫本之孝廉作《紫雲先生年譜》成,來乞序。紫雲於先生爲四世從祖,復姓何,字商隱,肥遯不仕,與張楊園友善,人比爲朱子

① 眉批:陽湖。

之於南軒、東萊者。先生嘗輯其遺文爲七卷,至是喜甚①,爰奉舊所得紫雲遺象奠之藏弄。據《記事稿》卷三《紫雲先生年譜序》、卷五《紫雲先生遺象跋》及《錢氏藝文略‧撰人世系圖》。

先生言事奪俸,蒯氏姑善繪事②,病中聞之,肖鷹以賜,振其志。七月,姑卒,先生哭之,爲志墓。據《記事稿》卷七《姑蒯君夫人墓志》。

八月,十女亥壽生,小字曰小十。《記事稿》卷十《亥壽葬志銘》。案志云:"初,我六母沈太恭人兄弟次六,先君心瞿于聞也。故六妹行七。予仍前規,又辟妹次女,遂遞降,呼爲小十云。"

奉命巡視西城。《錢氏年譜》。《記事稿》某氏歸,以見即事窮理,不可不深長思也。《清史列傳》。

子壽卒。

道光八年戊子—千八百二十八年　先生四十六歲

春,季仙九孝廉芝昌遺先生元人手鈔兩漢策要體類吳興闞第三卷,目錄具存,先生賦詩寵之。據《定盦集》卷四詩題。

京察一等,蘇源生《書事》。由貴州道擢刑科給事中,旋轉工科掌印給事中。《六科題名記》。

本年,寓京師北城日南坊。據《記事稿》卷五《大父秋澨集書後》、《刻楮集》卷四《涼棚二十六韻詩》云:"廿年日南居。"自注云:"日南,坊名。"

道光九年己丑—千八百二十九年　先生四十七歲

禮部試,奉命外簾監試。③ 據《定盦集》卷四詩題、《刻楮集》卷一《示從孫本之》詩注、蘇源生《書事》。

十月十二日,太常仙蝶又至。同上。

---

① 眉批:仲冬。
② 旁注:第七姑諱與齡,字九英,適吳江蒯家珍。
③ 眉批:充會試外簾監試官。

先生題己卯服闋後至本年詩曰《定盧集》，凡四卷。八卷似誤。據蘇源生《書事》。自序曰："人生得喪憂樂，日接於吾前，定何能也。抑聞之彦和論文，心定而後結音。予偶涉翰墨，未嘗觥觥於心，而強出之，則以之目予詩，其可。"《定盧集自序》。李傳元《定盧集跋》云：光緒末，公曾孫旭寅卒，家益落，藏書盡出，手稿數十卷，亦遂流落人間，入書賈手。《定盧集》鈔本，會稽諸直長得諸市，攤珍爲秘册，以示乙盦，特假歸出以見示，相對驚喜。蓋乙盦於公詩有深契，傳元則敬仰而已，然篤好則同。自少年時，相約訪公全集，數十年不獲一見。年各遲暮，身涉亂離，乃於無意中遇之，非所期也。乙盦勸付梓，傳元亦力以自任，然鈔本譌脫，恨無手稿可校。公從孫伯英知傳元將刊《定盧集》，即躬奉潔本至，且附甘泉公校語，校則益忻喜。然詩校諸本僅四之一，今春藝風前輩復攜一本見示，行間改定，眉端補錄，皆公自書，真手定本也。然亦尚闕庚辰至甲申五年之詩，乃知諸氏所藏最爲足本，遂以付梓。案：李刻尚闕甲申一年。

道光十年庚寅一千八百三十年　先生四十八歲

二月，病。據《刻楮集》卷一詩題，詩有"三冬太暄暖，二月招寒威"句。

本年，因户部失察假照案，鐫一級，罷官。[①] 初先生直捐納房，僅數月，以剔弊爲己任。一日黎明赴公所，見一人持文逡巡門下，遽取視，則直督催補監照事，且云上年咨部未覆也。稽檔册，無上年文。閱監簿，又無李珣等三人名。遂代長官草奏，以吏郭坦送刑部治，請託百至。戚太恭人戒門者毋通刺，有餽小罌，云南來蔬果也，呵之去。持益力。自後半年，餘部案久不結，會以憂去，事遂解。及再至京師，同人偶及之，曰："奏當吏自承誤，以監生名填貢生簿耳。"杖郭坦、準珀等三人給照，先生一笑罷。至是蔡某事覺，親友知先生前事者，力勸自陳，先生笑曰："同罪數十人，獨曉曉何爲？且吾實疏，縱閱監簿，遺貢簿，使得巧脱，焉咎奚辭？升沈有定，吾思之熟矣。"所親嘗論先生當日若不以憂去，讞獄者或有所忌

[①] 眉批：《刻楮集》卷一庚寅五月十八日，有《掖垣夜直喜》兩詩，則罷當在其後。

不諱飾，涓涓既塞，何至流爲江湖。而先生泊然，終不自言也。董琴涵觀察國華前作《五君詠》有先生，本年復作《後五君詠》①，其五云："給諫志通濟，侃侃古遺直。胸中萬卷書，論事有特識。側聞驄馬威，清風動京國。吏議來無端，翛然六月息。"周稚珪中丞之琦湘南道中亦有《五君詠》，其四云："待軒吾畏友，學粹行誼敦。淵淵千頃陂，誰能測其源。白雲在天際，玄鶴相與騫。超□謝塵滓，知希安足論。"此二詩能道先生高致云。蘇源生《書事》。

秋雨，偶然作詩云："達士感秋風，愁人畏秋雨。屢夕夢故人，惻惻想慰語。其聲連哀蛩，落葉雜悽楚。覺來聽殘更，歸魂响林莽。輾轉意漸平，清味回千古。乃知涼風佳，賴爾滌肺腑。稍稍動鄰鐘，飢鳥啄簷曙。著屐杏村來，相從話農圃。"其一。"芳川繞湘灘，大山聳峨峨。晴天望不見，況兹晦冥辰。望之夫何爲，中有平生親。桂椒寔同性，樠檜但異身。蕭摻閱歲序，結轎還遠人。蓄疑無以折，含意不得申。何當策乘駔，萬里通雙輪。"自注：此篇有懷稚圭、梅梁二君也。其二。"古人去已遠，風采記簡端。所託良可危，至喻聞輪扁。深思出款却，歷二宛在前。事外觀所尚，遺音若相宣。青山骨任朽，神理終絲絲。長風知蘭芬，烈火知玉堅。貞居守窮巷，跡絕無炊烟。沈沈秋雨中，此意誰當傳。"其三。《刻楮集》卷二。

道光十一年辛卯—千八百三十一年　先生四十九歲

九月，見詩自注。仲女遠卷南歸。②《刻楮集》卷三詩題。書至，答之曰："債券如落葉，薄寒初中人。由來治生拙，昔已在官貧。婦窘炊無米，翁誇筆有神。猗顏與臧穀，相笑陌頭塵。"《刻楮集》卷三。

姊婿李心畬主事卒。《記事稿》卷十《李志》。

---

① 旁注：壬辰秋寄示，見旅逸小稿卷二《五哀詩》注。
② 旁注：嫁桐鄉鑪頭沈氏炳垣之子寶禾字雛宜。

道光十二年壬辰 一千八百三十二年　先生五十歲

正月,女亥壽殤,纔五歲①,右臂痿,以左手學書,能誦竹垞詩。卒日,曉寢初覺,吟前人句,歡爲平時。忽顧謂母姚兒,謝孃恩。姚聞驚疑,詷若何語。晷移未終,泊然坐化。玉柱垂尺,舉體和柔。《記事稿》卷十《亥壽葬志銘》。先生作絶句十二首哭之。《刻楮集》卷四。自嘉慶甲戌至此十九年間,夭者九人,子四:曰朋壽,曰莘,曰莛,曰茗;女三:次五、次九、次十,即亥壽也;孫二:曰揆,曰墀。《記事稿》卷十《十殤誌銘書磚》。

生朝五弟,爲置酒,並招杏村同游法源寺,有詩。同上。

秋九月,《刻楮集自序》。題罷官京居三年詩曰《刻楮集》,凡四卷。蘇源生《書事》。自序云:"宋人以玉爲楮葉,刻之三年,鑯殺莖柯,毫芒繁澤,無不似者,而列禦寇非笑之,以爲聖人恃道化而不恃智巧。吾之詩不能巧,亦不敢爲巧,而其於楮也,似邪不邪,吾不自知也。夫亦曰此吾自上章攝提格至今三年中之所爲也。巧不同而費日同,是以有喻于宋人也。"《刻楮集自序》。案:先生子彝甫與《記事稿》同刻。

閏九月,自京師歸里。《旅逸小稿自序》云:"玄黓之閏,余從京試言歸。"書題下書云起壬辰閏九月。蘇源生《書事》云癸巳出都者,誤也。瀕行,八女殤,年十四。見《記事稿》卷十八《女瘞銘》。經津門、謝莊、潞河、東光、安德驛而至濟南②,同沈同簪大令淮、吳梅岑孝廉游明湖,又遊鐵公祠、趵突泉、五龍潭、舜升。十月九時發濟南,經長清岡山驛,③至仲家涮,舟破(應查仲家涮詩),至寶應,沮凍,舟再破。十一月十六日早下范水,過陽湖、無錫,皆有詩。《旅逸小稿》卷一詩題。至郡城,下榻從兄

---

① 眉批:妾姚氏靚出。姚有清明追感十女之殤八絶句。
② 旁注:長子婦李紉蘭介□粥釵佑路資。《庚子春生詩》卷下《錢仲愉詩》注。子萬孝廉留京師,送先生丁沽。《晚年詩稿》卷五《哭寶惠詩》。
③ 眉批:潞河道中苞兒倚篷看落日,先生令其造句,得"紫烟明夕波"五字。《旅逸小稿·自潞河至東光舟中雜吟》自注。苞兒當是子侑,名鄳醉。

學山樂壽堂①。據錢泰吉詩題。從弟警石泰吉自海昌寄詩云："積雪明南窗，獨坐憶遠道。大河凍行舟，何處賦春艸。忽傳一紙書，開緘豁懷抱。爲言卸裝初，樂事田遠好。上堂拜世母，慈顏幸未老。家事諉長兄，連牀接昏曉。朅來犀角兒，去日猶襁褓。咿唔共鐙火，兄孫已聰了。流光十五年，忽忽同過鳥。暫辭京洛塵，且食江鄉稻。江鄉迫歲儉，物價日騰踊。義田分無多，況未薙荒茸。幾家典寒衣，糴米滿斗甬。一飽未終朝，飢腸已雷動。即今眼中人，何術救決瘇。歸裝萬卷書，美味逾嘉種。心計刪研柔，遺經述鄭孔。樂道久忘貧，蕭然掃塵壅。里黨相歡依，出門無悾愡。願買田一雙，耦耕傍光壠。"

十二月，至蘇州。《旅逸小稿》卷二五《哀詩引》。

李杏村孝廉貽德卒②，先生哭之慟。據《旅逸小稿》卷二《廣州客舍不寐》作注。孝廉與先生交甚密，兩人生同歲，長同入縣庠，同耆書。其論爲學門徑、決事可否，取舍殆無不同者。初，先生將出都，謂次白孝廉年五十矣，猶數以程式之文、聽得失於有司，何益。孰與夫歸就所著蘄見知於來世也乎？不數月而孝廉卒。瀕卒，謂子萬孝廉寶惠致別於先生，語悽愴不忍聞。《記事稿》卷十《李次白墓志銘》。

夏酷暑，時貧甚，不能架涼棚。家婦李紉蘭工篆籀書，得金一流，召工成之。先生大喜，作《涼棚》二十六韻示之。據《刻楮集》卷四。

道光十三年癸巳—千八百三十三年　先生五十一歲

二月③，《旅逸小稿》卷一詩題。仲春，有端溪之行。以廣督盧敏肅公坤聘④，

---

① 旁注：艮齋嗣子希憲，官教諭。
② 眉批：李杏村孝廉貽德病没于吳邏旃侍郎椿館舍，後先生出都財兩月爾。孝廉孝友明睿，學無不綜，若《易》家飛伏、消息及긤緯遁甲諸五行雜占，皆洞徹本源，折衷大道。遺文多散失，其家存者有《十七史考異》及姓氏諸書草稿。《刻楮集》卷一有詩題李杏村弟云云，蓋有昆弟之約。
③ 眉批：歸里。參聞《錢氏年譜》。春，至崑山姊壻李心畲家，視其二子德馨、德義。《記事稿》卷十《李志》。
④ 旁注：涿州人，字靜之，號厚山，嘉慶進士，道光時官兩廣總督。究心經世學，所茌有名節。

主學海堂，爲嶺外游。據蘇源生《書事》。仲女遠苓適鑪頭鎮沈氏，繞道過之，留一日。《旅逸小稿》卷一《道中述懷》詩注。自錢塘東行，踰常山，至玉山。過常山，失衣三篋，告縣追尋，留玉山以待。三月五日，發玉山，浮錦江。風雨爲晦，旬日不已。經南昌峽江，度大庾嶺，謁張文獻公祠，過峽山，遊飛來寺，皆有詩①。據《旅逸小稿》卷二詩題。

四月二十四日，到廣州，陳範川鴻墀款先生下榻越華書院。同上。學海堂在粵秀山中，先生顧而樂之。② 課諸生以專經之業，定季課章程，頒日程，分句讀，評校著述鈔錄四式。每課數十鉅册，一一丹黃評騭。據蘇源生《書事》。治經講求故訓，讀史尤詳地理。《嘉興縣志》。粵人之學益彬彬矣。嘗器儀墨農克中有用世才，曾勉士剑有經術氣。又稱林柏桐孝友，吳岳理學，侯康、侯度、陳澧等博覽，居溥、茹葵、潘繼李等詞章，時時誘進之不倦。時朱蘭坡侍講子鼎元在粵呈詩曰："左官憂時切南游，講學殷且述之。"侍講亦以詩寄懷云："首數韓門羅籍諟，胸懷杜廈庇單寒。"注云："兒子書米，言先生具有廣廈萬間氣象。"據蘇源生《書事》。

九日，同許青士乃濟、伍實生長章、鄭雲麓開禧三使君登越王山五層樓。據《旅逸小稿》卷二詩題及詩句。賦詩。③

盧敏肅公以《兩廣鹽法志》屬先生重修。《旅逸小稿》卷二《送蕭枚生還清江詩》注。

歲暮，借南韶觀察公館度歲。地在粵秀山麓，有荷池，廣數畝。池岸環植花果，四時不絕。隆冬，庭桂猶盛開。《庚子生春詩》卷下《姚靚》詩注。

---

① 旁注：道貴溪，訪陸祁孫大令。大令，先生庚申同年也。先生喜讀陸之文，陸亦喜讀先生詩，均自以爲不及云。見繆荃孫《定盧集跋》。
② 眉批：《記事續稿》卷三《吳仁齋六十序云》：予客廣州，故總督盧敏肅公囑予修鹽法志竣，將歸，公固止之曰，"昔儀徵公築學海堂課士于此也，士多學古，治經者久而無以勸進之，恐中息。幸子之來，其爲我强留，必學士益。"予爲止。
③ 眉批：時颶風，粵中大水。

题本年舟車羈旅之作曰《旅逸小稿》，凡兩卷。據先生子彝甫《旅逸小稿跋》。案：已刻。自序云："元默之閏，余從京域言歸長水。家無把茅之託，身如飛篷之征。輿轎柁舟，忽焉嶺表。匝四時於一瞬，規萬里如同室。逝流上坻，浩乎無垠。心於其間，詩亦不多作，亦不能已。日寄日積，殆近百篇。偶憶皇甫冉句云：'無杙成旅逸。'案謝靈運詩云：'東方就旅逸。'曠世相感，適寫予心，遂以名其稿云。"自記書于廣州北郭獅子橋寓堂，當即上文之觀察公級也。

是年，專取記事之文刻之，曰《衍石齋記事稿》十卷，賦、頌、論、議、駢儷之文悉刊落。蘇源生《書事》。先是，先生將之粵戚復村，謂粵中梓人良且直廉，盍盡刻所著古文辭以自快乎？先生謝不可，既而諾之。至粵一年，以書抵，又謂自覽所作，未可示人。無以，則刻記事之稿若干篇，文雖不工，事則據實，或可當筆談聞見錄之流爾。據戚嗣曾《記事稿序》。

道光十四年甲午—千八百三十四年　先生五十二歲

朝廷罷停升之令，中朝重臣素重先生名，屢書招之，且屬盧公勸駕，笑謝云："江湖浩蕩，樂於當官。吾甘以齏鹽送老，不復作春明夢矣。"蘇源生《書事》。

孟冬，戚復村序《記事稿》，稱知文者皆謂遠紹東京，近接北宋。而吾謂衍石好學深思，又從政日久，識高而心靜，達於事理之原，通於性情之故。其見于文也，或正容莊論，使人凜然以肅，蓋有得於古之誥誡者。開心異語，使人悠然以思，蓋有得於古之諷諭者。假事以託意，循末而見本，有以感人心而裨世教。迺若前代《弇州四部》鋪陳事實，徒以多為貴而已，又曷足比哉？戚嗣曾《記事稿序》。

道光十五年乙未—千八百三十五年　先生五十三歲

有人窺先生與大府厚冀有請而未敢發，先生覺之，遂與盧公約曰："吾在此凡涉官場升轉及洋鹽兩事，當緘口不道一字。所不能忘情者,其寒士謀館穀乎?"盧公笑曰:"諾。"先生出告諸生,使揚言外。① 故居粵三年,門無雜賓,惟有關利弊之大者,聞見所及,不引嫌緘默,爲剿辦夷船,招徠呂宋米,開小金河當事,皆就商焉。蘇源生《書事》。《衍石齋晚年詩稿》卷五《題儀墨農克中擬姜白石昔游詩稿後》詩注云:余去粵日,甫登舟,君扶病走送。翼日,爲林月亭、吳石□及勉士邀,遊寶珠寺,復留一日,君欲來,不果。

先生體素羸瘴鄉多疾。蘇源生《書事》。適河南巡撫瓜爾佳桂良聘主大梁講院。冬北還。② 據《衍石齋晚年詩稿》卷一諸詩及鄒鍾泉太守鳴鶴囑題其墨跡詩注云:倪文正公《易説》手蹟,乙未冬過南昌,于陸侍御以烜處見之。則其北還在乙未,或曰在丙申春,誤也。③ 儀墨農贈詩,有"一代史才經采擇,累傳詩教本和平"句。曾勉士贈序有云:先生通經術,熟史傳,藏古今輿圖數十家,多識國朝先正事實,故短視縱言及當世大利病。目光炯炯灼人,蓋非忘意天下者。其他見羊城錄別册者,不可僂指舉。依依愛慕,情見乎詞。其教諭淪浹士心有如此者。據蘇源生《書事》。

先生撰楹帖云:"舉善推能,慕郭林宗之通識;讀書養性,有梅子真之餘風。"案《庚子生春詩》卷上《錢招》詩注云:大父丙申歲廣州寓舍自撰楹帖云云。招爲先生長孫,本年冬先生已離粵,丙申歲蓋誤記在本年。

道光十六年丙申—千八百三十六年　先生五十四歲

正月,先生劇病,四女叔琬刲肱療之。據《晚年詩稿》卷五《女聞詩柩還山陰述哀》詩注。又第四首詩云:"李巷春寒雨灑紛,炷香清代祝元雲。阿翁大病真遊死,上帝深居若有聞。至行可憐同呂媛,先時悔未授韓文。一創幾蹈危身戒,猶仗宗賢屬藥勤。"當謂此事也。

二月,始發江上。《庚子生春詩》卷下《姚觀》詩注。

---

① 眉批:此甲午事。
② 眉批:至南昌度歲。《庚子生春詩》卷下《姚觀》詩注。見倪文正公《易説》手稿於陸以烜侍御處。見上。
③ 旁注:《錢氏年譜》依蘇氏《書事》誤繫明年。

五月,過安慶。《衍石齋晚年詩稿》卷一詩題。詩有"江干五月駐吟篷"句。至開封,教士一爲在粵時,各就所志而導之。或問性理,或談詩文,因材教督,不拘一格。頒日程課讀經及語録文字,旬日考定甲乙,隨課升降。又屬河道張捐置經史諸籍,勵諸生學輯賦選評注。又屬方伯張公刊《近思録集注》頒發諸生。游其門者,爲固始蔣湘南、商邱陳凝遠、密縣翟允之、洛陽曹肅孫、祥符徐箋齡、鄢陵蘇源生,皆彬彬有以自見。據蘇源生《書事》。

梁苣鄰章鉅開府桂林道,出大梁,索詩贈行。《晚年詩稿》卷一詩題。苣鄰新得華山碑出示,即郭宛委、王山史所藏沈繹堂跋,謂華山碑冠絕今古,碑毀已久,海内僅存此本者。先生爲流連忘日晚。同上詩注及詩句。

道光十七年丁酉——千八百三十七年　先生五十五歲

九月曹玉水郡丞卒,先生哭之。十月,復作挽詩。《晚年詩稿》卷一詩題:聞玉水訃四年矣,哭之而未有詩。十月十三日夜雨,夢玉水來,談笑若平生,明日追挽四首。則玉水之卒在九月也。

冬,長子子萬孝廉挈家來汴。《晚年詩稿》卷一詩題曰"兒輩挈家來汴",在十月十四挽玉水詩後,又卷五《哭大兒寶惠》詩云:"泊我還自粵,幸政得來汴。"

子萬中式順天鄉試副榜①。《錢氏年譜》。

院生蘇源生撰《中州文徵》,蘇源生《書事》。就先生商定體例,因爲閱櫟園、山蔚、柳下諸家之作,慎重去取。源生問其意,先生應之曰:"吾之於文也,不見其文也,見言焉;抑不見其言也,見德功焉。德功之正,言之順,則取之乎耳。蓋本立而後文行,乃可徵信焉,以待後世。"《記事續稿》卷五《中州文徵序》。源生因此悟選文之旨。《書事》。

---

① 眉批:《續稿》卷七《題困亨録》云:"荷兒赴京兆試,念其遠行,無以教之,取案頭《困亨録》二卷授之。荷也至愚,於事理多所蔽,而心嘗窒於用,則困矣。困而不求所以亨之,將終朝冥行而陷于罟獲,可不懼乎?"末敍丁酉四月二十五日晨起書。

案：此事不知在何年，源生《書事》云：先生來汴後，源生嘗請定故友李于漢詩，窮數晝夜力改存四卷。源生撰《中州文徵》，先生爲代閱云云。序李子沉于漢《方雅堂詩集》，在本年蕤賓之月，見《記事續稿》卷五，則此事或亦在本年也，姑繫於此。

道光十八年戊戌一千八百三十八年　先生五十六歲

正月，新鄉李、魏諸君擔負果蔬省先生汴城。新鄉，安慶公舊治也，先生有詩云："洋洋衛水環蘇門，吾祖牧民惠愛存。邦人社祝遍城野，愛召公棠及子孫。早歲陵寒呼渡河，聯袂拜獻亦已多。胡椒八百嗟未悟，當前漼盡亡其柯。百年地產猶可致，舊德之食甘如何。"《晚年詩稿》卷一。①

《答張介侯論記事稿用字稱謂書》云：拙稿奉寄後，書來屢道，及之可見。常置广又。今又諄諄教正一用字一稱謂，必求其至當，非至愛何以得此。鄭康成之稱公也，孔北海之爲也，而後代禮家爲鄭學者，多稱鄭君。竊謂君、公從同焉爾，故《詩》家稱大小毛公，又無君之者。儀吉之稱鄭君，從乎經師之後云爾。布政使司布政使上爲地，下爲官，督撫但以中朝大官監臨之，而布政使則全轄所屬州縣，爲一省之長。昔春秋時，楚縣皆稱公，葉公見於《論語》，孔氏之徒不加斥。李布政使之稱公以此。兄意亦非謂不當稱也，但以兩文較其輕重，謂爲不安。然如滕公訟言黽錯冤，景帝曰："公言善，吾亦恨之。"時滕公爲謁者僕射。武帝謂車千秋曰："此高廟神靈使公教我。"時千秋爲高寢郎耳。且君之稱臣，奈何公之？《禮·坊記》又曰："大夫不稱君，示民有尊也。"則稱君又甚重。故吾謂二字同焉爾。《釋詁》曰："公，君也。"無二訓，此條或可無改不？朕爲俗字，當從目作朕是也。然朕亦《說文》新附字，其訓爲目精，與莊子言朕、淮南言朕兆，義不相比合。《說文》："朕，我也。"在舟部。

---

① 眉批：與張介侯論《記事稿》書，繫於本年。

段懋堂以"我也"字爲後人妄增，而引東原注《考工記》"舟之縫理爲朕"，謂可補叔重之闕。詳戴意，徒以兆爲坼理，擬爲是説耳，固不必爲定論，而字之正體，《説文》但有从舟之朕，今欲從之，如何？《記事續稿》卷三。此書不知作於何年，書首云"人夏，兩奉手書未答，所以然者，欲譔定大著《姓氏五書》之序"云云。書末又云"序亦不敢久閣"云云。張氏《姓氏五書》作于道光十九年仲春六月，則此書當作本年也。

道光十九年己亥—千八百三十九年　先生五十七歲

四女叔琬適宛平史叔平致昌。世襲雲騎尉寧夏鎮總兵史叔興善載次子。四月八日，子萬孝廉偕赴京師。據《晚年詩稿》卷二詩題及《春生詩注》。

七月，仲女遠苓卒。《晚年詩稿》卷二《歲暮書懷詩》。孫杞生。《春生詩》卷下《姚覯》詩注。

近歲，先生體益羸弱，而好學不倦。《歲暮書懷》有云："庭中木葉脱，北風吹我堂。凋年百憂集，戚戚思故鄉。車馬盈道路，驅策豈不良。湛湛長江水，欲濟非無航。奈何衰病極，筋力不得將。終朝手一書，三載偃在牀。常恐傷營魄，亦自求藥方。古賢在紙上，各載生輝光。洗心求聲咳，引氣參翱翔。無力爲更遠，念念摧肝腸。"同上。

牛鏡堂鑑巡撫河南，據同上。與先生交善。先生未嘗干涉公事，惟民情欲達，必以告。蘇源生《書事》。

先生近數年來，撰國朝徵獻，集積數百卷，家人分任校寫。又創爲盧江錢氏五百年事譜，孫招任鈔胥。《春生詩》卷下詩注。

道光二十年庚子—千八百四十年　先生五十八歲

元日，冢孫招敬上《果行堂獻壽賦》。①《生春詩》卷上錢招詩注。

三日立春，先生作《生春》二十首，用元微之韻。後重讀微之詩，多流連景物之作，復和元韵成十首。先是四壻史叔卒。於去臘

---

① 旁注：大梁書院。

二十七日自閩至汴。先生記以詩，末句云："今日報春生。"遂有生春之作。長子子萬孝廉寶惠、次子子惠刑曹尊讓、三子子侑孝廉鬯醇、四子子舟茂才彝甫、三壻戚聲叔士彥、四壻史叔平孝廉致昌、長孫衡之拊、次孫繹之澧慶、三孫元之元絳、側室姚琴谿靚、三女誦□仲愉、四女聞詩叔琬、冢婦李紉蘭介□、次婦程均仲韻、三婦朱誦清秬曾繼作，成《戊子春生詩》二卷。① 年家子金太史安瀾序之。《春生詩》及注。先生家閨秀人人能詩，先生有所纂箸，或假書于人，輒命分寫。子萬孝廉嘗曰："吾家婦女皆以讀書為可樂，蓋耳濡目染者深耳。"蘇源生《書事》。冢婦李、三婦朱愛課稚婢，誦漢唐小詩，至此更課以生春近作。據《生春詩》卷下錢未琬詩注。康成詩婢不得專美于前也。

冬十月，甘泉先生五十生辰，先生寄邵康節先生小象，録康節《清風吟》於上與祝之。《錢氏年譜》。甘泉先生離多會少，而書問叢沓，咨詢學術，自周秦諸子，馬班羣史，許鄭訓詁、杜馬典章，洛閩之淵源，唐宋名賢之詩古文辭，以及目録、校讎、金石、書畫、方志、雜說，一孔半技無所不詢。曾國藩《錢警石墓誌銘》。故湘鄉曾文正公國藩嘗稱之曰"二石家書，蔚然天下之至文也"。見同上。

養疴習靜，檢鈔曩時師友昆弟投贈倡和之作，雖十失三四，猶粲然成袠，取陳記室所云韞櫝翫耽以為吟誦，曰《韞翫集》。《記事續稿》卷五《韞翫集序》：作于明年正月，則書成於今年也。

寶惠、鬯醇同舉順天鄉試。②《續稿》卷十《世母金太恭人行狀》。

道光二十一年辛丑—一千八百四十一年　先生五十九歲

夏初，苦旱既苦潦。六月，河決，張灣潰，獲隄而入環城。③ 四

---

① 眉批：《刻楮集》卷四《涼棚二十六均示長子婦李》云："誦為吾冢婦，古篆範蟲鳥。桃符累十百，斗墨恣揮掃。饗之金一流，遂以召蛟浩。"
② 旁注：圖山。後更名實宣，先生第三子。子萬中式第。名圖山，中式第六名。《錢氏年譜》。
③ 眉批：《詩稿·汴城秋夜書感》詩有六月十九日辟水事。

周澤流超涌，幾淩于埤堄。《記事續稿》卷一《河南重修省城記》。紳士皆恃先生以無恐。據《晚年詩稿》卷三及蘇源生《書事》。書院被水，先生辟居周稚圭中丞第，手訂沈司勳叔埏、申巡檢如珪範庭二集。① 歸其家，又以牛中丞屬定之易録胡傳兹請正。《豰峰集》校閲竟，序而歸之，又檢集上世詩文書簡沾洇者慰貼以藏，餘物概不問。② 方擾攘間，蕭然吟詠，不少動其定識定力。心閒手敏有如此。蘇源生《書事》。方事之殷，門人蘇源生、新鄉杜世銘、陳留劉克家先後來汴省先生，先生有詩云：「蘇君泥潦更東反，杜子蒼茫已北征。師事殷勤慚所荷，更憐詩瘦茂陵生。」《晚年詩稿》卷三《汴城秋夜書感》之第八首並注。

城閉，民奔走四出，多露處樓堞間，錢米皆不出，市肆掠奪不可止。先生言於牛中丞，宜急發食振饑，以安人心。中丞曰：「今縣倉豈有米邪？」先生曰：「縣倉固無米，而司備倉之筦鑰即司掌之不能私，歛散宜無缺。」先生嘗以詢鄒君鍾泉③，知往先生同年費新橋爲豫藩日，曾立司備倉，故知其然。中丞用先生言，得穀若干石，悉發而罾之以食民。其後外粟得入，是歲無一饑死者。《記事續稿》卷一《河南司備倉記》。

先生以敬怠日程課諸生，或未知其方，因爲述先儒主一無適之旨，且語之曰：「心存之謂敬。」又曰：「敬無内外，即容貌辭氣間，吾且爲諸生驗之矣。」牛雪樵中丞聞之，訢然曰：「吾觀念臺先生《人譜》舉九容以教人，正此意，盍以此授多士？」先生遂據新本重鎸。《記事續稿》卷四《劉念臺先生人譜序》。

時寓南郭④，名其廬曰「謙受」。《記事續稿》卷五《闓游集序》。

先生論史，嘗戒學者勿輕論前人，以其便於言而昧於事，巧于意而薄于性。門人曹肅孫、蘇源生皆信守其説，數年不易。今年孟

---

① 旁注：作序在本年孟秋。
② 眉批：行篋故書瀁潰闕失，其存者僅十五。《記事續稿》卷六《刻經苑緣起》。
③ 旁注：太守。
④ 眉批：陽月。

冬,《自書于忠肅公祠下詩後》揭此旨示同志。《記事續稿》卷七。

道光二十二年壬寅—一千八百四十二年　先生六十歲

正月十九日,曾孫炳文生。①《晚年詩稿》卷四詩題云:正月十九日長孫婦得男志喜。蘇源生《書事》云:曾孫炳文。

英吉利陷乍浦、吳淞,逼金陵,先生有詩痛之②,云:"海上事為雷,人間大可哀。云何蛟蜃氣,突有魚羊災。天闕誰當守,江防首重迴。瓜洲聞斷渡,消息幾疑猜。"其一。"木攔儲胥失,風生艦艓焚。傳言倚厮養,奔掠盡官軍。議少歸熙甫,時無虞允文。不知江上縣,野哭幾人聞。"其二。"鴆毒嗟何久,鴟張寇已深。吏多忘節義,天亦縱荒淫。勢絕孫吳用,功須卓魯任。中原除莠慝,何日副皇心。"其三。"禍稔扶胥外,明州及秀州。連城碎烽火,專捆靜兜鍪。進討方申命,通和又獻籌。諸公他日念,廷尉望山頭。"其四。《晚年詩稿》卷四《海上》四首。

趙宋艮嶽數峰在汴城南館舍中,河決時取甓石之在官者以拒河,數峰者殆盡。及河復,築城窀地,起沙而石見。時先生堉史叔平方講授蠡山書院,聞之,輦以來院,仍舊名曰留雲峰。先生過之,欣賞移晷,為作記,以為本以長奢侈,承燕私,充娛玩而已,且與蔡京、王黼輩權倖之徒分謗。一旦投身洪波,扞難以衛民,亦可謂任一時之能而蕩千載之辱矣。據《記事續稿》卷一《留雲峰記》,作于黃鍾之月。

道光二十三年癸卯—一千八百四十三年　先生六十一歲

先生在臺日,嘗奉命稽察戶部銀庫。本年,銀庫虧短事覺,追論諸嘗莅其事者分償。時先生已去官十餘年,猶與衆同受罰。人

---

① 眉批:河浚。
② 眉批:時先生子子萬《庚子生春詩》注、堉史叔平皆講授蠡山書院。《記事續稿》卷一留《雲峰記》。

皆代爲扼腕,先生怡然安之,惟與門人蘇源生郵筒商選《中州詩紀事》二書,其襟懷超曠,不以得失介懷有如此。據蘇源生《書事》及金錢年文《晚年詩稿跋》。

六月一日,子萬孝廉以先生負官錢鉅萬,乞貸桂林。據《晚年詩稿》卷五《六月二日荷兒招孫應試北上》詩注。又哭《寶惠詩》云:"河浚之明年,我罪要嚴譴。罰金累鉅萬,啓笥惟一硯。告急衡湘間,倉皇問郵傳。去日庫篷船,炎威方虐煽。歸來獨輪車,登頓尤□倦。"

中州采詩之舉,先生到汴即有意於此。源生爲言,寶豐楊君志在甄緝,因以所得諸集多付源生,以畀楊君,楊君以鄉試事來省,曾示所選數卷,去取似有未愜,即直言告之,屬其更定,楊君諾而去。逾二年,書成,鑴木贈先生一編,金根臆改,觸目皆是。卷前列先生名於閱定姓名之首,先生大恚,嘗與張詩舲、許信臣諸公言之,又與周稚圭、王春巖言,欲別爲一集,以自湔洗。《記事續稿》卷三《答王解元驥衢書》。

道光二十四年甲辰—千八百四十四年　先生六十二歲

九月,長孫衡之招舉京兆試院生第六十三名。《錢氏年譜》。亦獲□十六人。① 先生謂內爲李百齡、張聯緯踐履篤實,密于內省。宋繼郊湛深經學,亦嗜讀宋儒書。姬聿灝作《二京賦》,奄有班揚,勗招皆可師事,不當妄擬《雁行》。《晚年詩稿》卷五詩題並注。

冬,題其書齋曰"徵愼"。初,嘉慶六年冬,學士公歸自閩,賜先生一印,曰"懲忿窒欲",嘗欲識之齋壁以自儆,綽爰未遂。讀《易》,得陸公紀氏所傳文異,爲《徵忿愼欲》,爰題此二字。自識云:"予讀《易》有年矣,求通諸儒家法,迄不得。近者天牖愚衷,若有微悟,將欲惕黽以修業,絜靜以洗心,必自去忿欲二者始,庶哉恐懼修省,以

---

① 眉批:泰吉子柄森舉本省鄉試。《金太恭人行狀》。世母金太恭人手諭,以文端公科名至五世孫矣,我老猶喜得見之也。同上。

厚其終，以無隊我先人之遺訓云。"命子萬孝廉書之。據《記事續稿》卷七《徵慎齋扁書後》。

先生有痼疾，蔓延於瘍四十餘年，不能妥坐，以是賓友罕接，翰墨亦疏，卧閲篇章，無緣簡記，始焉甚苦，久亦安之。一日，子萬孝廉來告曰："有張君虎臣名文蔚，蜀人，今南陽府博望驛丞，良醫也，已約其某日來。"先生殊漠然。張來臨視，謂可除去，孝廉大喜，日從張遊。張困於逆旅，爲之經營費用，傾倒倚託，聯昆弟交，冀其盡心以有濟。《續稿》卷十《告亡兒寶惠文》。此事不知在何年，始繫此。説詳下。

道光二十五年乙巳—千八百四十五年　先生六十三歲

本年，輯刊《經苑》。初，曉瞻方伯素園廉訪欲刊布古書，廣六藝之教，先生因以所藏宋元諸儒據《續稿》卷七《題大兒手校周官新義補》。經解相質，皆心賞，願任剞劂。鵠仁學使子仙、松君兩觀察皆欣然爲之助，《記事續稿》卷六《刻經苑緣起》。遂於七月《續稿》卷七《題大兒手校周官新義補》。鳩工開局，次第付梓。先生作緣起曰："夫聖人之經，猶日月也，非徒爲窮高極遠，不可企及而已。蓋以晝夜代明，而人事上下鉅細，皆依之以有立，而不可須臾離也。先儒傳注，猶測天之器也。人立一法焉，豈必躔度占候，不差累黍哉？然而觀象定時，成天下之務，非假是不爲功。故六經不能一日去諸身，而傳注諸家或因或創，或大醇或否，要各有其塗轍，皆將因之以窺尋仁義道德之旨。善學者博其聞見，泯其異同，慎其辨論，優游饜飫，壹志誠通，以深造而自得。至于正己而物正，成己而物成，然後道可達而政可舉也。諸家之書多單行本，自宋以來，有爲叢書者，類采子史，而經訓著録亦鮮。惟徐氏通志堂所刻，爲時盛舉，近儀徵阮氏實效爲之。是編所録，凡徐氏所有者不更及。校讎審定，竭其檮昧，凛乎懼有遺焉。諸公聽政之暇，稽覽載籍，時出善本，多所裨益。凡得若干種，諸經略備，先爲一集，列目如左，庶幾有同志者爲之補正，益擴而充之而未有已也。"《記事續稿》卷六。宋司馬光溫公《易説》六卷，張根吳園《易解》九卷，楊萬里《誠齋易傳》二十卷，徐總幹《易傳鐙》四卷，元黃澤《易學濫觴》一卷，宋鄭伯熊《敷文書説》一卷，黃倫《尚書精義》五十卷，趙善湘《洪範統一》一卷，王質《詩總聞》二十卷，吕祖謙《吕氏家塾讀詩記》三十卷，戴溪《續吕氏家塾讀詩記》三卷，王安石《周官新義》十六卷附二卷，李如圭《儀禮集釋》三十卷、《儀禮釋宫》一卷，唐陸淳《春秋集傳纂例》十卷、《春秋微旨》三卷，宋蘇轍《春秋集解》十二卷，朱子《孝經刊誤》一卷，明吕維祺《孝經本義》二卷、《孝經或問》三卷，吕維祮《孝經翼》一卷，宋鄭汝諧《論語意原》四卷，熙時子《孟子外篇注》一卷，元許謙《讀四書叢説》七卷，熊朋來《瑟譜》六卷，共二十五種，名曰《經苑》。闕者補之，訛者正之，日夕丹鉛，躬自讎校。蘇源生《書事》。

寶惠等會試，俱下第還汴。先生遣寶惠還里。《金太恭人行狀》。

道光二十六年丙午—千八百四十六年　先生六十四歲

四女叔琬卒後五十四日，長子子萬孝廉寶惠卒於里門。① 《晚年詩稿》卷五詩題、詩注。先生哭之慟，有"那堪旬日兩殤兒"句。時方寫定《穀梁春秋》，自謂竟同范氏之戚，參看《錢氏年譜》。良可怪歎。同上。《記事稿》卷十《告亡兒寶惠》文：丙午夏書謂嘗患瘡體如燔炭，夢誦《周官》，每至每篇，泚然汗出，日日如斯，良可怪訝。吾後見《震川集》中記其友唐虔伯病瘧，夢况略同，唐亦不起。

冬，書後有禱雪云云。與蘇菊邨源生論校刻《經苑》書云："校經現刻《儀禮》，尚未畢工，未暇及它書。澹庵諸經解，近人纂輯者，用意可嘉，而漏略太多。惟《春秋解》謂從舊人集説中録出者，多它書所

---

① 眉批：《答蘇菊村啎書》云：僕有長子之戚，稱引聖賢，以相鏃厲，真切鄭重，非尋常慰問之意，感歎悚息。因考朱子遭子塾之喪，亦已年逾六十。而告終之年，猶爲長孫娶婦。今逝者兩子皆娶婦，妄擬前賢，愚夫婦已爲多幸。《記事續稿》卷三。

未見。僕觀宋儒稱引廬陵，尚可補輯一二。事竣且付梓，亦仍不能備，更俟後人續補之耳。賀氏《春秋歸義》，劉弇卿署獲嘉得之歸以見贈，亦祇十二卷，係刪本，非原書矣。詞嚴義正，洵乎德人之言。今夏大兒家鄉所得鄭氏玉《三傳闕疑》，二書皆大忠遺著，有益後學，惜卷帙多，尚未有任其事者。呂氏《孝經本義》即日寫樣付刻，大全書多亦尚有待。浚川《家儀》甚善，此恐不及刻。泰泉《鄉禮》，足下想已閱畢，中間似多遷就，又有難行者，不如浚川篤實穩當。"
《記事續稿》卷三。

道光二十七年丁未—千八百四十七年　先生六十五歲

答李生觀廷祖先質疑，凡三千餘。言有云："僕來大梁舊矣，自惟庸淺，無以為諸子裨益，獨以遺經在笥，少長誦習，白首無聞，幸多暇日，冀與諸君子朝夕講貫，激學相資，或得一字之解，明一句之義，則此日之白飯菜羹，若享太牢焉。乃粲粲媚學之子，多志在科舉。夫科舉非不出經術也，而今之為之者非也。亦有知其非而自為表異者，又或務高遠、好博覽而競時名。念此事非屏棄一切，沒首章句中十年、十數年，終不可得入。徒恃其聰明，一二窺刺，妄有論列，重誣古人，彌可凜懼。"又曰："中州士子類能習程朱之言，刻勵謹願者多，而未能肆力於學。蓋明道必先明經，明經必假塗於先儒傳注。故朱子嘗語門人曰：漢魏諸儒正音讀，通訓詁，考制度，辨名物，其功博矣。學者苟不先涉其流，則亦何以用其力於此？雖然，其本末緩急之間，又不可不察。班孟堅曰：六藝之文，五常之道，相須而備。古之學者耕且養，三年而通一藝，存其大體，玩經文而已。是故用日少而蓄德多，三十而五經立也。謂三年而通一藝，則必無期於速成，謂存其大體，玩經文而蓄德多，則必不為穿鑿破碎，馳騖末流，而自遠於五常之道矣。於此可以知漢、宋大儒之言無二道，一於聖人之經而已。禮有其數，有其義，今所考辨者數也，而義在焉。故曰：知其義而敬守之。又曰：無不敬，《中庸》、《禮經》之通義也。故曰：大哉聖人之道。又曰：優優大哉，禮儀三百，威儀三千，待其人而後行。然則君子之明道，學禮而已矣。正其趨，一其志，深其思，夙興夜寐，日與三代之文相接，不誘於時尚，不敝於外物，久而浹洽，其立言制行，必有可模可範者，而聖人之言立於禮者不虛，願足下勉之而已。"《記事續稿》卷三。此書不知作於何年，《續稿》次於《答蘇菊村》第三書後。第三書有"長子之戚"云云，姑次于本年。

道光二十八年戊申—千八百四十八年　先生六十六歲

正月十六日，世母金恭人卒①，據《記事續稿》卷一《世母金恭人名元孫記》。年九十有七。《金太恭人行狀》。恭人能詩，據《晚年詩稿》卷五。先生時寓書奉甘旨，極孺慕。蘇源生《書事》。②

先生痾疾漸差。初張驛丞來治，謂可除去，然張時反官下，先生亦間有它事，又望療心奢，中更不信。張則力持一説，斷以必成，首尾五載，迴換三方，竭其知能，竟以奏效。昔之凝者釋，堅者柔，塊阜者平，洞穴者實。自春夏以來，伏案纂述，日有課程，皆能清了。《續稿》卷十《告亡兒寶惠》文。案：下文有"汝喪已除"云云，則治癒當作本年。又云"首尾五年"，則始治當在甲辰。

道光二十九年己酉—千八百四十九年　先生六十七歲

閒居無事，續彭氏良吏述纂，輯有清二百年來循良政績。《記事續稿》卷三《答劉弁卿明府書》。案：不知作始於何年，據《續良吏述》繫此。

時先生衰病，仍壹意治經。據《記事續稿》卷四《海昌備志序》。

先生既纂輯先世文字，因及於先人師友周旋之雅，詩歌投贈之

---

① 眉批：金德瑛孫女。
② 旁注：嗜義山詩，著有《有此廬詩鈔》。通書史，尤熟班、范二書，新五代史記。《記事續稿》卷十《世母金太恭人行狀》。

作,都爲一集,曰《盧江錢氏清風集》,所錄詩在明代者,自甘泉先生至陳山人繼儒,作者一百有十人。清自陶處士然至無錫秦侍郎瀛,一百二十有六人。凡積詩八百五十五篇,爲十二卷,本年春序之。《記事續稿》卷五。

一日,讀顧端文遺書曰:"官輦轂志不在君父,官封疆志不在民物,水邊林下志不在世道,君子無取焉。"感而輯次舊聞,續彭允初良吏述爲一卷,以爲方今澄清吏治,百僚承流宣化,聞善言,見善行,必有興起而願法之者。抑亦畎畝愚忠廢人之可以自效者乎?書成十月,既望序之。《記事續稿》卷五《續良吏述序》。

道光三十年庚戌—千八百五十年　先生六十八歲

春,孫招會試中式第一百八十二名,未揭曉前,遭先生喪,故未與殿試。

四月初七日,先生卒蘇源生《書事》於大梁書院。《清史稿·文苑》卷三本傳。

本年,《經苑》刻竣。此外,尚有宋陳經《尚書詳解》五十卷,傅寅《禹貢說斷》四卷,蘇轍《詩經傳》二十卷,嚴粲《詩緝》三十六卷,朱子《儀禮經傳通解》三十七卷,黃榦《續儀禮經傳通解》二十九卷,黃震《讀禮記日鈔》十六卷,元吳澄《禮記纂言》三十六卷,宋陳祥道《禮書》一百五十卷,陳暘《樂書》二百卷,胡銓《春秋集善》十二卷,高閌《春秋集注》四十卷,朱子《論孟精義》三十四卷,陸佃《爾雅新義》二十卷,賈昌期《羣經音辨》七卷,司馬光《切韻指掌圖》二卷,皆已寫清本,未及授梓,而先生病。據蘇源生《書事》。

錢儀吉,初名逵吉,字衎石,浙江嘉興人。刑部尚書陳羣曾孫,侍讀學士福胙子。年十二效選體,作山賦千言,張問陶見之,擊節稱賞。嘉慶十三年成進士,改翰林院庶吉士,散館授戶部主事。累遷至工科給事中。尋罷歸。

儀吉於學無所不通,其治經先求故訓,博考衆説,而折衷以本文大義。嘗謂欲得經解必通訓詁,而泛濫訓詁未必遽獲神解,著《經典證文雅厭》,"雅厭"者,以十九篇之次,寫九百四部之文,而以經籍傳注推廣之。其讀史,則補《晉兵志》及《朔閏》諸表,又撰《三國會要》,博采見聞,旁羅散失,期拾遺於正史,不限斷以本書,帝系、輿地,或爲之圖,或爲之表,條繋字綴,鉅細畢賅。嘗爲會典館總纂,專辦天文、輿地諸圖象,復手撰《皇輿圖說》四十卷。又嘗仿明焦竑《獻徵錄》,爲《國朝獻徵集》,得將相、大臣、循良、忠節、儒林、文苑等,凡八百餘人。又於《獻徵集》之外,節錄名臣爲《先正事略》。官戶部時,值現審處,剖決如流。及改御史,吏皆拊掌相告曰:"錢公去此,吾屬無患矣。"巡城視事,隨到隨決,無稽留旬日者。嘗曰:"小民細故,導之使速已,縱不免小有不平,猶愈於久繋株累耳。"至有事關倫紀,不可以窮治,載某氏婦事於文稿中,以見即事窮理,不可不深長思也。主講粵東學海堂,定諸生讀書法四則,至今仍之。晚主河南大梁書院。道光三十年,卒,年六十八。他著有《衎石齋記事稿》十卷、《續稿》十卷、《刻楮集》四卷、《旋逸小稿》二卷。

《清史·文苑傳四》

錢儀吉，字衎石，嘉興人，尚書陳羣曾孫。父福胙，侍讀學士。儀吉生有五色文禽翔其室，故初名逵吉，後易焉。嘉慶十三年進士，選庶吉士。改户部主事，累遷至工科給事中。皆能舉其職，因公罷歸。

　　儀吉治經，先求古訓，博考衆説，一折衷本文大義，不持漢、宋門户。嘗著《經典證文》、《説文雅厤》。雅厤者，以十九篇之次，寫九百四部之文，而以經籍傳注推廣之。其讀史，補晉兵志、朔閏諸表，撰《三國晉南北朝會要》，體例視徐天麟有所出入，不限斷以本書。又仿宋杜大珪《名臣琬琰碑傳集》，得清臣工文儒等八百餘人，輯録之爲《碑傳集》。後卒於大梁書院，年六十八。

《清史稿・文苑傳三》

儀吉，福胙子，字藹人，號衎石，又號定廬，嘉興縣學附生。①嘉慶辛酉本省鄉試第二十四名舉人，戊辰會試第八十名進士，殿試第二甲二十六名，翰林院庶吉字改主事戶部江南司兼陝西司主事山東司主事貴州司員外郎雲南司郎中，掌貴州道御史，會典館提調，兼總纂官，誥授朝議大夫。著有《皇輿圖說》四十八卷，《盧江錢氏文匯》五十卷，《藝文略》二卷，《颿山樓文集》十二卷，《縠音集》八卷。生乾隆癸卯三月二十三日，娶餘杭陳氏刑部直隸司員外郎紹翔女，誥封恭人，生乾隆乙巳三月二十七日，卒道光辛巳六月初二日。著有《聽松樓稿》。側程氏，生乾隆丙午十二月十二日。胡氏，嘉善人，生乾隆辛亥　月　日，無子。胡氏，長洲人，生乾隆辛亥七月十四日。姚氏，生嘉慶丁巳三月二十日。子六：保惠，程出；衎徽，嫡出；衎淳，程出；朋壽，胡出；師恬，胡出；公愿，姚出。女六：長殤，次未字，俱嫡出。三字德清戚士雄，四未字，俱姚出；五胡出，六姚出。

---

① 眉批：據《甘泉年譜》道光六年丙戌八月重修家譜歲。旁注：此紙記次言從錢宅家譜錄出，是時先生未轉給事中猶生存諸子名後改。

沈寐叟年譜

郭建中　整理

目　録

沈寐叟年譜 …………………………………………………… 133
　清宣宗道光三十年庚戌西曆一千八百五十年　公一歲 …… 135
　文宗咸豐元年辛亥一千八百五十一年　公二歲 ………… 136
　咸豐二年壬子一千八百五十二年　公三歲 ……………… 136
　咸豐三年癸丑一千八百五十三年　公四歲 ……………… 136
　咸豐四年甲寅一千八百五十四年　公五歲 ……………… 136
　咸豐五年乙卯一千八百五十五年　公六歲 ……………… 136
　咸豐六年丙辰一千八百五十六年　公七歲 ……………… 136
　咸豐七年丁巳一千八百五十七年　公八歲 ……………… 137
　咸豐八年戊午一千八百五十八年　公九歲 ……………… 137
　咸豐九年己未一千八百五十九年　公十歲 ……………… 137
　咸豐十年庚申一千八百六十年　公十一歲 ……………… 137
　咸豐十一年辛酉一千八百六十一年　公十二歲 ………… 138
　穆宗同治元年壬戌一千八百六十二年　公十三歲 ……… 138
　同治二年癸亥一千八百六十三年　公十四歲 …………… 138
　同治三年甲子一千八百六十四年　公十五歲 …………… 138
　同治四年乙丑一千八百六十五年　公十六歲 …………… 138
　同治五年丙寅一千八百六十六年　公十七歲 …………… 139
　同治六年丁卯一千八百六十七年　公十八歲 …………… 139
　同治七年戊辰一千八百六十八年　公十九歲 …………… 139

同治八年己巳—千八百六十九年　公二十歲 …………… 139
同治九年庚午—千八百七十年　公二十一歲 …………… 139
同治十年辛未—千八百七十一年　公二十二歲 …………… 140
同治十一年壬申—千八百七十二年　公二十三歲 ………… 140
同治十二年癸酉—千八百七十三年　公二十四歲 ………… 140
同治十三年甲戌—千八百七十四年　公二十五歲 ………… 141
德宗光緒元年乙亥—千八百七十五年　公二十六歲 ……… 141
光緒二年丙子—千八百七十六年　公二十七歲 …………… 142
光緒三年丁丑—千八百七十七年　公二十八歲 …………… 142
光緒四年戊寅—千八百七十八年　公二十九歲 …………… 142
光緒五年己卯—千八百七十九年　公三十歲 ……………… 142
光緒六年庚辰—千八百八十年　公三十一歲 ……………… 142
光緒七年辛巳—千八百八十一年　公三十二歲 …………… 146
光緒八年壬午—千八百八十二年　公三十三歲 …………… 147
光緒九年癸未—千八百八十三年　公三十四歲 …………… 147
光緒十年甲申—千八百八十四年　公三十五歲 …………… 147
光緒十一年乙酉—千八百八十五年　公三十六歲 ………… 148
光緒十二年丙戌—千八百八十六年　公三十七歲 ………… 148
光緒十三年丁亥—千八百八十七年　公三十八歲 ………… 149
光緒十四年戊子—千八百八十八年　公三十九歲 ………… 149
光緒十五年己丑—千八百八十九年　公四十歲 …………… 149
光緒十六年庚寅—千八百九十年　公四十一歲 …………… 151
光緒十七年辛卯—千八百九十一年　公四十二歲 ………… 152
光緒十八年壬辰—千八百九十二年　公四十三歲 ………… 152
光緒十九年癸巳—千八百九十三年　公四十四歲 ………… 152
光緒二十年甲午—千八百九十四年　公四十五歲 ………… 153
光緒二十一年乙未—千八百九十五年　公四十六歲 ……… 154

光緒二十二年丙申—千八百九十六年　公四十七歲 ……… 154

光緒二十三年丁酉—千八百九十七年　公四十八歲 ……… 154

光緒二十四年戊戌—千八百九十八年　公四十九歲 ……… 155

光緒二十五年己亥—千八百九十九年　公五十歲 ………… 157

光緒二十六年庚子—千九百年　公五十一歲 …………… 159

光緒二十七年辛丑—千九百零一年　公五十二歲 ………… 161

光緒二十八年壬寅—千九百零二年　公五十三歲 ………… 167

光緒二十九年癸卯—千九百零三年　公五十四歲 ………… 167

光緒三十年甲辰—千九百零四年　公五十五歲 ………… 168

光緒三十一年乙巳—千九百零五年　公五十六歲 ………… 168

光緒三十二年丙午—千九百零六年　公五十七歲 ………… 168

光緒三十三年丁未—千九百零七年　公五十八歲 ………… 169

光緒三十四年戊申—千九百零八年　公五十九歲 ………… 170

宣統元年己酉—千九百零九年　公六十歲 ……………… 171

宣統二年庚戌—千九百一十年　公六十一歲 …………… 172

宣統三年辛亥—千九百十一年　公六十二歲 …………… 173

中華民國元年壬子—千九百十二年　公六十三歲 ………… 174

中華民國二年癸丑—千九百十三年　公六十四歲 ………… 175

中華民國三年甲寅—千九百十四年　公六十五歲 ………… 177

中華民國四年乙卯—千九百十五年　公六十六歲 ………… 177

中華民國五年丙辰—千九百十六年　公六十七歲 ………… 180

中華民國六年丁巳—千九百十七年　公六十八歲 ………… 181

中華民國七年戊午—千九百十八年　公六十九歲 ………… 183

中華民國八年己未—千九百十九年　公七十歲 …………… 185

中華民國九年庚申—千九百二十年　公七十一歲 ………… 186

中華民國十年辛酉—千九百二十一年　公七十二歲 ……… 186

中華民國十一年壬戌—千九百二十二年　公七十三歲 …… 187

附沈子培先生著述目 …………………………… 190

 佛國記校注一卷 ……………………………… 190

 蠻書校注十卷 ………………………………… 190

 諸蕃志校注二卷 ……………………………… 192

 蒙韃備録注一卷 ……………………………… 192

 黑韃事略注一卷 ……………………………… 192

 元秘史箋注十五卷　附元秘史蒙語原文九十五功臣

  名一卷 …………………………………… 192

 皇元聖武親征録校注一卷 …………………… 194

 長春真人西游記校注二卷 …………………… 195

 西遊録注一卷 ………………………………… 195

 塞北紀程注一卷 ……………………………… 195

 異域説注一卷 ………………………………… 195

 近疆西夷傳注一卷 …………………………… 195

 島夷志略廣證二卷 …………………………… 196

 女直考略一卷 ………………………………… 196

 蒙古源流箋證八卷 …………………………… 196

 漢律輯存一卷 ………………………………… 197

 晉書刑法志補一卷 …………………………… 198

 法藏一勺四卷 ………………………………… 199

 海日樓文集二卷 ……………………………… 199

 乙盦詩存厶卷 ………………………………… 201

 海日樓詩集厶卷 ……………………………… 202

 海日樓詩補編厶卷 …………………………… 203

 寐叟乙卯稿一卷 ……………………………… 206

 喁于集一卷 …………………………………… 206

 倦寐聯吟集一卷 ……………………………… 206

俟詞一卷 …………………………………… 207
海日樓餘音一卷 …………………………… 207
東軒語業一卷 ……………………………… 207
曼陀羅寱詞一卷 …………………………… 207
寐叟書牘二卷 ……………………………… 207
類帖考ム卷 ………………………………… 208
寐叟題跋四卷 ……………………………… 208
碑跋一卷 …………………………………… 208
答龍松生書法問一卷 ……………………… 208
東軒溫故錄一卷 …………………………… 208
東軒手鑑一卷 ……………………………… 208
札記一卷 …………………………………… 208
筆記一卷 …………………………………… 208
月愛老人客話一卷 ………………………… 209
冶城客話一卷 ……………………………… 209
護德瓶齋客話 ……………………………… 209
護德瓶齋涉筆一卷 ………………………… 209
護德瓶齋筆記 ……………………………… 209
潛究室劄記一卷 …………………………… 209
全拙庵溫故錄一卷 ………………………… 209
菌閣璅談二卷 ……………………………… 210
鄂遊栖瓻記二卷 …………………………… 210
簡端錄 ……………………………………… 210

跋 …………………………………………………… 211

沈寐叟年譜

先師沈公，諱曾植，字子培，號乙盦，晚號寐叟，案：公別號甚多，如薏盦、檍盦、乙僧、乙叟、寐翁、睡庵、睡翁、遜齋、遜翁、耄遜、巽齋、遜叟、李鄉農、餘齋老人、茗香病叟、孺鄉、皖伯、宛委使者、菩提坊裏病維摩、釋持、梵持、建持、持卿、隨庵、守平居士、谷隱居士、浮游翁、恒服、其翼、楚翹、東軒、東軒支離叟、㶆皤、㶆庸、袍遺、兌廬、東湖盦主、甓者藪長、姚埭老民、藚軒、癯禪、癯翁、東疇小隱等，其他尚不可僂指。浙江嘉興縣人。先世籍鹽官。明成化間有用霖公者，失其諱，名儒高隱，自鹽官遷嘉興郡城外長水塘。案：見沈氏舊族系譜及公從伯曾祖帶湖司勳叔埏《頤綵堂文集》卷十五，十世祖用霖公、九世祖梅石公家傳。二傳至秀溪公，諱應儒，始遷居郡東門外熙春橋。以樂善好施聞。實爲公十一世祖。家遂穎穎日起，而子姓漸蕃。案：《頤綵堂集》卷十五，八世祖禮部公家傳則謂八世祖諱詔，字朝恩，自長水遷於熙春橋家焉。此從公父贈光禄水部公所輯公祖司空公《年譜》。不知孰是，姑兩存之。五傳至映渠公，諱廷煌，郡庠生，誥贈榮禄大夫。配諸，贈一品夫人，則公之高祖也。

曾祖諱學堦，字自堂，邑庠生，誥贈榮禄大夫。妣陳，案：公大父司空公《補讀書齋遺稿》卷十《皇清例贈文林郎顯考守拙府君行略》只云配我母陳孺人，處士諱□□公女，已不能舉其名，誥贈一品夫人。

祖諱維鐈，字鼎甫，號子彝，賜進士出身，官至工部左侍郎，誥授榮禄大夫。學者稱小湖先生。有《補讀書齋遺稿》十卷。案：其門下士曾滌生文正公國藩爲作行狀云：公少而刻厲，自力於學問，然不敢敢爲世俗科舉之業，獨慨焉欲有造於聖人之遺經與古碩儒之詣。嘗受學鴛湖書院，院長段茂堂先生一見深敬異之。嘉慶六年，舉於鄉。七年，成進士，散館，授編修。以文學受知仁宗睿皇帝，充皇清文穎館纂修官，奉命偕輯《全唐文》。又入直懋勤殿，與修《秘殿珠林》《石渠寶笈》。累有白金、文綺之賜。充辛未、癸酉鄉會試同考官各一，再遷爲司經局洗馬，督湖北學政，在任遷翰林院侍講轉侍讀。宣宗即位，授翰林院侍講學士，與修《仁宗實錄》。二年，爲福建考官。試事畢，遂督學福建。先是，前學政韓鼎晉奏稱各省士風非一，任事者或不區良楛，一切痛懲艾之。不肖之徒，累及賢者，大失朝廷所以勸士之意。請分別勸迪，以培士氣。至是命總督趙文恪公慎畛與公集議。因益推論所以約官吏、育人材，使善者得息，而不類者亦得所懲，言甚切至。奏入，從之。在任轉侍讀學士，擢大理寺少卿。八年，督順天學政。累遷太僕寺卿，宗人府府丞，都察院左副都御史。十二年，督學安徽。期滿，當受代，諭仍留任，在任授工部左侍郎。公於是五督學政矣。公爲學政，所至常侃侃自將，使表植則端，人士翕然鄉風，乃櫛櫛而長養之，莠者畏匿，秀者茁出。又因事任功，以爲人士休。自四省之士與當時嘗所共事之人，其所登崇皆曰明，其所摘治皆曰察，其所更置皆曰有功於我。任安徽時，嘗以鳳陽府屬之壽州、鳳臺去郡闊遠，餘數百里，又有長淮之阻，風濤覆溺者比比。乃與總督陶文毅公澍、巡撫鄧公廷楨建議，奏請更設試院於壽州，使二州縣士就試其中。下部議行，人尤以爲便。公自分校鄉會試及典鄉試，號爲得人。如侯官林文忠公、晉江陳給諫慶鏞，並爲當世所重。泊爲學政，所取尤多樸士。時論趣公之慎司文柄，有以賢於人人也。十八年，以疾致仕。公既以篤學懿行伏天下，自少至老，未嘗一日輟業。其後罷官居京師，益講明學術，以風後起，於書無所不窺。人治之大、古今之變、典章沿革、聲音訓詁之繁，皆掇其要惜。其治《通鑑》一書，旁考參稽，朱墨點勘，反覆數過而不已。嘗爲姚文僖公文田《古音諧》書後，言正音部分，以達他部之流變，深究昆山顧氏、婺源江氏之旨。至於他學，亦多所發明，然必折衷於義理，歸命於有宋諸子。及前明國初諸大儒之書，尤多且久。潛心獨詣，口飫而身被焉。嘗序長沙唐先生鑑所纂《學案》謂："由漢唐以來，學者中於釋老之害。其尤敝者，金谿、姚江之倫，襲儒者之似，以彌縫佛氏，泛濫乎天下，沉溺乎人心。聖清興，而平湖陸子、桐鄉張子出，其焰少熸矣。然猶有詖邪之徒爲調停之説以相眩。學者泯泯，罔所適從。激而愈變。乃復有末學小儒，掇拾漢氏之餘緒，以與程朱相攻難。此皆學術世道之大憂。而有識者所深閔也。"蓋公之自得於中，而不肯苟同者如此。然公未嘗論著以自襮，而獨實以措之人己上下、出處取與之際，確然自致於其內，而夷然裕乎其外，誠恭方質，可慕而則。服官踐職，歷四十年，體用充備，本末完好，天下識與不識，篤稱爲賢者。至其引疾早退，皆以其用未竟爲惜。其家居，皆依附之。其歿也，哭之皆哀云。道光二十九年，江淮以南大水，西薄荊湖，東至於海，滔滔七省。浙中郡縣漂沒，民無所得食。公致書巡撫吳君文鎔，告以先後緩急之策。巡撫君然公言，遂咨以事，求共濟。公博採綜畫，夙夜憂勞，竟以成疾，以是年六月某甲子卒，年七十二。其後，巡撫君卒入告，天子頒帑金數十萬以振窮民。浙人獲蘇，議自公發也。公持身約甚，雖貴顯矣，而被服寒素。歲祿所入，恒以急人之乏。晚歸嘉興，置墓田若干畝以贍族黨，月給廩粟以賙貧窮，釀金以廣恤嫠之額數。凡可濟於物者，傾身求之。其於一己之嗜好，泊然無所求也。閒獨喜藏書籍，多方購訪，必致而後已。如程氏《讀書分年日程》、羅氏《困知記》、陸氏《思辨錄》、張氏《遺書》及《年譜》、祝氏《淑艾錄》、汪氏《儒先晤語》諸書，世或不多有，與雖有而漫漶訛脫不可讀者，旁羅舊本，手爲訂正，芟複刊誤，付諸梓人，前後至十餘種。又聞天門胡氏《讀書說》放佚矣，有官其地者，屬爲訪其後裔，刊以行世。蓋其深知篤好，抉發幽光而惠來者，亦不自知其力之勤也。子二人：宗涵，刑部司務；宗濟，太學生。孫二人：曾榮、曾植。謹具歷官行誼及爲學之指歸，牒付史館，備甄擇焉。此文不載《求闕齋文集》中。公學術行誼與司空至有景響，故附之，備學者參稽焉。妣顧，元和乾隆丙戌進士，署廣東惠曹嘉道惠州府知府聲雷孫女，國子監監生，有篁女，無出。虞，金壇乾隆戊辰進士，順天府府尹鳴球曾孫女，陝西盩屋縣縣丞書實次女。誥封一品夫人。

父諱宗涵，字儼伯，官至工部都水司員外郎，誥授朝議大夫，公貴，誥贈光祿大夫。妣葉，歸安乾隆癸丑進士、廣西巡撫紹楏孫女，嘉慶丙子舉人、候選知縣葆勳女。此依公庚辰會試硃卷，司空公《年譜》不載，疑未娶前卒。韓，仁和乾隆乙卯進士、江西巡撫文綺孫女，嘉慶戊辰舉人、候選知縣綬章女。誥封恭人，誥贈一品夫人。中父諱宗濟，字廉仲，官至廣東連州直隸州知州，以公官貤贈光祿大夫。無子，以儼伯公季子、公弟曾樾嗣。公兄弟四人：伯曾榮，初名曾慶，見司空公《年譜》，字子承，號戢廷。公仲，叔曾桐，字子封，號同叔，一號檗宧。季曾樾，字子林。女兄二人，皆蚤殤。男女行則公居四，故鄉里又稱公爲四先生也。

清宣宗道光三十年庚戌 西曆一千八百五十年　公一歲

二月二十九日酉時，公生於京師南橫街寓次。案：贈光祿公於道光二十八年二月以女弟許字李氏，時李堉蓼生德莪需次虞部，不能就婚，奉司空公命，挈眷伴送入都。九月在順天捐輸保奏，以部司務籤分刑部，兼貴州司行走。二十九年六月二十七日，司空公薨於里第，贈光祿公奔喪回籍，見司空公《年譜》，而春屬未言歸。公生當在北京旅次，公《海日樓詩集》卷二，《逸社第七集分詠京師勝迹得陶然亭詩》有云"我生於燕長於燕",可證。又當時贈光禄公寓廬,當在南橫街,以公此詩下即云"橫街珠巢四十年"也。珠巢亦街名,見後。又公俞策臣先生畫跋云:"先生畫六葉,咸豐辛酉居南橫街老屋東廂時作也。"先生館余家,曰老屋,則居此久矣。時公父贈光禄公三十二歲,公大父司空公薨後一年,而洪秀全起事之年。雅片戰爭後之三年也。

文宗咸豐元年辛亥—千八百五十一年　公二歲

十二月八日,司空公葬於郡城南門外王店案:古梅會里。北七里十八莊榨簹里之阡。移顧、虞兩夫人之殯祔焉。陳頌南給諫慶鏞《司空公墓誌銘》。案:同里金甸丞太守蓉鏡《瀼湖遺老集》卷二《和乙師舟行雜詩》注云:乙師言葬司空時,刑家云三十年後必貴,但不利長房。司空長子宗涵云:果吉,我不惜當其咎。至同治癸酉,乙師得舉京兆。庚辰丙戌與弟同叔先後成進士,入翰林,對持簜節於皖粵,皆宗涵子也。附記於此。

咸豐二年壬子—千八百五十二年　公三歲

咸豐三年癸丑—千八百五十三年　公四歲

九月,公弟子封曾桐生。案:凡不注出處者,皆得之公嗣子慈護丈頴之言,下放此。

咸豐四年甲寅—千八百五十四年　公五歲

咸豐五年乙卯—千八百五十五年　公六歲

十月,公季弟子林曾樾生。

咸豐六年丙辰—千八百五十六年　公七歲

公七八歲時,除夕仰見三星,輒悽然淚下。公《海日樓詩集》卷一《次樊山小除夕詩》"天上星辰還歷歷"。自注:余七八歲時,除夕仰見三星,輒悽然淚下,五十餘年,此景不忘,悲亦未傷也。蓬案:此意殊不可曉。

咸豐七年丁巳—千八百五十七年　公八歲

五月十八日，贈光祿公殁於京師。時贈光祿公官工部候補員外郎都水司行走，公躃踊哀毀如成人。先是，司空公贈光祿公居官廉，至是益困，家無恒師，案：公受業師自俞幼珊、高儁生兩大令，羅吉孫中書外，多不能考其受業年月。據公庚辰會試硃卷，受業師有孫春洲訓導堃、周克生明經曰楨、王楚香教授寶善、俞幼卿大令功懋、高儁生大令偉曾、秦皖卿嵇尹琛、阮際生大令堯恩、朱厚川刺史麟泰、周飭侯孝廉曰篁、王莘鋤主事絳、羅吉孫中書學成及長兄戟廷大令，凡十二人，多不可年繫，附出於此。鞠於韓太夫人。公嗣子慈護丈頲《哀啟》。太夫人鐙下課義山詩，成誦始寢。通音均之學自此始。金甸丞太守東軒先生《沈公傳》自注云："此得之緒論。"

咸豐八年戊午—千八百五十八年　公九歲

咸豐九年己未—千八百五十九年　公十歲

是年，中父連州公自里中入都。沈廉仲《補讀書齋遺稿跋》。

咸豐十年庚申—千八百六十年　公十一歲

夏，洪秀全軍擾嘉郡，沈廉仲《補讀書齋遺稿跋》，里中藏書多被燬。《寐叟題跋》。

秋，英吉利、法蘭西聯軍入寇，陷大沽炮臺，據天津，自通州進窺京師。公侍韓太夫人暨連州公避往昌平。案：公《題俞策臣先生畫冊詩》云："山氣闇無畫，慘慘雲而風。疲民麕若寐，危石支孤筇。青坂曉棄師，甘泉夕傳烽。百里雷震驚，九天霧冥濛。髫年識此境，播越軍都東。慈母撫諸孤，寒宵淚鐙紅。沙河長鈹夾，南寺毗沙雄。噩夢印不忘，童心弱能容。"一日，從連州公姑壻李蓼生方伯德義登昌平州城樓，四山黯黮，時初聞圓明園警①，雖童幼，

---

① 眉批：《海日樓詩集》卷十一《奉和庸庵尚書同年逸社重舉詩》自注云："圓明園災，余十一歲，在昌平望見萬衆驚擾，至今在目。"

甚慘怛也。公《俞策臣畫策跋》。

咸豐十一年辛酉—千八百六十一年　公十二歲

是年，從同里俞策臣大令功懋，案：號幼珊，海鹽人，優貢，官廣東合浦知縣。受小戴《禮》、唐人詩歌凡半載。大令辭去，瀕行，公流涕牽衣不忍別，乃留畫六葉慰之。《俞策臣畫冊跋》。

韓太夫人爲公聘姑壻昆山李蓼生方伯女，方伯將出守貴州遵義府，文定始出都。韓太夫人授公高叔祖東川公廷耀手批本《漁洋山人精華錄》。晨夕几案，未嘗離去。公《漁洋山人精華錄跋》。

穆宗同治元年壬戌—千八百六十二年　公十三歲

秋，從仁和高儁生大令偉曾開筆。自謂平生詩詞門徑及諸辭章應讀書，皆稟大令指授推類得之。先生多交遊，暇則蠅頭字鈔張天如《通鑑紀事本末》、谷氏《明史紀事本末論》，公因是知明季復社文學。是時王硯香先生□□館公舅家，二先生日爲詩詞唱和，公私摹放爲之，匿書包布下。大令察得之。笑且戒曰：孺子可教，俟他日，此時不可分心也。公知抗厲自此始。《護德瓶齋筆記》。

是年，連州公遊宦粵東。沈廉仲《補讀書齋遺稿跋》。

同治二年癸亥—千八百六十三年　公十四歲

春，高儁生大令辭去。大令自館中登車，公送於門，賓客多，不得儳言。公流涕，大令顧公，亦流涕。《護德瓶齋筆記》。

同治三年甲子—千八百六十四年　公十五歲

六月，洪秀全之亂平。

同治四年乙丑—千八百六十五年　公十六歲

同治五年丙寅—一千八百六十六年　公十七歲

公是時頗有廣交游、侈結納之意,既而悔之。據書札與某書,案:書此下云"感鄒南皋言而止"。

同治六年丁卯—一千八百六十七年　公十八歲

是時家困甚,以祖傳初拓《靈飛經》,錢警石稱爲第一沈家本者質米於估家,才朱提三十銖耳。案:公沈厚珍藏《靈飛經》跋云,往在蜀都,錢徐山先生嘗語余,警石老人晚歲平賞石刻,遍覽禾中故家小楷名帖,於《靈飛經》,必稱沈家本第一。當時徐山丈、沈錐宜、蔣寅舫、張叔未先生家各出所藏以相較,無能頡頏者。帖後先水部公攜至京邸,散帙未裝,拓工精絶,鋒鋩纖麗,不異手書,墨華濡潤如宋拓。余幼時猶見之,記其神采,宛在目前。丁卯戊辰之間,質米於估家,才朱提三十銖耳。思之痛心,彌棘針刺膽也。

同治七年戊辰—一千八百六十八年　公十九歲

是年,從錢唐羅吉孫中書學成遊,才數月。據《護德瓶齋筆記》。

同治八年己巳—一千八百六十九年　公二十歲

公天性耆學,《哀啓》。目數行下,先大夫《二欣室文集》駢文,《沈乙盦四丈七十壽序》,於學無所不窺。《哀啓》。自少即沉潛義理,承司空公之緒。金《傳》。既又盡通國初及乾嘉諸家之説,王静安徽君國維《觀堂集林》卷十九《沈乙盦先生七十壽序》。尤深於史學掌故,博學詳説,恒廢寢食,家貧體弱,冬日無絮衣,手指僵裂,終不釋卷。晚年有要痺疾,實以此也。《哀啓》,案:公少時家奇貧,兄弟只長衣一襲,每易之而出,無襪常白足。蓋得之緒論。

同治九年庚午—一千八百七十年　公二十一歲

秋,公以太學生應順天鄉試。同考官羅繹農編修家劭,公庚辰會試硃卷。又翁文恭公同龢八月初六日日記。得公及閩縣王可莊仁堪卷,詫爲奇才羅瘦公惇㬎《鞕公詩注》。薦於主司。公報罷,羅大惋惜。黃濬《花隨人聖盦摭憶》。

同治十年辛未—一千八百七十一年　公二十二歲

同治十一年壬申—一千八百七十二年　公二十三歲

夏，李逸靜夫人余敏齋參議肇康《敏齋詩存》。來歸。案：成昏之日月已不可考，惟公七十三歲，民國十一年六月十一日曾舉行重諧花燭，則是年昏期，亦當在六月十一日矣。蓼生方伯時官四川川東道，見先大夫賜蓮常手諭。公杭海南來，由滬溯江西上，至成都就姻①。案：公《乙卯稿》及《海日樓詩集·晚望》詩云「昔遊蜀道記初程」，自注，余第一次至滬爲同治壬申，入蜀就姻，航海南來，泝江西上，時金利源碼頭尚未成也。又《海日樓詩集》卷二《偕笏卿赴雪塍招中途墮車傷足》詩有云：「平生舟車厄，蹉跌劇經過。掀淖鼠雀輪，摧帆濫澖柂。車傾曾敗面，靰脫不傷髁。」摧帆事當在此役，他則不可知矣。經紫柏嶺，謁留侯祠。泉石清絕，爲徘徊不忍去。公《題周東邨棧道圖詩跋》，既偕夫人同還京師，夫人即質衣飾，供菽水。自是內助得人，益得嫓心劬學，《哀啓》。偶爲應世之文，有譽於京師。金《傳》。

同治十二年癸酉—一千八百七十三年　公二十四歲

秋，公領順天鄉薦，中式第二十二名。見公會試硃卷。《四書》題爲：「回也三月不違仁」、「凡爲天下國家有九經，所以行之者一也」、「孟子曰人有恒言，皆曰天下國家，天下之本在國，國之本在家，家之本在身」。詩題：「賦得湖色宵涵萬象虛」，得涵字。見李恕伯慈銘《桃華聖解盦日記》辛集，本年八月初十日丙戌日記。座主爲協

---

① 眉批：本年六月廿二日與兄子承書云：「弟於十一入贅前一日，先移李瀛卿處賃一日夜，初十二晚，姑丈處具鼓吹相迎，名爲十一，實則初十也。先數日，天氣至熱，是夜，一雨之後忽轉涼爽，在橋中統著裌衣，絕不覺熱，此真罕事。否固不免發口矣。」《海日樓詩集》卷十一《逸靜軒小除夕夜話》詩自注：「余贅姻，成都甥館在子龍塘。」又卷十三《缶廬繪贈海日樓婚禮圖短章報謝》詩云：「子龍塘中白龍立，紫電礔礰雷崺岐。天邊趙盾驕不得，赤傘絳幡碎如圾。天青雨過月方中，華堂習習生清風。吳綿不暖錦筵酒，蜀絃緩引簫樓宮。……」尚可考見當日婚禮前後情形。

辦大學士刑部尚書全慶、左都御史胡家玉、吏部右侍郎童華、户部左侍郎潘祖蔭。① 公會試硃卷,李慈伯《桃華聖解盦日記》。

同治十三年甲戌—千八百七十四年　公二十五歲
□月,薄遊太原。② 公《具茨集跋》。

德宗光緒元年乙亥—千八百七十五年　公二十六歲
公在乙亥、丙子之間,始爲蒙古地理學,得張氏《蒙古遊牧記》單本、沈氏《落帆樓文稿》,以校鄂刻《皇輿圖》、李氏《八排圖》,稍稍識東三省、内外蒙古、新疆、西藏山水脈絡。家貧苦無書無師友請問,獨以二先生所稱述爲指南。《秘史》刻在《連筠簃叢書》中,時價十二兩,非寒儒所能購讀。一日以京蚨四千得單印本於廠肆。挾之歸,如得奇珍。嚴寒挑鐙,夜漏盡,不覺也。《海日樓文集》卷上《聖武親征録跋》。

公嘗言:所由粗識爲學門徑,近代諸儒經師人師之淵源派別,文字利病得失,多得之武進李申耆及鄉先輩錢衎石先生文集中。兩先生,吾私淑師也,而錢先生同鄉里爲尤親。舉凡錢先生之廞歷志事,與夫音容笑貌、性情嗜好,往往有小聞瑣語,覆而證諸文字空曲交會之中。先生之微尚淵思,若親接於謦欬,若從先生上丘陵而從其指向,其樂意乃每得之意外,而視俗尚所趨、當代文人所標持爲職志而譁寵一時者,又若先生時時爲吾抉其利弊。學在此,不在彼也。同此志、同此樂者,則有公表弟李橘農提法傳元與公弟子封提法。時兩提法治算學,公治地理書,三人各有專家,而文學指歸,

---

① 眉批:《護德瓶齋筆記》記羅吉生先生事云:"館保定趙經歷家最久,癸酉冬,見於趙氏,飲余醇酒,數醋遽醉,先生笑予不堪衣鉢也。"
② 尾注:《詩集》卷六《借笏卿赴雪塍招,中塗墮車傷足》詩云:"平生舟車厄,蹉跌劇經過。掀[淖]雀鼠輪,摧帆灔滪柁。"雀鼠谷在山西,掀淖事當在此時。

壹折衷於錢氏。《海日樓文集》卷上《定廬集序》。

光緒二年丙子—千八百七十六年　公二十七歲

是年，公弟子封遊東省歸。公始聞詩有二李晚唐之說。公《徐文山大令手鈔賈浪仙長江集跋》。

光緒三年丁丑—千八百七十七年　公二十八歲

是年赴粵省，覲連州公於廣州。案：《寐叟題跋》一集下《畫跋》，丁丑遊粵省，覲叔父。二集下《俞策臣畫册跋》則謂"戊寅、辛巳余適粵，再相見"。疑誤，或謂適粵見俞公之年。今不從。歸期不可考。① 是行得交陳蘭甫澧，講學甚契。案：蘭浦與廉仲夙契，蘭甫序司空《補讀書齋遺稿》在同治十年，即謂廉仲與澧交好數年。又案：《海日樓詩集》卷二《節庵自粵歸以蘭甫先生書畫扇面見貽》詩："通德鄉前請益時，講堂接武夕陽遲。列和晉樂宮聲辨，成國齊言舌腹知"云云，當謂此時也。

光緒四年戊寅—千八百七十八年　公二十九歲

光緒五年己卯—千八百七十九年　公三十歲

公登鄉薦後，得候選部寺司務。案：公會試硃卷稱候選部寺司務，不知得在何歲，姑繫於成進士之前一年。又案：據公《俞策臣畫册跋》，是年尚在粵，不知何時歸京師。

光緒六年庚辰—千八百八十年　公三十一歲

夏，公中式第二十四名貢士。欽命《四書》題爲："子曰吾與回言終日"一章、"柔遠人則四方歸之"二句；又"尚論古之人"五句。詩題："賦得靜對琴書百慮清"，得清字。見公硃卷及李慈伯《荀學齋日記》乙集上，本年三月初九日丙子日記。正考官

---

① 眉批：公《俞策臣先生畫册跋》云："先生令粵東，戊寅、辛巳余適粵，再相見，得盡觀所藏書畫。"大約丁丑赴粵，至戊寅始歸，故云然。

爲户部尚書景廉，副考官爲工部尚書翁同龢、吏部左侍郎宗室麟書、兵部左侍郎許應騤。公硃卷，李慈伯《荀學齋日記》。浙江凡得二十五名，《荀學齋日記》。殿試第三甲第九十七名，賜同進士出身，朝考第二等第二十二名，欽用主事，觀政刑部籤分貴州司行走。《硃卷》。始得備甘旨養，而菲食緼袍如故。《哀啓》。自是公名益隆，先後得交朱蓉生侍御一新、袁爽秋太常昶、李仲約侍郎文田、黄漱蘭侍郎體芳、宗室盛百熙祭酒昱、文道希學士廷式、王幼霞給諫鵬運、李慈伯侍御慈銘，與慈伯講習尤契，人稱沈李。金《傳》。初，公會試第五策問北徼事，罄所知答焉。卷不足，則刪節前四篇以容之。日下稷，清場而後交卷。歸家自意曰："此其中式乎？"長沙王益吾祭酒先謙、會稽朱肯甫迪然分校闈中，榜發語人曰："闈中以沈、李經策冠場。"常熟翁尚書尤重沈卷爲通人。顧李慈伯負盛名，而沈無知者。某君曰："嘉興沈氏，其小湖侍郎裔乎？"尚書於謁見時特加獎借，而王、朱兩先生之言，傳諸學者。慈伯相見，亦虚心推挹。於是公於蒙古地理學，自謂稍稍自信。《海日樓文集》卷上《聖武親征錄校本跋》。案：李慈伯《荀學齋日記》乙集上，本年十月十四日己酉日記云：沈子培來久談，且送其行卷來。此君讀書極細心，又有識見，近日罕覯也。其經文刻四首，皆博而有要；第五策言西北徼外諸國，鈎貫諸史，參證輿圖，辨音定方，具有心得，視余作爲精審矣。又案：慈伯初出闈，自詡其第五策爲通場冠。及見公作，始心折，歎不及。公行卷經文四首，題爲：聖人養賢以及萬民，頤之時大矣哉；月之從星，則以風雨；秋九月，齊侯、宋公、江人、黄人盟于貫；黄目鬱氣之上尊也。策文刻三首：第一、第二、第五。第五策云：説北徼者有二難焉，其一種族不易知，其一疆域不易考。載籍無徵，抑又其次也。漢通西域始張騫，然董君對策，在元光前，先於騫之出使十餘年，其文已見康居，則康居之名通于漢久矣。康居之域最廣，其王冬日所居在今哈薩克右部境，而夏日所居去之九千里。古法二百里而當一度，九千里當四十五度。蓋已在歐羅巴西北域内矣。奄蔡自古莫能指名其地，或以爲在今俄羅斯西伯利部中，按奄蔡在康居西北，奄蔡近而康居益小，與史稱康居西域大國，與大秦鄰者不合。奄之與阿，皆爲喉音影母。蔡有棃音，又與思合。據奄蔡一作闔蘇，又名温那沙，意者漢之奄蔡，即元之阿羅思，今俄羅斯與？俄羅斯建國於唐，不妨自漢以來，先有奄蔡之號，正猶吐蕃建國於唐，而其先先有南涼禿髮氏也。説奄蔡者，魚豢《魏略》最詳。按其所言，固隱隱合符矣。《魏書》析西域爲四域。其曰葱嶺以東、流沙以西爲一域者，今天山南路也；葱嶺以西、海曲以東爲一域者，今巴達克山愛烏罕之地也；者舌以南、月氏以北爲一域者，今哈薩克敖罕布哈爾之地也；兩海之間，水澤以南爲一域者，蓋在鹹海、里海間矣。《漢書》詳道里，《魏略》備種族，《魏書》辨形勢，合而觀之，西域方域沿革，大略可知矣。隋時突厥最強，不惟東服室韋、契丹，抑且西破波斯、臣吐火羅。又辨機所記西域國王，往往爲突厥種，蓋自數大國而外，爲所蠶食者，中國直無從知之矣。《傳》稱起遼海、至西海，東西萬里，非虛語也。唐太宗使李靖擒頡利，高宗使高侃擒車鼻，而東西突厥，並爲唐滅。當其盛時，燕然都護領漠南，所統者狼山、雲中、桑乾三郡，蘇農等十四州，則突厥延陀遺民也；瀚海都護領漠北，所統者瀚海、金微、新梨等七都督，仙萼等七州，則鐵勒十五種及拔悉蜜、葛邏祿、結骨、俱羅勃諸國也；安西都護領西域，所統者月氏等八都督，悅般等七十二州，則自疏勒、龜茲以往，逮于吐火羅波斯，皆其屬也。因部落以爲府州，因酋長以爲刺史都督，自秦漢以來，以郡縣治屬國，蓋莫盛於唐已。案：今之都魯機，蓋即西突厥遺種也。知者，都、突、機、厥，合音正同，一也。突厥祖居金山，都魯機祖居阿爾泰山，阿爾泰山即金山，二也。《唐書》大秦北接突厥可薩部，都魯機舊都南接羅馬。羅馬即《唐·大秦傳》之驢分，三也。突厥別部之長謂之設，都魯機別部之長曰沙，設、沙語同，四也。據泰西人所記。證以《唐書》，一一符合。蓋大食既衰，而突厥種族乃復興於西域也。突厥既亡，開元後回紇乃奄有漠北之地，然其境南不能逾瀚海，西不能越葛邏祿，北不能服黠戛斯，以擬突厥，渺乎小矣。遼金地志，北徼不詳。其見於他書，有黑車子、牛蹄突厥諸種。黑車子亦見《唐書》。疑即今布拉忒、烏梁海諸種，元之兀良哈，元魏之烏洛侯也。牛蹄突厥之居，已在極北，據泰西地圖，環冰海而居者，人皆短小，毛脛，捕貂使鹿，自黑龍江北，西至瑞典皆然，其牛蹄之説所自來與？《魏略》言北丁零有馬脛國，膝下生毛，馬脛馬蹄，走疾於馬。康居西北有短人國，男女皆長三丈，蓋亦此類也。元太祖起自斡難河源，即今之敖嫩河，地本極北，故《秘史》記建國之後，即收林木中百姓。林木中百姓者，蓋自黑龍江北達於海居渥集老林之捕貂使鹿部也。既滅乃蠻，旋收吉里吉思。吉里吉思者，唐之黠戛斯也。據劉郁《西使記》乞里乞寺易馬以犬之文，知其種亦有使犬部。是時已拓境北海矣。其後太祖有西域之師，而速不台再伐阿速、阿羅思、乞卜察三國，冒險長驅，卒取其國以封术赤。按阿速國在黑海之阿速海灣，地處極南，阿羅思在其北，乞卜察又在其北，蓋舉今俄羅斯全境而有之。兵威之盛，誠亘古未有哉！其諸王之封，以术赤與察阿歹爲最大。术赤封阿羅思，奄有今大俄、小俄、南俄、白俄諸地。察阿歹封跨葱嶺東西，奄有今天山南路、巴達克山、布哈爾諸地。察阿歹子孫又分枝各王，阿魯忽王于闐，阿只吉王別失八里，而錫里庫西征六年，盡滅没里奚、報達諸國而王其地。没里奚者，諸蕃志所稱大食國都密離徐城也。報達即《諸蕃志》之白達，其故城在今都魯機東部中。自明以來，西域所稱哈烈、撒嗎爾罕、別失八里諸大國，大抵皆察阿歹之裔也。他若察八兒寬闍封尋思幹，今敖罕地；海都封金山北，篤哇與之相鄰，當今俄羅斯托波爾界中。其東南則有謙州、益蘭州、昂可剌、撼納合，皆在今北邊外額爾齊斯河東，東漸於海，亦嘗以漢人蒞之，而隸於和林行省。此蓋舊京畿内，郡縣錯居，非若怯緑連東，僅爲斡辰大王別勒古台分地已也。國家聲教遠暨，重譯輸誠，好古之士，所願馳域外之觀，效山川之對已。公硃卷不易得，文集亦未載，録之以見公之學次第。先是，公已湛精今律，至是更深究古律令書。由《大明律》《宋刑統》《唐律》以上治漢魏律令，長安薛雲階尚書允升推爲律家第一。《哀啓》。嘗爲薛作漢律輯存，其凡例云："蕭何之律，本自李悝。漢晉法家，傳之有緒，而應劭《風俗通》謂《皋陶謨》虞始造律，蕭何成以九章。《傅子》謂律是咎繇遺訓，漢命蕭何廣之。其在秦時，則吕不韋稱咎繇作刑，韓非謂刑棄灰是殷法，皆推秦法而傅之古制。九流之學，莫不託始帝皇。然班《志》言法家本出理官，而李氏系出咎繇，世世司理，以官爲氏，則李悝之學，必有所本，應劭傅玄之説，不可廢也。漢律文爾雅古質，略與《周官禮》《大戴禮記》《尚書大傳》所載古刑名説相類。自晉沿唐，有沿革文句，大體實相祖述，擴拾碎遺，研其由趣。斯亦足以觀古會通，察世輕重者矣。叔孫通益律文爲傍章十八，漢律文多載儀式制度，或疑即傍章之文，而無堅證以明之。其張湯、趙禹、大小杜君之學，《漢書》傳習由用，陳羣、劉劭猶尚及見，而如淳、孟康諸人，稱引舊文，不加識別，後世無從考辨。惜哉！莊周稱刑名比詳，温城董君決事比，漢世與律令同用，今亦附入此類焉，輯律文第一。漢律有古文，自李斯、趙高以來，故蕭何《草律》著，試學童史書之法。《説文》所載，模略可見也。《方言》《急就》《廣雅》《釋名》所傳故訓，有關刑制，皆法家漢學所當省覽者。若略人略賣人之訓，斷以《唐律》舊注，不以道取爲正，藉《方言》證之，舉一以反，足可致思。陽湖孫先生嘗欲爲《律音義》，有由也，輯律詁第二。《漢書·藝文志》録《法經》而不録《律篇》，晉《中經簿》亡不可考,《隋書·經籍志》録存魏晉以下之律,獨漢律不存。豈非舊律繁蕪,艱於傳習之故哉？其大略可考者,大抵依《晉志》爲本,而雜採他書附益之,輯律篇目第三。漢世法家頗多異議,復肉刑,減死罪,其大端也。他如復仇輕侮,柯憲屢易,決囚造獄,小大以情。準《通典》雜議之例,輯律雜議第四。《漢書·禮樂志》言禮儀與法令同録,藏於理官。至魏新律乃別出常事品式章程,各還其府,以爲故事。然則漢律文繁,非獨前後相蒙,亦由所賅廣博故也。諸官儀典職有關刑名者,非必律文而可觀漢制,輯以爲雜事第五。原稿作'第六',誤正。經義斷獄,《春秋》爲宗,《公羊》在漢世尤《春秋》家顯學也。何劭公注,多與漢律義相表裏。陽湖劉逢祿治何氏書,集爲《律意輕重説》一篇,説或舛或漏,不盡可據。今加增考論,仍舊一篇,附於漢律之末,爲何氏公羊律意説第六。"原稿作"第七',正。《海日樓文集》卷下。書已佚。又《補晉書刑法志》一卷,亦佚。

冬,歸里。案:李慈伯《荀學齋日記》乙集下,本年有十月十八夜。招鄧鐵香、許竹篔及教夫雲門飲寓齋,送朱桂卿庶常福詵、沈子培比部曾植兩同年還秀州詩可證。

光緒七年辛巳—千八百八十一年　公三十二歲

正月初六日,舟泊高郵,十四泊廣陵。① 見公《王注老子跋》。乙日至滬上,於書肆得從伯曾祖帶湖司勳叔埏《頤綵堂詩文》全帙。司勳字塤爲,號劍舟,乾隆丁未進士,吏部稽勳司主事,以母老乞終養歸,築室錦帶、寶帶兩湖間,因自號帶湖,學者稱雙湖先生,見阮文達公所爲墓誌銘。凡詩文十六卷,律賦二卷,司空公督楚學時所刻也,板久燬於咸豐、庚申之亂。見沈廉仲《頤綵堂詩鈔跋》。②

夏,自里赴粵省,連州公於廣州攜《頤綵堂文集》往,謀重鋟。

---

① 公詩集有《武昌客舍春感》五首,自注:"辛巳正月。"
② 詩集卷三《西湖雜詩》:"卅載童心悽不返,余官巷北阿姨樓。"注:"辛巳東遊,館於余官巷金氏姨母家,今後人移湖墅矣。"

沈廉仲《頤綵堂詩鈔跋》。公久居北，便習之，歸里無田廬可依，輒復思北。袁爽秋太常《安般簃集》卷□《簡子培》詩注。

秋，訪族兄達夫廣文璋寶於蘇州，遊天平，坐僧房，聽泉聲，欣然意會，臥廣文齋中六日，論當世諸君子事業學術得失。① 《海日樓文集》卷下《沈達夫先生墓志銘》。

冬，還京師。案：李恣伯《荀學齋日記》丙集，十月二十六日乙酉，有得沈子培書，以陳蘭甫《東塾讀書記》、黎二樵《五百四峰堂詩鈔》爲贈云云。蓋公初自廣東歸也。可證。

光緒八年壬午—千八百八十二年　　公三十三歲

是年，讀書始爲劄記，題曰"護德瓶齋涉筆"，泰半論西北地理。見《護德瓶齋涉筆》卷首自記，云：此壬午、癸未之間所記，後亦續添，大抵在京邸時。

光緒九年癸未—千八百八十三年　　公三十四歲

冬，帶湖司勳《頤綵堂全集》刻成於廣州。沈廉仲《頤綵堂詩鈔跋》。

光緒十年甲申—千八百八十四年　　公三十五歲

是年，藏書被竊，所失皆善本。時公寓宣南珠巢街。公《后山詩注跋》。案：李恣伯《荀學齋日記》戊集下，本年二月初五日辛亥有"一更particle赴珠巢街沈子培兄弟之招"云云。又張季直騫輓公詩序云："與乙庵相聞自清光緒庚辰始，乙酉始見君於宣南珠巢街寓。"云云。又康更甡有爲輓公詩亦有"吾壯遊京華，遇黃仲弢家。珠巢我相訪，抵掌高雲拏"云云。又案：《海日樓詩集》二，詩云："我生於燕長於燕，橫街珠巢四十年。"則公初寓橫街，後徙珠巢。其遷徙之年，已不可考。張菊生年丈元濟則謂珠巢在南橫街之側。橫街珠巢者，猶言橫街之珠巢也。然考袁爽秋《漸西村人初集》，癸未有《戲簡子培子封》詩云："南城地勢何所似，鱗甲千檣劈高浪。君今新居踏龍尾，喜得西山拓屏障。坡陀起伏作波濤，叢荻蕭疏時一望。"所謂新居，當即指珠巢，橫街則公《俞策臣畫册跋》自云老屋，不得謂新居。張丈云云，殆不然也。又案：漸西壬午有《訪沈子培昆季不遇》詩云："城南連屋似波濤。"與上詩波濤云云相似，當指一地。則自南橫遷珠巢當

---

① 眉批：《護德瓶齋筆記》記高僑生先生事云："辛巳秋，至杭訪先生，已歸道山矣。"

在壬午以前矣。

夏,法夷反覆,中外疑訌,都中士夫泄泄如故。公慨然於人情之變幻,因舉似東坡詩①,謂李慈伯侍御曰:"微波偶搖人,小立待其定。爲我輩說法也。"李慈伯《荀學齋日記》,本年六月初五日丁丑日記。案:《荀學齋日記》此下云:"余曰,此爲君等盛年有才氣者言之也。柳柳州詩云:'迴風一披拂,林影久參差。'爲今之二張以下及呈身走捷者言之也。王江寧詩云:'空山多雨雪,獨立君始悟。'爲它日當國者言之也。韋蘇州詩云:'落葉滿空山,何處尋行跡。'爲僕今日言之也。詩中比興之恉,即此可喻矣。"據此可推見公盛年對當時政局態度,並可推見當時當局泄沓情狀。

光緒十一年乙酉—千八百八十五年　公三十六歲

秋,擬廣東鄉試策問。問《宋元學案》及蒙古事,場中無能對者,粵城傳之。康更甡《自編年譜》。案:康《譜》云,是歲應鄉試不售,時所問策,有《宋元學案》及蒙古事,場中無能對者,皆來抄問,粵城傳之。策爲沈刑部子培所擬,余之知沈子培以此也。時公在京師,蓋豫擬策問贈主考廣東者,舊有此例。

公弟子封以太學生登順天鄉榜。中秋,會諸名士於陶然亭,盛極一時,人或擬之稧下。②案:《海日樓詩集》卷二《逸社第七集分詠陶然亭詩》云:"周秦貴賤士不遇,漁釣有約尋槃薖。後來人事多復多,二李二王盛黃載酒時經過。雞兒年秋談士詫,此亭乃爲齊稧下。中秋圓月照尊罍。坐聽諸儒說王霸。"二李二王盛黃,當謂李仲約、李慈伯、王幼霞、王可莊、盛百熙、黃仲弢諸人。又案:李慈伯《荀學齋日記》庚集下,本年十二月初六日庚午日記云:"子培來談甚久,於西北邊事,考古證今,多有心得。尚論宋明學術,亦具有微言,此事知者尠矣。子培兄弟年少好學,一時儕類,罕見其匹。"可證公是時學問用力之所在。

光緒十二年丙戌—千八百八十六年　公三十七歲

夏,公弟子封成進士,朝考用庶吉士,在京有名,人稱二沈。

---

① 旁注:案,此陳簡齋詩,非東坡也,李慈伯《日記》誤。
② 眉批:錢注詩集謂,中秋會諸名士於陶然亭,是光緒二十三年丁酉事。

光緒十三年丁亥—千八百八十七年　公三十八歲

是年，讀元《經世大典西北地理圖》，定爲回回人所繪，因條其可考之迹，參互羣書，證以今地，方域城邑，炳然可觀。《經世大典西北地圖書後》。十一月，作《經世大典西北地圖書後》。《海日樓文集》卷上。案：後敘云："光緒丁亥仲冬研圖注篆之盧書。"是十一月也。又案：書後鈔本後又有《紀畫地圖法》一篇，疑一時所作，惜多舛誤，不可是正矣。

光緒十四年戊子—千八百八十八年　公三十九歲

是年，南海康廣廈孝廉祖詒上書請變法，朝野大譁，將逮捕。公力諍其括囊自晦得全。案：此事康更牲輓公詩有"戊子初上書，變法樹齒牙。先生助相之，舉國大驚譁。惱傳下刑部，紛來求釁瑕。君力勸括囊，金石窮幽遐"云云，可證。又其《書鏡題詞》亦謂公勸其假金石自晦，於是有《廣藝舟雙楫》之作。《廣藝舟雙楫》，《書鏡》之初名也；祖詒，更牲之初名也。又案：《廣藝舟雙楫敘目》："康子戊、己之際，旅京師，淵淵然憂，悄悄然思，俯攬萬極，塞鈍勿施，格絀於時。握髮慭然，似人而非。厥友告之曰：（下略）'汝爲人太多，而爲己太少，徇於外有，而不反於內虛，其亦闇於大道哉。'云云。厥友即公也。康常自命爲聖人，獨嚴憚公，踰數日必造謁焉。公待之不即不離。一日康發大言，公微哂曰：子再讀十年書，來與吾談可耳。"康顏涊而退。唐蔚芝先生《茹經堂文集·題先師沈子培先生手蹟後》，與本譜序文言二十年不同。

光緒十五年己丑—千八百八十九年　公四十歲

是年，兼充總理各國事務衙門俄國股章京。[①] 金《傳》。案：《哀啓》誤作"庚辰"。庚辰，公成進士之年，何得有此？或以爲庚寅，然考《翁文恭公日記》庚寅十月二十九日日記云："考送總理衙門章京，凡二十五人。"上文云庚寅門下惟謝啓華一人，則公必不在是年。考黃公度京卿遵憲《人境廬詩集》卷六《庚寅歲暮懷人詩懷沈子培

[①] 眉批：公《恪守廬日記》：光緒庚寅十二月初八、十日總署帶領引見，二十一日答□雲門詩。《樊山集》：庚寅，子培奉充譯署章京，有詩志感，奉和一篇。則入譯署確在庚寅。《翁文恭日記》：庚寅，門下惟謝啓華一人。蓋偶誤也。

戶部》云："懷仁久熟坤輿志，法顯兼通佛國言。聞說荷囊趨譯館，定從絕域紀輶軒。"據此則公官譯署當在庚寅前，金《傳》近似。惟考《文集》卷上《譯刻中亞洲俄屬游記跋》有"癸巳秋從事譯署"云云，則又似在癸巳秋，惟與黃詩不合，今姑從金《傳》。又京卿稱公爲戶部，今已不可知其遷在何年，疑誤，附此待考。初，公既通西北輿地有聲，日本那珂通博士嘗因文道希學士介就公問，公以中原音切蒙古文之音授博士，博士錄寫而去。日本西本白川《大儒沈子培小傳》。嗣後又旁及四裔輿地之學，自西伯利亞、內外蒙古、伊犁、新疆以迄西藏、西域並南洋貿通沿革，遂及四國事，世界大勢，莫不洞然於胸中。西本《小傳》。先後有《蠻書》《黑韃志》《元朝秘史》《長春真人西遊記》《蒙古源流》各箋注、《皇元聖武親征錄校注》及《島夷志略廣證》之作。《親征錄》本乃轉展傳鈔得之，於是公乃知《元史·本紀》所從來，知作此書人曾見《秘史》，而修《元史》人未曾見《秘史》也。互相印證，識語眉上，所得滋多。袁爽秋太常爲洪文卿侍郎鈞搜訪元地理書，假公鈔本傳錄，遂並眉端識語錄以去。侍郎後自歐洲歸，先訪公，研究元史諸疑誤。前賢未定者，舉公校語。公請曰："單文孤證，得無鑿空譏乎？"侍郎笑曰："金楷理謂所考皆至確。"金楷理者，英博士而充使館翻譯，地理歷史學號最精，助侍郎譯述拉施特、多桑、貝勒津諸書者也。李仲約侍郎自粵反都，相諏問公於此書所未瞭者，侍郎亦引以爲憾而無他本校之。蓋侍郎所據亦何氏校本，與此本同出一源也。《海日樓文集》卷上《聖武親征錄校本跋》。《廣證》就汪大淵書以新舊各圖證之，以考見南洋各島唐宋迄今之航路，並考見西洋人所建商埠，亦即古來商賈匯萃之區，《古學彙刊》第一集書目提要。尤發前人所未發。案：公生平不意名，嘗謂先世抱璞辟名，家風然邪？其所著述皆隨筆簽識，零亂散漫，不自整理。今所傳諸書多後人掇拾排比而成，故不能確定其著始著成於何年也，姑綜繫於此。至是探討益勤。公早又沈潛有宋諸子之學，久之並旁通二氏，案：公梵學最深，始業當在四十前後。其光緒戊戌十一月在鄂州官閣跋《壇經》云："篇中無相頌三。《般若篇》頌，無相解也；《疑問篇》頌，無相行也；《懺悔篇》

頌，無相解脫也。大師傳佛心印度無量衆，宗風峻絕，讀者每苦無可持循，若守三頌以爲皈依之門，固不患流入豁達狂禪，招災致禍。而日用平行，皆成無相，世出世法，非有而有，亦不煩向外求玄矣。余涉此經有年，今兹出讀二過，心中乃似略有所會者，爰記於此，以待再參。抑我佛垂訓之净三業也……綜其要，則曰愚迷、曰憍誑、曰嫉妒。其訓弟子也，一則曰不輕於人，再則曰無諍，上下中根，普皆構折。嗚呼！末劫衆生，業因深重，菩薩大慈，所曲垂拯尊者，簡明至此，而百劫來讀此經者，於祖意蒙然若無睹也。噫！"戊戌爲公四十九歲，云涉此經有年，又考公所有梵經跋皆在戊戌、丁未間，可推也。又案：公《月愛老人客話卷首》有詩云："少爲科舉學，壯涉百家流。俄忽竟無成，閔閔更春秋。側聞西方人，樂國乘天遊。法界建高幢，賢聖相侶酬。持受託一心，騫光盈四洲。"不能考其何年作，惟筆跡稚弱，似三十餘歲所作。録此以見公中年學佛之一斑。又案：袁爽秋太常亦湛深梵學，公必受其影響，庚寅有和公詩有云："入春禪病兼詩病，客慧頑空總未刪。"公詩亦有"禪誦有時還謝客"云云可見。道家説亦所契默，公《明徐文山大令手鈔賈浪仙長江集跋》云："余平生多得道人書，觀其圖記，輒如觀面相與，似有前緣也。"互相證發，所得益深。金《傳》。案：自注云："此得之緒論。"

夏，康有爲將反粵。公規其氣質之偏，而啓之以中和，又謂君受質冬夏氣多，春秋氣少。康書謝，有云：公體則博大兼舉，論則研析入微，往往以一二語下判詞，便如鐵鑄，非識抱奇特，好學深思，不能及此。生平所見人士，自陳君慶笙外，未之睹聞，一時寡儔也。但文理密察者多，而發强剛毅者少，論説多而負荷少，得無氣質和柔之故耶？《大公報·史地周刊》第一百零四期《康南海與沈子培書》。

七夕，偕王芾卿頌蔚、馮夢華煦、袁爽秋昶、劉佛青雲遊南湖灤觀荷花。葉鞠裳《緣督廬日記》、袁爽秋太常《安般簃集》有詩與此合。

公弟子封庶吉士散館授職編修。

光緒十六年庚寅—千八百九十年　公四十一歲

五月，公弟子林自粵來，貽公蕉白水坑研，公適在病中。七月，公弟去，公又病，賦詞刻諸研櫝，紀其事。①《集外詞》。

---

① 眉批：據《文集》記蘇完公事，公於此年或有武昌之行。

光緒十七年辛卯—千八百九十一年　公四十二歲

冬，遷員外郎。《哀啟》。

光緒十八年壬辰—千八百九十二年　公四十三歲

春，擢江蘇司郎中。《哀啟》。

二月，連州公卒於廣州。爲袁爽秋忠節公昶序《安般簃集》，稱其"比物連類，餐絜茹芳，騷人蟬蛻之心也；迴視收思，樂不忘本，《小雅》明發之懿也。爰及交遊贈答，存没哀思，儒林講肄，副墨雒誦之所攬蔓，閭閻閈閎，馬歌鷺鐃之所藴藉。汛而後應，其出入不訴，則又九流之散，言出賦家，賈誼升堂，相如入室，所相與嚌擩道真，蕍勺物沴，揖讓登降，禮樂以俟者也。行春花蘂，言寓思於哀駘，舉目河山，獨撫膺於逝者。朱干玉戚，則端冕以舞，清商激楚，乃絶絃可知。君之於此，幾所謂持其性情，不令暴失者乎？莊生有言，況乎昆弟親戚之謦欬於其側。夫昆弟親戚者，其聲可識知，其端不可思。三復斯編，庶幾脫落陶謝之枝梧，含咀風雅之推激。余乃於是搐首抑容，佁儗怫愲，棼不可理，廢然以止者已。"《海日樓文集》卷上。案：公壯歲詩文學，與恧伯、爽秋最有淵源，論詩與爽秋尤契。其題爽秋《漸西村人初集》第二詩："櫟社有瘣木，扶疏三十年。不知用何直，且自希天全。喟然見君子，喪我平生焉。冥素藴元鑒，神瑩萬靈先。冥觀洞性韻，伐材鍥瑕堅。聽音且知絃，得魚不離筌。豈無萬金藥，醫此胝肩肩。豻木貢匠門，將車奚仲前。不辭擁腫醜，所冀高庫便。矢詩作先容，叩關君勿鍵。"云云。合此觀之，二人取徑，未嘗有二也。又案：是文後題作於是年仲春，故次二月後。

光緒十九年癸巳—千八百九十三年　公四十四歲

春，見《中亞洲遊記》譯本於順德李仲約侍郎齋中，侍郎以批本見示，屬更詳考，因籤記數事於卷中。秋，奉南海張蔭桓□□□□命，校刻遊記，因排比衆説，凡簡端所録，皆侍郎説，書中夾注者，朱楚白孝廉㺵説，加案字者，公當時所籤記也。書中輿地古事別爲考。《海日樓文集》卷上。

秋，洪文卿侍郎卒，臨歿，以《元史譯文證補》清本屬公及陸文端公潤庠曰："數年心力瘁於此書，子爲我成之。"《元史譯文證補》陸潤庠序。

是年，俄羅斯使臣喀西尼案：或譯喀希尼。以俄人拉特禄夫《蒙古圖誌》中唐《闕特勤碑》、突厥《苾伽可汗碑》、《九姓迴鶻受里登囉汨没蜜施合毗伽可汗聖文神武碑》景本送總理各國事務衙門，屬爲考釋。公時在譯署，因作三碑跋以覆俄使。俄人譯以行世，西人書中屢引其説，所謂總理衙門書者也。時他塔拉文貞公志鋭方爲烏里雅蘇臺將軍，亦拓《闕特勤碑》以遺盛伯熙祭酒，祭酒跋之，公復書其後。王静安《觀堂集林》卷十六《九姓迴鶻可汗碑跋》。據《海日樓文集》卷下，再跋在丙申。於是三碑始漸著於世。

光緒二十年甲午—千八百九十四年　公四十五歲

夏，校刻《中亞洲俄屬遊記》成，序之。《文集》卷上。

七月，給事中余晉珊等劾康廣廈主事惑世誣民，非聖無法，請焚《新學僞經考》。上諭禁燬。時康弟子梁卓如啓超聯公及盛伯熙、黄仲弢，營救無效。見康更甡《自編年譜》。

是年，吾藩國朝鮮内亂，中朝遣兵援之，與日本遇，遂開釁，海陸軍皆敗績，朝野洶懼。公憂憤，默與諸名流籌保國強本之策。

十一月，李蒓伯慈銘歿於京師，臨歿，以所爲日記七十餘册。① 案：此從蔡鶴廎年丈元培《印行越縵堂日記緣起》，上海商務印書館所印，則只五十一册。付公，曾之撰《越縵堂騈體文序》。公哭之慟。②

---

① 旁注：平步青《李君蒓客傳》："今年夏，倭夷犯邊，敗問日至，君感憤扼掔，喀血益劇，遂以十一月廿四竟殁。"

② 眉批：公有輓詩四章。

光緒二十一年乙未—一千八百九十五年　公四十六歲

陸文端公奉諱家居，取洪文卿侍郎《元史譯文證補》清本重斠付梓，寓書公商體例。《元史譯文證補》陸序。四月，割臺灣及澎湖列島，與日本平。東省無事，公請自假英款創辦從貫鐵道事，案：此實在俄國韋特西比利亞鐵路建議之前。公蚤著眼於此，其識遠矣，皤皤老成，瞻言百里，感今思昔，涕淚隨之。恭親王奕訢、大學士李少荃鴻章韙其議。書上，將合辭奏請。沮於某巨公，識者惜之。《哀啓》。

七月，與陳次亮郎中熾、丁叔衡編修立鈞、王幼霞侍御鵬運、袁蔚廷觀察世凱、文道希學士廷式、張巽之編修孝謙、徐菊人編修世昌、張君立刑部權、楊叔嶠中書銳及公弟子封聞贊、康廣廈開強學會於京師，康有為《汗漫舫詩集》詩題。爲作序文。唐蔚芝先生語。

十一月，說軍機大臣、戶部尚書翁叔平同龢開學堂、設銀行。翁文恭公同龢本年十一月初十日日記。

光緒二十二年丙申—一千八百九十六年　公四十七歲

冬，俄羅斯皇尼古拉弟二初即位，勢張甚，欲謀我黑龍江漁業航務。公獨洞燭隱微，力駁其事，折其牙桎。俄使爲氣沮，其餘密自獻替。時論傳聞，十不逮一。《哀啓》。

光緒二十三年丁酉—一千八百九十七年　公四十八歲

八月廿九日，韓太夫人歿於京師。案：《海日樓文集》卷下《記先太夫人手書日用帳冊》，有"太夫人常以朏明起，盥漱畢，坐南榮前，數錢買點心，預計是日應行事，審飭辦具。進極濃紅茶一巨杯，點心進洇浴麻花一，蓮子或扁豆、薏仁、百合或燕窩一甌，恒用毛燕，不恒進官燕。食畢，即自磨墨寫帳，筆用王名通狼毫下者。書甚速，筆下若有颯颯聲。時略佇思，復疾書，食頃而畢，中饋一日事竢矣，家人尚未起也。曾植以趨署早起，獨得見之……此書……五十年間，由盛而衰，而極衰，而稍展，而漸盛，榮悴菀枯，吾太夫人艱苦萬狀不可言，而規矩未嘗稍異，亦無一日間斷者"云云。此雖小節冗碎，亦可見母德矣，附記於此。先是，太夫人晚年多病，公侍疾，衣不解帶，醫藥必親必嘗，安則始安，食然後食。用是遂通醫理，《哀啓》。能自處方，別具妙悟。金《傳》。及歿，哀毀骨立。案：翁文恭公本年九月十四日日記有云："弔沈子培兄弟喪母，貧亦可傷。"又十月十八日日記云："午爲沈子培母夫人題主，黄慎之、王仲弢贊題。濮子泉張羅一切。"此二事雖無關宏旨，然亦可推見公食餐而不儉其親也。先大夫《二欣室文集》駢文《沈乙庵四丈七十壽序》有云："先生奉太夫人之諱，某某往弔，執手毀瘠，殆不能識，困乏甚矣。而仰觀帷幕，俯察几筵，海陸珍奇，豆登嘉薦，因以此益知少牢饋食，不儉其親。觀微可以知著，因并著之。"劇病累年，見者爲危。案：《哀啓》此下有"至私以年壽問李苕農侍郎"者云云。考侍郎實薨於光緒二十一年十月二十日，見侍郎子淵碩所爲《順德李文誠公行狀》。則此時安得有此語？當係誤他人爲侍郎耳，今刪待徵。其後要痺益劇，百方不效，偶見《葉天士醫案》，其治要疾，輒用鹿角霜、青蔥管。又見徐洄溪語吳中有一少年，善用古方，蓋指葉。推念葉方必有本原，乃嬸取此二藥服之，要痺頓愈。《哀啓》。是時浙江溫處兵備道袁世凱方在天津小站督練新建陸軍，軍有重任，欲以屈公，且以墨絰不辟兵戎爲言。公謝之。《哀啓》。

十月，德意志攘我膠州灣，國人噤不聲。時康廣廈弔公塋廬。公涕泣趣曰："公宜言。"於是康復上萬言書，言自強變法。案：此事康更牲輓公詩亦及之，云："丁酉公喪母，金臺我走贏。弔公之孤艱，憂國之薦瘀。是時德攘膠，國人噤不呵。公力勸我言，再下馮婦車。"

光緒二十四年戊戌 一千八百九十八年　公四十九歲

三月，案：公《聖教序跋云》："戊戌春仲出都。"則二月矣。扶贈光祿公暨韓太夫人柩南歸。《哀啓》。時康廣廈已易名有爲，寖大用。公瀕行遺短簡曰："試讀《唐順宗實錄》一過。"康默然。案：此事予聞之緒論。更牲輓公詩亦及之，曰："萬言書既上，請師日俄德。德廟大感奮，雷動揮天戈。維新救中國，掃盡舊白科。公又遺短書，半簡字無多。《唐順宗實錄》，請吾讀一過。蓋公料事變，憂我蒙網羅。"

四月，寓上海。晤文道希學士。一日，學士極論三藏義諦，拈

"慈悲"二字作世出世間一切圓相，根器殊異，於此可見。同乘馬車過宜城橋誦"雙縣日月照乾坤"之句，慨然遠想，謂世間至此，非此無由定國。公謂中朝黨論，疑忌方多，病狀益深，要方益不敢輕試，《莊子》所謂"至言不出，俗言勝"者，今之謂與？

又論及康某學士曰："此傖耳，何能爲？"公曰："世界益低，人才益瘁，僕至今日乃不敢藐視一人。"學士徵其故，曰："此禪家所謂草賊也，草賊終須大敗，第不知須費幾多棒喝。僕老矣，且去國以後，理亂罕聞，政恐意氣褊激，諸公未免將爲此人鼓動耳。"《護德瓶齋客話》。時少年喜言《春秋》，推《公羊》之義，以貫究西學。其言巧辨，亦頗有駭聽者。老師宿儒，遂因此而諱言《公羊》。公曰："此則因噎而廢食也。"曹叔彥編修元弼治《孝經》，謂公欲以挽此頹風。公曰："甚善，《孝經》開章言以順天下，一書之中，於順字三致意焉。《禮》《易》多言順，當闡此義，宏美其說，以詔後進。夫子言吾志在《春秋》，行在《孝經》，學者知此，乃可言《公》《穀》微言耳。"同上。

五月，湖廣總督張香濤之洞聘公主武昌兩湖書院史席，《哀啟》。寓武昌紡紗官局西院。陳石遺學部衍《石遺室文集》卷九、《石遺室詩話》，徐仲可中書珂《清稗類鈔》文學類。問無不答，答必詳盡，學者服之。金《傳》。後復應湖南巡撫陳右銘寶箴之約，未往而八月政變作。公每聞朝政，憂居深念，心爲之瘁。《哀啟》。初，公論學尚實用，於人心世道之隆污，政治之利病，必窮其源委，王《序》。詞章之學，若不屑措意者，有作即棄斥。至是遇侯官陳石遺學部衍談詩，意不能無動，自言吾詩學深而詩功淺，案：詩學深者，謂閱詩多；詩功淺者，謂作詩少也。夙喜張文昌、玉谿生、山谷內外集，案：公《重刊西江詩派韓饒二集》序云："余少喜讀陵陽詩。"又與金甸丞太守論詩書云："鄙詩早涉義山、介甫、山谷，以及韓門。"數語可比觀之。而不輕訾前後七子。學部乃謂："君愛艱深，薄平易，則山谷不如梅宛陵、王廣陵。"因舉《宛陵集》殘本爲贈。公於是亟讀宛陵、廣陵詩。《石遺室文集》卷九、《石遺室詩話》、《清稗類鈔》。

冬間，約學部及閩縣鄭太夷_{孝胥}暇時相督爲律詩。① 《石遺室詩集》卷二詩題。

光緒二十五年己亥—千八百九十九年　公五十歲

四月，歸里，合葬贈光禄公暨韓太夫人於郡城南門外榨箄村之祖塋，哀痛如初喪。《哀啓》。

重九，復至武昌。案：石遺《近代詩鈔》十二册，公有詩題云："重九風雨抵武昌。"而不著甲子。考鄭蘇戡方伯孝胥《海藏樓詩》卷四己亥，有題云："九日風雨中子培自揚州來，見示新作。"與此合，則知此行固屬本年矣。江行逢胠篋，失書帖數十種。《寐叟題跋》二集下《式古堂法書跋》。張香濤相國館公城南《文集》卷上《苻婁庭漫稿敍》。水陸街《石遺室文集》《詩話》《清稗類鈔》。之姚園，樹石蒼潤，庭宇軒豁。園多盆花，皆顛本之由蘖者，磈砢輪囷，婆娑怪偉。察衆株枝多接成，天生者僅半之。《爾雅》曰："瘣木苻婁。"公以尪羸積年，有同玄宴。感盧升之《病木賦》意，乃名其園曰株園，室曰苻婁庭。據《苻婁庭漫稿敍》。深秋病痁，逾月不出戶，乃時託吟詠，與陳石遺學部寓廬相密邇，有作必相夸示，常夜半叩門，至冬已裒然積稿百餘首，《石遺室文集》《詩話》《清稗類鈔》。以居命之爲《苻婁庭漫稿》。《苻婁庭漫稿敍》。公精敦佛典，自憙其《病僧行》一首②；論詩宗旨，略見《寒雨積悶雜書遺懷》一首。《石遺室詩話》。案：《近代詩鈔》十二册，公詩《寒雨積悶雜書遺懷襞積成篇爲石遺居士一笑》一首，論詩云："幽室共槃辟，高吟忽揚訥。長舒汲古綆，高骧剗敵弩。相君箏削資，談笑九流敍。吾思古時人，心闢日迎拒。程馬蜕形骸，杯槃代尊俎。莫隨氣化運，孰自咮鳴主。開天啓疆域，元和判州部。奇出日恢今，高攀不輸古。韓白柳劉騫，郊島賀籍件。四河道昆駼，萬派播溟渚。唐餘逮宋興，師說一香炷。勃興元祐賢，奪嫡西江祖。尋睇薪火傳，皙如斜上譜。中州蘇黃餘，江湖張賈緒。辟彼鄱陽孫，七世肖王父。中泠一勺泉，味自岷觸取。沿元虞范唱，涉明李

---

① 眉批：八月二十二日，作詩哭劉光第，見《戊戌旅湘日記》，時公在制中，未逾小祥，自云情不能已。
② 眉批：《病僧行》作於庚子春，見下。

何數。強欲判唐宋，堅城撼樓櫓。呫茲盛中晚，幟自閩嚴樹。氐昧苟中行，謂句弦偭矩。持茲不根説，一眇引衆瞽。叢棘限牆闑，通塗成岨峿。誰開人天眼，玉振待君拊。啁嘻寄揚摧，名相遞參伍。"與陳石遺、鄭太夷創詩有三元之説，蓋謂開元、元和、元祐。以爲皆外國探險家覓新世界開埠頭本領。案：三元之説，《石遺室詩話》以爲發自石遺，然考公遣懷詩云："鄭侯凌江來，高論天尺五。畫地説三關，撰杖策九府。"鄭侯謂太夷也，則三元不僅石遺發之，且比下公《答金甸丞太守論詩書》觀之，益審非石遺一人之言，蓋公與陳、鄭一時言論所定也。後又易開元爲元嘉，稱三關，常以此教人，謂通此始可名家，務極其變，以歸於正，不主故常。金《傳》。蓬案：金甸丈云："三關（本釋家語）之説，始見《瀛奎律髓》。其説未瑩。至師確指元嘉、元和、元祐，皆據變以復正。"國變後，戊、己之間，公曾有書答丈，論詩及三關之説云："吾嘗謂詩有元祐、元和、元嘉三關，公（案，謂丈）於前二關均已通過，但著意通第三關，自有解脱月在《華嚴行願品》卷二十一云，此解脱者，猶如滿月，滿足廣大福智海，故即公所本。公有印曰解脱月簃，金甸丈以此書弁其詩集卷首，作解脱自在非也）。元嘉關如何通法？但將右軍《蘭亭詩》與康樂山水詩打併一氣讀。劉彥和言莊老告退而山水方滋，意存軒輊，此二語便墮齊、梁詞人身。須知以來書意、筆、色三語判之，山水即是色，莊老即是意。色即是境，意即是智。色即是事，意即是理。筆則空假中三諦之中，亦即遍計依他圓成三性之圓成實也。康樂總山水莊老之大成，支道林開其先。此秘密平生未嘗爲人道，爲公激發，不覺忍俊不禁，勿爲外人道，又添多少公案也。尤須時時玩味《論語》皇疏（原注：與紫陽注只是時代之異耳），乃能運用康樂，乃亦能運用顔光禄。記癸丑年同人修禊賦詩，鄙出五古一章，樊山五體投地，謂此真晉、宋人，湘綺畢生，何曾夢見。雖謬贊，却愜鄙懷。其實只用皇疏《川上》章義引而申之。湘綺雖語妙天下，湘中選體，鏤金錯采，玄理固無人能會得些子也。其實兩晉玄言、兩宋理學，看得牛皮穿時，亦衹是時節因緣之異，名文句身之異。世間法異，以出世法觀之，良無一無異也（案：原書此下空一格）。就色而言，亦不能無抉擇。李、何不用唐以後書，何嘗非一門法（原注：觀《劉後村集》可反證）？無如其目前境事，無唐以前人智理名句運用之，打發不開，真與俗不融，理與事相隔，遂被呼人僞體。其實非僞，只是呆六朝，非活六朝耳。凡諸學古不成者，諸病皆可以呆字統之（案：原書此下空一格）。在今日學人，當尋杜、韓樹骨之本，當盡心於康樂、光禄二家（原注：所謂字重光堅者。案：此依丈書語）。康樂善用易，光禄長於書（原注：兼經緯）。經訓菑畬，才大者儘容耨獲。韓子因文見道，詩獨不可爲見道因乎（原注：歐公文有得於詩）？鄙詩盍涉義山、介甫、山谷，以及韓門,終不免流連感悵,其感人在此,障道亦在此。《楞嚴》言純想即飛,純情即隋。鄙人想雖不乏,情故難忘。橘農嘗箴我纏綿往事,誠藥石言。"又案:本年大雪節後二日公跋支、謝詩云:"老莊告退,山水方滋,此亦目一時承流接響之士耳。支公模山範水,固已華妙絶倫;謝公卒章,多託玄思,風流祖述,正自一家。挹其鏗諧,則皆平原之雅奏也。陶公自與稽、阮同流,不入此社。"又云:"支、謝皆禪玄互證,支喜言玄,謝喜言冥,此二公自得之趣。謝固猶留意遺物,支公恢恢,與道大適矣。"與前書有同處。附出,可互參。公生平證學,不喜道破。小扣則小鳴,大扣則大鳴。偶爲知者談言微中,亦不欲爲外人道也。玆張之,非公意也。同光派奉爲魁桀。案:《石遺室文集》卷九《乙盦至武昌初投刺》:"子培張目視予曰,吾至琉璃廠肆,以朱提一流購君元詩紀事者。余曰,吾於癸未、丙戌間,聞可莊蘇戡誦君詩。相與嘆賞,以爲同光體之魁傑也。"同光體者,蘇戡與石遺戲稱同光以來詩人不墨守盛唐者。

光緒二十六年庚子 一千九百年 公五十一歲①

三月,公自武昌挈眷東歸,過漢上,與鄭太夷同登魯山賦詩。②

《近代詩鈔》公詩題。

五月,自里北征先大大《二欣室文集》散义《沈乙庵四丈七十壽序》。案:北征之謀,已決於己亥,故鄭太夷布政《海藏樓詩集》卷四己亥《答公見訪湖舍不遇》詩云:"明年計君必北向。"又本年太夷又有送公北上詩,在四月十一夜步江岸詩後,必當此時。人以爲公聞亂自里至海上者,非也。而輂轂拳亂卒作,公停於上海,主沈濤園。瑜慶《沈濤園遺詩》甲寅立春超社弟十九集《賦得何處春深好》詩注。痛北事不

---

① 增補:新歲,作《新月詩》,有句云:"新歲見新月,北人思北風。"頗膾炙人口,時景皇方被囚瀛臺,議立儲,蓋有爲而言也。陳詩《尊瓠室詩話》。
春,國是方新,羣言競起,卧病江潭,有感而作《病僧行》。請沈大令塘(字蓮舫,别字雪廬)爲畫《寒林作臘圖》。(《詩集》卷二【建中按,"卷二"爲"卷三"之誤】《病僧行》自注)《石遺室詩話》:"嘗令汪社耆貌己爲《病僧圖》,蒙戍林敷,支雜瘦木中,首戴圓笠,周圍之簷或肉倍好,或好倍肉,或肉好若一,或匿笑其不圓。余曰:'此正一筆闕,乃成其爲病僧之笠也。'"

② 眉批:三月廿二日甲子歸里,有詩四首。《海日樓詩集》卷三"歸里作四首",自注云:"穀雨後一日。"據《近世中西史日對照表》,則三月二十二日夜。詩中謂宗老三年難得四度見。錢萼孫注云:"公於戊戌三月扶贈光禄,公暨韓太夫人匱反里。其夏,出游武昌,秋末反里祥祭。己亥四月,自鄂反里葬親,至是庚子三月又反里,故三年中得與宗老四度見。"

可救，以長江爲慮，與督辦商約大臣盛杏孫宣懷、沈濤園、汪穰卿康年密商中外互保之策。力疾走金陵，首決大計於兩江總督劉峴莊坤一；來往武昌，就議於兩湖總督張香濤之洞。而兩廣總督李少荃鴻章實主其成，《哀啟》。訂《東南保護約款》凡九條。其後大局轉危爲安，乘輿重反，繫公之力爲多。案：此役，先大夫壬寅在都聞盛杏孫尚書說如此，且謂峴帥意識堅定，香帥則志尚游移，非子培爲香濤所素服，猶未能速決也。見先大夫戊辰正月初四日日記。然以奇痛在心，事成不居，《哀啟》。案：此事公不敢居其名，人問之，輒曰："是實張、劉主持，與書生何與？"蓋其時朝中大老，頑固尚多，而滿人之惎漢人益甚。公慮之深矣。此其隱衷，明識者相喻於無言爾。或謂京畿匪亂，而東南不起勤王之師，反與外人互保，爲非順。然京畿之亂，非起於外人，拳匪跳梁，近畿兵力足以平之。匪平則外人無藉口，固無假乎外省之勤王也。且如當時必從亂命，非特萬不足以制勝，而適所以速亡。後日斡旋，益無餘地。則諸公之保東南，實所以保中朝。與外人互保，實所以保中國也。不然，清社之屋，何待於辛亥乎？又金甸丞丈云，保護長江之議，發於英人福開森。此非美事。但查當日有無公電致北京直諫，北京有無電旨，此最關鍵。蓬案：先大夫戊午三月十八日日記云，與沈乙丈小飲，席間談及拳匪事，並云劉忠誠、張文襄聯省保東南之策，實發於盛尚書宣懷，而丈亦預其謀者，不及福開森。金丈不知何據。至北京電旨云云，此時政非帝出，命由矯作，又何足重？愚謂可不必問也。

六月，至揚州。公《季漢官爵考》《補漢兵志》《今水經跋》。

七月，吏部侍郎許竹篔景澄、太常寺卿袁爽秋被殺，聯軍入都，兩宮西狩。公聞耗，悲憤不知所出。

九月，李少荃相國爲和議全權大臣，會於滬上，約公同行，因病不果。或告相國以袁、許二公之難，相國稱公字而喟然曰："儻某不出京，恐亦不免此禍矣。"人嘆心契之深。《哀啟》。案：李恁伯《荀學齋日記》戊集下，光緒十年四月十一日乙卯，有云："子封之大父，故工部侍郎鼎甫先生維鑰，合肥太翁愚荃先生入學座師也。侍郎有清節，合肥言初入翰林時，嘗隨太翁數謁見之，蓋通家也。"又案：林文忠公、曾文正公亦出司空公門下，門牆之盛，媲跡河汾。惟公則非子安所能匹矣。與某書云：今日議和，棘手百倍庚申，若敵未入都以前，早自改圖，何至顛危若此？許、袁奇酷，中外冤哀。懲亂臣而不褒死事，則朝廷之彰癉不明；斥莠言而不表忠謀，則國論之指歸不定。窮意昭雪譯署五臣,亦所以表朝廷悔禍之誠,開議前所急宜下詔者。若事事待敵指揮,虧傷國體,仍不足以感動人心,非計之得者矣。書札與某書。

十月,病冬溫,至臘初始愈,遂還揚州據《海日樓文集》卷上《與陶制軍書》,《哀啓》亦云養疴海上。

除夕,溯江至十二圩大兄子丞大令曾榮官舍度歲。《曼陀羅寱詞》。

光緒二十七年辛丑一千九百零一年　公五十二歲

春,盛杏蓀尚書約作滬遊,劉峴莊制軍又約至金陵,屬擬奏稿。其目凡十:曰設議政、開書館、興學堂、廣課吏、設外部、講武學、刪則例、重州縣、設警察、整科舉,凡八九千字。《與陶制軍書》。與客話曰:"夬姤剥復之交,宋明諸儒言之迫隘。士大夫之憂患,非君人之憂患也。君人之道,在乾坤否泰而已。玩其象,玩其占,久之自有天地同流氣象。務財訓農,通商惠工,敬教勸學,授方任能。前八字是用,後八字是體。無後八字功夫,前八字一件行不得。授方而後能可任,敬教而後學可勸。後八字又有本末焉前後焉。規模立而人心定,號令審而趣向明。奉令承教之庸人,皆樂事勸功之能者也。待騏驥而後駕,終身不得車。強其馬爲騏驥,則東野畢敗不旋踵矣。是故債軍之將懟無兵,亡國大夫懟無士。何道以救之?倡勇敢之術曰練將,興人才之術曰練相。外交得則國勢興,民氣和則國勢興。生聚教訓,復讎之實事也,臥薪嘗膽其志也。有其志而無其事,則亦曹伯陽、邾隱公而已矣。決創潰瘍之後,亡血既多,必兼補托,乃能行其清解。大兵大札之後,元氣既傷,必資休養之政,而後可議振興。時將有反,事將有間。必有知天地之恒制,乃可以有天下之成利。事無間,時無反,則撫民保教以須之。此范蠡對句踐復讎之術也。柔而不屈,強而不剛,德虐之行,因以爲常。此蠡自任外交之義也。其語皆深遠從容，與安常處順時無異。有種蠡之志者。不可不時時玩味此氣象。荀子與臨武君語兵曰，夫兵之要，在親附士民而已。六馬不調，造父不能以御。弓矢不和，羿不能以中微。士民不親附，湯武不能以戰勝。有惇大成裕之規模，而後有明作有功之事業。晉在獻公之世，其民習戰，其臣多材。以新造之國，而浸浸有抗行齊楚之勢，可以為強國矣。惠公用之，而敗於韓，幾亡其社稷。秦穆問瑕呂飴甥曰：'晉國和乎？'知夷吾之敗，不在不能用師，在不能和衆也。禍起於袵席之間，難作於亡人之黨。雖重耳深得人心，民氣囂劫，十餘年無以靖之。其可乎？伐原示信安其居，大蒐示禮生其恭。有內難而兼外侮，非此不足以默化潛移。成霸略者，未有不資王道也。黜魏犨，殺顛頡，禄不及介子推，而郤縠、先軫皆非從亡之士。此可見文公之用心，狐趙之善處危疑矣。陽處父行并植於晉國，事當與此相涉。襄公一代多內亂。靈公之嗣立也，晉人以難故。欲立長君，夫以重耳得民而三怨餘釁。民一動而不可靖也如此，況君不如重耳，臣不如狐趙者乎？范文子憂亂之言曰：'夫合諸侯，非吾所能也，以遺能者。'吾若羣臣輯睦以事君多矣。傷哉此言！夫文子豈不願合諸侯者哉？知羣臣不睦者，終將不能事君，終亦不能合諸侯耳。城濮之役，晉尚德以勝。楚邲之役，楚卒徒輯睦以勝，晉諸帥不和以敗。隋武子親見兩役，固當有箕裘之説，傳諸子孫矣。唐太宗所用，隋末人材也，宋太祖所用，五代人材也。王良不易馬而御，由基不易矢而射。御之術在轡，射之力在弓。處喪亂之後，□易民而治之。愚心日與臣民相逐於猜疑愛憎之域，唐德宗之所以亂，明思宗之所以亡，止在謂人心不可知不可信而已矣。《鼎》二德而吉，《革》具四德僅僅悔亡，猶且在已日離乃孚之後。若是乎去故之難於取新也，作《易》者其有憂患乎？乃其成卦之材。於《革》曰'文明以説'，於《鼎》曰'巽而耳目聰明'，君子之所以處此則一而已。"《冶城客話》。案：所言雖多論古事，但皆與時事相關,故全録之。又赴武昌應張香濤相國之招①,據《文集·揚州與南皮制軍書》。案:《文集》卷下有《紀蘇完公事》云:"予於虎兒年春應蘇完公招至鄂,到即傳見。兵衛侍列,尊嚴若神,絶不似在江南之簡略。公衣冠出,長髯拂拂,色若銀,容儀莊肅,亦不若在江南時坦率。問余近歲蹤跡及兵事方略。余侃侃談。公静聽,不僝一辭,既而曰,久不見賈生,故自不同。手授余營務處札,曰急往見藩臬,省城軍事一付君,好爲之。舉茗送客。余意欲控辭,而忽忽不能出口。"似在此時,虎兒年云云似誤,蓋上庚寅,文襄尚未開府湖廣,下壬寅,公正月已回都,必無此事也。然此時語氣,亦頗有不合者,姑附於此。旋還揚州與相國書論行新政曰:"忽忽拜辭,退而自思,良悔未窮淵旨。下略。某有美芹之説四焉,敢以陳諸左右。一曰通志意。將相不和,士不附帥,乘不和,戰無功,世變至斯,謂當事者無求全厭亂之意,蓋非人情。然而意見猶未盡融,習氣猶未盡湔者,何哉? 内外之情意不通,相資者反爲相軋也。近日内外之相商以電,同治舊事則以函,電簡而函詳,電直而函婉,電迫而函舒,電質而函文。夫尋常例行公事,尚有待反覆指陳者,況新政之變動不居、情形百變者乎? 先事當豫籌,既事當補救,奏牘有所不盡,公文有所難言,凡皆宜以函啓達之,略如宋人告廟堂以劄子之意,必疆吏先示恪慎之風,而後可望柄臣以虚和之度,事有甚細而不可忽者,三寸之轄,以制千里,此類是也。其二曰議奉行。新政在内有專司,在外亦宜有專局。立法之初,庶端並起,僚屬之諮詢,士民之陳訴,事或可行而中沮,機或屢變而無方,獨斷者勞而鮮功,博訪者繁而無統。謂宜放牙釐、善後之例,專設一局,選僚吏通知中外者,明達事理者,資望深重者,咸使入焉。而所有新政詔書,或詔書未及而事當舉辦者,皆責之令平議,令檢會,以成事。徵之詔書,未必皆實行,奉詔書而設立局所者,無不實行。督責之虚文,誠不如局所之實際。創一局而全局皆定,何憚而不爲? 此又極平易極變通

---

① 眉批:按胡鈞《張文襄年譜》,文襄於光緒十五年己丑七月十二日奉洞補湖廣總督之命,十一月二十五日到鄂。庚寅爲己丑下一年,是已開府湖廣矣。此誤。

之一術也。三曰議章程。由議法言之,則有治人而後有治法;由奉法言之,則有治法而後有治人。喪亂頻仍,朝野焦愁,雖彼皆昏庸惰慢之人,亦孰不樂於改圖以自效,顧欲從末由耳。不授以章程,而責之行事,抑已過矣。有紀律則懦卒皆可爲精兵,有章程則庸才皆可爲能吏。既設專局,即議章程,凡有應行新政,先令局員搜訪東西各國章程,以博爲量,以考異同、酌民俗爲功,折衷簡要爲試辦章程,徐而加精密焉,徐而加推廣焉。事無大小,愈細瑣愈當求其條理,愈當備其章程。訴新政不便,及因新政而生異議者,不可憖置,但修改章程以應之,而決不搖我宗旨。如此而後人望可饜,人心亦可定也。四曰劑名實。與人以實者,不必倍稱以名;奪人之名者,不可盡除其實。勇變政者,才士也;憚變法者,不可謂非國家服教畏神、奉公守法之良士也。新政究非王道,異趣者又不可曰邪人。朝爲健吏,莫作庸材,昔之勝流,今成廢物。所進者之言行,又不必能饜人心、勝前人。怨謗繁興,勢有必至,訞訞訕訕,安所極乎?此意一時未可能遽達於朝廷,不得已而思調劑之,莫若仍守差遣員缺之常,以差遣任新人,以員缺安舊人,新者有顯崇之實,舊者不必靳其廉退之名,但使一切皆有章程,彼舊者何必不樂奉周旋。況地方公事,固不能不循舊日禮律乎?如爲豫計之言,則他日積重所趨,如歐洲各國,如日本,勢不至盡變要職爲局所不止,新人後望方長,何必龍斷以啓天下之爭乎?以上所言,固近代疆臣所習行之事,抑亦即公所常用,或且唾棄而不屑爲者。發此論於開物成務之時,陳義又爲猥下,然天下非常之業,事運以常則事行;至動之機,根養於靜而根固。兼不易變易兩義,而後易之用備。得中庸,具減進,而後禮之體全。方今天下洶洶,平陂往復,豈盡庸愚陋劣之爲害哉!士大夫躁動無常,爭名爭權之機械,十百倍於爭利。黨論之禍,人所見也。尚有伏而未見者,履霜冰至,遠想懍然。請即變法言之。西人之來言變法久矣,論其便而諱其敗,言其善而蔽其患。

策士代謀，從古已然。夫歐洲改革，起自十八周以來，始焉為宗教之改革，繼焉為政治之改革，其改革之利鈍成敗不一。其在於今，各國文化之昌、富彊之進，誠侗乎不可及矣。然英、法有革命之變，德有政黨、教黨之爭，南北花旗禁奴成戰。溯其改革之初，安居樂業之民，無端而張脈僨興，肝腦塗地，蓋不知凡幾。幸彼數大國無強敵覬覦其側，維新者得以屢蹶屢起，僅而集事耳。其不幸者，若波蘭之政黨分爭，若埃及之上下乖戾，以變法而遽亡，固亦非無其事矣。獨俄彼得藉戰功之偉，以用其君主之權，日本以將相之和，盡其臣民之用，是變法之最有效者。然日本於西法講求委曲，於國俗劑量分寸，其心思之微密，決非吾人之淺嘗暴發者所可同日而言。俄以變法不和，彼得時內訌再三，大臣戮死者數百人，禍及於其后其太子。蓋犯亡國之戒者若干，幸而不亡，尤非我今日所能比也。夫誠平心探討於歐洲十八周來政治文明之史，博考其君臣言行、黨派異同，奭然有動於人心。不得已而變法，方將憂危惕厲之不遑，惻怛哀矜之不暇。湛思遠慮，不獨發其端，且圖善其後，又何頑固之介我胸臆，闒冗之當我譏評乎？況乎新政改革，政令必日繁，民生必日促，風俗必日薄，道德文學必日荒，外人之勢且日尊，國家之根本且日撼，弱國貧國之勢固然。彼日本已著成功，猶念念不忘於此，吾可以漠然無念乎？鈞坐所當之位，誠限於分，而有不能為。然天下大事，不外政、學兩途。以政言，則公所舉措，各省撫視為步趨；以學言，則公所舉措，天下人準為圭臬。物情事勢，積望已成。率天下以言者在政府，率天下以行者在公。言及於斯，蓋有為公慮而不敢為公喜者矣。自今以後，願公以變政之利益開導恒人，以變政之禍亂提撕同志。保國民之秩序，而後堂高廉遠，可以保君權；存歷史之性情，而後林茂淵深，可以存國教。以寔事改之，與以空言爭之，勢相百、效相萬也。某倡言變法，遠在甲申、乙酉以前，在戊戌被排以黃老之譏，在庚子見絀以儒書之誚。顧其愚固，逝不可回,而亦自念冗散不材,終不足有補於世,但冀世事粗安,得自放於寂寞寬閒之地而已。"下略。又第二書曰:"世變至今日亟矣,體大者不可以狷懷理,事遠者不可以快論攖,中西之法雖殊,所以行法者,知及仁守,莊莅禮動,縱千古,橫四海,無異理也。以禮義仁恪之心行新政,新政,仁政也;以憤時嫉俗之心行新政,新政,虐政而已矣。戊戌之敗,本原在此。以今日國勢言之,譬之病後形神尫瘠,而又欲治其癰疽。癰疽不免刺割,刺割不免痛楚,固也。華醫之良者曰,太痛傷元氣;西醫之良者曰,痛劇者致死。當預講止痛之方,而後得盡其刺割之術。市井拙子之言曰,不忍痛何能治病者,貿然以毒劑腐藥進,則病未愈,而宛轉號叫以斃者,不知凡幾矣。官府積弊,官吏積習,大癰疽也,變法,大刺割也。事失故業,官失定位,舊德亡,先疇改,隱心以言之,不得謂非天下一大痛楚也。故嘗謂開新與守舊二說,不必并提,興利與除弊兩事,不可并進。新既開,不憂舊不去,利既興,不憂弊不除。此事理之自然,若囂囂然日以詬誶之聲聞天下,人匿其情,而爭心並起,則無一事可行、行而可成者矣。以開新爲樂者,文明之象也;以除弊爲快者,野蠻之習也。彼赫德,駔儈才耳,於關稅、於郵政,尚能規模素定,相人情之緩急,而次第施之,終以集事。常關之習未盡除,信局之舊不盡去,何害於關稅之日增,郵政之日擴乎?夫彼固習於西法者,而其行法之從容如此。然則言西法而必以操切之論濟之者,得無知有法而不知所以爲法者乎?愚管之見,大抵如此。"下略。《海日樓文集》卷上。

七月,任上海南洋公學總理,添設政治科,由師範生及中院之高級生選入之。《交通大學大事記》。案:《哀啓》屬於己亥,誤。

八月,大學士、直隸總督李少荃薨,公傷感累日。朝命改訂商約,盛杏蓀尚書悉以約稿詣公商榷,每易一字,未嘗不稱善行之。《哀啓》。

十一月,服闋。《哀啓》。案:本年距韓太夫人之歿已四載餘,不應此時始服闋,疑誤,待考。兩宮回鑾。南洋公學附設東文學堂於虹口,公聘上虞羅叔言振玉爲監學,日本藤田劍峰博士豐八爲教習。李夫人以嗣子赴粤,晤子林夫婦於廣州。

光緒二十八年壬寅—一千九百零二年　公五十三歲

正月,辭南洋公學總理,《交通大學大事記》。還刑部供職。《哀啓》,《寐叟題跋二集》上《三希堂法帖跋》亦曰:"光緒壬寅正月,重入都門。"寓京師上斜街,先大夫本年八月初六日日記。名其書齋曰紫藟。據《寐叟題跋》。時初改總理各國事務衙門爲外務部,即奉奏調補外務部和會司員外郎。公在刑部,前後凡十有八年,協恭平恕,不忘哀矜,及奉調,忠勤一如前日。時新舊之争未泯,南北之畛將開。公憂之,默自調停,人都不省。《哀啓》。

三月,嗣子林季子潁爲後,並乞其季女爲女,李夫人挈之北上,經揚蘇回京。時潁方五歲,公字之曰慈護,女後適泗州楊毓琇。

光緒二十九年癸卯—一千九百零三年　公五十四歲

正月,簡放江西廣信府知府。案:時在正月二十二日,公係截取班,例不易簡放。此次軍機大臣呈單,德宗首圈公名,皆出所科,蓋帝心簡在久矣。見先大夫本年正月二十五日日記。

四月,出京。聞長兄子承大令病篤於揚州,公即遄往,已不及見。《哀啓》。大令長公八歲,公幼時嘗從之讀。閏五月抵贛,時巡撫柯遜庵逢時聞公來,喜甚,即日檄調南昌府知府,舉全省大計,虛以相從,《哀啓》,非恒例也。先大夫《駢文公壽序》。公爲政知民情僞,而持以忠恕,故事治而民親敬。《哀啓》。

秋,公議領濬東湖。陳散原主事三立《散原精舍詩》卷上《題贈沈子培太守》詩注。

時士不悅學，放說支離。公喟然曰："噫，國其殆哉！夫道器文質，體用經權，理事神迹，非可二也，而今學士皆二之；道與德，政與教，知與行，定與慧，名與實，學與業，生與義，非可離也，而今學士皆歧視之；自他、心物、真妄、新故、今古、有無、是非、善惡，相待而著，非有定也，而今學士皆固執其成見焉。學士者，國之耳目也，今若此，則其誰不盲從而蹟蹶也？且學也者，禮之所自出。禮也者，國人之準則也。若今學士，可謂無學，國無學矣，而欲責之以禮，其可得與？無學無禮，而欲賊民之不興，又可得耶？孟子曰，上無禮，下無學，賊民興，喪無日矣。今中國之謂也。噫，國其殆哉！"《金陵學報》第三卷第二期，李翊灼《海日樓詩補編序》。

光緒三十年甲辰—一千九百零四年　公五十五歲

是年，署督糧道。《哀啓》。

光緒三十一年乙巳—一千九百零五年　公五十六歲

秋，考察歐美各國憲法大臣載澤、端方等五大臣，奏調公爲隨員，《哀啓》。曾入都，《寐叟題跋》有"睡翁乙巳歲入都所得畫"一條。又至武昌，據陳石遺學部《海日樓詩集》第二敘。後不果行。《哀啓》。

光緒三十二年丙午—一千九百零六年　公五十七歲

正月，署鹽法道。《哀啓》。時南昌天主教徒王安之，戕傷南昌縣知縣江召棠。人民共憤，蜂起報復，遂誤傷法美基督教司鐸數人。於是全城鼎沸，法、美兩國皆遣兵艦入鄱陽湖，勢洶洶。巡撫胡鼎臣廷幹欲任捕數人殺以塞外人之責，公燭其隱，持不可。外示鎮靜，與按察使余堯衢肇康力爭抗論，不少屈撓，事漸定。保全寔多。案：《哀啓》及金《傳》皆謂教案起，公與胡鼎臣中丞、余敏齋廉訪力爭抗論云云。殊非事實。蓬聞之吾兄銘遠中翰，兄時在南昌公幕，所聞皆翔實可據，不從《啓》《傳》。余堯衢以此去官，公至電請以己官代之，一時頌風誼。案：余堯衢輓公詩有云："驚地大獄興倉皇，宰官神甫同一戕。國勢雖弱民氣强，摧折彼狡消披猖。我誓不吐公亦剛，樽俎可衝斗可撞。浩然歸去吾尚羊，李樹乃欲代桃僵。"注云："公請以己官代予去職，廣雅相國方充查辦大臣，嗟嘆謝之。"公素畏熱惡濕，南昌濕熱爲江南諸郡最，遂屬患瘧，生平宜白虎湯而畏附子。後下鄉，見農家先散石灰於田間，而後布種，推知贛水性寒，方試服附子而瘧差愈。《哀啓》。

四月，簡安徽提學使，留署江西按察使，八月始赴新任。隨赴日本考察學務，馳驅咨謀，日不暇給。彼邦人士來請益者，虛往實歸，皆厭其意以去。① 事畢反皖，視事期月，新舊咸和。《哀啓》。公生平留意人才，先端教本，知新温故，達變立常，内自折衷，不逾世變。先大夫《駢文公壽序》。初在日時，甚契日本穗積博士之學説及伊藤博文之憲法義解，自是直欲冶新舊思想於一爐矣。西本《小傳》。

光緒三十三年丁未—一千九百零七年　公五十八歲

五月，安徽巡撫于庫里忠愍公恩銘被刺，一時瓜蔓所及，閭里騷然。公苦心默扞，保全者衆。先後招致耆儒桀士如程抑齋□□□、方倫叔博士守彝、常季□□太敦、馬通伯主事其昶、鄧繩侯□□□、胡季庵□□□□、徐鐵華□□□、姚仲實□□永樸、姚叔節解元永概，時時相從考論文學，人謂自曾文正公治軍駐皖以後，數十年賓客游從之盛，此其最矣。姚叔節《慎宜軒詩自序》。設存古學堂，《清史稿》本傳。以程氏讀書日程爲藍本，取各學堂學生國文程度優勝者，聚而教之。有研究而無課本，有指授而無講解，取外國大學高

---

① 眉批：九月二十八日，在日本東京偕黄仲弢提學、王書衡推丞式通至鞠町御料理地宫内省所轄之圖書寮觀内府藏書，典守者羅列精本，請定甲乙，意殊誠懇，公謂東游以來，惟兹事差强人意，提學戲曰："君勿意，防島田明日翻案。"見王式通《題皕宋樓藏書源流考絶句》注，島田者，日人島田彦楨，作《皕宋樓藏書源流考》者也。

等教法。聘程抑齋□□主其事。書札致程抑齋書。

十二月，簡署安徽布政使。時法令如毛，皖省財力有限，而新政一視江鄂爲政，政舉而財不傷，財給而民不病。《哀啓》。署有園亭臺榭之勝，在内署北成園之南，有室三楹，曰雙花王閣，爲公偃息之所。西北爲天柱閣，後公所重建也。皆有記。天柱閣並有聯語云："樓閣華嚴乘大悲願，江山中夜嗟太平人。"東北爲拄笏亭，官齋五楹，中爲堂，曰曼陀羅室。公眠食於是，治事於是，燕閒接賓僚審謀議於是。又闢方丈室於曼陀羅室之西後階上，北通内院，西廂顔曰持明笈，爲齋後退息之所。據《海日樓文集》卷下《雙花王閣記》《天柱閣記》《曼陀羅室記》《持明笈記》及公與方倫叔書。

光緒三十四年戊申—千九百零八年　公五十九歲

去年夏，公弟子封簡山西平陽府知府，未到任。本年三月，奉旨以道員用，簡署廣東提學使，自都赴粵，道出皖江，相見至樂。

八月，公護理安徽巡撫，首拔協統余大鴻於衆人之中，一軍皆驚。莅事一月，軍心大和。《哀啓》。聞九年立憲之詔下，公嘆曰："乾坤之毁，一成而不可變。"於是更號曰睡翁，謂不忍見、不能醒也，而所聞於古人所謂"緩得一分，百姓受一分益"者，晨夕往來於胸臆，又時時念遜荒古訓，自號曰遜齋。《優詞》自序。

九月，回布政使署任，《哀啓》。代者甚爲，掣亂其事，方兼旬而炮馬營起事。謝《志》。時江、鄂、皖三省軍會操太湖。案：謂安徽太湖縣。軍中虽有異言，適遭慈禧皇太后暨德宗景皇帝升遐之變，羣情惶或。公内懷哀慟，外事鎮撫，電請巡撫朱經田家寶還省。即夕城外炮馬營兵起事，公聞警即移駐城上，委巡防統領劉利貞以守城事宜，余大鴻馳入江防，楚材兵艦擊燬東門外炮兵陳壘，黄鳳岐奪回菱湖嘴軍儲，火藥軍局督練公所胡維棟收束潰卒，令繳槍械，一日而定。謀皖者布置經年，再擊不中，始有事於廣州武昌也。《哀啓》。事定，新撫飾報朝廷，朝廷錄靖難功不及公，公亦終不自表襮。

宣統元年己酉—千九百零九年　公六十歲

公講求振興實業，創造紙諸廠，外人要我訂約開銅官山礦，公嚴拒之《清史稿》本傳。案：此不詳在何年，姑繫於此。

春，公自菱湖武備小學堂公宴歸，西望龍山，青極天末，倚《金縷曲》云："麥浪千畦縐。緩歸來，弓刀千騎，使君前後。笑問葛繮干底事，醉了襄陽兒酒。著醒眼，海棠厮句。偃蹇龍山西北去，把孤城，付與屠翁守。羅百雉，大於斗。　濡須東鎖三吳口。問喬家，小姑夫壻，英靈來否？落日神鴉銜祭肉，獵獵大風吹垢。料江左，夷吾須有。黃石荒荒朱履敝，那素書一卷銜袖。渡旁渡，柳州柳。"《曼陀羅寱詞》。

夏，遣皖校教習日本某君考查黃山動植，材官王某採藥草於霍山，異種極多，公欲爲兩岳植物標本，未就。《海日樓詩》集一《壬子秋莫歸里作》詩自注。

四月，朝命以公爲禮學館顧問。《緣督廬日記》。

八月，大學士軍機大臣張香濤之洞薨。公平生師友，獨佩香濤。陳筱石制軍夔龍輓公詩注。案：金甸丞丈則謂緒論所得公殆不如此，不知何據。至是忽忽若有所失者累日。時國事日非，公嘗作僧服以歐法攝景，寄朋儕題詠，《海藏樓詩》七。以寄意。明年自題云："了此宰官身，即是菩薩道。無佛無衆生，靈源同一照。"公題陸少山僧服遺照。

冬，爲桐城馬通伯主事其昶釐定《抱潤軒文集》體例，以歐西石印法印行之。潘勗《抱潤軒文集》識語。是年，遣謝石欽孝廉鳳孫、孫□□大令槩赴日本東京調查租稅沿革，以爲亞東租稅法之統系。我與日本同出於唐，而浸久浸繁，遂不能不加整理。參歐制而變通之，前事之師，莫親切於日本。於是日本稅務當局承其大藏省命，爲排日講述，并出官牘相示。姚次之□□□□筆述之，成《日本租稅制度及實務》數十萬言，十一月，公序之。《海日樓文集》卷上。

繆藝風參議荃孫訪公皖署，謀重刻參議所藏南宋饒節《倚松集》景宋本，並公所藏韓駒《陵陽集》倦圃舊藏本，屬陶子麟開板武昌。據《海日樓文集》卷上《重刊江西詩派韓饒二集敘》。

宣統二年庚戌 一千九百一十年　公六十一歲

春，校刊宋嘉泰本《白石道人歌曲》，見鄭叔問文焯《白石道人歌曲手批本》跋語。初公校刊時，實未知爲何時本，叔問始定爲嘉泰。今叔問批本，藏南海康氏游存廬。並附印《事林廣記》卷八《音樂舉要》、卷九《樂星圖譜》於後，可與歌曲旁注字譜相證明，用安慶造紙廠新造紙印行之。公《白石道人歌批跋》。子封署廣東布政使。時國事益棼，公上書言大計，權貴惡之，留中不答，公撫膺嘆息曰："天乎！人力竟不足以挽之邪？"因賦詩以寄慨曰："不待招邀入户庭，龍山推分我忘形。流連未免耽光景，餔餟誰能較醉醒。雨後百科争夏大，風前一葉警秋蘦。五更殘月難留影，起看蒼龍大角星。"李翊灼《海日樓詩補編序》。適貝子載振出皖境，當道命藩庫支巨款供張，公不允，復與當道忤。《清史稿》本傳。於是浩然有歸志，與某公書云："財政岌岌，官司解體，中外相疑，舉海上妄人之說，一切悉納諸憲政之中，作繭自纏，背水陳更無躲閃，波士覆轍。可爲寒心。外人皆爲我躊躇，而我方中風狂走。嬴氏以吏爲師，今則以報爲師，無緩急，無先後，驕泰以爲豪，困窮而彌侈，牛飲漏舟，孰知其屆。某求去不得，嬴病日增，局促轅駒，徘徊怪鳥。求退之難，甚於求進。眉山筆語及之，後知要當登此目的，不能忍而終古已。"書札與某公書。

六月，公乞退。將去，猶爲皖省籌定來年度支，力維巡防軍軍力紀律。在皖五年，重治人而尚禮治，政無鉅細，莫不先之勞之，憂悴之餘，要痺時發，瘧疾不差，然仍無一日不辦事，無一日不見客，無一日不講學。雖在病中,夜睡不過二小時,於是眠食日損,步履日弱。《哀啓》。時疆吏多以賄進,案:康更甡輓公詩云:"疆吏以賄進,大賢遭棄擲。"公獨未嘗有餽遺達權要。故三年署藩,不得真除。《哀啓》。歸裝惟載書十萬卷,人以爲怪。先大夫散文公壽序。

秋,至滬,寓開封路正修里。

十月,歸里,隱居郡城南姚家垞新居。有閣曰駕浮,有樓曰黿采,據《海日樓文集》卷下《濤園記》。有軒曰東軒。《海日樓詩集》卷二。日惟萬卷埋身,不踰戶闥及聞國事,又未嘗不廢書嘆息,欷歔不能自已。案:先大夫駢文公壽序有云:"論者或以先生勇退爲知幾,乃不知其曉曉瘁羽,咄咄書空。之奇去國之年,傷心虞臘,厲叔終身之痛,未報莒公。"公見之,爲擊節,以謂知其心。烏虖!即此可以見公之心矣。

十二月,爲長沙張文達公百熙訂《退思軒詩集》,並序其首。文達平生譚藝,最心折公,公《退思軒詩集》序述王志盦式通語。公序之,文達志也。

宣統三年辛亥一千九百十一年　公六十二歲

春,挈嗣子頴遊江寧,與楊仁山居士諸君集佛學研究會。公嘗嘆天發殺機,芸生劫劫,政治學殺機也,經濟學殺機也,文學哲學殺機也,分析此時代人心原質,一話言,一思想,一動作,一合會,無不挾貪、嗔、癡三業以俱來。貪嗔癡者,殺種子與?救貪、嗔、癡者,其不可以貪、嗔、癡,其當以清净慈悲與?自皖歸,即發此願。《文集》卷上《支那内學院緣起》。留月餘始歸。

夏,公弟子封簡授雲南提法使,公與公弟子林至滬濱逭暑,寓新閘路三十三號。後子封不赴滇任,自粤歸,亦同居焉。時國事日非,公憂甚,鬢鬢加白。

六月,歸里。此據金甸丞太守丈言,慈護丈則曰七月,詳下。

七月,浙大水,波及郡城,公與金甸丞太守、褚慧僧□□輔成等籌辦賑務,謂必須合官民兩面組織統一聚議機關,庶幾呼吸靈通,不虞隔膜,又必須與省城通氣,辦事人即以自治局商會農會員充之。書札與金閻伯。

八月,武昌革命軍起,公在里籌辦民團。詳下。

九月十四日,浙江獨立,未幾江寧失守。[①] 時公適患瘧,聞訊力疾至滬,案:金甸丞丈曰:"予六月初一回禾,婁謁公於姚埭,公亦枉顧敝廬。七月禾中大水,擬籌賑請款等事,皆予與公共事。及賑款發下,而九月十四日浙江獨立矣。十七日,民軍來,而公於二十後赴滬。"據此則慈護丈七月歸里之說有誤。又案:《哀啟》言:"江寧失守,公始赴滬。"江寧失守,在十月十二日,則甸丈謂九月二十後赴滬,非也。寓直隸路,與公弟子林同居,力圖所以挽救者。《哀啟》及慈護丈語。一時滬壖達官學者,每日必詣公寓所,講求收拾時局大計。辜湯生郎中鴻銘欲北上商援於某鉅公,公握其手慨然曰:"豺虎從衡,去無幸理,慎自葆。我輩當圖共死之道。來日大難,自有同死之時也。"案:西本《小傳》云:"辜鴻銘者,爲景仰先生最深切之一人。"臨川李證剛翌灼省公病,見羸甚,欲舉詞慰之。公奮然作色曰:"六合外寧無淨土耶?"李《序》。

十二月二十五日,清宣統皇帝下詔遜位。案:是夜九點一刻下詔遜位,並命袁世凱籌設臨時政府。自是遂常僑居滬壖,先大夫散文公壽序。惟歲時祭埽或一歸里。先大夫駢文公壽序。

中華民國元年壬子—千九百十二年　公六十三歲

公辛亥以後,辟地海濱,終歲樓居[②],孫臨堪德謙《大儒沈子培序》。若與人世間隔。常以途人爲魚鳥,閭閻爲峰崎,廣衢爲大川,而高囱爲窣堵波。據《海日樓文集》卷下《余堯衢古希偕老圖序》。春夏之交,霧晨

[①] 眉批:國變,郡城防軍索餉譁變,文武皆遁。公避居南鄉梅會里祖塋附近野貓洞數日,有"洞上六日,兀不成眠"(答《金甸丞詩》)。

[②] 旁注:寓直隸路,鄰虹廟,俗所謂虹廟街也。

延望，萬室濛濛，如在烟海，憬然悟曰："此與峨眉、黃山雲海無異。"《海日樓詩集》卷一。因作山居圖以寓意①，《余堯衢偕老圖序》。約陳散原主事三立同賦②，而四方學者無不欲一接其言論丰采，即異邦人士亦不遠而至。孫臨堪《大儒沈子培序》。中外之研儒術與梵天學者，登門請業，蓋踵相接云。辜湯生哀公文。

七月，移居麥根路十一號。③

九月，歸里，有詠故園草木詩九首。④《海日樓詩集》卷一。

中華民國二年癸丑 一千九百十三年　公六十四歲⑤

春，公與僑滬諸老立超社，觴詠遣日⑥。《海日樓詩集》卷一。

二月，清隆裕皇太后崩，公作輓歌四章。同上。自題象讚云："是桎義而梏仁，天之戮民；是燭幾而辟世，國之罪臣。滔滔者天下皆是也，獨善其身，胡不反其真？長於上古而不爲老，覆載天地，刻雕衆形而不爲巧，而猶局此瞬息之存也。噫！"《海日樓文集》卷《下乙盦自讚》。

三月，與超社諸老修禊於樊園。《海日樓詩集》卷一。

五月，南宋江西詩派《韓》《饒》二集共六卷刻成，公序之，復從《嘉泰普鐙錄》中搜得《如璧大師傳》一篇，爲向來詩苑所未見者，錄附《倚松集》後。《海日樓文集》卷上《重刊西江詩派韓饒二集敘》。

---

① 旁注：得《山居詩》四首，見《詩集》及《移居詩》自注。
② 旁注：見《詩集·山居詩》。
③ 旁注：作《移居詩》四首，有"如此山居原不惡，一峰更比一峰超"，蓋虹廟樓三重，新居則四重也。見《詩集·移居詩》自注。
④ 增補：樊樊山石方伯增祥、陳散原主事三立、梁星海鼎芬、楊子勤太守鍾義、沈愛蒼中丞瑜慶、吴子修提學廣坻、絅齋侍講絅齋皆有和詩。
十二月，王湘綺闓運自長沙來上海，(見《湘綺樓日記》)，公喜，屢有詩。
⑤ 旁注：正月，王湘綺歸湘。(見《湘綺樓日記》)。初，湘綺來上海，袁世凱欲迎之北上，爲公等所勸沮，至是乃歸。(見錢萼孫《海日樓詩集注》)
⑥ 眉批：超社第一集會於樊園，全者十一人，初擬小花朝田宴集，因追悼隆裕政至展花朝日。超社者，癸丑歲，海上六人公及樊增祥、瞿鴻機、陳三立、繆荃孫、吴慶坻、吴士鑑、王仁東、沈瑜慶、林開謩、梁鼎芬、周樹謨諸公文酒之會。見《詩集》錢注。

七月二十七日起讀佛藏，成《癸丑札記》一卷。見公《癸丑札記》稿本自記。

　　九月，題目寓樓曰海日樓，終日盤桓，不出一室①。每誦陶公"雲鶴有奇翼，八表須臾還"之句，謂千載同情，有如接席。《海日樓詩集》卷一。嘗以重陽倚欄四望，廣野木落，鴻鵠之聲在寥廓，喟然謂彙萬象以莊嚴吾樓、資吾詩，誠有其不可亡者邪。他日屬吳缶翁大令昌碩畫樓圖。《海日樓文集》卷上《缶翁詩序》。編其詩，起壬子，曰《海日樓詩》，自題其後曰："陳思發唄匜，悲涼太山思。傷哉范氏宗，常哏易厥辭。此樹已婆娑，蓐收胡憖遺。摻袪問青女，跼此霜穹卑。羸豕久蹢躅，羝羊決藩籬。超超冥漠君，聽予輓歌詞。陶潛枯槁人，達道茲奚疑。"《海日樓詩集》卷一。取《離騷》"攬木根以結茝"句，易書麥根路爲木根路，以謂《詩》亡字在，感喟同之同上。是年，俄羅斯哲學名家卡伊薩林伯爵浼辜湯生鴻銘介見公於寓邸，退而作《中國大儒沈子培》一文，謂公殆如意大利列鄂那德達蒲恩評論古代西歐之文明，所謂意識完全者，誠中國文化之典刑也云云。案：西本白川公《小傳》載辜湯生之言云："既革命之第二年，俄羅斯之哲學名家卡伊薩林伯爵遊履中國，余爲書紹介於沈先生。謁見後，伯爵於旅行日記中記有沈子培氏爲中國大儒之文。茲載之如次。余夙聞儒者沈子培之名，茲得相見之機，余於彼所以期待之者甚多。前在北京，日與中國儒者談論，偶涉歐羅巴事，每多舛誤。余意沈氏亦未必有理解歐羅巴實際之知識。迨一接其言論丰采，而宿蔽頓袪。沈氏實中國之完人，孔子所謂君子儒也，年逾六十，而精神毅力不異少年，蘊藉淹雅，得未曾有。殆意大利列鄂那德達蒲恩評論古代西歐之文明，所謂意識完全者，誠中國文化之典刑也。其言動無不協於禮義，待人接物，遇化存神。彼深知中國之情形無論已，即於國外亦洞悉其情僞，所謂象物之表裏精粗無不到，更能見微知著。生平崇孔教，惡改革，守舊派之魁首也。"蓬案：公在遜清，艤

---

① 眉批：《海日樓詩集》卷十二《何詩叟見過》詩第二首云："病榻沈綿劫濁長，慢慢長夜未渠央。鶡鶋一唱初陽復，尺蠖三冬卦氣藏。月没星稀宵耿耿，潮平風定海茫茫。僧episode畫筆王灣句，寫我危樓十載望。"自注："介倦翁乞畫《海日樓圖》，略述名樓緣起。"王灣句謂海日生殘夜也。卷五《題潛樓圖》末首云："海日生殘夜，危樓望北辰。病夫無氣味，熟句記唐人。"第二句杜甫詩也。

觿爲維新之魁。何云惡改革,何云守舊？蓋夫子之道,中庸而已矣,過與不及,皆公所深惡。卡氏未爲知公也。

中華民國三年甲寅—千九百十四年　公六十五歲

三月,歸里埽墓,登烟雨樓,皆有詩。《海日樓詩集》卷二。

累歲項城聘問不絕,公不應,對使者曰:"得之於天,還之於天,不召自至。"案:此得之緒論,金《傳》亦載此事,云有以重幣甘言相招者,輒謝絕之,且鄭重申言,有能挽且虞淵,不招自至。《哀啓》扉序。本年,項城又有史館總纂之招,謝之。《海日樓詩集》卷二《偕笏卿赴雪塍招中途墮車傷足諸公枉存以詩報謝》詩有云:"周侯發讕言,蒲輪遍遮遭。正恐落車翁,不堪供著作。"自注:"時都中有史館總纂之招,謝之。"蘧案:民國初元,即有以司法、教育兩長屬公者,至於再三,先之以郵電,申之以專使,公皆笑謝。

秋,赴友人招,中途墮車傷足。① 見上。辛亥以後,公幾於無日無病,在家憂國,一如在官時,固無時不有所經營也。《哀啓》。

十二月,移居麥根路四十四號。聞楊惺吾守敬歿於京邸,項城有令,賜卹贈少卿銜,樊雲門方伯增祥亦毅然入都供職,其婦尼之,絕裾而行。公欲填《鷓鴣天》一闋嘲之,但得首句云:"從此蕭郎是路人。"兩君皆鄂人也。《緣督廬日記》。

中華民國四年乙卯—千九百十五年　公六十六歲

某日,爲嗣子潁娶崑山李蓼生孫女橘農次女,實公内姪女也。

三月,海寧王靜安國維自日本來請業,質古音韻之學,公因其意而闓發之。《廣倉學宭叢刊》弟一集王靜安《爾雅草木蟲魚鳥獸釋例》自序:"甲寅歲莫,余僑居日本,爲上虞羅叔言參事作《殷虛書契考釋後序》,略述三百年來小學盛衰。

---

① 眉批:花朝前一日,乘小車赴左約,中途爲電車所撞,揚簸墮地,竟不傷。(周樹模詩題云:翁墜車不傷,詩以相慶。)公詩云:"電光一旋轉,老骨甘摧挫。"瞿止庵(鴻禨)詩云:"沈侯小車出,突逢電㲄至。轟然相擊撞,絕險出不意。"皆詠此事,說者以爲神全之徵云。(止庵詩:"從來信神全,了不關醉墜。")

嘉興沈子培方伯見之，以爲可與言古音韵之學也。(下略)乙卯春，歸國展墓，謁方伯於上海。(下略)余請業曰，近儒皆言古韻明而後詁訓明，然古人假借轉注，多取諸雙聲。段、王二君雖各自定古音部目，然其言詁訓也，亦往往舍其所謂韻而用雙聲，其以疊均説訓詁者，往往扞格不得通。然則謂古韻明而後訓詁明，毋寧謂古雙聲明而詁訓明與？方伯曰，豈直如君言，古人轉注假借，雖謂之全用雙聲可也。雙聲或同韻，或不同韻，古字之互相假借轉注者，有同聲而不同韻者矣，未有同韵而不同聲者也。君不讀劉成國《釋名》乎？每字必以其雙聲釋之，其非雙聲者，大抵譌字也。余因舉首章'天顯也'三字以質之。方伯曰，顯與濕，俱從㬎聲，濕讀它合反，則顯亦當讀舌音，故成國曰，以舌腹言之。余大驚，且自喜其億而中也。"明年，徵君又以書詢古字母之學，公復書云："字母古學，自唐以後，陳氏《切均考》已得會通。第六朝與隋唐似不能絶無異同，兩漢與隋唐，則顯有異同。凡在後世爲類隔者，在前世皆音和也。《釋名》純是雙聲，且爲音和之雙聲。昔嘗以此證漢與隋唐同異，未易可言，然循此以往，亦非必無可言者。"蓬案：公聲韻之學甚深，曾有述作，惜未刊布，不可得詳，故略附其言論於此，以見一斑。又案：公嘗答同里金甸丞太守問古均書云："古韻溯源顧、江，中權戴、段、孔、王，最後嚴、張、姚、江，皆正鵠也。道咸諸家，稍嫌淺薄。傅氏書曾在廠肆一翻，未窮其蘊。《古音諧》舍閒無之，公有意此學，宜先就戴、段、孔、王書求之。"又云："等韵家比附五音二變，已不自然，古音家比附之音，益爲枝蔓矣。"又書云："古韻之説，戴氏有説無書，段、王、孔三家鼎峙，各有根據，分部於大同中不無小異。姚氏書略同孔氏。司空公則墨守段學，敍文取姚氏長處述之，立言之慎也。"姚氏書謂姚文僖公文田《古音諧》。公大父司空公曾爲作序，見《補讀書齋遺稿》卷四。司空公故受業於段氏，公音學授受源流可推也。兹類附於此。又案：《釋名》公尤所研討，其蚤年跋《釋名》云："《釋名》以音言義，先輩之意，多以爲不足依據者。然此例自古有之，如祖之爲言且也、序者養也之類，鄭君注經多用之。此書尤足考漢、魏舊音，詁訓之支流，古音之淵藪，不可忽也。"可與上爲王説會通觀之，亦附出。

　　四月，歸里埽墓。先大夫本年日記。

　　本年春，浙人聘公主重修本省通志，公覆書言兩事：一、文獻有沿無革，舊志體裁完善，創稿以續舊爲宜；一、鄙人量力而言所擔任者，止於辛亥。苟此意見許於諸公，百年掌故之編，敢不竭其心力？書札與朱介人屆文六。定志局以十月開支，額支兩萬六千，主竭力撙節。同上致吳佩葱。本月赴杭，公《道書》十二種跋，謂此《道書》十册，乙卯四月得之武林，可證。先後聘朱古微祖謀、吳子修慶坻、陶拙存葆廉、章一山棪、葉柏皋爾愷、朱湛卿福清、金甸丞蓉鏡、孫隘堪德謙、王静安國維、張孟劬爾田、劉翰怡承幹諸先生曁先大夫爲分纂，徐班侯、喻志韶長霖爲提調，見《浙江通志局同官録》。定續志凡例，自乾隆元年起訖宣統三年，議增遺民傳、大事記、大事録，皆補前志所遺。金甸丞先生語。案：公與金甸丞先生論修志書云："志例以承前爲常則，其擴摭所得，補前者爲補遺，正前爲考異，選舉編者承此例，第不能有所補考，則須吾儕修飾耳。優拔應補，薦舉亦應補，然薦舉是特科，當特立一表，試題列入亦佳，無考則不妨闕之。科場事例，似祇能摘浙省專條，他不勝鈔也。"又與太守書云："先從舊志分類排輯，其有專書者，則以專書爲本。班取《史記》，范取《華》、謝，《華陽國志》兼取馬、班，《東觀》，此史家舊例。《通典》於刑據《疏議》，於官取《六典》，其他亦各據專書，鮮自撰者。古人屬筆之慎如此，故吾輩取於採訪也宜嚴，取於書檔宜博也。"又己未冬答王靜安徵君書云："舊志於前朝事實，誠多疏略。然如地理人物，補遺則易；經政各門，補遺則難。先事圖維，苦無善法，不知公意若何？姑舉一事言之。如《南齊·陸慧曉傳》中，有論西陵牛埭税一事，此於六朝賦税、東州雕敝，具有關係。然其沿革頗不易言，其等比又不能具述，僅録舊文，而無所闡發，亦不足饜閲者之心。諒公部署，必有精思，儻可先示數紙，不若山川諸門、宋元舊志，自可據所見者儘量補之，有徵則詳，無徵蓋闕，著之簡端，標爲義例，無不可也。如慮卷帙太繁，則去其與明志同者，更張太甚，似無此慮。列舉六事，所謂讀一省之志，不可不知一省之事者，此固讀書之士心所同然。常氏《華陽》，早開兹例，粵西前事，見許通人，第猶病其兵事偏詳，他端未稱。今擬放史表例爲大事表，以舉其綱；放紀事本末爲大事録，以詳其目。近代事如浙東義兵、湖州史案之類，前人紀載，事蹟綦詳，非有專篇，不能委備。以古準今，則裘甫、方臘之騒亂，建炎、德祐之播遷，皆以紀事本末體敍之，亦《國語》《越絶》之遺意也。學術源流，非一篇所能該擧，儒林、文苑、理學諸傳，或敍於前，或論於後，皆足以闡宗述緒，索隱表微。其顯學鉅儒，實有關於一代風氣者，仍集其同氣同聲、門人弟子，彙爲專傳，其傳體放竹汀先生所爲學傳例。鋪陳學術，不厭加詳，如竹垞、梨洲，雖專卷不妨。至如紹興古器、復齋收藏、書版書棚，儘可於雜識中分類收之。越窑剡紙、湖筆紹酒，則敍諸物産考敍，其畸零無歸着，仍可歸諸雜識。竊意如此等比。吾公心得最多，現在儘可著手爲雜識，將來物産考敍，仍煩大筆，稍加增損，即可入書。公意以爲何如？風俗別四禮，節物爲兩罩，前後書之，其特别情形，古事如吃菜事魔，近事金錢會匪之類，別爲專篇（在古爲考，在今爲記），不可以少數奸民，遽誣全邑。海鹽戲劇，似亦入雜識，始得發揮盡致。吾意此雜識成，他日乃可單行，程度或與《夢溪筆談》相當，不僅《中吴紀聞》而已。大雅君子,亦有樂於此乎?"志稿現封存杭州圖書館,不能詳覈,舉此略見公志學之一斑。

五月,重至西湖,有詩。《海日樓詩集》卷二。

十一月,長孫女生。

中華民國五年丙辰一千九百十六年　公六十七歲

春,項城僭稱帝號,天下騷然。初,公已洞燭其逆迹,謀有以覆之,至是謀益力。案:西本《小傳》云:"先生身體雖衰,而志不少衰。時袁世凱實行帝制,天下騷然。一日在姚文藻宅開協議會,有清遺老,羣集於是。余與宗方先生亦與焉。是爲余受先生知遇之始。蓬案:宗方亦日本人也。與康更生有爲等往來擘畫,常夜以繼日。康更生輓公詩云:"癸丑重握手,黃浦客禮渣。昔者相對憂,恐國步蹉跎。今者相對泣,見荆棘銅駞。公勸留滬居,國事得切磋。巨君謀帝制,假堯衣弟佗。與公謀覆之,日夕同畫沙。偕公被密捕,頭顱巨萬賒。竟能夷大盜,久已備刀靶。"其事已不可悉知矣。

王靜安復自日本來滬,與公過從甚頻。一日公語之曰:"棲霞郝氏《爾雅義疏》於詁、言、訓三篇,皆以聲音通之,善矣。然草木、蟲魚、鳥獸諸篇,以聲爲義者甚多,昔人於此,似未能觀其會通。君盍爲部分條理之乎?"並告其文字有字原,有音原,徵君乃推公之說,爲《爾雅草木蟲魚鳥獸釋例》一卷。王靜安《爾雅草木鳥獸蟲魚釋例》自序云:丙辰春,復來上海,寓所距方伯處頗近,暇輒詣于伯談。一日方伯語余曰云云(見上),又曰:"文字有字原,有音原。字原之學,由許氏《説文》以上溯殷周古文止矣。自是以上,我輩不獲見也。音原之學,自漢魏以溯諸羣經、《爾雅》止矣。自是以上,我輩尤不能知也。明乎此,則知文字孰爲本義,孰爲引申、假借之義,蓋難言之。即以《爾雅》權輿二字言,《釋詁》之'權輿,始也'……《釋草》之'權,黃華',《釋木》之'權,黃英',其義亦與此相關。故謂權輿,虇蕍之引伸可也,謂虇蕍、權輿,即用權輿之義以名之亦可也,謂此五者,同出於一不可知之音原,而皆非其本義,亦無不可也。要之欲得本義,非綜合其後起諸義不可,而亦有可得而不可得,此事之無可如何也。"余感其言,乃思爲《爾雅聲類》,以觀其會通,然部分之法,輒不得其衷(下略)。因悟此事之不易,乃略推方伯之説,爲《爾雅草木蟲鳥獸釋例》一篇。

五月，袁世凱死。

六月，法蘭西伯希和與公論契丹、蒙古、畏兀兒國書及摩尼、婆羅門諸教源流。公滔滔不絕。伯希和者，即發見燉煌石室古書者也，能華言。據《緣督廬日記》。

九月，爲吳郡曹君直元忠序所爲《禮議》。《禮議》，曹昔在禮學館建議之文也。公慨然於光宣之際曰："光宣之間唏矣！邪伏於帷墻之間，五細六逆，旋相爲用。隱民造作言語，裂冠毀冕，拔本塞源，因内反死生，五間俱起，以襲我丕丕基，指鹿以爲馬，甘口鼠行，舌痫火浸，詛物爲創。大人患失而或，則亦俯首揖客，承筐將之，崇長信使，俾奸宄於邦邑。潰潰回遹，詩人所嗟。乃罔畏畏，咈其耇長舊有位人，父師嘆焉。大山之溜穿石，單極之綆斷榦，積微成著，蓋至於九年憲法之布，而本實撥、枝葉害矣。變亂之始自刑典，支蔓於官制，財用兵戎，迭變迭更，最後設禮館。朝廷眩制作之華言，不知其柔道陰行，無上無法無親，伺間逞也。百川沸騰不可遏，彗炎孛孛，與日黽夕。常伯常任準人，私憂竊嘆，哀哉不能言。老師宿儒，或乃曲學阿世，抱薪救火。當時抗議刑律，諍論於庠序，若勞提學玉初、劉侍御幼雲，十手所指，落落數人爾。禮說深博，助我者希。曹君奮寒儒，苞并千載之盈縮，羅絡百氏之異同。本諸經疏，參之史傳故事，得著作之原，以摧坡破邪，逆折牙角。其文辭溫溫儒者，而機張括省，言必中慮，非聖者徒，噤不得語。《禮議》都凡二十五篇，附以《律議》四篇，諤諤誾誾，干城名教，偉哉昌言。勇過賁、育矣！下略余屏居外臺，察淵見紲，被書顧問，邱蓋喑啞。獨不意風雨雞鳴，卯酉午亥之際，聞茲德論，光我聖清。有曹君而禮典不亡，衡厥重輕，非僅何承天、王儉、任預、庾蔚之比也。"《海日樓文集》卷上。

中華民國六年丁巳—千九百十七年　公六十八歲

閏二月，次孫女生。

四月，朝局訩譟，各省謀獨立，督軍或專使輩集於徐州，推前兩江總督民國定武上將軍長江巡閱使張勳主盟。於是勳提兵北上。張少軒勳《松壽老人自敍》。

五月初七日夕，聞北訊。公方病，初八早力疾挈嗣子頲北行。盛暑長途，歔欷不息。過濟南，見皖督倪嗣沖南還，心竊憂之。案：西本《小傳》云："抵濟南晤倪嗣沖，思引之南還，然終達京師。"待考。比到京，十三日，遜帝復辟，詔授學部尚書，而時局旋變。二十五日，事急，《哀啓》。期以身殉。金《傳》。當時境阨而神王，自謂頗自信，又信天道之不我違，《寐叟題跋》一二集和更生院長詩跋。居法華寺。羅惇㬭輓公詩注云："南海先生與公及王病山同寓法華寺。"西本《小傳》則作"居黃寺"。慈護丈以爲誤也。倉卒中謀所以保乂皇室者，無微不至。《哀啓》。先是，公弟子封居北都，公北來十餘日，爲人所扼，竟未一晤。至二十六日始得見。案：此遽聞之家兄銘遠。一慟幾絕。客中無一日得離湯藥，與公弟議後來事，常至徹夜。《哀啓》。六月，辟居玉河橋美森園。案：美森園者，美國使館也。有詩和康更甡院長見贈云："綠陰成幄日斜曉，正有漁樵問答思。六合外寧無聖處，百王運乃有窮時。移山志自愚公奮，射日弓馮䓖族持。人定有成天退聽，毗沙門與助王師。"其一。"人海滄桑三十年，抽思軋軋用綿綿。我觀黑白喻諸老，君與玄黃戰起乾。萬世有人知旦暮，四洲共業熾烽烟。大悲心裏舒千臂，盡遣修羅拜佛前。"其二。"風雨淒淒先去秋，津亭誰送庾公舟。都天變相期來世，老圃生涯送故侯。鼠穴牛車占噩夢，先庚後甲數前籌。凌雲一笑魂歸夜，彯起升龍九練旒。"其三。"香火因緣定幾生，百年憂患館同更。先號後笑占寧妄，百巧千窮意不平。囊底智猶吞拓跋，席間籌與借文成。覺阿喫飯隆師飽，那必雲臺有姓名。"其四。見《寐叟題跋》一二集。案：壬戌四月跋其後云："此丁巳六月余避美森園中與甡公唱和詩，當時境阨而神王，頗自信，又信天道之不我違也。於今五年，學說益昌，而事實屬左，余病益尠，歲不吾與矣。但願覺阿有飯喫，隆師自在安養國中，徑行受供也。"旋又赴天津，淹流北地，乃至兩月，《哀啓》。常以不得死所爲恨。案：公此行亦自知其難爲，特一心忠耿，生死利鈍，乃所不顧。有可藉手，即投袂而起耳。初公行甚秘，家人多未知。倉卒間，未及襆被，惟挈其嗣子及一門人一僕行，紿曰遊金焦耳。蓋殉國之志，身後之謀，蚤決也。其後事未成而志未遂，天也，非人也。時代不同，見解亦因之而異。後之人，敬其志，哀其遇，可也。同門胡步曾先驌輓公詩云："愛國同忠君，國俗古如此。共和假名義，坐見綱紀弛。十載疊膠擾，禹域遍虎咒。豈徒耆舊哀，志士亦切齒。清季政日乖，外患趣顛圮。袁氏起竊國，操莽未足擬。陰奸獎奔競，廉隅等敞蹝。美新有黨人，奇例開往史。亦有舊顯達，黃冠逐朝市。不夷復不惠，真苦不遄死。強藩肆恣睢，策士極詐詭。高論雖激昂，齊民若充耳。六朝與五季，禍亂行未已。寧止易代哀，恐有滅國恥。所以七十翁，海濱蹶然起。魷魷維新魁，乃與殷頑比。奉新果何物，亦知無幸理。鹿死不擇音，臣心如此耳。吾哀吾師遇，狂言探微旨。身雖共和民，愛國有同軌。孤忠在天壤，敢效薄俗毀。同茲漆室憂，痛淚寄哀誄。"能獲公之心者，附之。

七月杪，航海南還，親朋尉集，悲咽轉深。①《哀啓》。

八月，《乙卯稿》刻成。鄭蘇戡《乙卯稿》題字。

冬，大病，脚瘇頭重，覺夢中身象偉大，案：公《病起自壽詩》自注："夢中人我，身皆偉大。"幾倍於身，《哀啓》。書史皆忘，而呼吸根蒂獨堅。公《病起自壽詩》自注："病中書史皆忘，略似《東原年譜》所說，而呼吸根蒂獨堅。"涉春方愈。自後棲遲偃仰，不輒下樓，《哀啓》。常若有所思云。西本《小傳》。

中華民國七年戊午—千九百十八年　公六十九歲

正月，次孫女殤，長孫珵生。②

二月，③病起，作《病起自壽詩》五章云："病榻沈綿又一時，赤山岱嶽眇何之。相逢徒侶皆龍伯，豈有神仙度馬師。七反定難超

---

① 眉批：六月三十日，出都至天津，見《詩集·津沽雜詩》自注。
② 增補：《詩集》卷九題云："正月廿九日護兒舉一孫。"彌月適值公壽辰，康書云云當在此時，"德門家慶"即指壽辰也。
③ 眉批：康更生有書與公云："公自傷已甚，然生逢亂世，雖復不辰，無如天何，即立絕粒，亦何□□□，樂天知命，淵明當八表同昏，改書甲子之時，亦只有樂天知命，攜幼入室，有酒盈尊。今公所自處，亦奚以異於淵明哉！本欲邀公來銜杯爲歡，以適逢德門家慶，令孫彌月，僕明日亦欲來爲湯餅客，爲公稱祝，與公之交，其受之也。"

色界,再生或恐誤雄兒。四思三劫塵沙障,到此分明了不疑。"其一。
"識字向來憂患始,多聞何用總持求。一忘真作宋華子,兩語不知
阿㝹樓。白地光明成解脱,青陽受謝蹇淹留。如何一寸元關路,竟
阻先生掉臂遊。"其二。"亦元亦史亦畸民,亦宰官身長者身。成住
壞空看已盡,黃農虞夏没焉陳。平生師友皆仙佛,至竟形神孰主
賓。驀地黑風吹海去,世間原未有斯人。"其三。"歷歷來時頓宿程,
閉門合眼數分明。甘瓜苦瓠何滋味,旁死哉生熱性情。反覆豈能
逃易意,婆娑還得俟河清。何方辟歷霆霓起,霅爾虛空粉碎聲。"其
四。"無生話裏借生生,取次東風散策行。樂意鳴鳩偕乳燕,上春
寒食近清明。他鄉吾土都長語,柳眼花須不世情。寄語漚鄉諸父
老,海山兜率要同盟。"其五。案:此詩未刻,蓬見手稿。答親舊之問,有爲
公慶九之舉,公曰:"鄙人情事未伸,踢天踏地,方當飾巾待盡,豈復
舉罕爲歡,儉德辟難之謂何?"書札致金閶伯書。李夫人年政七十,子
女輩欲於二十九日公生辰稱觴,苦禁不可,適書估董以元刻明補
《樂府詩集》來,乃笑曰:"曷以此壽乃翁,百卷之書百齡兆也。"子女
輩歡喜應之。《海日樓文集》卷上《樂府詩集跋》。

　　三月,歸里掃墓,先大夫本年日記。與同里吳子梨受福、盛萍旨沅、
岳斐君廷彬、金甸丞蓉鏡暨先大夫會於南湖高士祠,以歐法合攝小影
號"六老圖"。先大夫《六老圖跋》。留旬日始還滬。先大夫本年日記。

　　秋,移居威海衛路二百十一號,題寓樓曰谷隱,自號谷隱居
士。① 公嘗謂欲復興亞洲,須興儒術,欲興儒術,須設立經科大學,
先當創設亞洲學術研究會。西本《小傳》。本年,上海有亞洲學術研究
會之籌設,公實啓之。②

---

① 眉批:與羅叔言手札云:"新居如在壑谷之中,坐井觀天,名之曰井谷,不得復稱海
　日樓矣。"《詩集》卷十有《井谷山房夜坐》詩。
② 眉批:冬,題北樓曰"玄扈",蓋取《山海經》語。《海日樓詩集》卷九《北樓》詩注有
　"凓凓一陽初"語。

十一月，題其在皖時所爲詞曰《傁詞》并序之。其略曰："清宵白月，平旦高樓，古事今情，國圖身遇，芒芒然，惆惆然，瞿瞿盱盱然，若有言，若不敢言。夫其不可正言者，猶將可微言之；不可莊語者，猶將以讔語之；不可以顯譬者，猶將隱譬之。微以合，讔以文，隱以辯，莫詞若矣。張皋文氏、董晉卿氏之説，沈子所夙習也。心於詞，形形色色無非詞，有感則書之，書已棄之，不忍更視也。越一歲而世變，飄搖羈旅，久忘之矣。丁巳春，沈子檢散簏得之，寫出屏諸几案，猶不忍視也。戊午移居，復見之，乃署其端曰傁詞。'如彼遡風，亦孔之傁。民有肅心，荓云不逮。'其當日情事邪？次其年，其事可見。然終不忍次，非諱也，悲未傷也。"《海日樓文集》卷上。

中華民國八年己未一千九百十九年　公七十歲

二月，子婦李氏卒。十日起隨筆劄記，作《月愛老人客話》一卷。是月二十九日，爲公七十初度，案：逸静夫人長公一歲，至是七十有一矣，親友暨及門弟子咸擬稱觴爲公壽，公謝不可。海内外壽公之文闐溢户牖，公以去歲《病起自壽詩》答之。案：是日蕖侍先大夫往祝。公爲先妣沈太恭人族父。始謁於戊午之夏，至是始執贄受業所以期望之者甚摯且厚。今去公之薨，忽忽已七年矣，而予則瀌落如故。緬懷疇昔，不知涕之何從也，附記以誌痛。自題象贊寄子封提法曰："雹電光中，瞥然影見。窮骨崢嶸，病身偃蹇。乃如之人，今年政七十耶。奉父母之遺體，俾爾壽不騫，俾爾居得安，俾爾書得視夜得眠。曾不能繼之以善纘志事以希聖賢也。明發不寐，忉忉愱愱，持寄叔子。"《海日樓文集》卷下。

夏，移居新閘路九十一號。《寐叟題跋》有"己未季秋，寐叟記於滬西新閘路之海日樓"云云，則遷居新閘在本年夏。慈護丈云在庚申夏，誤也。

四月，歸里埽墓。先大夫本年日記。

本年作《全拙庵温故録》，書其端云："尤悔多端，七十而不能寡過。平旦氣定，反省怵然。吾先君署別號曰拙孫，見於日記，時年甫逾二十也。自吾曾大父以拙字詔後人，小子罔知，憧憧朋從，及今日而後憬然反本，不已晚乎？孟東野詩云：'庶全君子拙，恥爲小人明。'全受全歸，毋忝所生。勉諸。"《拙庵溫故錄》序文。

中華民國九年庚申—千九百二十年　公七十一歲

春，爲日本西本白川□□省三講《尚書》。嘗謂之曰："上天之載，無聲無臭。既曰無聲無臭，則無物可以把持。此所謂道也。"西本《小傳》。①

四月，歸里埽墓。先大夫本年日記。

八月，爲嗣子頌續娶桐鄉勞玉初乃宣季女。勞時避地青島，頌往就婚。

重九節，與余堯衢、吳寬仲慶燾、鄭太夷諸公一試登臨，不覺悲從中來，觸發舊恙，又加咳嗽而不欲延醫。數日後忽患頭痛，自覺腦中作響。醫家皆謂心血太少，腦血太多，心房之力太弱，神經之用太強，慮卒中風。然神明湛然，起居言論，夭夭申申，無異平時，至年終漸愈。《哀啓》。

中華民國十年辛酉—千九百二十一年　公七十二歲

三月，偕眷屬歸里埽墓，公弟子林繼至。先大夫本年日記。

四月，公弟子封卒於北京寓邸，公聞耗，摧心裂肝，不能自止，獨坐涕洟至於期月。公自丁巳以後，遇家祭必哭，哭必病，道及故舊亦哭，聞人談忠義事亦哭，至是身心益瘁，心房之病日劇，涉秋方小痊。《哀啓》。

是年，公粥書自給。初，公精帖學，得筆於包安吳，力主運指，

---

① 眉批：《詩集》卷十一〈庚申奉和倦知同年〈除夕〉〈元旦〉二詩韻〉詩自注云："自去年生日後更字曰餘齋，所爲詩曰餘興。"

壯契張廉卿裕釗，嘗欲著文以明其書法之源流正變及得力之由。
_{案：無錫王尊農明經蘊章《墨池偶談》云："寐叟中年嗜廉卿書，欲著文以明其書法之源流正變及得力之由。蓋古來論書者，多用儷詞均語，語其形似而已。後人讀之，無由悟入。（中略）寐叟欲取斯、邕以至歐、褚諸家，遞相傳授之法，後人所以失，與夫廉卿之所以得者，以退之論文之法論之。偉哉此舉！非第藝林不朽之盛業，抑亦書家不刊之鴻寶也。惜其説僅見於賀松坡所爲廉卿先生壽言中，而歲月侵尋，迄未成書。"}晚年由帖入碑，融南北書流爲一冶，_{金《傳》。}自漆書、竹簡、石經、石室，_{余楫江孝廉公書扇跋語。}無不涉其藩籬，_{金句丞太守公書扇跋語。}錯從變化以發其胸中之奇。幾忘紙筆，心行而已。論者謂三百年來，殆難與輩，_{金《傳》。}海内外輦金求書者穿户限焉。

中華民國十一年壬戌_{一千九百二十二年}　公七十三歲

正月，苦足疾。與人論世云："近世歐華糅合，貪嗔癡相，倍倍增多。曰路德之嗔，曰羅斯伯爾之嗔，曰托爾斯泰之嗔，曰馬克斯之嗔。吾國天性主讓，而近世學説貴争，既集合上四者而用之，變其名曰專制之嗔、官僚之嗔、軍閥之嗔、資本之嗔。又爲之枝葉，曰涼血之嗔，曰不順潮流之嗔，曰迷信之嗔，曰頑舊腐敗之嗔，曰民智不開之嗔。廣張八萬四千鈞，而吾華四萬萬民，無一非可嗔之物矣。惟政客爲造嗔之主，唯報爲嗔傳之媒。僕於歐亞之嗔辨之至微，而於雜糅之嗔尤視之若風馬耳。"_{書札與金閬伯。}

三月杪，歸里掃墓。_{先大夫本年日記，《哀啓》。}

四月，公弟子林卒於滬寓，公哀慟如喪子封時。公自少至老，雖劇病造次，未嘗一日廢書，無書不觀，亦無學不治，每治一事，未嘗不究其源委，觀其會通，蓋無一時廢思索。病中禁思慮，則又默誦經書，逾數時不能自止，止輒復然，體力俞孱，而心神俞王。或拈詩句，則思理辭采，湧溢如平時，討論事理亦如之。醫者謂神彊形弱，而不相稱，設天行人事或相觝觸，易致心疾，不可復治。至是心氣益傷。《哀啓》。

六月十一日，爲公暨李夫人成昏五十年重諧花燭，鄉人某布衣爲繪《海日樓重諧花燭圖》。

七月十五日，復病。初似瘧。至八月初二日，又患癃閉。《哀啓》。案：公有《病中寄和樊樊山詩》序云："壬戌七月，薄感時行，三日而心志身力盡失，幾莊子之所謂'吾喪我'者，然起坐故猶如常。八月初二，傾皆閉，腹張欲死，又恍悟盧申之自投潁水，非無由也。佛蘭謝醫，以歐法治之，殘喘憧憧，呻吟病榻又十餘日矣"云云。可見公初病時狀。病中得樊樊山方伯寄詩五首，雖呻楚不忘在口，時和一二韻，積日成之。序詩。云："不死何妨更論文，冀州飆舉思夫君。金壺墨盡搜殘刻，黃葉堦乾省舊聞。俗諦一星成劫火，故人千里夢秋雲。年年心緒凋殘盡，念我桓山鳥失羣。"其一。"草草生涯七十三，陑年突過劣猶堪。雞魚蒜在都無味，老病死招行總甘。餘葉儻猶纏故紙，埋身隨處即山庵。新因舊果終難遣，唵字仍依北斗南。"其二。"澹極烟痕九點州，大圓廣廣夢悠悠。思君共飲金波月，宿契應同白玉樓。百藥煎餘成瘦木，六師回笑餓金頭。邱君運盡才還盡，摘句尋章卒未休。"其三。"踢倒須彌法界開，大香水海淨無崖。花臺須蕊都成佛，月露靈祇不受齋。浪跡儻留康樂寺，閒情偶折魯公釵。秋風萬里蕭寥去，著個詩翁病亦佳。"其四。"戲樂嚴禪候解題，思君隨願見君詩。飛揚雲氣隨萊母，薶沒名卿閟祝其。學究殘編涂毒鼓，太公家教比神蓍。飛天朱鬒遥相覷，擾擾甘陵部黨爲。"其五。自後旋通旋塞者帀月。或勸用人參，公以韓太夫人晚年有歐血症，服參即愈，以貧無力購全參，爲終身之痛，終身不服，即服藥亦不入方。聞此言又涕泗交臣，哀咽不能復語。二十七日，又患脚癰。自謂病中心象如太空虛靜，纖雲不染，是晚以遜帝大昏期近，自念病軀不堪入覲，爲欷歔不已，猶彊起寫京信數通，千條萬端，心手苦不相應，婁作婁輟，每一握筦，輒傷感涕泣。次晨即不能起。於是病益革，心房跳動，聲微不可聞。十月初二日蚤起，自云昨夜睡極好，又云夢境極佳。適王病山布政乃徵來，則云病情極不好，復云夢境至佳。中午起書對聯兩副，步履運腕安詳，一如平日。至晚病忽變。至初三日丑時遂薨。《哀啓》。

初九，靈柩回籍，厝北門外寧波會館。

民國十二年癸亥十一月初六日，安葬於南城外王店榨篰村之祖瑩側。

民國十五年丙寅三月二十五日，李夫人歿於上海寓邸。民國十六年丁卯十月，與公合葬。例得附書。

公爲學大綱及次第方法，則略見於海寧王靜安先生所爲公七十壽序。其略曰："先生少年，固已盡通國初及乾嘉諸家之説，中年治遼金元史，治四裔地理，又爲道咸以降諸家之學，然一秉先正成法，無或逾越。其於人心世道之汙隆，政事之利病，必窮其源委，似國初諸老。其視經史爲獨立之學，而益探其奧突，拓其區宇，不讓乾嘉諸先生。至於綜覽百家，旁及二氏，一以治經史之法治之，則又爲自來學者所未及。若夫緬想在昔，達觀時變，有先知之哲，有不可解之情，知天而不任天，遺世而不忘世，如古聖哲之所感者，則僅以其一二見於歌詩，發爲口説，言之不能以詳。世所得而窺見者，其爲學之方法而已。夫學問之品類不同，而其方法則一。國初諸老用此以治經世之學，乾嘉諸老用之以治經史之學，先生復廣之以治一切諸學。趣博而旨約，識高而議平。其憂世之深，有過於龔、魏，而擇術之慎，不後於戴、錢。學者得其片言，具其一體，猶足以名一家、立一説。其所以繼承前哲者以此，其所以開創來學者亦以此。使後之學術變而不失其正鵠者，其必由先生之道矣。"《觀堂集林》卷十九。

附沈子培先生著述目

公著述無慮數十種，但生平不憙名，多未傳布，世罕知之。蘧常於民國十七年譔年譜初稿時，就所諗者，編一目附譜後。中國學會爲刊於《上海時事新報》中，南京史學會《史學雜志》又爲轉載。年譜旋亦問世，於是始稍聞於世。十九年，無錫國學專門學院有校友會年刊之刻，索稿於余，重編此目，間附序跋提要，未能詳也。今續有所知，就原目略加補苴，禆學者覽觀焉。

佛國記校注一卷

案：原書宋釋法顯撰，公校注未見。載公子慈護丈頍《海日樓遺書目》，下省稱《沈目》。黃公度《人境廬詩》光緒十六年庚寅《歲暮懷人詩》懷公有云："懷仁久熟坤輿志，法顯兼通佛國言。"時公四十一歲，作此注當在其前。

蠻書校注十卷

案：原書唐樊綽撰，公校注未見。《遺書目》作一卷，此仍原書作十卷。《海日樓文集》卷上有《樊綽蠻書校本跋》云："《唐書·驃國傳》稱南詔以兵强地接，常羈制之。據貞元中南詔朝貢挾驃使以俱來，而尋閣勸自稱'驃信苴'，'信苴'蠻語爲'主'，則尋閣勸自以爲兼王驃國也。開南、安西所部，遠皆達於南海。以《地理志》所記通天竺路互證，知非誇辭不實者。蓋驃之屬國，皆爲南詔屬國矣。

驃即常璩《華陽國志》永昌所通之僄越，今之緬甸，理可不疑。依此書以三大水分畫緬境。蘭滄江流爲一部，其西岸爲驃地，東岸當是河蠻，又東即車里十三板納，《後漢書》所謂揮國者，唐世或爲獨錦蠻。書中於此，殊不詳晰。麗水即今怒江爲一部，其東岸爲驃地，西岸之西北則撲子蠻、望苴子、外喻部落，次爲茫蠻、次南驃地，極南至於兜彌伽柵。彌臣、怒江入海之口，東西漾貢，即此書之大銀孔也。西岸曰巴桑，或譯巴新，即此書之彌臣也。彌諾江流爲一部，即今圖邁立開河，東岸爲驃，西岸彌諾，即圖蒙尼瓦，《嶺外代答》所謂黑水淤泥河，本書于泥禮，今圖爲烏曩河者，皆在此流域中。越絨麻山而至阿剌干，疑即彌諾國地，故通天竺路，經彌諾、麗水而西至大秦婆羅門也。以《元史·地理志》金齒六路約之，柔遠、茫施二路，當在北緬怒江兩岸，自茶山、里麻以至繆江流域。望苴子即今老卡子，外喻即猼狖，野人、茫施在此書施蠻諸部中，蓋統今猛拱、猛養、猛密、繆江以西諸部，皆唐茫蠻所居也。其柔遠路西云鎮西，似即蒙氏安西故地，已在怒江西邁立開江之外。鎮康在柔遠南，非騰東南道之鎮康也。鎮康之西爲建寧，當已入唐世彌諾北界。其平緬路在柔遠南，所屬曰驃睒，曰羅必四莊，曰小沙摩弄，曰驂睒頭，爲驃故地，即今緬都一帶無疑。籠川在茫施東，最近騰邊，殆此書唐封川、茫天連、越睒及開南城所屬諸部也。元世疆理滇南，仍以段氏爲總管。信苴日在至元之世，主滇事者二十餘年，不惟滇州縣悉沿南詔舊名，即徼外諸夷，襲舊名與此書同文者，亦仍不少。金齒、驃、黑爨、茫施、徙麽徒，皆唐世舊稱，州部曰瞼睒，亦舊俗也。史地志敍金齒以西土蠻八種，云異牟尋盡破羣蠻，徙其民而取其地，南至青石山，與緬爲界。及段氏時，白夷諸蠻漸復故地。是後金齒諸蠻漸盛，蒙氏安西、開南城戍，殆皆廢棄於是時。然其地爲南詔舊域，十一總管固知之，故元世建茶罕章以統滇之西邊，其戎索當及阿薩密；建八路以統南邊，其戎索包有北緬怒江以西諸部之地，幾盡得蒙氏舊疆，非若明人畫於籠川而止也。元世所謂白夷，頗疑即是彌諾種民。此書所謂彌諾面白而長者，與黑爨有別，與金齒亦有別也。南詔界南至青石山，明人無言及者，遂泯然不可復考矣。"公題下自注云："或添二三節作序錄。"即謂本書之序錄。今聞由錢塘張孟劬太守爾田校改，題曰斠補。

諸蕃志校注二卷

案：原書宋趙汝适撰，公校注未見。《遺書目》不載卷數，茲依原本。

蒙韃備錄注一卷

案：原書宋孟珙撰，公注未見。載《遺書目》，云：原稿與《西遊錄》《異域說》《塞北紀程》合一冊。張孟劬太守擬以此書與下《黑韃事略》《西遊錄》《異域說》《塞北紀程》《近疆西夷傳》六種注合編，題曰"史外合注"。

黑韃事略注一卷

案：原書宋彭大雅、徐霆撰，公注未見。載《遺書目》，云原稿一冊。

元秘史箋注十五卷　附元秘史蒙語
原文九十五功臣名一卷

案：原書不知撰人名，公箋注未見。載《遺書目》。余近得見公讀《元秘史》後記手稿，文集不載，錄之以見一斑。記云："幼時讀《潛研堂集·元秘史跋》，恨無從得其書，尋知楊氏已刻入《連筠簃叢書》中，然全帙昂貴，無力置之也。此單行本偶從廠市得之，驗其紙墨，猶是楊氏書初出時所印者，展卷快讀，頗有得荆州之喜。楊氏刻《西遊記》後附程、沈、董三釋，讀者瞭然於古今地名譯音同異，此獨闕如，殊以爲憾。今以視記所及，略識一二，張石洲《蒙古遊牧記》中屢引此書，多有詮釋，亦彙錄之。不知蓋闕，聊備異時之忘失焉。不兒罕山者，今之巴爾哈也山，胡刻地圖有此山，在巴爾哈河之源，李、鄒二刻無之。據都蛙兒上不兒罕山望見統格黎水，而不忽合塔吉順榦難河行至統格黎河邊，知不兒罕山在榦難河源之東甚近。太祖初起之時，周旋於敖嫩、克魯倫二源之間，東不能至呼倫貝爾，西不能過土剌、不兒罕山，是其根本，王汗方强，豈能雀巢鳩據乎？故知張氏謂不兒罕即今之汗山非也。乞沐兒合河者，今之齊母爾哈河。據《秘史》云，西通榦難河。案之今圖，地理吻合。札木合所居之豁剌豁納主兒不，蓋即弟厶卷之阿亦煬合剌合納，在乞沐兒合小河，然則札木合所居在今齊母爾哈河也。據《秘史》稱，帖木真即札木合分離自阿亦煬合剌合納起，知非二地矣。主兒不疑即《遼史》阻卜部，據皮被河即琵琶川，又即契丹所居之白貔河。白貔河即白狼河，舊指爲老哈，張氏有辨甚確。愚謂白狼河自是大凌河，白貔河自是老哈河，準其地望，畫然有別。白狼河定爲大凌，不能再指白貔河爲大凌也。據《遼史》皮被河城南距上京千五百里，而自齊母爾哈至多倫貝爾，相去亦不過如此。阻卜之爲主兒不，情事可信，但單文孤證，一時不能定耳。譯文多上不同，蓋全不全之別，亦或倒字，或係異名。額亦煬合剌合納者，殆猶今之華額爾齊斯汗騰格里耳，疑未能定也。下有訶闌兒禿主兒不，知豁剌豁納爲係主兒不合名矣。札木合、泰赤烏所居，蓋皆在敖嫩河、克魯倫河上流內外，當與太祖雜處，故太祖自齊母爾喀至僧庫爾，而泰赤烏驚起其東。烏爾匝河、鄂爾順河，則皆塔塔里所居。浯兒札河者，烏爾匝也。兀失兒溫河者，鄂爾順也。捕魚兒海，今之貝爾池，貝爾今譯或作布伊爾。闊連呼子者，今之呼倫池，呼倫今譯一作枯倫，對音皆相合也。此已入今東三省地，故金人征塔塔里矣。塔塔里與達達，自是二種，書中分晰昭然。當時書如《蒙韃備錄》《金國南遷錄》，亦自分曉，後人或乃不知矣。"案此當爲《箋注》之嚆矢，《箋注》聞由嘉興陶拙存参議葆廉、元和孫隘堪廣文德謙、張孟劬太守同校。

皇元聖武親征錄校注一卷

案：原書不知撰人名，或曰出自察罕，公校注。《遺書目》未載。予見之日本那珂通世博士《成吉斯汗實錄》中，尋得見公《聖武親征錄校本跋》，知已燬於拳匪之亂。跋云："某始爲蒙古地理學，在光緒乙亥、丙子之間，始得張氏《蒙古遊牧記》單本、沈氏《落帆樓文稿》，以校鄂刻《皇輿圖》、李氏《八排圖》，稍稍識東三省内外蒙古、新疆、西藏山水脈絡。家貧苦無書，無師友請問，獨以二先生所稱述爲指南。《秘史》刻在連筠簃叢書中，時賈十二兩，非寒儒所能購讀。一日以京蚨四千得單印本於廠肆，挾之歸，如得奇珍，嚴寒挑燈，夜漏盡，不覺也。庚辰會試第五策問北徼事，罄所知答焉。卷不足，則刪節前四篇以容之。日下稷，清場而後交卷。歸家自意曰，此其中式乎？長沙王益吾先生、會稽朱肯甫先生分校闈中，榜發，語人曰，闈中以沈、李經策冠場，常熟尚書尤重沈卷爲通人。顧李蒓客負盛名，而沈無知者。某君曰，嘉興沈氏，其小湖侍郎裔乎？尚書於謁見時特加獎借。而兩先生之言傳諸學者，蒓老相見，亦虛心推挹。於是於此學稍稍自信。而此書乃轉展傳鈔得之，於是乃知《元史》本紀所從來，知作此書人曾見《秘史》，而修《元史》人未曾見《秘史》也，互相印證，識語眉上，所得滋多。爽秋爲洪文卿侍郎搜訪元地理書，假余鈔本傳錄，遂並眉端識語錄以去。侍郎後自歐洲歸，先訪予研究《元史》諸疑誤前賢未定者，舉予校語。余請曰，單文孤證，得無鑿空譏乎？侍郎笑曰，金楷理謂所考皆至確。金楷理者，英博士而充使館翻譯，地理歷史學號最精，助侍郎譯述拉施特、多桑、貝勒津諸書者也。李仲約侍郎自粵反都，亦折節下交相諏問。顧予於此書所未瞭者，先生亦引以爲憾，而無他本校之。蓋先生所據亦何氏校本，與此本同出一源也。間屬友人訪諸日本，亦無他本。蓬案：日本有排印本，不知尚有他本不。廢然太息。丙申歲，李侍郎卒。丁酉，予丁太夫人艱，銜恤南歸。及庚子而抄本及積年所搜集諸書留在京邸者並燼於拳焰，斬然衰絰，茲業遂廢，至於今二十年矣。丁巳冬，書賈以明抄《雲麓漫鈔》來，僞書也，實殘本《說郛》之改名，而中有《聖武親征錄》，取與此刻本校，則異同滋夥。研討浹旬，其可以佐庇今本者，悉剌入之。雖未敢遽稱搞詰，較之張、何所見者，則勝之已。"據此可見公蒙古地理學致力之始末及本書大概云。洪文卿曾有錄本，則此書或尚在人間也。丁巳校本已刻入《知服齋叢書》中。

長春真人西游記校注二卷
案：原書元邱處機撰，公校注未見。載《遺書目》。

西遊錄注一卷
案：原書元耶律楚材撰，公注未見。載《遺書目》。

塞北紀程注一卷
案：原書元張德輝撰，公注未見。載《遺書目》。

異域說注一卷
案：原書元朱德潤撰，公注未見。載《遺書目》。

近疆西夷傳注一卷
案：未見。載《沈目》。

以上各書據余堯衢挽公詩注云："多由湘南左樹棠紬公手稿，

次弟編録。公稿率零亂塗乙，不易辨刎。左從眉端旁行，別簡他本掇拾安置，董理秩然。公在時甚喜，謂同我著書，舉戴安道爲范宣鈔書以相況，戲呼爲行秘書著作郎。"慈護丈則云左未蕆事，後存張孟劬處，謀校寫。

島夷志略廣證二卷

案：原書元汪大淵撰，公原本曰注，不曰廣證。只一卷。其後上海國粹學報社刊入《古學彙刊》中，作此名，分上下兩卷。當秉先生意。此就原書以新舊各圖證之，以考見南洋各島唐宋迄今之航路，並考見西洋人所建商埠，亦即古來商賈匯萃之區。實發前人所未發。後由孫㟙堪廣文重校定，名曰箋。

女直考略一卷

案：原書在鄧廷羅《兵鏡卷》二十附刻中，公據鈔本加注。《四庫提要》，《兵鏡》只十一卷，此在二十卷者，後人重刻所附入也。注文凡三十七條，後附《李培灰畫集序文》及《嘎爾旦列傳》，傳有眉注四條。

蒙古源流箋證八卷

案：原書爲蒙古人撰，乾隆四十二年奉敕譯進。此書公原名"事證"，由張孟劬校補並間采海寧王静安說，寫定刻行，改題"箋證"。公自跋云："此書自《四庫》著錄，爲却特史學者視之，與《脱必察顔》聲賈等。顧自嘉定錢先生以來，徐、龔、張、何以及近時李、洪諸家，於《秘史》《聖武親征録》，穿穴疏通，詳前人所未詳，發前人所未發，各已成一家言。獨此書僅各就可資證佐者，摘取斷章，未有綜其全書而理董其緒者。今略就所知者箋之。癸丑，用王氏抄本校一過，朱筆諸氏本從滿、蒙、漢三文合刊本録出，又勝王氏，今多從之。"孟劬序略云："嘉興沈乙盦先生與洪文卿、李芍農侍郎同治西北輿地之學，而於此書研覈尤勤。洪、李書行世最早，先生著述矜緩，丹墨叢殘，及身多未寫定，其偶落於人間者，吉光片羽而已。先生既歸道山，余始與亡友王靜安相約爲理董。未幾忠愨應召入都，匆匆又數年矣。今年庚午先生哲嗣慈護兄出遺書屬編次，因檢校迻録，定爲《箋證》八卷，間有一得之愚，放鄭灼寫皇侃《禮疏》例附載箋中，發正又數十百事。蓋至是而荒裔彈舌之舊史稍稍可以屬讀矣。此書敍述繁複，又經重譯，非熟於滿蒙音紐者不能讀，非深於史學善用鉤稽之術者不能通。象鞮之賓苦於不知史，而治史者又以其難讀而棄之。今兹所校，闕疑尚多，固不能無待於後人繼續之研尋，然蓽路藍縷之功，微先生莫爲之前也。"

以上史地之屬，凡十有五種。

漢律輯存一卷

案：此書與徐博泉同溥同輯，蓋代薛雲階允升者。《遺書目》不載。當已佚。金甸丞丈與先大夫書曾述及之云："弟意其書已不存，緣當時與博泉同輯，博泉在日間過，亦遺失云。"余在公《困學室讀書記》中見輯自《公羊傳何氏解詁》凡六條、《說文解字》十五條、《爾雅郭注》一條、《周禮注疏》二十九條、《儀禮注疏》一條、《禮記注疏》六條、《左氏傳注疏》一條、《蔡邕獨斷》一條、《漢書顏師古注》四條，諸書凡數十條，當爲此書椎輪。《文集》卷上有此書凡例，自注代薛尚書撰云："蕭何之律，本自李悝。漢晉法家，傳之有緒。而應劭《風俗通》謂《皋陶謨》虞始造律，蕭何成以九章。《傅子》謂，律是咎繇遺訓，漢命蕭何廣之。其在秦時，則吕不韋稱咎繇作刑，韓非謂刑弃灰，是殷法皆推秦法而傅之古制。九流之學，莫不託始帝皇。然班《志》言法家本出理官，而李氏系出咎繇，世世司理，以官爲氏，則李悝之學，必有所本，應劭、傅玄之說不可廢也。漢律文爾雅古質，略與《周官禮》《大戴禮記》《尚書大傳》所載古刑名說相類。自晉沿唐，有革有沿，文句大體實相祖述。攟拾碎遺，研其由趣，斯亦足以觀古會通，察世輕重者。叔孫通益律文爲傍章十八，漢律文多載儀式制度，或疑即傍章之文，而無堅證以明之，其張湯、趙禹、大小杜君之學，漢世傳習由用，陳羣、劉劭猶尚及見，而如淳、孟康諸人，稱引舊文，不加識別，後世無從考辨。惜哉！莊周稱刑名比詳，溫城董君決事比，漢世與律令同用，今亦附入此類焉，輯律文第一。漢律有古文，自李斯、趙高以來，故蕭何《草律》著，試學僮史書之法。《說文》所載，橅略可見也。《方言》《急就》《廣雅》《釋名》所傳故訓，有關刑制，皆法家漢學所當省覽者。若略人略賣人之訓，斷以《唐律》，不以道取爲正，藉《方言》證之，舉一以反，足可致思。陽湖孫先生嘗欲爲《律音義》，有由也，輯律詁第二。《漢·藝文志》錄《法經》而不錄《律篇》，晉《中經簿》亡不可考，《隋·經籍志》錄存魏晉以下之律，獨漢律不存。豈非舊律繁蕪，艱於傳習之故哉？其大略可考者，大抵依《晉志》爲本，而雜採他書附益之，輯律篇目第三。漢世法家頗多異議，復肉刑，減死罪，其大端也。如復仇輕侮，柯憲屢易，決囚造獄，小大以情。準《通典》雜議之例，輯律雜議第四。《漢書·禮樂志》言禮儀與法令同錄，藏於理官。至魏新律乃別出常事品式章程，各還其府，以爲故事。然則漢律文繁，非獨前後相蒙，亦由所賅廣博故也。諸官儀典職有關刑名者，非必律文而可觀漢制，輯以爲雜事第五。經義斷獄，《春秋》爲宗，《公羊》在漢世尤《春秋》家顯學也。劭公注，多與漢律義相表裏。陽湖劉逢祿治何氏書，集爲《律意輕重說》一篇，說或舛或扁，不盡可據。今加增考論，仍舊一篇，附於漢律之末，爲何氏公羊律意說第六。"猶可見其大概。

晉書刑法志補一卷

案：已佚。《遺書目》不載。

以上刑法之屬，凡二種。

法藏一勺四卷

案：《遺書目》不載。原稿當尚在。予見鈔本於金甸丞所，蓋掇拾菁華之作。

以上釋家之屬，凡一種。

海日樓文集二卷

案：此由孫隘堪校勘，原稿叢殘，且多闕文，整齊不易。孫逝世後，蕖常復加董理，兹定一目於左。

《釋易卦反覆相配》上下兩篇、《小畜說》、《論讀史》、案：原題作"與友人論讀史"。孫廣文以為本應入書類，今以論說之文甚少，擬去"與友人"三字。今從之。《說宛委山》、尚有《論孔教》《論私利》兩篇，擬編入外集。《與人論畫地圖書》、《與南皮制軍書》辛丑春。又、《與陶制軍書》、《與某書》，違侍六年。《與金潛廬太守論詩書》、又別後兩旬。又新正苦足。《致張少軒》、《書》、暄涼倏易。又、睽侍以來。《與王靜安徵君書》。

以上釋論說書。

《岑襄勤公奏議序》《禮議敍》《沈子敦先生遺書序》《關氏讀易劄記序》《重刊巡城瑣記序》《日本租稅制度及實務序》《元聖武親征錄校本敍》《南朝寺考序》《宗忠簡公年譜序》《孫抑安漢書藝文志舉例序》《孔教論序》《重刊西江詩派韓饒二集序》《續樵李詩繫序》《涉園叢刻序》《張文達公退思軒詩集序》《李審言學製齋駢文序》《定庵集序》《漸西山人安般簃詩序》《止庵詩集序》《缶翁詩序》《濤園詩集序》《貞孝先生遺墨序》《章一山文集後序》《汪穰卿遺著題辭》《陶廬六憶序》《雪橋詩話序》《疆邨校詞圖序》《愛日吟廬書畫後錄序》《石芝居士□□□□案：原闕，孫廣文擬為"禮佛法門"四字序》《苻婁庭漫稿敍》。

以上序。

《論語孔氏本鄭注跋》《書司馬溫公切韻指南後》《宋本史記跋》《穆天子傳書後》《景宋本重詳定刑統跋》《水經注跋》《樊綽蠻書校本跋》《徐靈府天台山志書後》《經世大典西北地圖書後》《書西域水道記卷四後》《秦邊紀略書後》《譯刻中亞洲俄屬遊記跋》《抄本明季諸賢列傳跋》《吳氏安危注跋》《書道藏目錄太平部後》《六祖壇經跋》《宋刻佛祖統紀跋》《傳法正宗記跋》《記大智度論》《記說无垢稱經後》《書止觀科節後》《書悉曇字記後》《魚元機詩集跋》《宋殘本劍南詩稿放翁詩稿跋》《宋殘本豫章黃先生文集外集跋》《樂府詩集跋》《儲刻晞髮集跋》《玉楮詩稿跋》《投筆集跋》《書龔定庵文集後》《漢孟廣碑跋》《白石神君碑書後》《東魏廉富造天官象碑跋》《北齊標異鄉義慈惠石柱頌跋》《魏李璧墓志跋》《隋張通妻陶貴墓志跋》《隋趙芬碑跋》《新出土墓志十種跋》《唐九姓迴鶻愛登里囉汨沒密施合毗伽可汗聖文神武碑跋》《故闕特勤碑跋》、又、《突厥苾伽可汗跋》《大理國淵公塔碑銘跋》《大理國淵公塔銘弟二跋》《唐代國長公主碑銘跋》《唐興聖寺尼法澄塔銘跋》《義琬禪師墓志跋》《支提龕銘跋》《無畏不空禪師塔記跋》《大證禪師碑跋》《净業寺故大德法藏禪師塔銘》《化度寺邕禪師塔銘》《跋星鳳樓帖》《書道光乙酉科福建明經通譜後》《琴西先生手札跋》《劉雲樵先生草書册書後》《東川公評本精華錄跋》《記先府君手寫課藝後》《記先太夫人手書日用賬册》。

以上跋。

《送梁節盦同年歸里序》、光緒乙酉。《金磷叟先生七十壽序》、辛酉。《瑞安黃先生七十壽序》、《誥封夫人陳老伯母朱太夫人八旬壽燕詩後序》、《余堯衢參議德配左夫人古希偕老圖序》。尚有《越縵堂壽宴詩序》、《梁母余太孺人壽序》、《朱雪崖先生壽序》，擬編入外集。

以上贈序。

《重建天柱閣記》《濤園記》《雙花王閣記》《曼陀羅室記》《古磁

碗記》《記畫地圖法》。

以上雜記。

《誥授榮祿大夫浹口李君墓誌銘》《廣西巡撫吳公昌壽墓志銘》《沈達夫先生墓志銘》《王君菊人墓志銘》《康太夫人墓志銘》《蔣君墓表》《羅君楚墓碣》《楊居士塔銘》。

以上碑銘。

《龔自珍傳》《葛府君家傳》《書張氏二烈女傳》《記蘇完公事》《東藩瑣述》。

以上傳記。

《杖銘》、《新父杖銘》、《端硯四銘》、《端硯銘》、又、又、《乙盦校律硯銘》、《苴碐珍藏硯銘》、《玉蘭堂端研銘》、《苴鄰藏硯銘》、《靭盦先生象贊》、《張母桂太夫人象贊》、《方君奕贊》、《乙盦自贊》、又。

以上銘贊。

《沈敬裕公誄辭》《祭張隱君文》《祭姚菊坡同年文》《祭梁文忠公文》。

以上祭誄。

《漢律輯存凡例》代、《高進喜案平議》、《絜玉庵辭》、《支那內學院緣起》。

以上雜著。

乙盦詩存厶卷

案：此爲陳石遺所編。序云："余與乙盦相見甚晚。戊戌五月，乙盦以部郎丁內艱，廣雅督部招至武昌，掌教兩湖書院史學，與余同住紡紗局西院。初投刺，乙盦張目視余曰：'吾走琉璃廠肆，以朱提一流購君《元詩紀事》者。'余曰：'吾於癸未、丙戌間，聞可莊蘇、堪誦君詩，相與嘆賞，以爲同光體之魁桀也。'同光體者，蘇堪與余戲稱同光以來詩人不墨守盛唐者。自是多夜談，索君舊作，則棄斥不存片楮矣。乙盦博極羣書，熟遼、金、元史學輿地，與順德李侍郎文田、桐廬袁兵備昶，論學相契，詞章若不屑措意者。余語乙盦：'吾亦耽考據，實皆無與己事。作詩却是自己性情語言，且時時發明哲理，及此暇日，盍姑事此？他學問皆詩料也。'君意不能無動，因言：'吾詩學深，詩功淺。夙喜張文昌、玉谿生、山谷內外集，而不輕詆七子。'詩學深者，謂閱詩多；詩功淺者，作詩少也。余曰：'君愛艱深，薄平易，則山谷不如梅宛陵、王廣陵。'君乃亟讀宛陵、廣陵。明年，君居水陸街姚氏園，入秋，病瘧，逾月不出戶，乃時託吟詠。余寓廬相密邇，有作必相夸示，常夜半扣門，函箋抵余，至冬已積稿隆然。又明年，庚子之亂，南北分飛，此事亦遂廢矣。君詩雅尚險奧，聱牙鉤棘中，時復清言見骨，訴真宰，盪精靈。昔昌黎稱東野劌目鉥心，以其皆古體也。自作近體，則無不文從字順，所謂言各有當矣。余生平喜檢拾友朋文字，君作落余處者殆百餘首，念離合之踪無定也，特敘而存之。"《石遺室文集》卷九。學部《近代詩鈔》所選前數十篇，皆近刻《海日樓詩集》所無，當取諸此編也。學部《石遺室詩話》取此詩序，下文云："乙盦精熟佛典，自喜其《病僧行》一首，論詩宗旨略見《寒雨積悶雜書遣懷》一首。余言詩學莫盛於三元，謂開元、元和、元祐，君謂三元皆外國探險家覓新世界開埠頭本領。故君詩有'開天啓疆域，元和判州部'及'勃興元祐賢，奪嫡西江祖'各云云。余言今人強分唐詩、宋詩，宋人皆推本唐人詩法，力破餘地耳。君甚謂然，故又有'唐餘隸宋興，師說一香灶'及'強欲判唐宋，堅城捍樓櫓。咄嗟盛中晚，幟自閩嚴樹'各云云。"此兩詩亦不見《海日樓詩集》中。

海日樓詩集厶卷

案：聞有十二卷之多，初由朱古微祖謀董理，朱卒，金籛孫丈兆蕃重訂。陳石遺序之云："寐叟既歿之十有二年，其孤慈護既刊其所著《蒙古源流箋證》,乃出所哀《海日樓全詩》九百餘首,請序於余。因念數十年來,所有朋好相與爲文字骨肉者,凋謝略盡,黯然不可爲懷。濤園之詩,寐叟猶及爲敍;節菴則散原敍之;今惟散原與余存耳。《記》曰'朋友之墓有宿草而不哭',然既痛逝者,行自念也,則仍述吾兩人往來聚散倡酬書札之素,以寫余悲。往者濤園嘗言,予兄弟於朋輩之爲詩,能鼓舞而督促之,使哀然成帙,乃戲以催耕之布穀、促織之絡緯相況,可云善謔。蓋濤園素罕作詩,自要先伯兄木庵先生客皖南大通、淮北正陽關,不兩年,成《正陽集》一巨册。陳弢菴太傅少作不存稿,自里居與先伯兄相倡和,始存其詩,至今殆千首。余之慫恿寐叟爲詩,則已詳同客武昌時所作敍中。嗣是寐叟出守南昌,則資余遊匡廬;提學皖省,則招余遊安慶;寐叟將赴歐美考察政治,則寓余武昌寓廬;辟地上海,則海日樓、谷隱諸所居,余尤數數至。其蹤跡,彼此詩中約略可尋。寐叟論詩,與散原皆薄平易,尚奧衍,寐叟尤愛爛熳。① 余偶作前後《月蝕》詩,寐叟喜示散原,散原袖之而去。寐叟詩多用釋典,余不能悉;余《題寐叟山居圖》七言古四首,寐叟亦瞠莫解,相與怪笑。寐叟短札詩稿存余所者,無慮百餘通;其散見於余詩話者,不能盡也。今翻閱茲編,武昌以前所作,蓋僅有存,其他爲余所未見者亦罕矣,其選入《石遺室師友詩錄》《近代詩鈔》者,且二百首,皆其尤精者。故余於寐叟之詩之甘苦酸鹹,敢謂知之之深,一如己詩之甘苦酸鹹,其足爲外人道者,固已具《詩錄》《詩鈔》中所首載之鄙論已。"

海日樓詩補編厶卷

案:此爲臨川李證剛翊灼所編,未見。自序云:"壬申夏,輯寐

---

① 眉批:樊增祥撰公《七十壽序》中有論公詩語云:"其爲詩也,如靈嚴訪梅,香雪成海,有如神龍行雨,布護大千,蓋得景冬之雅而去其綺,得雙井之奧而去其晦,得學易之淡而去其率,得後山之樸而去其□,自浣花以來別闢一天地。(景文宋祁,學易劉跂)

叟未刻詩爲《海日樓詩補編》，既竟，以示尹子碩。尹子謂予曰：'子與寐叟，殆有勝緣。子盍綴紀其事，以弁諸卷端乎？'嗟夫！予聞碩公此言，曷勝其風雨兼葭之感哉？夫予與叟之遇合，誠有非偶然者。予之聞叟名，爲光緒丙申；而始親聲欬，則光緒癸卯也。是時，叟承命守南昌，甫下車，即遍交其名士。予年雖稚，亦被顧及，暇必約譚，譚必竟日夕。予有所論議，叟必贊許；予有所咨問，叟必爲之詳釋，如是者幾及三年。予乃知叟之學博且實也，乃知叟之識正且確也。叟嘗慨然而謂予曰：'噫，國其殆哉！夫道器、文質、體用、經權、理事、神迹，非可二也，而今學士皆二之；道與德、政與教、知與行、定與慧、名與實、學與業、生與義，非可離也，而今學士皆歧視之；自他、心物、真妄、新故、今古、有無、是非、善惡，相待而著，非定有也，而今學士皆固執其成見焉。學士者，國之耳目也，今若此，則其誰不盲從而蹎蹶也？且學也者，禮之所自出；禮者，國人之準則也。若今學士，可謂無學。國無學矣，而欲責之以禮，其可得與？無學無禮，而欲賊民之不興，又可得邪？孟子曰，上無禮，下無學，賊民興，喪無日矣。今中國之謂也。噫，國其殆哉。'予聞之，凜然而懼，憬然而服膺，不敢忘也。及今思之，叟真藏往知來之哲人哉！丙午，叟被命提學於皖。己酉，以皖藩攝巡撫事，聞予因學校事致勞瘁，亟召予，見即謂曰：'子來何遲也？'既而曰：'今何世？子乃欲以一齊傅止楚衆之咻乎？兹與子約，當留此作竟年談，慎毋睍舊鄉而懷歸志也。'已又笑曰：'余雖不耄期，而有倦勤之思。明年此日，會當遂我初服，與子同作西湖遊耳。'自是居則花晨月夕，輒縱高譚；出則佛寺江亭，每多嘉會。署有成園，園有天柱閣，叟之所葺也。閣凡五級，登臨四望，近攬龍山，遠招廬、霍，長江衣帶，旋遶襟袖，遊目騁懷，致饒佳趣。叟政事閒暇，即相與放論其上，解題析義，讙辯風生，往往自昏達旦，而無倦色。叟每樂甚，輒曰：'有此江閣以來，還有此主客不？'及今迴憶，如此勝境、如此主客、如此嘉會,誠哉其難得也。三復叟語,彌用感喟。庚戌,叟以國勢日危,上書言大計。權貴惡之,留中不答。叟撫膺太息曰:'天乎!人力竟不足以挽之耶?'因賦《閣夜》長律見示,詩曰:'不待招邀入戶庭,龍山推分我忘形。流連未免耽光景,餔餟誰能較醉醒。雨後百科爭夏大,風前一葉警秋蕭。五更殘月難留影,起看蒼龍大角星。'遂告衰求去,七月得請解任,果符期年之言。離皖日,叟再申西湖遊約。予乃於南洋勸業會畢,訪叟嘉興,快聚匝月,即偕作西湖遊,時長至前旬日也。湖山幽閟,杳無遊人,靜對荒寒,宛若置身嬾瓚畫幅中。叟笑曰:'余輩可謂孤芳共賞者已。'乃盡十日之力,遍攬湖山之勝。素妝西子,不御鉛華,而風均天然,偏多真趣。寒山詩所謂'皮骨脫落盡,唯有真實在'者,良堪迻贈。叟有句云:'應心開净域,凡聖無殊差。'蓋契證語也。而湖君好事,似憂嘉客墮入枯禪,十日之中,晴晦雨雪風月,幾無不備,寂然境中,妙現神變,枯木寒巖,頓有生意。予嘆曰:'乾陽無死,《易》義故不虛耳。'叟曰:'余於是亦悟《易》義惟密,頗覺以密通《易》,應無不合。子能為我言作證乎?'予曰:'可。夫《易》之為義,即神變也,神變即密之大用也。故《繫辭》傳謂君子洗心,退藏於密。蓋不密寧復能《易》哉!且乾,金剛界智也,坤,胎藏界理也。乾坤生六子,兩界開四部也。乾坤變化而有八卦,兩界瑜伽而成曼陀羅也。演八卦而為明堂位,曼陀羅而現三昧耶也。如是義證,不勝枚舉。《易》為儒密,又何疑哉?'叟笑曰:'誠哉是言!然則彼之軒輊儒佛者,匪唯不知佛,抑亦不知儒已。'遊既畢,予隨叟返嘉興,為留半月,遂別而之京師,任校訂敦皇唐人寫經之役。國變後,予以發起佛教會事至滬,適叟亦以浙亂辟居滬上。相見無言,忻戚交并。予見叟病甚羸,欲舉詞慰之。叟奮然作色曰:'六合外寧無净土邪?'予曰:'心净土净。六合之界,誰實為之?妄我見銷,客塵頓盡,净土之名,且亦不立,何復有非净土也?'叟說曰:'不期今日,乃聞至言。'因留作長譚。予旅滬不及兩月,與叟快談僅數次耳。詎知一別竟成永訣。叟蓋自是遂居滬，而予則於壬子五月奉先慈命歸隱洪都，凡十二年未嘗出也。噫，予與叟之遇合因緣，豈偶然哉？叟言論丰采，饒有晉人風，故發爲辭章翰墨，神姿雋永，尤復令人玩味不倦。惜予與叟，嘉會不常，未能盡窺叟之蘊藏。而予不文，又不能悉述所見聞以告碩公也。夫叟之道德、學術、事業、文章，固已昭昭在世，無待贅陳。況予譾陋，略嘗海滴，尤弗敢妄贊。然竊謂學業如叟，世實罕倫。其證悟之瑩然澄澈，堪稱超邁前修。世多哲人，定不河漢予言。叟平生著述極多，然每不自掇拾寫定；好爲詩詞，亦復短箋尺幅，任意狼藉。予此補編，蓋僅得十之一二耳。頗冀博雅君子，繼續綴輯，俾叟著述之散佚者蔚成完帙，則予與碩公所厚望也。若夫叟之詩，則叟固嘗自謂'吾之於詩，譬蜩父之承筐，然亦掇之而已'。予於是復何能贊一辭。"李序雖不論詩，但記公佚事緒論頗詳，錄之。

寐叟乙卯稿一卷

案：此係公六十六歲時所作，歲次乙卯，故名。明年，孫隘堪序而刻之吳縣。明年秋，刻成後，收入《海日樓詩集》第二卷。

喁于集一卷

案：未見。聞上虞羅叔言振玉刻之，審名當爲唱酬之作。《遺書目》不載。①

倦寐聯吟集一卷

案：未見。見余堯衢肇康輓公詩注云："自予來申，四五年間互相倡酬，各得詩七十篇，爲一時同人所無。裒然成帙，公顏之曰'倦

---

① 增補：公答樊山詩有"喁于集是松陵集，爲乞題詞付碩船"，即謂此葉。

寐聯吟集'，比之皮陸。予改曰'寐倦'，公持不可。"《遺書目》不載。

傻詞 一卷

案：此公所手定。

海日樓餘音一卷

案：此亦公所手定。

東軒語業一卷

案：此亦公所手定。

曼陀羅寱詞一卷

案：此亦公所手定。朱古微又將以上四種刪定，統題爲《曼陀羅寱詞》，凡一百七首，涵芬樓印行之。既而朱輯《滄海遺音》，又稍有所去取，凡八十五首，即朱刻本也。

寐叟書牘二卷

案：此爲蘧常近年所輯。凡與李少荃一首、張香濤二首、陶子方一首、瞿子玖一首、唐春卿一首、似未完。楊杏城一首、程抑齋二首、溥西園一首、繆筱珊一首、樊雲門一首、朱古微二首、先大夫六首、陶拙存一首、金闓伯六十首、吳綱齋一首、喻志韶一首、康長素十首、方倫叔三首、張少軒三首、鄭太夷一首、羅叔韞二首、王靜安一首、孫隘堪五十三首、張朮儼季直一首、陳重遠一首、周少樸一首、周少猷一首、吳佩蕙一首、朱介人屈文六一首、張仲昭一首、沈乙僧一首、陸瑶甫一首、某十一首，都一百七十六首，半係短札。此外流傳尚多，如賢達不吝抄示，俾成完帙，則非特蘧常一人之望也。

類帖考厶卷

案：未見。《遺書目》亦未載。予聞之金甸丞丈，丈謂有鈔本。

寐叟題跋四卷

案：涵芬樓印行之。編次未善，有複出。上集二卷無目，尤不便稽考。擬重編。

碑跋一卷

案：未見。見《遺書目》。疑即在文集中。

答龍松生書法問一卷

案：共二十餘條，多發古人緘秘。
　　以上文藝之屬，凡十有六種。

東軒温故錄一卷

案：記論經史爲多。

東軒手鑑一卷

案：記釋家言。

札記一卷

案：亦記釋家言，起癸丑七月二十七日。

筆記一卷

案：記論道家言。

月愛老人客話一卷

案：多雜家言，起己未二月十日。

冶城客話一卷

案：多論治道，當在庚子、辛丑之間。

護德瓶齋客話

案：共止五則，記友朋雜語。

護德瓶齋涉筆一卷

案：多論西北輿地及遼西元史，間涉經濟及雜藝。自記曰："此壬午、癸未之間所記，亦有續添者，大抵在京邸時。"

護德瓶齋筆記

案：共止兩則，記師門感舊。擬編入文集外集。

潛究室劄記一卷

案：與《護德瓶齋涉筆》相似，疑一時所記。

全拙庵温故錄一卷

案：論詩文樂律及詞曲書畫之屬。自敘曰："尤悔多端，七十而不能寡過。平旦氣定，反省怒然。吾先君署別號曰拙孫，見於日記，時年甫逾二十也。自吾曾大父以拙字詔後人，小子罔知，憧憧朋從，及今日而後憬然反本，不已晚乎？孟東野詩云，庶全君子拙，恥爲小人明。全受全歸，毋忝所生。勉諸。"

以上十一種，慈護丈屬蓬常董理，擬放《十駕齋養新錄》例合併寫定，綜曰《困知室讀書記》，亦公所名也，並擬仍原書名及原次於每條下。人事因循，久而未就，記此以自勵。

菌閣璅談二卷

案：原稿未見。略見於《青鶴雜志》，蓋論詩詞雜藝之屬。

鄂遊栖瓠記二卷

案：未見。聞係戊戌、己亥之際所記，多涉二氏及地理、樂律、字母之屬。

簡端錄

案：未見。凡公手批之書及畸零不成卷者，由張孟劬摘錄成此書，全目亦未見。

以上雜記之屬，凡十有四種。①

太凡書五屬，四十八種。

---

① 增補：仲聯《海日樓札叢》跋云："其學術札記十餘種，曰《護德瓶齋涉筆》者一卷，則論西北輿地，蒙兀兒史口及經籍雜藝，壬午、癸未之間所記也；曰《潛究室劄記》者一卷，則論史地訓詁醫學者也；曰《雜家言》者一卷，則雜記子史掌故者也；曰《東軒溫故錄》者一卷，則多論經史者也；曰《冶城客話》者一卷，才二葉；庚子辛丑見所記，論治道者也；曰《辛丑劄記》者一卷，論碑帖釋道韻書輿地，辛丑冬在禾之所記也；曰《菌閣璅談》者二卷，論詞曲、書法者也；曰《月愛老人客話》者一卷，己未口所記宋明理學暨雜家言也；曰《全拙庵溫故錄》者一卷，論樂律、詩文、詞曲、書畫，晚歲所記也；曰《研圖注篆之居隨筆》者一卷，才數條，論治道、醫學、書法者；曰《筆記》者一卷，論道家言也；曰《筆記》者又一卷，論書畫、綺聲、故事、宗教暨南詔史者也；曰《筆記》者又一卷，多論樂律者也；曰《札記》者一卷，論詩文、神道、史地、五行者也；曰《札記》者又三種，各一卷；曰《長語》者一卷，凡十有八種。其專論佛學者，曰《東軒手鑑》者一卷，曰《法藏一勺錄》者一卷，曰《札記》者一卷，又雜記佛學者八冊，其外斷璧零璣雜見於故紙中，可目曰《雜札》者，尚不計也。"

跋

蘧常此稿作始於去歲之單,歷月又五日,草創小備。作公年譜,蓋有三難:一、著述多未出,且手稿零亂,不易考其年月。二、公不憙名,少壯詩文,弃斥殆盡,晚歲亦僅有存者。三、我生也晚,生十有八年,始從公學,不四年而公薨,於同門最爲後進,得公親炙,不足一年,緒論所存,萬不及一。故所輯殊不能得吾師之全,惟有徵不敢不信,且於出處進退,亦不敢小有景飾。公在天地,固已昭如日月。時代不同,言論或異,亦不敢爲天下萬世諱也。惟見聞陿陋,海内知公者多,不弃昷鈍,匡其謬疏,爲異日寫定之資。幸甚,幸甚。戊辰孟春,王蘧常跋於滬西光華大學。

予既作此譜初稿,刊布於《東方雜志》第二十六卷第十五、十六兩號。海内學者不弃,頗多商兑。徐君一士《讀年譜稿》一文載《國聞周報》第七卷第二、三兩期。質正尤密。久思改作,卒卒未果。後五六年間,先後得見先師文稿書札及雜俎多種,於是發憤加以補訂,至今歲秋,屬及門王君盈川榮曾清稿,視前幾增二分之一。王君好學深思,時有獻替,匡我實多。柏歲晚,又董理一過,遂寫定。約四萬言,後附著述目,又一萬有奇。時丙子臘不盡六日也,計去先師之喪,凡十有五年矣。噫!王蘧常又跋於滬西同康邨之明兩廬。

王部昀年譜

目 録

王部畇年譜 ·· 219

   清宣宗道光三十年庚戌　府君一歲 ·········· 219

   文宗咸豐元年辛亥　府君二歲 ················ 220

   咸豐二年壬子　府君三歲 ························ 220

   咸豐三年癸丑　府君四歲 ························ 220

   咸豐四年甲寅　府君五歲 ························ 220

   咸豐五年乙卯　府君六歲 ························ 220

   咸豐六年丙辰　府君七歲 ························ 220

   咸豐七年丁巳　府君八歲 ························ 220

   咸豐八年戊午　府君九歲 ························ 221

   咸豐九年己未　府君十歲 ························ 221

   咸豐十年庚申　府君十一歲 ···················· 221

   咸豐十一年辛酉　府君十二歲 ················ 222

   穆宗同治元年壬戌　府君十三歲 ············ 222

   同治二年癸亥　府君十四歲 ···················· 222

   同治三年甲子　府君十五歲 ···················· 222

   同治四年乙丑　府君十六歲 ···················· 223

   同治五年丙寅　府君十七歲 ···················· 223

   同治六年丁卯　府君十八歲 ···················· 224

   同治七年戊辰　府君十九歲 ···················· 224

同治八年己巳　府君二十歲	224
同治九年庚午　府君二十一歲	225
同治十年辛未　府君二十二歲	225
同治十一年壬申　府君二十三歲	225
同治十二年癸酉　府君二十四歲	225
同治十三年甲戌　府君二十五歲	225
德宗光緒元年乙亥　府君二十六歲	225
光緒二年丙子　府君二十七歲	226
光緒三年丁丑　府君二十八歲	226
光緒四年戊寅　府君二十九歲	226
光緒五年己卯　府君三十歲	226
光緒六年庚辰　府君三十一歲	226
光緒七年辛巳　府君三十二歲	227
光緒八年壬午　府君三十三歲	227
光緒九年癸未　府君三十四歲	227
光緒十年甲申　府君三十五歲	227
光緒十一年乙酉　府君三十六歲	227
光緒十二年丙戌　府君三十七歲	228
光緒十三年丁亥　府君三十八歲	228
光緒十四年戊子　府君三十九歲	228
光緒十五年己丑　府君四十歲	228
光緒十六年庚寅　府君四十一歲	229
光緒十七年辛卯　府君四十二歲	229
光緒十八年壬辰　府君四十三歲	230
光緒十九年癸巳　府君四十四歲	231
光緒二十年甲午　府君四十五歲	231
光緒二十一年乙未　府君四十六歲	232

光緒二十二年丙申　府君四十七歲	232
光緒二十三年丁酉　府君四十八歲	232
光緒二十四年戊戌　府君四十九歲	233
光緒二十五年己亥　府君五十歲	233
光緒二十六年庚子　府君五十一歲	233
光緒二十七年辛丑　府君五十二歲	234
光緒二十八年壬寅　府君五十三歲	234
光緒二十九年癸卯　府君五十四歲	234
光緒三十年甲辰　府君五十五歲	235
光緒三十一年乙巳　府君五十六歲	235
光緒三十二年丙午　府君五十七歲	235
光緒三十三年丁未　府君五十八歲	236
光緒三十四年戊申　府君五十九歲	237
宣統元年己酉　府君六十歲	237
宣統二年庚戌　府君六十一歲	238
宣統三年辛亥　府君六十二歲	238
中華民國元年壬子　府君六十三歲	239
中華民國二年癸丑　府君六十四歲	239
中華民國三年甲寅　府君六十五歲	240
中華民國四年乙卯　府君六十六歲	240
中華民國五年丙辰　府君六十七歲	240
中華民國六年丁巳　府君六十八歲	241
中華民國七年戊午　府君六十九歲	241
中華民國八年己未　府君七十歲	241
中華民國九年庚申　府君七十一歲	242
中華民國十年辛酉　府君七十二歲	242
中華民國十一年壬戌　府君七十三歲	242

中華民國十二年癸亥　府君七十四歲…………… 243

中華民國十三年甲子　府君七十五歲…………… 244

中華民國十四年乙丑　府君七十六歲…………… 244

中華民國十五年丙寅　府君七十七歲…………… 245

中華民國十六年丁卯　府君七十八歲…………… 245

中華民國十七年戊辰　府君七十九歲…………… 246

中華民國十八年己巳　府君八十歲………………… 246

中華民國十九年庚午　府君八十一歲…………… 247

王部昀年譜

府君王氏，諱甲榮，字部昀，一字步雲，號次逸，晚號冰鏡老人，浙江嘉興縣人。始祖省愚公，幼丁明季之亂，由休寧辟至浙東紹興，又轉徙嘉興郡城東門外，遂家焉。世業儒。六傳至景藩公諱錦，例貢生，是爲府君高祖。配張太孺人，生寶泉公諱溥，太學生，是爲府君曾祖。配山太孺人，繼配戴太孺人。戴太孺人生補樓公諱壽，府庠增貢生，候選訓導，是爲府君大父。配張太孺人，生子嘉公諱宜福，太學生，國子監典簿，是爲府君父。配孫太孺人。自寶泉公以次，三世皆以府君貴贈朝議大夫，妣皆贈恭人。子嘉公生子二：長伯父步青公諱厚基，邑庠生，軍功獎給五品頂戴；府君居次。女三：長姑母蚤殤；次姑母諱厚莊，冥適秀水陳三品封典諱鏗子候選同知諱松生；三姑母蚤殤。賜進士出身，誥授榮禄大夫署理農商部尚書農商部侍郎唐文治填諱。

清宣宗道光三十年庚戌　　府君一歲

十月十四日亥時，生於郡東門外角里街培蘭書屋。

去歲大水，廣文公病中斥一百萬錢拊之。旋廣文公卒。是年，典簿公復秉遺志，捐五十萬。

文宗咸豐元年辛亥　府君二歲

咸豐二年壬子　府君三歲

咸豐三年癸丑　府君四歲

七月，次姑母生。

是年，洪、楊踞江寧，警報狎至。典簿公奉張太恭人率眷屬辟陶墩。後亂耗少定，復還。

咸豐四年甲寅　府君五歲

是年，典簿公教府君識字。

咸豐五年乙卯　府君六歲

正月，府君從梯顛失足隋地，暈絕良久始甦，折二齒，項爲之拗，夜不能著枕。時孫太恭人方臥病，典簿公擁於懷，歷數月始平。典簿公聘同里戴小尹茂才鈞主蒙塾，謹案：府君《二欣室文集》卷二《莊壽泉先生書千字文跋》云：當咸豐四五年間，寒家設兩塾，延聘先生主文塾，而蒙養之學則太表叔戴小尹茂才主之。府君病愈，隨步青公從學焉。

咸豐六年丙辰　府君七歲

從孫莘田茂才熙增學。

咸豐七年丁巳　府君八歲

正月，典簿公延同里項稼書明經彤書主蒙塾，府君仍隨步青公從學。

是年，始解四聲。孫太恭人鐙下授唐人絕句數十首，皆熟復。

咸豐八年戊午　府君九歲

仍後項稼書明經學。

咸豐九年己未　府君十歲

從六叔祖父紫崐公學。

咸豐十年庚申　府君十一歲

正月,從同里莊賓書明經葆鴻學。明經見府君摹字範有法度,向人曰:"此子他日必擅書名。"

二月,洪、楊陷杭州,郡城震動。典簿公欲偕諸叔祖父同奉張太恭人辟主郡東南三十里鳳喈橋,吳氏曾祖姑太恭人暨諸叔祖父持異議不可。於是太恭人從六叔祖父辟來龍橋,七叔祖父子茂公、八叔祖父子顯公辟嚴家橋。典簿公不獲已,挈眷走鳳喈橋。謹案:府君《二欣室詩集》卷一《亂後還里》詩云:"庚申春二月,羽檄馳蘇杭。賊鋒已逼近,道路俱蒼黃。我父豁然悟,夢神詔異方。(自注云:正月間,家君夢白冉老者謂曰:爾求安處可鄉巽方云云。)祖姑家鳳橋,實在東南鄉。與母互商榷,從神斯吉羊。因不失其親,況賢垂訓詳。于囊檢長物,宗譜藏青箱。亟別親與友,曰寄延陵莊。相約同盤遯,見幾弗回翔。我生年十一,亦頗心閶傷。言念百年屋,得歸願儻償。戀戀別小園,依依循長廊。攝衣登快閣,旋踵到山房。(謹案:謂補讀山房,先大父讀書處也。)怪石拱而立,蒼翠挺松篁。土岡長且平,桃李含芬芳。堂北玉蘭樹,花開正霏香。玄兔蹲草地,紫燕語雕梁。籠鳥易攜走,狸奴不得將。微物皆可愛,況直好春光。患難復奚卹,骨肉猶分張。或作暫時別,此別非久長。"(下略。)此可見當時臨去依依情狀。後角里老屋全燬於兵燹,竟不得歸。

四月,郡城失守,百物蕩然,守屋男傭胡、女傭馮皆死難。

五月,典簿公再徙鳳喈橋西三里西河橋,買屋居焉。地辟民樸,典簿公慨然有終焉之志。

九月,大霖雨,聞七叔祖父殉難嚴村之耗。謹案:朱仙槎徵君《福清駕湖求舊錄·嘉興王子茂太學事略》云:年二十五,咸豐庚申四月,粵寇陷城,先期附外氏辟居嚴村。九月，賊肆擾及四鄉，鋒銳甚，君憤且懼辱爲虜，亟奔投水。賊躍而援之，更溺深處，卒殉。又聞六叔祖父被擄之耗，旋張太恭人無恙，來西河，八叔父踵至。

咸豐十一年辛酉　府君十二歲

三月，六叔祖父從亂中脫歸。

七月，張太恭人左肱瘍發，六叔祖父、八叔祖父相繼他去。府君隨典簿公、孫太恭人後，昕夕奉侍。

十一月，張太恭人卒。時難中困乏，典金珠爲喪費，仍一準乎禮，遠近來觀，數邨爲空。

是年，亂靡有定，府君廢學幾一年。典簿公以食指繁，遣散婢僕。自是孫太恭人親操井臼矣。

穆宗同治元年壬戌　府君十三歲

春，九祖姑母歸同邑姚邑庠廩膳生候選訓導諱德林。五祖姑母往依六叔祖父，旋歸嘉善馮太學生諱汝梅。是時一家星散，典簿公愁焉傷之，府君亦爲之流涕。

同治二年癸亥　府君十四歲

秋，典簿公之上海。

冬，警至，孫太恭人挈府君輩辟餘學港主，五祖姑母旋又別居。絕糧數日，未嘗干人，至以菽乳充飢。

同治三年甲子　府君十五歲

二月，郡城克復，東南漸次戡定。始知典簿公已由上海赴蘇州。是時，府君學爲詩，作《書懷》一首云：「我懷童丱時，秉性實愚魯。又復好嬉戲，有力氣如虎。能解蠟鳳皇，兼愛調嬰母。不厭騎竹勞，只愁讀書苦。一年耗光陰，半部完《論語》。他師怒我頑，示威施夏楚。獨有莊先生，對客輒稱許。尤善其臨摹，謂隨師步武。從游樂絃歌，動地驚鞞鼓。絳帳謝生徒，桃源覓處所。泛宅志和船，賃春伯通廡。百年守晏楹，萬卷遭楚炬。殘編三國志，稗官五雜俎。唯舅口舌靈，令儂手足舞。雖非承祚作，豈曰無小補。生當亂離時，願與英桀伍。我敬諸葛公，春容能擇主。三分定漢鼎，西蜀爲基礎。仲謀結奧援，季玉用知取。我愛周公瑾，輔弱能禦侮。天塹吼鬟師，阿瞞嚇腐鼠。兩賢猶綺年，一火走強虜。我今乃何如，問年已十五。請纓謝終童，入幕慚短簿。相國有曾侯，_{自注：時曾湘鄉總督兩江}。愛人若羊祜。江水望滔滔，欲濟乏舟艣。太息掩柴門，尚友還求古。"編年詩自此始。

四月，侍孫太恭人赴蘇州齊門新橋巷典簿公寓所。鄰居有李國珠參戎者，湖南人，治任將歸，其僮竊婢而遯，跡得之，紡於樹將斬矣，羣莫敢請。府君見之，良不忍，從容一言，李君怒立解，減死則以儆。他日謂人曰："王郎必貴，予故曲從之。"

同治四年乙丑　府君十六歲

遷寓護龍街憩橋巷，典簿公赴盛澤。

九月，從玉嘯三太學_{錫瓚}學。問學有吳某者，頑劣好弄，喜以火藥爲戲，府君戒之不悛。一日晨入館，太學未至，私以銅鑪實火藥斤許，將於屋內然之，府君大驚力沮，乃移於庭。有幼童俯鑪而視，府君適下階，力挾之去，而轟然一聲，吳某已創劇僵卧矣。府君以太學約束不嚴，立謝不往。

同治五年丙寅　府君十七歲

四月，遷居盛澤，從沈源父廣文_{文淵}學。時家困乏甚，典簿公命習賈，已成約矣，孫太恭人持不可而泣，府君亦泣，典簿公與三年期，必入泮，府君立應曰："諾。"自後益奮於學，至忘寢饋。

同治六年丁卯　府君十八歲

力不能從師，謝去自爲學。典簿公館無錫縣署。

十二月，往省典簿公奉歸度歲。

同治七年戊辰　府君十九歲

四月，復遷居蘇州，寓護龍街砂皮巷，仍自爲學。衛端生明經_{恩祥}一見奇之，知府君貧，招與游不計束脩。孫太恭人爲質銅鑪具贄。一日，明經以府君文過咤陸文端公_{潤庠}曰："此子才氣如野馬踔厲，若範以馳驅，則神驥矣。"文端公亦奇賞之，遂亦執贄列門下。時文端公猶未貴也。

同治八年己巳　府君二十歲

二月，回里應縣試，知縣事諸城臧可園大令_{均之}取列弟九名。謹案：正場首題"夫子焉不學，而亦何常師之有"。餘文詩題已不可考。古學賦題"春寒花較遲"，詩題"柳綫秧針，榆錢槐火"。又謹案：府君《春寒花較遲賦花均》云："當早施潤澤之功，培茲小草。若徒籲吹噓之力，陋彼唐花。"臧公批云："婉而多風，用意可嘉。"又《較均》云："如老來之富貴，尚待安排；假大塊之文章，能無計較。"復批云："作者當是晚成之器，且一生安穩，兆於此矣。"臧公人倫之鑑，綜府君一生若合符節，故不以其瑣而謹記之如此。

四月，應府試。知府事善化許雪門太守_{瑤光}取列弟十一名。正場首題"自耕稼陶漁"，餘題已不可考。

九月，應院試。學使兵部侍郎長沙徐壽蘅尚書_{樹銘}取入郡學弟三名。首題曰"學詩乎"，次題"庠者養也"，詩題"憶昔西尋山下園"得園字，覆試經題"四方風動，惟乃之休"。

十月，赴蘇州。

同治九年庚午　府君二十一歲

館珠明寺前金氏，從盧恂如明經慶勳問業。

七月，赴杭州應省試，未售。

同治十年辛未　府君二十二歲

正月，館小日暉橋唐氏。

四月，遷歸郡城，旋遷寓石佛寺鎮。訪吳春墅丈廷華於鳳啎橋。

十月，館盛澤。

同治十一年壬申　府君二十三歲

仍館盛澤。

同治十二年癸酉　府君二十四歲

正月，赴杭。

四月，歸里，假徐氏書舍攻學至劬。

同治十三年甲戌　府君二十五歲

館蘇州湯氏。

秋，聘先妣沈太恭人。太恭人爲秀水嘉慶丙子舉人諸暨縣教諭誥贈資政大夫諱洛孫女，附貢生候選訓導署理太平縣訓導貤封翰林院編修晉封朝議大夫府君次姑壻諱琮寶次女。

德宗光緒元年乙亥　府君二十六歲

主蘇州顏家巷外伯祖父書森太守瑋寶。

四月，孫太恭人卒。府君聞耗星奔，至已不及視含斂，府君引爲終身之痛。謹案：《二欣室文集》卷二《先妣孫太恭人行略》云：先妣辟亂時，患喉痺之症，時發時止，累謁名醫，迄不能差，後乃寖劇。又《記事珠》云：竟延及外脣，食飲殊艱，以至不起。彌留之際，渴望某歸。而不孝夢夢，曾無齧指之感。此則罔極之慟，於天莫釋者矣。

八月，館潊浦。

九月，次姑母哀毀卒。府君聞耗，不能歸，客中悲慟。枕席常有涕泣處。

光緒二年丙子　府君二十七歲

仍館潊浦。

光緒三年丁丑　府君二十八歲

二月，赴武昌，謁平湖王曉蓮廉訪大經。旋赴黃陂，應徐金坡太姻丈鑾之招。時丈權黃陂令，留一月即求去。

七月，服闋。

八月，還里。

十月，先妣沈太恭人來歸。

光緒四年戊寅　府君二十九歲

四月，科試一等弟二名，補廩膳生，學使爲黃恕皆侍郎倬。

七月，館蘭谿縣署，遇衡山陳伯商編修鼎，論文至契。歲杪，還里。

是年，步青公補縣學生。

光緒五年己卯　府君三十歲

仍館蘭谿公。暇攻學至劬，記誦眠食，皆在一室，不履閾者兩閱月。

二月，不孝邁常生。

光緒六年庚辰　府君三十一歲

館鄞縣。

七月，典簿公病痁殊劇，府君得訊歸省，至九月乃瘳。

光緒七年辛巳　府君三十二歲

館海寧州署，挈眷往。

是年，始竺志爲六朝文，桐城嚴緇僧庶常_辰見而奇賞之。

光緒八年壬午　府君三十三歲

秋，赴杭應省試，未售。

光緒九年癸未　府君三十四歲

四月，自海寧挈眷歸里。

十月，赴象山校閱試卷，共三百餘名。府君一人獨任之，窮日夜之力，惟恐屈抑。榜發，士論翕然。

十二月，歸里。

光緒十年甲申　府君三十五歲

四月，赴廣東，應長白瑞芾侯方伯_璋之招。時方伯署廣東鹽運使，委辦文案事宜。既兼陽春書院山長，一日，方伯屬題贈龔藹人方伯_{易圖}珠江送別圖作柏梁體一篇。張文襄公_{之洞}時總督兩廣，見之，譽不容口，以爲可比古作者。自是方伯益推重矣。

是年，遇武進黃旭初布衣_{山壽}，譚藝至契。

光緒十一年乙酉　府君三十六歲

三月，歸里。科試一等弟十五名，古學弟二名，試拔萃已取中矣，以科試正場卷中有空葉，臨填榜易去。

秋，赴省試，不售，歸病痁殊劇。沈太恭人昕夕禱於庭，額爲之瘇，涉冬乃瘳。

冬,粵電趣行,遂力疾往。旋瑞莘侯方伯擢江西按察使,十二月,偕回上海度戲。

光緒十二年丙戌　府君三十七歲

二月,瑞莘侯方伯入京陛見,府君偕往,寓金魚胡同賢良寺。甫卸裝,即病濕熱,爲太醫所誤,竟至昏瞀。後得褚融父比部錦春,道以清化之劑,始轉危爲安。五月,扶病回里,途中暴熱,日飲冰水,病若失。

八月,赴江西,夜泊九江,得詩云:"夜泊古潯陽,東南舊戰場。臨江猶戍鼓,斷岸獨危檣。野老餘鋒鏑,將軍幾國殤。偶來一憑弔,烟月劇蒼涼。"自謂何減唐人。

光緒十三年丁亥　府君三十八歲

正月,歸里。謹案《二欣室記事珠》云:同事蔣某嫉予,把持公事不與辨,予不欲與之齗齗,遂託故言去,瑞師大怪之,予亦不明言云云。

四月,館平湖縣署。旋瑞莘侯方伯累書相招,不獲已,復往。

光緒十四年戊子　府君三十九歲

秋,回里。赴省試,未售。

十一月,復之江西。

光緒十五年己丑　府君四十歲

七月,回里。應遺才試學使南海潘繹庼學士衍桐策問秦楚之際諸國形勢,置弟一,以爲博贍出衆。

八月,恭逢恩科,中式本省鄉試弟八十九名。《四書》題首"君子之道孰先傳焉,孰後倦焉,譬諸草木,區以別矣",次"日月星辰繫焉",次"由孔子而來,至於今,百有餘歲,去聖人之世若此其未遠也,近聖人之居若此其近也,然而無有乎爾,則亦無有乎爾"。詩題"與君約略說杭州得州字",經題首"故水火相逮,雷風不相悖,山澤通氣",次"予欲聞六律五聲八音在治忽,以出納五言,汝聰",次"兩服上襄,兩驂雁行。叔在藪,火烈具揚。叔善射忌,又良御忌。抑磬控忌,抑縱送忌",次"於越入吳,秋,公至自會",次"使其聲足樂而不流,使其文足論而不息,使其曲直繁瘠廉肉節奏足以感動人之善心而已矣"。策問題繁,不備載。謹案:二欣室己巳年日記十一月十一日記云:房師柳質卿先生云:"君初列二十四名,以《易經》文主宋儒說,爲李仲約少詹所不喜,遂抑置。"又謹案《二欣室隨筆》云:陳伯商先生謂予曰:"昨者仲約謂此次浙闈文甚佳,而詩多不愜意,率用三竺六橋等字,是約略說西湖非杭州也,惟王某詩不犯此病,實冠通場。"正考官詹事府少詹事順德李文誠公_{文田},副考官翰林院編修衡山陳伯商編修_鼎,同考官大挑知縣元和柳質卿大令_{商賢}。九月,赴杭。大令謂府君直以古文爲經文,編修本故人。初,府君原諱厚培,食廪餼後易今諱,編修初不知。及榜發,或告之,編修大喜曰:"蘇東坡失李方叔,而我暗中摸索得故人,予勝大蘇矣"。又曰:"王某鄉不服予,今竟何如邪?"

光緒十六年庚寅　府君四十一歲

閏二月,偕凌衡父年丈_{和鈞}、李少軒年丈_{兆祥}入京,寓南橫街嘉興會館。時梨園競尚秦腔,其聲楚厲,府君愴然曰:"國其衰乎?何聲之哀也。"

保和殿覆試,取列二等。

三月,會試,會病發,草草蕆事,未售。適瑞芾侯方伯擢江南布政使,同行出京,至上海,府君歸里。

十月,赴江寧。

光緒十七年辛卯　府君四十二歲

二月,歸里,旋復赴江寧。

十二月,歸里。

光緒十八年壬辰　府君四十三歲

二月，計偕入京，應禮部試。抵天津，又病發，至京加劇，未與試。

四月，與金籛孫年丈兆蕃同行歸里。

六月，赴臺灣，應邵筱村中丞友濂之招。時中丞任臺灣巡撫，委辦撫院文案事宜。

秋，作《臺灣秋興》八首云："西望澎湖數點青，奇峰六六壯滄溟。山多虺蜴烟雲毒，地近蛟龍草木腥。織网鮫人栖窟穴，數錢姹女掌門庭。版輿爲考興朝績，一柱天南拱外屏。"其一。"藩籬無使吠驚龐，臺北臺南健牡雙。海若百年空頓響，山精五夜暗窺窗。炎風吹雨秋先至，凍霰流雲冷不降。斗酒危肩竟何事，觀濤孤負廣陵江。"其二。"治國新書續考工，經營草昧亦英雄。橫馳疾電來天外，直激飛流出地中。塞雁傳書愁遠道，雲龍潤物策奇功。將軍大樹留餘蔭，赤嵌城邊夕照紅。"其三。"百兩鋒車走怒雷，危涂苦費五丁開。亂山蒼莽羣番窟，列戍森嚴上將臺。東指榑桑看日出，西通窮髮款關來。不容甌脫沈沙水，籌筆樓高薙草萊。"其四。"筆架凌虛玉案西，木岡遠障柳林迷。山中新社供番酒，海上寒茄咽戍鞞。薯蕷香凝飢鼠攫，桄榔樹禿怪鴉啼。郊原冷落秋心迥，一路清陰縱馬蹄。"其五。"豓絕蠻花繞畫闌，桶裳魋結禮尊官。登臺有夢思巫峽，竊藥能靈入廣寒。當户子孫羌校尉，梨渦夫壻漢衣冠。爲郎梳就盤龍髻，百襉羅裙繡彩鸞。"其六。"爲籌生計拓蠻疆，陰厲全消致阜康。林壑無霜凋衆綠，邨寮有賦貢留黃。流沙滾滾金銀氣，湛露溶溶黍稷香。比户人聲含樂歲，絃歌何日遍炎荒。"其七。"文獻其如杞宋何，延平事蹟半消磨。神祠月黑狐狸舞，喬木烟荒魑魅過。鎮惜叢殘湮老屋，虛聞耆舊述名科。天涯別有無窮感，獨立西風發浩歌。"其八。謹案：此詩曾單行付梓，府君頗自意，以爲近杜老蒼涼之作。今歲二月十七日《二欣室日記》

云：籛孫自當湖來，戲謂之曰："某死後，君若仍操選政，拙詩《臺灣秋興》八首幸留意焉"。籛笑諾。籛謂金籛孫年丈也。是時若已露朕兆，而不孝等昏罔無知，終罹大戚，百身莫贖，尚何言哉？今謹將此詩列於譜中，亦秉府君遺意焉。

光緒十九年癸巳　府君四十四歲

三月，在海防出力，案內邵筱村中丞奏保，以知縣不論雙單月歸部銓選。五月二十四日，奉旨依議欽此。又以撫番出力，獎給五品頂戴。

十二月，內渡還里。

光緒二十年甲午　府君四十五歲

二月，赴禮部試，薦而未售。同考官為翰林院編修元和汪蘭楯編修鳳藻。先是，朝廷意在懷柔，有總理各國事務衙門之設。至是，府君為某公論之，以為吾國開海禁以來，一大弊政，莫如設總理衙門。自古治天下之權在君，而輔之者宰相也。今之軍機處即明之內閣，今之軍機大臣即明之入閣辦事之大學士。二十餘行省，四夷百蠻之事，何一不當於軍機處治之，而必欲另設一總理衙門乎？中國之勢強，則外洋交涉之事易辦，總理衙門之設與不設，固於事無關也。中國之勢弱，則總理衙門之權實操於外人，而各大臣僅不過代彼一奏，無不拱手聽命。賢者惟有切齒腐心，不肖者反與結交，挾以為重，深根蒂固，卒難動搖。且有得其賄賂，輸以重情，種種弊端，皆從此起。又曰：今之號稱通達洋務者，以能奉承洋人為弟一流。某公亦為之憮然。

五月，南還。時與日本開釁，邵筱村中丞奉旨偕張樵野侍郎蔭桓東渡議和，欲府君同往。府君知彼狡，難以口舌爭，謝之。八月，赴湖北應城，祝歸馮氏祖姨母六十壽。十月，歸里。

光緒二十一年乙未　府君四十六歲

二月，入京應禮部試，仍薦而未售，同考官爲翰林院編修大興惲薇孫學士_{毓鼎}。是時南海某公好結納，以聲氣傾天下，見府君，亦欲以言餂之，府君深知其爲人，力辟不與通。

四月，割臺灣及澎湖與日本。平時臺灣布政使某公護理巡撫自立名號，欲與日本抗。報至，朝廷爲之動色。錢恭勤公_{應溥}時在軍機，以詢府君，府君曰："驕奢淫佚四字盡之，某測不足支十日，遑言成事。"後七日而某公遯。府君有詩以哀之云："軍書旁午走天街，和戰紛紛計未諧。郭令請行盟黨項，賈山議決棄珠厓。登陴有誓窮臣力，郤敵無能慰聖懷。滿載歸裝滴水隱，婦人醇酒盍安排。"其一。"蟬蛻功名亦狡哉，孤城蕩蕩戟門開。三千珠履成殘客，卅六洪鑪鑄橫財。黃歇浦邊揮手去，要離冢畔戴頭來。烟雲變幻渾閒事，誰向昆明問劫灰。"其二。

五月，出京，道出天津津海關道，盛杏孫尚書_{宣懷}委辦西沽分關稅務。

十月，黃花農觀察_{建筦}代理津海關道，聘兼集賢書院山長，既又兼輔仁書院山長。

光緒二十二年丙申　府君四十七歲

三月，應天津道高□□觀察_{駿麟}，兼辦道署文案事宜。時府君以一身攝四事，事皆舉，未嘗延誤。

光緒二十三年丁酉　府君四十八歲

三月，得沈太恭人病耗南還。_{庶生母顧太孺人來歸。}

五月，沈太恭人病小差，府君復赴天津。

六月，又兼楊村工部關木稅事。

八月初十日，沈太恭人卒。府君於十七日始聞耗南還，作悼亡詩六首哭之。

十月，奉典簿公率眷屬北上。

光緒二十四年戊戌　府君四十九歲

七月，文華殿大學士、北洋大臣、直隸總督長白榮文忠公_祿委辦督署文案，兼諸事如故。初七日，_{大妹長姊}生，府君名曰蓮常，旋殤。十三日，典簿公卒，府君哀毀甚至。

十月，長白裕壽山制軍_祿繼爲北洋大臣、直隸總督。是時有以千金請易一言者，府君笑謝之。

光緒二十五年己亥　府君五十歲

夏，聞吳春墅丈之喪，府君爲位，哭之慟。

十一月，爲_{不孝邁常}授室，娶秀水陳長蘆候補鹽巡檢諱守文女。

光緒二十六年庚子　府君五十一歲

四月，義和團由山東蔓延及京津。

五月，_{不孝遵常生}。義和團益昌蹶，十八日，命_{不孝邁常}護眷屬至西沽。裕壽山制軍初尚猶豫持兩可，至二十日，忽撫定拳衆，與外人開釁，府君力爭不可。謹案：府君《庚子京畿聞見錄》卷一載諫裕壽山制軍密函，略云：查拳民所稱種種神奇，實不可信，況聞京、保、津、沽鐵路電報皆被毀壞，該拳民豈不知爲國家所設，竟敢悍然不顧，一概擾燒，則是甘犯大不韙而作亂矣。即謂洋人侮我太甚，可藉此伸國威，則從古未聞倚亂民立國者。以一服八，何異鄒人之敵楚？兵端未可輕試，況畿輔重地，密邇神京，萬一震驚乘輿，將何以持其後？如謂拳民實有法術，能辟槍炮，何勿令該拳民頭目等人如牆立，我先用槍炮試之。（自注云：我之欲令拳匪頭目排立，試以槍炮，實欲殺之以弭禍亂。蛇無頭而不行，若殺數巨魁，則餘匪及百姓皆恍然其無能爲矣，竟可一時盡散。惜乎裕帥之不從也。）即使果不能傷，亦只可聽該拳民進攻，使聲言僅與法人爲難，而我軍爲後應。如拳民敗退，即聚而殲旃不爲冤。如幸而取勝，我亦乘勢而進。然某某之愚，以爲必無是事也。（下略）其後事益急，幕客星散，獨府君與二三人留不去。壇軍大感喟，恨相知之晚。六月十七日，天津失守，府君猶在督署。繼知制軍已出走，乃行。時眷屬在楊柳青，府君至，復遷勝芳。匝月，京師破，乃走滄州。書籍三萬餘卷及手稿一笈，盡毀於兵燹。

十月，挈眷屬南還。

十一月，服闋。

十二月，先繼妣金太恭人來歸。太恭人爲秀水道光乙未恩科武舉人諱國慶孫女，武庠生候選都司敕授昭武都尉諱大鏞女。

光緒二十七年辛丑　府君五十二歲

里居，成《憶存詩草》一卷、《庚子京畿聞見錄》二卷。

去歲，許文肅公景澄、徐忠愍公用儀被殺，府君哭之慟。兩公在時，皆許府君爲國士。至是年秋，兩公皆蒙昭雪，府君輓以長聯。輓許公云："勇比楊椒山有膽，危局進讜言抱此丹心應普照；少與袁景倩齊名，良朋期努力可謂白首同所歸。"輓徐公云："臣何幸而誅，痛當時白馬冤沈誰持公論；帝不知其死，看此日金雞詔下始見天心。"

是年，不孝邁常以弟二名補縣學生。

光緒二十八年壬寅　府君五十三歲

三月，入京謁選，寓楊竹斜街，既遷南橫街嘉興會館。

四月，長孫女生，不孝邁常出，府君命名曰任孫。

五月，借練兵馬司副指揮籤分中城。

六月，叔弟生，府君名曰蓬常，字曰萊叔。

是年，不孝邁常科試一等，補增廣生。

光緒二十九年癸卯　府君五十四歲

二月，恭辦兩宮祗謁西陵御車供應事宜。

七月，揀發廣西知縣。二十日，赴頤和園，吏部帶領引見兩宮御仁壽殿。廿一日，奉旨王某某著以知縣，發往廣西差遣委用，欽此。廿三日，赴鴻臚寺謝恩。

八月，出京歸里。

十一月，赴廣西，刻一印曰"儀龍軒"，既又易爲"師龍"而爲之說曰："昔于清端公成龍爲羅域令時，堅苦卓絕，殆無倫比。其一生勳業，實基於此。而吾越汪龍莊先生輝祖自幕入官，無日不以百姓爲心。今拈此二字顏吾齋，庶幾有所則效，不負斯民。顧以予之陋，何敢妄希二公。語云：雖不能至，心鄉往之。"府君尤服膺龍莊先生，謂境遇亦多類，曾爲文述之。

十二月，抵桂林，辦理全省統捐總局文案事宜。

是年，成《景行劄記》一卷。

光緒三十年甲辰　府君五十五歲

五月，眷屬到桂。

七月，督理梧州中關稅務。次孫女生，不孝邁常出，府君命名曰蕙孫，旋於乙卯春殤。

光緒三十一年乙巳　府君五十六歲

六月，次妹生，府君名曰葆常。

光緒三十二年丙午　府君五十七歲

二月，赴桂林，經大急灘，水石相激，勢最險惡。府君易書爲大吉，曰："願此後行人皆履坦蕩。"留十日而反。

四月，交卸督理梧州中關稅務，赴桂林。時布政使某公年少氣盛，視僚屬如無物，府君曰："某當有以折之。"一日，某公問及稅務曰："聞三關積弊甚深。"三關者，梧州上中下三關也。府君正色曰：

"弊尚不可，何云甚深，所謂甚深者何在？"某公默然。府君復曰："某主辦中關商者，樂趣每歲贏收大萬，公不審而漫言之，某不敢奉教，請徹究聽劾。"同坐者咸屏息躡足，令弗言，而府君侃侃言如故，某公爲面頰汗下。自後鋒稜少歛。長白某太守亦曾面折之，同僚相謂曰："某公爲鐵嶺太原所教，面目大改矣。"時稱"強項一守，強項一令"，一守謂太守，一令府君也。

八月，署理永淳縣事。初，某公銜府君，甚欲登白簡。一日，問所親王某何如人，曰："不要錢，知愛民，循吏也。且亦居節幕，久由乙科官邊徼，不能出所薀，中懷鬱鬱久矣，頗思一朝轟烈，藉微罪行，則得名去耳。"某公乃止。至是，王鐵珊方伯芝祥、丁少蘭京兆乃揚、方觀察粵西又力薦循良，不得已，乃委署。叔弟殤。

九月，赴永淳縣任。永淳羣山複沓，故多盜。府君下車，即至邊境巡視，使民相守望，行聯團互衛之策，並築闌閘以堅守。終府君之任，匕鬯不驚。初當道聞之，笑以爲迂，既而大服之，令各縣放行，亦多治。府君又相土之宜，知永土紅潤，有宜茶者，有宜木者，誘令開墾，各鄉先後栽松柏茶櫃等，至四五千六七千本不等，北鄉又夥。又與紳衿等議立廣植會以主之，並廣儲種植各書以備徵考，求改進。

光緒三十三年丁未　府君五十八歲

四月，又出巡，以兼旬周歷十有四村，由化龍而甘棠，而古拉，而鹿盧，而零竹，並紆道古城、平木、六吉、長運、梧李、黃平、路葦等處，諮詢村老，問疾苦。常徒步越峻嶺，足重繭不恤也。謹案：《清稗類鈔·吏治門》載此事甚詳。

五月，當道以府君不善奉行新政，調省。民方望治，累電挽留，不聽，皆咨嗟，有雪涕者。瀕行，作《四愛說》訓學堂學生。四愛者，愛國、愛親、愛名、愛羣也。

七月十二日，卸任。過平樂，知府事瀏陽歐陽節吾廉訪中鵠種府君在永淳辦水利最善，當道曾通飭各府縣，以府君所辦水利爲準則。府君曰："自信所舉，辦聯團弟一，學堂次之，禁賭又次之，水利則在弟四矣。"

八月，至廣州，會辦臨全大江梧局鹽務，旋赴梧州。

九月，季弟生，名曰蘊常，字曰季閎。

光緒三十四年戊申　府君五十九歲

正月，赴廣州，即歸。

二月，三孫女生，不孝邁常出，府君命名曰安孫。忽病臂，數月不瘥，醫謂觸冒山瘴，侵入筋骨所致。歷試百方，涉夏始少愈，自後觸寒即發。

三月，督理古尼土膏捐局。

四月，率眷至桂林，轉赴古尼。

七月，飭護勇修刁嶺等處道路。

十月，聞兩宮上賓之耗，府君自記云：某雖一介微臣，又遠在邊徼，然五中震駭，寢饋不安，翹企神京，心魂馳逐。

十一月，府君以舉行哀典，日衝濃霧行里許，遂患痁，數日始差。

是年，成《猺狪獞苗述略》一卷。

宣統元年己酉　府君六十歲

三月，交卸督理古尼土膏稅務。

四月，不孝邁常以廣東學務公所實業科科長奉令，赴日本調查實業狀況，府君詔慎密將事。

八月，葬三弟於桂林南關外郭家山趾，府君伐石書丹識之。

九月，有人自歐西來者，豔稱外國之富強，府君正爲之曰："孔子不云乎？不患貧而患不均。今西洋富者千百大萬，貧者至不能畜妻子，其不均甚矣，安得謂之郅治？以君所言，其富者奢侈淫佚，至於此極，斷非恒久之道。"言者乃默然而退。

十二月，補授富川縣知縣。<small>不孝邁常</small>監督兩廣高等工業學堂，兼長工業教員養成所。府君以位高責重爲虞，所以告戒之者甚至。

宣統二年庚戌　府君六十一歲

七月，赴全州查辦案件，當道即欲府君署理州事，府君持不可，曰："以查案之人署所查之缺，此風不可開。雖某無私心，人其謂我何？"一時頌風誼。四孫女生，<small>不孝邁常出</small>，府君命名曰穗孫，旋於癸丑夏殤。

十一月，飭赴富川縣本任。

宣統三年辛亥　府君六十二歲

正月，赴富川縣任，兼署縣學教諭暨鐘山理苗通判。縣民蠻悍，動輒聚衆械鬭，府君以爲徒用文告，空言無補，惟有多設學塾，文化漸靡，十年以後，或當有效。下車首諭各團總添設簡易識字學塾數十所。

四月，讞一訟案，事涉風化，而情有可閔，因傳兩造和解，委曲矜全，賜以鼓吹花炮，令當堂成昏。兩家皆説服，觀者數百人，同聲歡呼讚頌。府君用六朝文體批判，一時遠近傳鈔，稗官至以入小説，人謂百年來所未有。

六月，約湖南江華縣江小淵大令<small>瀚</small>會戡龍窩、甕水兩村械鬭案。兩村爲湘桂錯壤，世仇積數十年不決，府君亭其獄，畫兩界相接地爲甌，脱禁樵採，兩縣民皆服。<small>謹案：《清稗類鈔》亦載此事。</small>自此聲聞鄰省矣。

七月，<small>不孝邁常</small>至富川省視。

十月，栗頭源水巖壩礦局分廠被砂丁搶劫，傳當道將調大兵洗剿，於是砂丁聚衆數百人結盟爲抗，勢洶洶。府君聞變，帥三數騎馳往喻之，告以但罪首惡，如有大兵，某當以身家保。時觀者塞涂，皆呼"真好官"，衆亦散去，罪人斯得。

十一月，五電乞退，不許。時革命軍起，土匪乘之，勢岌岌不可終日。府君憂懼，欲遣眷屬歸里，謂予已將此身許富川矣。家人皆泣，不願離。

十二月，邊警疊至，府君犯寒乘障，常至終夜。

中華民國元年壬子　府君六十三歲

正月，謹案：本譜此下日月仍沿夏正。始聞宣統皇帝退位之訊，府君又疊電乞退。

二月，卸任。

三月，赴桂林。瀕行，縣民相率祖道，遠送出縣境，皆嘆息曰："好官去矣。"有哭失聲者。經湖南永明縣境，永明之人相謂曰："王令君好官，富川人奈何任其去邪？"

九月，由桂林起程言歸。至十一月初六日，始抵里門，賃居城東西埏里姚氏之廬。府君自記曰："遠宦十年，清貧如故，所幸骨肉團聚，親友歡迎，排日張筵，以聯情話。疇昔誓墓，不取造孽之錢，今能踐言，差堪仰慰祖宗也。"

中華民國二年癸丑　府君六十四歲

三月，海上諸寓公假淞北徐園小蘭亭修禊事，黃旭初布衣來約府君，後六日始往，因效梅村補禊古事賦詩。

四月，五孫女生，不孝邁常出，府君命名曰飴孫。

七月，府君患痧，神昏口噤，延醫施鍼砭始愈。

十月，讀吳梅村詩，至《偶見》云："新更梳裹簇雙蛾，窣地長衣抹錦靴。總把珍珠渾裝却，奈他明鏡淚痕多。"及《賞菊》云："坐來豔質同杯泛，老去孤根幸瓦全。苦鄉鄰家怨移植，寄人籬下受人憐。"不覺嗚咽流涕。

是年，不孝邁常長雙林統捐徵收局。

中華民國三年甲寅　府君六十五歲

正月，奉典簿公暨孫太恭人柩，合窆於石佛寺西半里而強。冥適陳氏姑，其家式微，亦迎柩祔焉。

五月，倩郭季人丈似壎繪《牆東耕饁圖》以見志。

八月，赴北京，留一月歸里，旋赴江寧，十一月復歸。

十二月，斥貲修張公束丈鳴珂墓。

是年，爲不孝邁常納側室羅氏，賜名曰榴。

中華民國四年乙卯　府君六十六歲

正月，赴江寧。

三月，聞金太恭人病耗，歸里。廿七日，太恭人卒，府君作六詩哭之。

四月，再赴江寧。

七月，赴蕪湖，旋赴徐州，晤張少軒上將軍勳，留七日反寧。

九月，赴震澤。

十二月，歸里。

中華民國五年丙辰　府君六十七歲

正月，赴震澤。長孫生，不孝邁常出，府君聞訊喜甚，命名曰禾孫，謂望孫之願至此始遂，因名。丙、戊之際，所爲詩曰《含飴集》。

二月，歸里。

五月，赴震澤。時大總統袁世凱稱帝，改元，各省多獨立，於是宵小乘機騷動，府君作《老革謠》一篇刺之。

十月，歸里。

十一月，赴江寧，旋赴徐州，留三日反寧。六孫女生，不孝邁常出，府君命名曰芝孫。

十二月，歸里，旋赴平湖，挈不孝邁常及季弟同往，留二日歸。

是年，不孝邁常長閘口統捐徵收局。

中華民國六年丁巳　府君六十八歲

正月，赴杭，旋復赴江寧。

五月，歸里。

八月，作《感舊》詩，首衛端生明經，次外伯祖父沈書森太守，次沈太恭人大母外曾祖母蔣太夫人，次衡山陳伯商編修。

中華民國七年戊午　府君六十九歲

三月，沈乙盦師曾植、陶拙存丈葆廉皆自上海來會，流連詩酒，府君樂甚，謂其快無能狀之。與沈師暨吳子梨丈受福、盛萍旨丈沅、岳斐君丈廷彬、金甸丞丈蓉鏡會於南湖高士祠，以歐法寫景，府君題曰"六老圖"，作《六老圖記》。時吳年最長，七十有四，盛七十三，岳七十二，沈與府君同，金齒為殿，亦六十有二矣。

是年，不孝邁常長王家莊絲繭捐稽查局。

中華民國八年己未　府君七十歲

二月，浙江通志局來聘為纂修，任職官、海塘兩門。赴杭州，留四日反。旋赴上海，祝沈乙盦師七十壽挈，不孝邁常同往，並使受業焉，留三日反。

五月，與金甸丞丈論南堰白苧橋碑記體裁，書札往還甚頻。

六月，鴛鴦湖烟雨樓落成，府君作詩四首付梓張之，和者甚眾。

八月，遷入斜橋沈氏屋，自後即名詩草曰《斜橋集》。

十月，府君七十誕辰，先期詔不孝等不得張筵宴，沈乙盦師、張菊生年丈元濟、徐仲可年丈珂、金籛孫年丈皆有詩文來祝，府君爲辭以自贊，曰："生不逢辰蝨亂世，負米廬貧恩書記。老博五斗走萬里，寄奴崛興百奴寄。陶潛一醉瞑勿視，何哉此叟不若渠，心爲刑從諡爲愚。"

是年，不孝邁常長餘杭統捐徵收局。

中華民國九年庚申　府君七十一歲

正月，赴平湖，挈不孝邁常及季弟同往。登弄珠樓，賦詩，留五日反。

四月，復赴平湖，留二日反。

十一月，命不孝邁常受業太倉唐蔚芝師文治門下。

中華民國十年辛酉　府君七十二歲

四月，赴上海，留七日反。郡人有《檇李文繫》之輯，推府君任嘉、秀兩邑。

六月，七孫女生，不孝邁常出，府君命名曰祐孫，旋殤。與金甸丞丈謀續修《秀水縣志》。出見挽車夫奔走烈日中，氣若不能續者，府君見而閔之，作《車夫歎》，自後出行遂多安步當車矣。

八月，不孝邁常長烏鎮統捐徵收局，府君適病痁，屬速行，弗曠所守，兼旬始愈。

中華民國十一年壬戌　府君七十三歲

正月，修《秀水縣志》文苑各傳。

三月，放香山故事，舉九老之會。九老者，首陳練江丈枝萬，八十有四歲；次屠明譜丈宗培，八十有二；次錢理甫太媧丈燮榮，政八十；次盛萍旨丈，七十七；次岳斐君丈，七十六；次陸費子芍丈煦；次府君，同歲；次邵敬之丈承炘，七十一；次謝芷汸丈希傅，政七十。以歐法寫景。

五月，府君以求書者日衆，病臂不能多役使，因乞沈乙盦師定書例杜之，更自為辭曰："冰鏡老人年七十，涂鴉原不一錢直。但思世界林林儔，得錢乃肯爲人役。顧我衰老一臂枯，何況費筆又費墨。今年索書先索潤，起例發凡視此格。"

九月，知縣事汪公楚生瑩宴九老於約園，陸費子芍丈以病不能與，乃請步青公補之，仍符九數，並繪《約園敬老圖》，謀勒石垂久遠。府君作題辭曰："九人六百八十九，白髮婆娑會莫春。難得重陽仍聚首，攝來小景更傳神。閒居何幸逢賢宰，鄉飲殊慚忝介賓。栗里高風懷靖節，桃花古誼感汪倫。吟詩許我陪羣彥，入社隨兄步後塵。此樂香山獲未逮，壎箎並奏鞠芳辰。"自注：圖畫家兄奏洞簫，而予撫琴也。

十月，聞沈乙盦師薨於上海，為愴然不樂者竟日，作四詩哭之。

十一月，倩潘叔和布衣繪《行樂圖》，錢新甫太姻丈駿祥、吳絅齋年丈士鑑皆有題詠。

十二月，沈乙盦師靈柩回籍，府君往迎，哭之慟。

中華民國十二年癸亥　府君七十四歲

四月，以聚珍版印舊作《彩雲曲》，並本事及吳江孫紹襄軍門金彪佚事，題曰《兒女英雄逸史》。

六月，左股爲蜘蛛螫傷，寖至腫潰，歷兼旬始愈。

八月，登煙雨樓，慨然有舉目河山之異，倚《百字令》兩解云："登樓望遠，忽無端，動了悲時懷抱。莽莽神州爭逐鹿，一聽錢神顛倒。說客從衡，旁人俾倪，短夢邯鄲道。阿瞞知不莫須，鑪火烘了。　當日百萬窺江，周郎屈強，天湊東風巧。橫槊高歌歌未闋，斷送兒郎多少。暴虎馮河，教猱升木，總被狂生笑。漁陽撾鼓，禰衡今有同調。"一解。"釣鼇磯上，更憑闌，一望斜陽平楚。消息征鴻天外至，蒼狗白雲無數。蠻觸紛爭，梟盧猛唱，肯學袁公路。短兵銜袖，算來終讓刀布。　贏得木石吳兒，昂頭奔走，餘勇真能賈。傀儡登場隨綫索，可似白題胡舞。耳後生風，鼻端火出，那得還如故。何如醇酒相君，胥史酬呼。"

十一月，_{不孝蓮常}卒業於唐蔚芝師門下。次孫生，_{不孝邁常出}，府君命名曰荔孫，旋殤。

是年，_{不孝邁常}會辦吳興財政公所。

中華民國十三年甲子　府君七十五歲

正月，平湖尊古講舍來聘爲山長。

二月，至東郭，觀徐太僕舞蛟石，作《觀舜蛟石記》。

四月，與及門唱和，作《飢鹽辭》四首，其三云："搖床無暇顧嬌兒，常恐兒啼正苦飢。鹽不能啼飢愈苦，仗儂熨帖要儂思。"詔_{不孝蓮常}曰："此實宰相襟抱，爲民牧者不可無此心。"

六月，瘍發於股，醫言老年氣弱，濕熱下注所致，然猶日涉城北寄園品茗，不覺苦也。數十日始愈。

八月，蘇、浙主兵者交鬨，擾及閭左。府君偕步青公挈眷辟鳳喈橋。

九月，事平，歸里。

是年，_{不孝蓮常}主講無錫中學。

中華民國十四年乙丑　府君七十六歲

三月，有人言北事甚詳，府君爲雪涕。既倚垂楊，詠春柳云："靈和縹緲，但殿庭瞳瞳，翠烟縈繞。日影罘罳，亂鶯飛入東風峭。章臺霧，忘昏曉。問前路，方壺圓嶠，綰柔條吹徹陽關，把玉杯頻倒。偷覷龍池裊裊，任風妒雨欺，絮飄萍攪。倦眼惺忪，頑仙痴睡何時覺。愁聽杜宇聲聲叫，試回顧，餘青未了。更憑誰，喚取春歸長安道。"

六月，邑人籌設檇李文社，推府君主之。廿三日，季弟離時疫暴卒。初，弟游學海上，丁五卅之變，奔走號呼，憤激憂鬱，至於昏厥。府君聞之，召還，至是竟至不起。府君大悲，心氣如此傷矣。

七月，三孫生，_{不孝邁常出}，府君悲懷少解，命名曰意孫。

十一月，輯《古今醫術最錄》四卷成。

是年，_{不孝邁常}兼主無錫國學專門學院講席。

中華民國十五年丙寅　府君七十七歲

七月，爲_{不孝邁常}聘桐鄉馮康熙癸丑舉人、刑部左侍郎、崇祀鄉賢祠諱景夏八世孫女，雍正乙卯舉人、乾隆丁巳進士、安徽巡撫諱鈐七世孫女，太學生諱元鑾孫女，邑庠生候補縣丞諱汝濂女。

八月，步青公卒，府君以季弟爲其後。季弟與同邑申氏冥昏，復以意孫爲季弟後。季弟，步青公所夙愛也。

是年，_{不孝邁常}會辦紹興財政公所。

中華民國十六年丁卯　府君七十八歲

正月，國民革命軍抵定浙江，潰兵四出焚掠，閭里騷然。府君力持鎮靜，卒無恙。

十一月，恭和咸豐十一年文宗出狩熱河時諭諸臣詩曰："微臣淚雨濕綈袍，攬鏡頭顱没一毫。大地山河成幻景，中原人畜只殘膏。鼎新革命還如故，讖兆當涂不見高。痛哭昭陵愁遠道，封章可許達仙曹。"

十二月，_{不孝邁常}聘室馮以瘵卒。

是年，_{不孝邁常}任浙江財政廳秘書，旋調長武康統捐徵收局。不孝邁常移主上海光華大學講席，旋又兼主大夏大學講席。

中華民國十七年戊辰　府君七十九歲

三月，往各祖塋祭掃，自記曰："小豬匯施家池頭祖塋，當道光之季，先祖考廣文公自相吉壤也。予愧不諳堪輿之術，然識其藏風聚氣，其後尚有餘地，予思他日葬此。自注：予柩正中，沈恭人左，金恭人右，他日側室顧當在金恭人之右。記此以示兩男，當遵行之。"自注："我欲葬此者，施姓司墓已歷四世，其子姓與我甚洽，我待之亦甚厚。"謹案：見是年三月十四日日記。今年春，不孝等始檢得，謹讀之。先是，又曾紹不孝等預洽椑具。不孝等以府君稟賦強厚，侍奉之日正長，何遽作此等語。今日痛定思之，似府君當時已前知，而不孝等昏瞀罔識，誠萬死不足道其罪矣。

八月，病脾洩，兼旬始愈。

十月，與不孝邁常論《周易》互體之學。

是年，不孝邁常再長烏鎮統捐徵收局。

中華民國十八年己巳　府君八十歲

三月，與高蔚如丈煥文、鍾沈昌甫丈閬、計惺伯丈維瀚、錢晉三丈廷錫重游泮水，釋菜謁聖。盛萍旨丈沅主祭。舊郡屬七邑及杭州、湖州之已入仕、未入仕而曾列庠序者百餘人，皆來助祭。府君又適逢八十初度，作《自述》詩四首云："行年八十忽平頭，嶺右歸來十八秋。自昔一官如敝屣，于今四海尚橫流。青衫黯黕無餘物，白髮飄蕭少舊儔。松檜依然絃管寂，故宮同抱黍離愁。"其一。"洪自注：立三。王自注：少江。二老悵人琴，自注：兩君皆同入泮，去冬謝世。幸喜諸賢結駟臨。自注：高蔚如、鍾昌甫、計惺伯三君皆戊辰入學，惟錢君晉三與予同案。袚禊鎮如遊曲水，異苔曾不礙同岑。無多芹藻留枯沼，未許鷗鷖集泮林。孝穆文章遺範在，龍鍾弟子感知音。"自注：戊、己歲科兩試，皆徐壽蘅學使甄錄也。其二。"歷盡崎嶇忝俸錢，一回奉檄一淒然。九原莫逮慚毛義,百里虛名負富川。任世推排成老物,仗兒奔走養殘年。課孫剛日溫經籍,贏得書癡里巷傳。"其三。"圖書滿架付兒曹,不辨黃標與紫標。慚愧無田供薄稅,栖遲有屋傍斜橋。寄園日涉尋茶話,高枕宵眠借酒澆。靈運何須圖作佛,春風沂水樂偏饒。"其四。梓行徵和,和者百數十人。四月,_{不孝邁常}視察江淮財政,道經揚州,稟述平山堂瘦西湖之勝,府君聞之色動,謂當跨鶴往游。

六月,四孫生,_{不孝邁常出},府君命名曰佛孫。

八月,永淳縣紳黃受祉_{天錫}等來書云:將修縣志。衆議徵府君事蹟入循吏傳,府君不可。或請援甘肅文縣以陶勤肅公_模別為事略入志例,府君終堅謝不可。為_{不孝蓮常}授室,娶秀水沈道光壬子舉人、癸未進士、江南淮徐海河務兵備道諱濂曾孫女,同治庚午舉人、光緒己丑進士、吏部文選司主事諱瑜寶孫女,廩貢生、長蘆鹽場知事印輅次女,實沈太恭人從姪女也。府君顧而樂之曰:"予向平願了矣。"

十一月,金甸丞丈卒,府君犯寒往哭之。

是年,_{不孝蓮常}兼主復旦大學講席。

中華民國十九年庚午　府君八十一歲

正月,赴平湖,留一日反。

三月,長孫女于歸同邑陸國立東南大學農科學士志光。

七月初六日,府君考終里第。府君稟賦素厚,居恒少疾疢,惟憚溽暑,入夏每小極,秋深即差。今歲入夏,憚暑尤甚。至閏六月初,連日未更衣,腹次覺不紓。初六日黎明,忽濡寫。自此每溲腹輒痛,穀納漸減。_{不孝等}即請延醫,府君不可,曰:"藥苦傷胃。"十二日黎明,又寫一次,即謁李君子牧診治,君曰:"濕熱耳,利養胃化濕。"十七日,寫漸數,加以噦呃,十八日,竟至洞泄連續十餘次,口燥引飲,至晚寫益甚。十九日,遂改延夏君振文治以藥水鍼寫,仍未止。二十日晨，夏君又進兩鍼，謂年高氣不足支奈何。下午又改延美利堅康醫，復進一針，寫漸止，而口燥益甚，胸次煩悶，腹亦膜脹，噦呃亦愈甚。明日，康醫又進一針。廿二日，又延李君，君謂舌面光絳，脉有歇止，非佳象。不孝等惶急無所措手足，府君漫曰："毋然，予略紓矣。"廿三日五更，寫又頻數，不得已，又延康醫進一針，寫止，眠亦安。不意至廿四日，晚欲起小溲，不孝等力止不可，溲後忽不省人事。不孝等遍禱於天地神祇、祖宗之靈，不一刻而復詔不孝等曰："汝等以爲厥實神昏也。"自後穀納益減，進三四匙即止。明日，遂改延朱君斐君，君謂年高，精血下奪，虛陽上亢，藥主甘寒，存陰利胃。至廿九日，胃納漸轉，津液亦略復，且訊及時事，問雨否，喟然曰："斯民之苦旱久矣。"不孝等方竊自慶幸，以爲自此轉機。不圖至七月初二日晨，忽自語曰："予已無病。"續曰："蓮花大開。"又曰："將赴大會。"初三日晚，詔不孝等曰："聞道有先後，予先覺者也。"不孝等皆泣。府君曰："毋然，生有道，死亦有道。"自後飲食不進，肝風內動。然神色自若，不願進藥。延至初六日，日加巳，竟棄不孝等而長逝矣。嗚呼痛哉！不孝等侍奉無狀，離此鞠凶，搶地呼天，百身莫贖，而今而後，竟永爲無父之人矣。嗚呼痛哉！

府君性剛介而仁慈，自受書即卓然欲有以自見於世。嘗詠棉花云："要知衣被蒼生者，都自田間陌上來。"蚤歲丁家難，橐筆四方，雖至困極，未嘗干人。常攝大布衣游巨人長德間，春容揖攘，戶牖皆驚，人謂王某眉宇間英氣常覺撲人。顧府君殊謙退，不欲以能上人，每闇然自守。甫壯，即爲諸侯上客。公餘下帷，常至丙夜。夏日苦鼉，則以足納甕中，苦讀不輟。舉業非所喜，喜韓愈、歐陽修、王安石文，近者曾湘鄉。爲詩竺雅伉健，喜老杜。既而自艾曰："爲顯親計，不當少貶邪？"遂又刻苦習舉業。鄉貢後歷贊大府幕。時吏治敝壞，多以賄進，幕中人每上下之，府君獨介然自異，人不敢干以私，惟憖憖諮吏事堅窳，民生愉戚皆有札記，備異日爲世用。

在京時，鄉先達錢恭勤、許文肅、徐忠愍諸公常以治術相諏詢，府君亦侃侃無所隱。錢恭勤嘗謂：「異日王某名位必不在吾輩下。」及官邊徼，常鬱鬱曰：「加以五六級之長官，縛以數百年之惡例，能有分惠及民邪？」慨然不能自已，然猶百計思有以自樹，凡民事必躬必親，不懼艱險，不畏強圉，書卷吟咏，夙所耆者皆屛棄，曰：「恐妨吏治也。」宰永淳十月，鬚髮皆漸蒼。至是吏治益壞，大府樂軟媚，府君以是蹭蹬七年，始除真人。或請少貶，府君曰：「窮通天也，不可強。」澹泊自甘，不與世俗競聲華，尤天性然也。然見義則奮起，無所讓。辛亥後，常往來江淮間，於當世亦有所獻替。丁巳五月以後，乃絕意不出，常讀吳祭酒詩，以爲有同悲焉，爲詩亦多似之。謹案：沈乙盫師嘗謂府君詩格在吳上，奈何反效之邪？嘗和及門吏隱詩，有云：「髮白自憐經劃後，杉青猶悔落帆遲。自注：郡城北杉青閘有落帆亭。一官南徼慚無政，他日應捐表墓碑。」自注云：不但吏隱，且將鬼隱。可以知府君之志矣。晚歲耆學如故，雖疾疢，未嘗廢書。二十四史自宋、齊、梁、陳及唐、五代舊史外，曾兩復之。又讀五經疏卒業，尤喜考亭《易本義》。論文契姚滕抱，戊、癸之際所爲文獨多。沈乙盫師嘗以爲近朱錫鬯，陸頌襄先生祖穀序府君文，亦謂氣清兒膢似之。譚義法，以清真爲歸，毋遽高語秦漢。謹案：亦陸先生序中語。有時於涵揉演迤中復爲渾噩無崖匡之辭，然曰所蓄不多，未嘗自意也。言詩亦不喜時賢弔詭促數。憂生念亂，亦務歸於竺雅。謹案：見金籛孫年丈《二欣室詩集序》。詩律晚而彌密，與金籛孫年丈商略最頻，常至三反而後安。每謂詩有半字之差、半音之差，未可以爲愜者。深思之際，鬼出電入，及其既安，則又人人習見之字，欲吐之言，而格格不可出者。世方習於苦澀幽刻之風，甚或黔黑臃腫以相怪，府君曰：「吾道窮矣，或將俟夫後世之子雲。」餘事爲詞，亦獨標義格。生平所爲詩古文辭及其他叢稿，無慮數百十萬言，皆手自抄錄，孜孜不能休。已寫定者，《猺狪獞苗述略》一卷，《古今醫術最錄》四卷，《二欣室文集》二卷，《二欣室詩集》八卷，《二欣室詩餘》一卷，《二欣室楹聯偶存》一卷。尚待釐訂者，《行政紀略》二卷，《二欣室記事珠》一卷，《庚子京畿聞見錄》二卷，《二欣室隨筆》若干卷。謹案：有曰《二欣室隨筆》者約八卷，有曰《南榮隨筆》者、《景行剳記》者、《旅窗隨筆》者各一卷。已佚者，《二欣室駢文集》若干卷，《庚子前詩詞稿》若干卷。又府君自壯即爲日記，庚子以前，皆已散落。自壬寅至今歲三十年中，未嘗少間。凡當世隆污，閭閻屑璅，皆縷縷記之，共數十大帙。逝前數日，猶手自記述病狀，楷法端凝，未嘗少易其度。平時訓戒不孝等，亦每於此中發之。嘗詔不孝等曰：“毋驕毋奢，毋逸毋刻。”又曰：“爲善毋責報。”又舉典簿公訓言曰：“吃得虧即是便宜，汝輩終身誦之。”府君平日動定皆有時，黎明即起，鄉昏即息，晚年喜持梵咒，早餐後即抗聲朗誦，韻動數屋，三復始止。然後理筆墨事，不遑寧息。不孝等請少休，則曰：“予骨不耐逸，逸則病，奈何。”出門多步行，矯健如少壯，沈乙盦師嘗贈詩云：“羨君要脚輕於鶴，愧我齊齡蹜躄來。”雖亦攜杖，每不揩拄，鄉里童稚聞杖聲，每於街頭圍遶呼公公，府君每色喜頷之。夏日常懷藥，冬日則易米票，貧乏者每竊伺而待施予焉，如此十餘年不少衰。府君病時，左近之販夫走卒皆日剌消息問安不。逝之日，凡識與不識，知府君者皆嘆息，鄉里有垂涕者。嗚呼！府君之厚德入人之深如此，不孝等將何所持而承繼之邪？嗚呼痛哉！泣念府君一生，遺愛在民，仁聲被里黨，皆足信。今而傳後，不孝等不能記其厓略以存世，則愈滋罪戾於無窮矣。惟是不孝等椎魯無知，於府君學行治事之本，不能仰窺於萬一，謹就不孝等平日見聞所及，及鄉黨長者之所指示者，按年詮次如右。苦由昏迷，語無倫紀，惟冀當世長德巨人錫以銘誄，以光泉壤。不孝等世世子孫，感且不朽。

不孝孤哀子王^{邁常}_{蓮常}泣血稽顙謹次。

嚴幾道年譜

目　録

嚴幾道年譜 …………………………………………… 257
　清文宗咸豐三年癸丑西曆一千八百五十三年　先生
　　一歲 ………………………………………………… 257
　咸豐四年甲寅一千八百五十四年　先生二歲 ……… 258
　咸豐五年乙卯一千八百五十五年　先生三歲 ……… 258
　咸豐六年丙辰一千八百五十六年　先生四歲 ……… 258
　咸豐七年丁巳一千八百五十七年　先生五歲 ……… 258
　咸豐八年戊午一千八百五十八年　先生六歲 ……… 258
　咸豐九年己未一千八百五十九年　先生七歲 ……… 258
　咸豐十年庚申一千八百六十年　先生八歲 ………… 258
　咸豐十一年辛酉一千八百六十一年　先生九歲 …… 258
　穆宗同治元年壬戌一千八百六十二年　先生十歲 … 259
　同治二年癸亥一千八百六十三年　先生十一歲 …… 259
　同治三年甲子一千八百六十四年　先生十二歲 …… 259
　同治四年乙丑一千八百六十五年　先生十三歲 …… 259
　同治五年丙寅一千八百六十六年　先生十四歲 …… 259
　同治六年丁卯一千八百六十七年　先生十五歲 …… 260
　同治七年戊辰一千八百六十八年　先生十六歲 …… 260
　同治八年己巳一千八百六十九年　先生十七歲 …… 260
　同治九年庚午一千八百七十年　先生十八歲 ……… 260

同治十年辛未一千八百七十一年　先生十九歲…………260

同治十一年壬申一千八百七十二年　先生二十歲…………260

同治十二年癸酉一千八百七十三年　先生二十一歲………261

同治十三年甲戌一千八百七十四年　先生二十二歲………261

德宗光緒元年乙亥一千八百七十五年　先生二十三歲……261

光緒二年丙子一千八百七十六年　先生二十四歲…………261

光緒三年丁丑一千八百七十七年　先生二十五歲…………261

光緒四年戊寅一千八百七十八年　先生二十六歲…………262

光緒五年己卯一千八百七十九年　先生二十七歲…………262

光緒六年庚辰一千八百八十年　先生二十八歲……………262

光緒七年辛巳一千八百八十一年　先生二十九歲…………263

光緒八年壬午一千八百八十二年　先生三十歲……………263

光緒九年癸未一千八百八十三年　先生三十一歲…………263

光緒十年甲申一千八百八十四年　先生三十二歲…………264

光緒十一年乙酉一千八百八十五年　先生三十三歲………264

光緒十二年丙戌一千八百八十六年　先生三十四歲………264

光緒十三年丁亥一千八百八十七年　先生三十五歲………264

光緒十四年戊子一千八百八十八年　先生三十六歲………264

光緒十五年己丑一千八百八十九年　先生三十七歲………264

光緒十六年庚寅一千八百九十年　先生三十八歲…………265

光緒十七年辛卯一千八百九十一年　先生三十九歲………265

光緒十八年壬辰一千八百九十二年　先生四十歲…………265

光緒十九年癸巳一千八百九十三年　先生四十一歲………266

光緒二十年甲午一千八百九十四年　先生四十二歲………266

光緒二十一年乙未一千八百九十五年　先生四十三歲……267

光緒二十二年丙申一千八百九十六年　先生四十四歲……277

光緒二十三年丁酉一千八百九十七年　先生四十五歲……280

光緒二十四年戊戌一千八百九十九年　先生四十六歲 …… 283

光緒二十五年己亥一千八百九十九年　先生四十七歲 …… 291

光緒二十六年庚子一千九百年　先生四十八歲 ………… 295

光緒二十七年辛丑一千九百零一年　先生四十九歲 …… 297

光緒二十八年壬寅一千九百零二年　先生五十歲 ……… 300

光緒二十九年癸卯一千九百零三年　先生五十一歲 …… 304

光緒三十年甲辰一千九百零四年　先生五十二歲 ……… 307

光緒三十一年乙巳一千九百零五年　先生五十三歲 …… 308

光緒三十二年丙午一千九百零六年　先生五十四歲 …… 309

光緒三十三年丁未一千九百零七年　先生五十五歲 …… 311

光緒三十四年戊申一千九百零八年　先生五十六歲 …… 311

宣統元年己酉一千九百零九年　先生五十七歲 ………… 311

宣統二年庚戌一千九百零十年　先生五十八歲 ………… 312

宣統三年辛亥一千九百十一年　先生五十九歲 ………… 313

中華民國元年壬子一千九百十二年　先生六十歲 ……… 313

中華民國二年癸丑一千九百十三年　先生六十一歲 …… 314

中華民國三年甲寅一千九百十四年　先生六十二歲 …… 316

中華民國四年乙卯一千九百十五年　先生六十三歲 …… 319

中華民國五年丙辰一千九百十六年　先生六十四歲 …… 326

中華民國六年丁巳一千九百十七年　先生六十五歲 …… 335

中華民國七年戊午一千九百十八年　先生六十六歲 …… 341

中華民國八年己未一千九百十九年　先生六十七歲 …… 344

中華民國九年庚申一千九百二十年　先生六十八歲 …… 347

中華民國十年辛酉一千九百二十一年　先生六十九歲 …… 349

嚴幾道年譜

先生諱復，初名體乾；入馬江船政學堂，易名宗光，字又陵。登仕始改今名，字幾道。晚號愈壄老人，據先生長君伯玉京卿璩言。別署天演宗哲學家，《人間世》小品文半月刊第二十一期林語堂《談韓退之與桐城派》。又別號尊疑尺盦。燕京大學《社會學界》林耀華《嚴復社會思想》。姓嚴氏，福建侯官人也。陳弢庵閣學寶琛《清故資政大夫海軍協都統嚴君墓志銘》。入民國，以侯官併閩縣，稱閩侯。先世河南固始籍。李唐末造，有諱仲傑者，以朝請大夫隨王潮由中州入閩，即家於侯官之陽崎，嚴伯玉京卿《先府君年譜》，實爲先生之始遷祖。陽崎溪山寒碧，樹石幽秀，外臨大江，中貫大小二溪，左右則有玉屏山、李家山、楞嚴諸丘壑。土著唯嚴、陳二姓。陳氏少聞人，陳石遺學部衍《石遺室詩話》卷五。嚴氏族姓寥落，可序而數者都數十百家。雖傳世迢遠，皆相親附。先生《觀海大兄八十雙壽序》。先生曾祖諱煥然，嘉慶庚午舉人，松溪訓導。祖諱秉符。嗣祖諱秉忠。父諱振先，以醫名州里，陳《志》，並據嚴《譜》。號志范。伯玉京卿言。兄一，□□，長先生二歲，幼殤。妹二，適何、適陳。據嚴《譜》。

清文宗咸豐三年癸丑西曆一千八百五十三年　**先生一歲**

十二月初十日，公元一八五四年太陽曆一月八日，先生生於閩垣之南台。時志范先生三十三歲，母陳太夫人二十一歲，嚴《譜》。

實洪秀全定都金陵、英人割緬甸之年,而雅片戰爭後之六年也。

咸豐四年甲寅—一千八百五十四年　先生二歲

咸豐五年乙卯—一千八百五十五年　先生三歲

咸豐六年丙辰—一千八百五十六年　先生四歲

咸豐七年丁巳—一千八百五十七年　先生五歲

鄰有鑿井,設架高丈餘,先生竊登之,俯視井底,大呼:"圓哉!圓哉!"陳太夫人聞而出視,大驚。恐其懼而下墜也,不敢斥言,遂陽爲悅狀而言曰:"兒能真過人!如馮梯下,則更能矣。"及下,始笞責之。據林耀華《嚴復社會思想》。

咸豐八年戊午—一千八百五十八年　先生六歲

咸豐九年己未—一千八百五十九年　先生七歲

先生早慧,陳《志》。是年始就外傅,先後從師數人,已不可考其名字。中曾從五叔父厚甫孝廉煊昌遊。據嚴《譜》。

秋,英吉利、法蘭西聯軍入寇。

咸豐十年庚申—一千八百六十年　先生八歲

本年英法聯軍破天津,入北京。

咸豐十一年辛酉—一千八百六十一年　先生九歲

穆宗同治元年壬戌—千八百六十二年　先生十歲

同治二年癸亥—千八百六十三年　先生十一歲

本年，志范先生聘同邑黃少巖布衣昌彝，館於家。《嚴復社會思想》。布衣爲學，漢宋並重，著有《閩方言》等書。嚴《譜》。於是先生始治經，有家法，飫聞宋、元、明儒先學行。陳《墓志》。時與他人合賃一屋，居樓上。每夜樓下演劇，布衣輒命就寢；劇止，挑鐙更讀。其嚴如此。據《嚴復社會思想》。

同治三年甲子—千八百六十四年　先生十二歲

六月，洪秀全之亂平。

同治四年乙丑—千八百六十五年　先生十三歲

黃少巖布衣卒，先生哀慟不已。《嚴復社會思想》。改從其子孟脩成均增來遊。據嚴《譜》。

同治五年丙寅—千八百六十六年　先生十四歲

德配王夫人來歸。嚴《譜》。生子一，璩。

六月，志范先生卒。家貧，不再從師。據嚴《譜》○案：先生《題周養庵篝鐙紡績圖》有云："我生十四齡，阿父即見背。家貧賸英券，賻錢不充資。陟岡兄則無，同谷歌有妹。慈妹於此時，十指作胼胝。上掩先人骼，下撫兒女大。富貧生死間，飽閱親知態。門户支已難，往往遭無賴。五更寡嫠哭，聞者墮心肺。"可知當日情況。時同邑沈文肅公葆楨，以巡撫居憂在里。錢子泉教授基博《現代中國文學史》下編。初創船政，招試英少，陳《墓志》。入馬江學堂習海軍。試題《大孝終身慕父母論》，先生應試，成文數百言以進。嚴《譜》。文肅奇之，用冠其曹。陳《墓志》○蓬案：池仲祐《海軍大事記》云："六年丁卯，前江西巡撫沈葆楨總理船政，購機器、築船隝，設前後兩學堂，招髫年聰穎子弟肄習製造、駕駛諸術。"先生《大事記序言》亦云："不佞年十有五,則應募爲海軍生。"則此事似應在六年,而《愈壄堂詩集》卷上《送沈濤園備兵淮陽》詩有云："尚憶垂髫十五時,一篇大孝論能奇。"注云："同治丙寅,侯官文肅公開船廠,招子弟肄業"云云,則又間謂本年,疑莫能明,待考。

同治六年丁卯—一千八百六十七年　先生十五歲

入馬江學堂肄業,所習者爲英文、算術、幾何、解析幾何、割錐、平三角、弧三角、代積微、動靜重學、水重學、電磁學、光學、音學、熱學、化學、地質學、天文學、航海術等。嚴《譜》。當是時,馬江船司空草創未就,借城南定光寺爲學舍。同學百人,旋移居馬江之後學堂。先生《海軍大事記弁言》。學堂正副監督,爲法人日意格、德克碑。據《海軍大事記》。

同治七年戊辰—一千八百六十八年　先生十六歲

同治八年己巳—一千八百六十九年　先生十七歲

同治九年庚午—一千八百七十年　先生十八歲

同治十年辛未—一千八百七十一年　先生十九歲

是年,先生以最優等卒業。據嚴《譜》。與同學劉步蟾、林泰曾、何心川、葉祖珪、蔣超英、方伯謙、林承謨、沈有恒、林永升、邱寶仁、鄭溥泉、葉伯鋆、黃建勳、許壽山、陳毓淞、柴卓羣、陳錦榮等十八人,派登建威練船練習。巡歷南至星加坡、檳榔嶼各地,北至直隸灣、遼東灣各地。《海軍大事記》。

同治十一年壬申—一千八百七十二年　先生二十歲

是年,船政自製揚武等五兵船成。據《大事記》。先生改派登揚武,巡歷黃海及日本各地。船長爲英人德勒塞(Commander Tracey)中校。案:後洊擢至中將。是時,日本亦始創海軍。揚武至長崎、橫濱各地,聚觀者至數萬人。德勒塞任滿將歸,謂先生曰:"子於海軍學術,今已卒業矣。不佞即將西歸,積年相處,臨別惘然,不能無一言相贈。蓋學問並不以卒業爲終事,此後自行求學之日方長,子如不自足自封,則新知無盡。惟子勉之而已,此不第海軍一業爲然也。"先生聞之悚然。據嚴《譜》。

同治十二年癸酉—千八百七十三年　先生二十一歲

同治十三年甲戌—千八百七十四年　先生二十二歲

日本構釁臺灣番社。沈文肅公以船政大臣奉詔視師,據沈濤園中丞瑜慶《濤園集·哀餘皇序》○蓬案:序謂事在乙亥,誤。檄先生隨揚武兵船東渡詗敵,並勘量臺東背旂萊、蘇奧各海口,月餘竣事,據《大事記》弁言及嚴《譜》、陳《志》。繕具說帖呈報。文肅即據以入奏。京卿譜。

本年長子璩生,字曰伯玉。伯玉京卿言。

德宗光緒元年乙亥—千八百七十五年　先生二十三歲

光緒二年丙子—千八百七十六年　先生二十四歲

十二月,據《清史紀事本末》。先生與劉步蟾、林泰曾、蔣超英、方伯謙、何心川、林永升、葉祖珪、薩鎮冰、黃建勳、江懋祉、林穎啓等,以駕駛學生派赴英吉利學習。《大事記》。隨留學生監督李鳳苞同往。據《清史紀事本末》及嚴《譜》○案:嚴《譜》以此事繫在二十三歲,誤。

光緒三年丁丑—千八百七十七年　先生二十五歲

入英吉利格林回次抱士穆德大學院。據李文忠公鴻章、沈文肅公葆楨奏《送閩廠生徒出洋習藝並酌議章程疏》,《清史紀事本末》○案：此行在二年冬十二月，則入大學院自應繫在本年。嚴《譜》繫在二十四歲，亦誤。又案：《中國留學史》云：二年十二月，李鴻章等奏准派遣，至三年始出國，不知何據。

肄習高等算學、格致、海軍戰術、海戰公法及建築海軍炮堡諸藝術。嚴《譜》。是時，日本亦始遣人留學西洋，陳《墓志》。伊藤博文、大隈重信之倫皆其選，據《現代文學史》。君試輒最。湘陰郭筠仙侍郎嵩燾方使英，引與論析中西學術、政制之異同，往往日夜不休。據陳《墓志》並嚴《譜》。侍郎嘗致函樞近某公，有"出使茲邦，惟嚴君能勝其任，如某者，不識西文，不知世界大勢，何足以當此"語。某公目以為狂，置之而已。《嚴復社會思想》。

光緒四年戊寅—千八百七十八年　先生二十六歲

嘗入英法庭觀其聽獄。歸邸數日，如有所失。嘗語郭筠仙侍郎，謂英國與諸歐之所以富強，公理日伸，其端在此一事。侍郎深以為然。《法意》十一卷案語。

光緒五年己卯—千八百七十九年　先生二十七歲

在英卒業東歸。嚴《譜》。○《近五十年見聞錄》云："先生留學英倫，畢業歸國。中途風雨夜至，波浪滔天，船將壞，適近一島，遂與數人躍入海，浮沈久之，始達於島。島固無人，恐為鳥獸所襲，發手鎗以警之。適有他船過，聞鎗聲，知有人在，移舟救之，始免於難。"未知確否，姑附於此。船政大臣吳贊誠聘先生為船政學堂教員。據嚴《譜》。○陳瀚一《新語林》卷三云："歷充福州船政學校、煙臺海軍學校教習。"其時已不知，當在未至天津以前。伍昭扆太守光建云："先生歸國後，曾為某船大副。"亦不知在何時。並附注於此。

日本取我藩屬琉球。

冬，沈文肅公葆楨薨。《清史稿》本傳。

光緒六年庚辰—千八百八十年　先生二十八歲

直隸總督李文忠公鴻章經營北洋海軍，偉先生能，辟總教習天津水師學堂。而吳維允觀察仲翔爲之總辦。以先生時僅積資至都司也，實由先生一人主之。據陳《墓志》及嚴《譜》。常柴車野服，往來於京津之間。林琴南孝廉紓《畏廬文集‧尊疑譯書圖記》。朝之碩臣，及錚錚以國士自期許者，咸折節爭集先生之廬。《畏廬文集‧江亭餞別圖記》。先生慨夫朝野玩愒，而日本同學歸者，皆用事圖強。徑剪琉球，則大戚。常語人：「不三十年，藩屬且盡，縹我如老牸牛耳！」聞者弗省。文忠亦患其激烈，不之近也。陳《墓志》。

初識呂秋樵刺史增祥。○案：不能知其年代。伯玉京卿云識於李文忠公幕中，姑繫於此。

光緒七年辛巳—千八百八十一年　先生二十九歲

初讀英人斯賓塞（Herbert Spencer）《羣學肄言》（Study of Sociology），輒歎得未曾有。嘗言生平獨往偏至之論，及此始悟其非。以爲其書實兼《大學》《中庸》精義，而出之以翔實，以格致誠正爲治平根本矣。每持一義，又必使之無過不及之差；於近世新舊兩家學者，尤爲對病之藥。雖引喻發揮，繁富弔詭，顧按脈尋流，其義未嘗晦也。其《繕性》（Discipline）以下三篇，真西學正法眼藏，智育之業，捨此莫由。斯賓塞氏此書，正不僅爲羣學導先路也。先生《〈羣學肄言〉譯餘贅語》。其後譯斯賓塞《羣誼篇》、柏捷特（Bagehot Walter）《格致治平相關論》（Physics and Politics）兩書，《天演論》導言十三案語。以饗學者，闡發人道始羣之理。案：此譯不知在何年，今已無傳本，姑繫於此。

光緒八年壬午—千八百八十二年　先生三十歲

法蘭西據越南東京。

光緒九年癸未—千八百八十三年　先生三十一歲

光緒十年甲申—千八百八十四年　**先生三十二歲**

光緒十一年乙酉—千八百八十五年　**先生三十三歲**
　　四月,直隸總督李鴻章與法蘭西公使會講於天津,爲廣東稅務司德璀琳所紿,皇遽定約。慸言者摘發,疑忌及先生。先生亦憤而自疏。據陳《墓志》。
　　秋,回籍鄉試,報罷。先生自歸國後,見國人竺舊,圖夷新知,於學則徒尚詞章,不求真理,每向知交痛陳其害。自維出身不由科第,所言多不見重,欲博一第,以與當事周旋。既已入其彀中,或者其言較易動聽,風氣漸可轉移。乃發憤治八比,納粟爲監生,應試。據嚴《譜》及《現代文學史》○又案:《詩集》卷上《復太夷詩》有云:"少日賤子賤,身世隨所遷。與官充水手,自審非其脚。不祥固金性,時時冶中躍。每逢高軒過,氣欲匽溟渤。憪然爲之下,肩聳足自躩。竊問客何操,迺爾勢旁魄? 咸云科目人,轉眴皆臺閣。不者亦清流,師友動寥廓。忽爾大動心,男兒宜此若。私攜媲皇墳,背人事鑽灼。更買國子生,秋場期有獲。誰知不量分,鉛刀無一割。"此雖戲言,亦可見當時憤懥不平之意。

光緒十二年丙戌—千八百八十六年　**先生三十四歲**

光緒十三年丁亥—千八百八十七年　**先生三十五歲**

光緒十四年戊子—千八百八十八年　**先生三十六歲**
赴京應順天鄉試,嚴《譜》。報罷。

光緒十五年己丑—千八百八十九年　**先生三十七歲**
報捐同知,海軍保案免選同知,以知府選用。
赴京應順天恩科鄉試。
直隸總督李鴻章派爲會辦水師學堂。

十月,丁内艱。以上據嚴《譜》。

光緒十六年庚寅—千八百九十年　先生三十八歲
直隸總督李鴻章派爲總辦水師學堂,據嚴《譜》,不預機要,奉職而已。陳《墓志》。

光緒十七年辛卯—千八百九十一年　先生三十九歲

光緒十八年壬辰—千八百九十二年　先生四十歲
德配王夫人卒,夫人端淑有壺德。據陳《志》及嚴《譜》。

納簉室江淑人,嚴《譜》。生子二:瓛、琥;女一:璸。

海軍保案免選知府,以道員選用據嚴《譜》,分發直隸據宣統元年《最新職官錄》。

時長江教案蜂起。先生友英人宓克據伯玉京卿言著《支那教案論》,蓋深憂夫民教不和,終必禍延兩國,而又憫西人之來華傳教者,膠執成見,罕知變通,徒是己非人,絕不爲解嫌釋怨之計,故著是書以風之。書凡四篇:首發端,次政治,次教事,終調輯大旨。《〈支那教案論〉提要》。其後先生善之,譯以行世。案:此譯年代已不可考,曾以訊伯玉京卿,亦不能確指,但曰"譯去原書出版時不遠",兹繫於此。林耀華《嚴復社會思想》直云譯於本年,則誤。讀《提要》,原書成於光緒十八年。一言也。外人常疑中國真教之所在,以爲道非道,以爲釋非釋。以爲儒教乎?則孔子不語神,不答子路事鬼之問。不若耶蘇自稱救主,謨罕驀德自稱天使之種種炫耀靈怪也。先生曰:須知目下"教"字,固與本意大異。名爲教者,必有事天事鬼及一切生前死後幽杳難知之事,非如其字本義。所謂文行忠信,授受傳習已也。故中國儒術,其必不得與道、釋、回、景並稱爲教甚明。蓋凡今之教,皆教其所教,而非吾之所謂教也。然則中國固無教乎?曰:有。孝則中國之真教也,百行皆原於此。遠之以事君,則爲忠;邇之以事長,則爲弟。充類至義,至於享帝配天;原始要終,至於没寧存順。蓋讀《西銘》一篇,則知中國真教,捨孝之一言,固無所屬矣!西人謂學之事在知,而教之事在信。唯信之篤,故能趣死不顧利害,而唯義之歸,此非教莫之使然也。然中國孝子,不以天下忘其親,方正學移孝作忠,至於湛十族不反顧。使西人見此,其詫爲大奇者,又當如何?惜乎,世風日微,致西人徒見末流,而不識中國真教之所在也!特於本書案語著之。《教事篇》案語。由南洋公學譯書院出版。案:亦不能考其年代。

光緒十九年癸巳一千八百九十三年　先生四十一歲

郭筠仙侍郎卒。先生聞之,感欷殊甚,有挽句曰:"平生蒙國士之知,而今鶴翅氄毻,激賞深慚羊叔子;惟公負獨醒之累,在昔蛾眉謠諑,離憂豈僅屈靈均!"尚有挽詩五律四首,今不存。

回籍鄉試。以上據嚴《譜》。

本年次子瓛生。伯玉京卿言。

光緒二十年甲午一千八百九十四年　先生四十二歲

六月,朝鮮内亂。日本兵襲踞朝鮮王宮。朝命赴援,七月遂與日本開釁。至十月,海陸軍皆敗績,先生大憤。據嚴《譜》。十一日,諭子璩書云:"時事岌岌,不堪措想。奉天省城與旅順口,皆將旦夕陷倭。陸軍見敵即潰,經戰即敗,真成無一可恃者!皇上有幸秦之謀,但責恭邸留守。京官議論紛紛,皇上益無主腦。要和,則强敵不肯;要戰,則臣下不能。聞時時痛哭。翁同龢及文廷式、張謇這一班名士,痛參合肥。聞上有意易帥,然劉峴莊斷不能了此事也。大家不知當年打長毛、捻匪諸公,係以賊法子平賊,無論不足以當西洋節制之師;即東洋得其緒餘,業已欺我有餘!中國今日之事,正坐平日學問之非,與士大夫心術之壞。由今之道,無變今之俗,雖管葛復生，亦無能爲力也。"《嚴復社會思想》。

光緒二十一年乙未一千八百九十五年　**先生四十三歲**
　我割地賠款，與日本平。國勢日危，先生腐心切齒，欲致力於譯述以警世。據嚴《譜》。作《論世變之亟》曰："於乎！觀今日之世變，蓋自秦以來未有若斯之亟也。夫世之變也，莫知其所由然，强而名之曰運會。運會既成，雖聖人無所爲力。蓋聖人亦運會中之一物，謂爲其中之一物，謂能取運會而轉移之，無是理也。彼聖人者，特知運會之所由趨，而遂逆睹其流極。唯知其所由趨，故後天而奉天時；唯逆睹其流極，故先天而天不違。於是裁成輔相，而置天下於至安。後之人從而觀其成功，遂若聖人眞能轉移運會也者，而不知聖人之初無有事也。即如今日中倭之構難，究所來由，夫豈一朝一夕之故也哉？嘗謂中西事理，其最不同而斷乎不可合者，莫大於中之人好古而忽今，西之人力今以勝古。中之人以一治一亂、一盛一衰爲天行人事之自然。西之人以日進無疆、既盛不可復衰、既治不可復亂爲學術致化之極則。蓋我中國聖人之意，以爲吾非不知宇宙之無盡藏，而人心之靈，苟日開瀹也，其機巧智能，可以馴致於不測也。而吾獨置之而不以爲務者，蓋生民之道，期於相安相養而已。夫天地之物產有限，而生民之嗜慾無窮，挈乳浸多，鑴鐮日廣，此終不足之勢也。物不足則必爭，而爭者，人道之大患也。故寧以止足爲教，使各安於樸鄙顓蒙，耕鑿焉以事其長上，是故《春秋》大一統。一統者，平爭之大局也。秦之銷兵焚書，其作用蓋亦猶是。降而至於宋以來之制科，其防爭尤爲深且遠，取人人尊信之書，使其反覆沈潛，而其道常在若遠若近、有用無用之際，懸格爲招矣！而上智有不必得之憂，下愚有或可得之慶，於是舉天下之聖智豪傑，至凡有思慮之倫，吾頓八紘之網以收之。即或漏吞舟之魚，而已暴顋斷耆，頹然老矣！尚何能爲推波助瀾之事也哉？嗟乎！

此真聖人牢籠天下、平爭泯亂之至術,而民力因之以日窳,民智因之以日衰。其究也,至不能與外國爭一旦之命,則又聖人計慮之所不及者也。雖然,使至於今,吾爲吾治,而跨海之汽船不來,縮地之飛車不至,則神州之衆,老死不與異族相往來。富者常享其富,貧者常安其貧。明天澤之義,則冠履之分嚴,崇柔讓之教,則凌囂之氣泯。偏災雖繁,有補苴之術;崔苻雖夥,有剿絕之方。此縱難言郅治乎?亦用相安而已!而孰意患常出於所慮之外,乃有何物泰西其人者,蓋自高顙深目之倫,雜處此結衽編髮之中,則我四千年文物聲明,已渙然有不終日之慮。逮今日而始知其危,何異齊桓公以見痛之日,爲受病之始也哉!夫舉華人言西治,常苦於難言其真。存彼我之見者,弗察事實,輒言中國爲禮義之區;而東西朔南,凡吾王靈所弗屆者,舉爲犬羊夷狄,此一蔽也。明識之士,欲一國曉然於彼此之情實,其議論不得不存是非之公,而淺人怙私,常詈其譽仇而背本,此又一蔽也。而不知徒塞一己之聰明以自欺,而常受他族之侵侮,而莫與誰何,忠愛之道,固如是乎?周孔之教,又如是乎?公等念之。今之夷狄,非猶古之夷狄也。今之稱西人者,曰彼善會計而已,又曰彼擅機巧而已。不知吾今兹之所見聞如汽機、兵械之倫,皆其形下之粗迹;即所謂天算、格致之最精,亦其能事之見端,而非命脈之所在。其命脈云何?苟扼要而談,不外於學術則黜僞而崇真,於刑政則屈私以爲公而已。斯二者,與中國理道初無異也。顧彼行之而常通,吾行之而常病者,則自由與不自由異耳。夫自由一言,真中國歷古聖賢之所深畏,而從未嘗立以爲教者也。彼西人之言曰:惟天生民,各具賦畀,得自由者,乃爲全受。故人人各得自由,國國各得自由,第務令無相侵損而已!侵人自由者,斯爲逆天理、賊人道。其殺人、傷人及盜蝕人財物,皆侵人自由之極致也。故侵人自由,雖國君不能,而其刑禁章條,要皆爲此設耳。中國理道與西法最相似者,曰恕,曰絜矩。然謂之相似則可,謂之真同則大不可也。何則？中國恕與絜矩，專以待人及物而言，而西人自由，則於及物之中，而實寓所以存我者也。自由既異，於是羣異叢然而生。粗舉一二言之。則如中國最重三綱，而西人首明平等。中國親親，而西人尚賢。中國以孝治天下，而西人以公治天下。中國尊主，而西人隆民。中國貴一道而同風，而西人喜黨居而州處。中國多忌諱，西人眾議評。其於財政也，中國重節流，而西人重開源。中國追淳樸，而西人求驩虞。其接物也，中國美謙屈，而西人務發舒。中國尚節文，而西人樂簡易。其於爲學也，中國誇多識，而西人尊新知。其於禍災也，中國委天數，而西人恃人力。若此之倫，舉有以中國之理相抗以並存於兩間，而吾實未敢遽分其優絀也。自勝代末造，西旅已通。迨及國朝，梯航日廣。馬嘉尼之請不行，東印度之師繼至。道咸以降，持驅夷之論者，亦知其必不可行。羣喙稍息，於是不得已而連有二十三口之開，此郭侍郎謂'天地氣機一發不可復遏，士大夫自怙其私，求抑遏天地已發之機，未有能勝者'也。自蒙觀之，豈獨不能勝之而已，蓋未有不反受禍者也。惟其遏之愈深，故其禍之發也愈烈……三十年來，禍患頻仍，何莫非此欲遏其機者階之厲乎？且其禍不止此，究吾黨之所爲，蓋不至於滅四千年之文物，而馴致於瓦解土崩，一渙而不可復收，不止也。此真泯泯者知慮所萬不及知，而聞斯之言，未有不指爲奸人之言，助夷狄恫喝而扇其焰者也。夫爲中國之人民，謂其有自滅同種之爲，所論毋乃太過？雖然，待吾言之：方西人之初來也，持不義害人之物，而與我搆難，此不獨有識所同疾，即彼都人士，亦至今引爲大詬者也。且中國蒙累朝列聖之庥，幅員之廣遠，文治之休明，度越前古。遊其宇者，自以謂橫目冒酖之倫，莫我貴也。乃一旦有數萬里外之荒服島夷，鳥言夔面，飄然戾止，敲關求通，所請不得，遂爾突我海疆，虜我官宰，甚而至焚燬宮闕，震驚乘輿。當是之時，所不食其肉而寢其皮者，力不足耳！謂有人焉，伈伈俔俔，低首下心，講其事而咨其術，此非病狂無恥之民不爲是也。是故道咸之間，斥洋務之汙，求驅夷之策者，智雖囿於不知，術或操其已促，然其人，謂非忠孝節義者徒，殆不可也。然至於今之時則大異矣！何以言之？蓋謀國之方，莫善於轉禍而爲福，而人臣之罪，莫大於苟利而自私。夫士生今日，不睹西洋富強之效者，無目者也。謂不講富強，中國自可以安；謂不用西洋之術，而富強自可致；謂用西洋之術，無俟於通達時務之眞人才：皆非狂易失心之人不爲此。然則印縈綬若之徒，其必矯尾厲角，而與天地之機爲難者，其用心蓋可見矣。善夫姚郎中之言曰'世固有寧視其國之危亡，不以易其一身一瞬之富貴'。故推鄙夫之心，固若曰'危亡、危亡'，尚不可知，即或危亡，天下共之，吾奈何令若輩志得，而自退處無權勢之地乎？孔子曰：'苟患失之，無所不至。'故其端起於大夫士之怙私，而其禍可至於亡國滅種，四分五裂而不可收拾。由是觀之，僕之前言。過乎否耶？噫！今日倭禍，特肇端耳。俄法英德，旁午調集，此何爲者？此其事尚待深言也哉！《詩》曰：'其何能淑？載胥及溺。'又曰：'瞻鳥靡止。'心搖意鬱，聊復云云。知我罪我，聽之諸公。"又作《原強》。其略曰："今之扼腕奮肸，講西學、談洋務者，亦知近五十年來，西人所孜孜勤求，近之可以保身治生，遠之可以經國利民之一大事乎？達爾文（Darwin, Charles Robert）者，英之講動植之學者也。承其家學，少之時週歷寰瀛。凡殊品詭質之草木蟲魚，裒集甚富。窮精眇慮，垂數十年而著一書，曰《物種探原》（Origin of Species）。自其書出，歐美二洲，幾於家有其書，而泰西之學術政教，一時斐變。論者謂達氏之學，其一新耳目，更革心思，甚於奈端氏之格致天算，殆非虛言。其謂物類繁殊，始惟一本，其降而日異者，大抵以牽天繫地之不同，與夫生理之常趨於微異，洎源遠流分，遂闊絕相懸，不可復一。然而此皆後天之事，因夫自然，馴致如是，而非太始生理之本然也。其書之二篇爲尤著，西洋綴聞之士皆能言之，談理之家撼爲口實。其一篇曰《物競》(Struggle for existence)，又其一曰《天擇》(Selection)。物競者，物爭自存也；天擇者，存其宜種也。意謂民物於世，樊然並生，同食天地自然之利矣。然與接爲搆，民民物物，各爭有以自存。其始也，種與種爭，羣與羣爭，弱者常爲强肉，愚者常爲智役。及其有以自存而遺種也，則必强忍魁桀，趫捷巧慧，而與其一時之天時、地利、人事最其相宜者也。此其爲爭也，不必爪牙用而殺伐行也。習於安者，使之爲勞；狃於山者，使之居澤；以是以與其習於勞、狃於澤者爭，將不數傳而其種盡矣！物競之事，如是而已。是故每有太古最繁之種，風氣漸革，越數千年、數百年，消磨歇絕，至於靡有孑遺，如辨學家之古禽、古獸是已。動植如此，民人亦然，民人者，固動物之類也。達氏總有生之物，標其宗旨，論其大凡如此。至於證闡昭確，鑿然有當於人心，則非親見其書者，莫能信也。此所謂以天演之學，言生物之道者也。斯賓塞爾者，亦英産也。與達氏同時，其書於達氏之《物種探原》爲早出，則宗天演之術，以其大闡人倫治化之事，號其學曰'羣學'，猶荀卿言人之貴於禽獸者以其能羣也，故曰'羣學'。凡民相生相養，易事通功，推以至於禮樂刑政之大，皆自能羣之性以生。又用近今格致之理術，以發揮修、齊、治、平之事，精深微妙，繁富奧衍。其論一事，持一説，必根據理極，引其端於至真之原，究其極於不遁之效。於五洲殊種，由狉榛蠻夷，以至著號開明之國，揮斥旁推，什九罄盡，而於一國盛衰强弱之故，民德醇漓興衰之由，則尤三致意焉。殫畢生之精力，五十年而著述之事始蕆。其宗旨盡於第一書，名曰《第一義》(*First Principles*)。諦通天、地、人、禽獸、昆蟲、草木以爲言，以求其會通之理，始於一氣，演成萬物。繼乃論生學、心學之理，而要其歸於羣學也。夫亦可謂美備也已！斯賓塞爾全書而外，雜著無慮數十篇，而《明民論》、《勸學篇》二者爲最著。《明民論》者，言教人之術也。《勸學篇》者，勉人治羣學之書也。其教人也，以濬智慧、練體力、厲德行三者爲之綱；其勉人治羣學者，意則謂天下沼流討源、執因責果之事，惟羣學爲最難，非不素講者之所得與。故有國家者，其施一政，著一令，本以救弊防民也，而其究也，所期者每或不成，而所不期者常以忽至。至夫歷時久而轉相因，其利害遷流，有不可究詰者。格致之事不先，偏頗之私未盡，生心害政，未有不貽害家國者也。是故欲爲羣學，必先有事於諸學焉。不爲數學、名學，則吾心不足以察不遁之理，必然之數也；不爲力學、質學，則不足以審因果之相生，功效之互待也。名、數、力、質四者之學已治矣，然吾心之用，猶僅察於寡而或熒於紛，僅察於近而或迷於遠也。故必廣之以天地二學焉。蓋於名、數得萬物之成法，力、質得化機之殊能。尤必藉天地二學，合而觀之，而後有以見物化之成跡。名、數虛，於天地徵其實，力、質分，於天地會其全，夫而後有以知成物之悠久、雜物之博大與夫化物之蕃變也。雖然，於羣學猶未也，蓋羣者人之積也，而人者官品之魁也。欲明生生之機，則必治生學，欲知感應之妙，則必治心學，夫而後乃可以及羣學也。且一羣之成，其體用功能，無異生物之一體，小大惟宜而官治相準，知吾身之所以生，則知羣之所以立矣。知壽命之所以彌永，則知國脈之所以靈長矣。一身之內，形神相資，一羣之中，力德相備。身貴自由，國貴自立，生之舉羣，相似如此！此其故無他，二者皆有官之品而已矣！故學問之事，以羣學爲要歸，唯羣學明，而後知治亂盛衰之故，而能有修、齊、治、平之功。於乎！此真大人之學矣。不觀於圬者之爲牆乎？與之一成之磚，堅而廉，平而正，火候得而大小若一，則無待泥水灰黏之用，不旋踵而數仞之牆成矣。由是以衛風雨，捍室家，雖資之數百年可也。使其爲磚也，嶔嶔歪缺，小大不均，則雖遇至巧之工，亦僅能版以築之，成一糞土之牆而已矣！廉隅堅絜，持久不敗，必不能也。凡此積埒之事，莫不如此。唯其單也爲有法之形，則其總也成有制之聚，然此猶人之所爲也。唯天生物，亦莫不然。化學原質，自然結晶，其形製之窮巧極工，殆難思議。其形雖大小不同，而其爲一晶之所積而成形，則雖析之至微，至於莫破，其晶之積面隅幕，無不似也。然此猶是金石之類而已。夫其動植之倫，近代學者皆知太初質房爲生之始，其含生蕃變之倫，皆於此而已具。但其事甚賾，難與未嘗學者談，而本其單之形法性情，以爲其總之形法性情。欲論其合，先考其分，則昭昭若揭日月而行，亙天壤不刊之大例也。夫如是，則一種之所以強，一羣之所以立，斷可識矣！蓋生民之大要三，而強弱存亡，莫不視此。一曰血氣體力之強，二曰聰明智慮之強，三曰德行仁義之強，是以西洋觀化言治之家，莫不以民力、民智、民德三者，斷民種之高下。未有三者備而民生不優，亦未有三者備而國威不奮者也。反是而觀，夫苟其民契需恂愁，各奮其私，則其羣將渙。以將渙之羣，而與鷙悍多智、愛國保種之民遇，小則虜辱，大則滅亡，此不必干戈用而殺伐行也。磨滅潰敗，出於自然，載籍所傳，已不知凡幾，而未有文字之先，則更不知凡幾者也。是故西人之言教化、政法也，以有生之物，各保其生，爲第一大法。保種次之，而至生與種較，則又當捨生以存種。踐是道者，謂之義士，謂之大人。至於發政施令之間，要其所歸，皆以民之力、智、德三者爲準的，凡可以進是三者皆所力行，凡可以退是三者皆所宜廢。而又盈虛酌劑，使三者毋或致偏焉。西洋政教，若自其大觀之，不過如是而已……是以今日要政統於三端：一曰鼓民力，二曰開民智，三曰新民德下略。"又作《救亡決論》，大旨謂：今日不變法則必亡，變將何先？曰莫亟於廢八股。八股有三大害：曰錮智慧，曰壞心術，曰滋遊手……推而論之……舉凡漢學、宋學、詞章小道，皆宜且束高閣也……蓋欲救中國之亡，則雖堯、舜、周、孔生今，捨班孟堅所謂通知外國事者，其道莫由。而欲通知外國事，則捨西學洋文不可，捨格致亦不可……從事西學之後，平心察理，然後知中國從來政教之少是而多非，即吾聖人之精意微言,亦必既通西學之後,以歸求反觀,而後有以窺其精微,而服其爲不可易也。又作《闢韓》曰:往者吾讀韓子《原道》之篇,未嘗不恨其於道、於治淺也……如韓子之言,則彼聖人者,其身與其先祖父,必皆非人也而後可,必皆有羽毛鱗介而後可,必皆有爪牙而後可。使聖人與先祖父而皆人也,則未及其生、未及成長,其被蟲蛇禽獸、寒饑木土之害而夭死者固已久矣!又烏能爲之禮樂刑政,以爲他人防備患害也哉?老之道,其勝於孔子與否,抑無所異焉,吾不足以定之;至其自然,則雖孔子無以易,韓子一概辭而闢之,則不思之過耳!且君民相資之事,固如韓子所云而已哉?夫苟如是而已,則桀、紂、秦政之治,初何以異於堯、舜、三王?且使民與禽獸雜居,寒至而不知衣,饑至而不知食,凡所謂宮室器用、醫藥葬埋之事,舉皆待教而後知爲之,則人之類其滅久矣!彼聖人者,又烏得此民者出令而君之?且韓子胡不云,民者出粟米麻絲,作器皿,通貨財,以相爲生養者也。其有相欺、相奪而不能自治也,故出什一之賦而置之君,使之作爲刑政甲兵,以鋤其強梗、備其患害?然而君不能獨治也,於是爲之臣,使之行其令,事其事,是故民不出什一之賦則莫能爲之君,君不能爲民鋤其強梗、防其患害則廢,臣不能行其鋤強梗、防患害之令則誅乎?孟子曰"民爲貴,社稷次之,君爲輕",此古今之通義也。而韓子不云爾者,知有一人,而不知有億兆也。老之言曰:"竊鈎者誅,竊國者侯。"夫自秦以來,爲中國之君者,皆其尤強梗者也,最能欺奪者也。竊嘗聞,道之大原出於天矣。今韓子務尊其尤強梗、最能欺奪之一人,使安坐而出其唯所欲爲之令,而使天下無數之民,各出其苦筋力、勞神慮者,以供其慾,少不如是焉則誅,天之意固如是乎?道之原又如是乎?於乎!其亦幸出於三代之後,不見黜於禹、湯、文、武、周公、孔子也,其亦不幸不出於三代之前,不見正於禹、湯、文、武、周公、孔子也。且韓子亦知君臣之倫之出於不得已乎?有其相欺,有其相奪,有其強梗,有其患害，而民既爲是粟米麻絲，作器皿，通貨財，與凡相生相養之事矣，今又使之操其刑焉以鋤，主其斗斛權衡焉以信，造爲城郭、甲胄、兵焉以守，則其勢不能。於是通功易事，擇其公且賢者，立而爲之君。其意固曰：吾耕矣，織矣，工矣，賈矣，又使吾自衛其性命財產焉。則廢吾事，何若使子獨專立於所以爲衛者，而吾分其所得於耕、織、工、賈者，以食子、給子之爲利廣而事治乎？此天下立君之本旨也。是故君也、臣也、刑也、兵也，皆緣衛民之事而後有也。而民之有待於衛者，以其有强梗、欺奪、患害也；其有强梗、欺奪、患害也者，化未進而民未盡善也。是故君也者，與天下之不善而同存，不與天下之善而對待也。今使用仁義道德之說，而天下如韓子所謂，以之爲己則順而詳，以之爲人則愛而公，以之爲心則和且平。夫如是之民，則將莫之知其性分之所固有，職分之所當爲矣。尚何有於强梗欺奪？尚何有於相爲患害？又安用此高高在上者，朘我以生，出令令我，責所出而誅我，時而撫我爲后，時而虐我爲仇也哉？故曰君臣之倫出於不得已也；患其不得已，故不足以爲道之原。彼佛之棄君臣是也，其所以棄君臣非也。而韓子將以爲是固與天壤相弊者也，又烏足以爲知道者乎？然則及今而棄吾君臣可乎？曰，是大不可。何則？其時未至，其俗未成，其民不足以自治也。彼西洋之善國且不能，而況中國乎？今夫西洋者，一國之大公事，民之相與自爲者居其七，由朝廷而爲之者居其三。而其中之犖犖尤大者，則明刑、治兵兩大事而已。何則？是二者，民之所仰於其國之最急者也。昔漢高入關，約法三章耳，而秦民大服。知民所求於上者，保其性命財產，不過如是而已。更鶩其餘，所謂代大匠斲，未有不傷指者也。是故使今日而中國有聖人興，彼將曰：吾之以藐藐之身，託於億兆人之上者，不得已也，民弗能自治故也。民之弗能自治者，才未逮、力未長、德未和也，乃今將早夜以孳孳求所以進吾民之才、德、力者，去其所以困吾民之才、德、力者，其無相欺、相奪而相患害也。吾將悉聽其自繇。民之自繇,天之所畀也,吾又烏得而靳之? 如是,幸而民至於能自治也,吾將悉復而與之矣! 唯一國之日進富強,余一人與吾子孫尚亦有利焉,吾曷貴私天下哉! 誠如是,三十年而民不大和,治不大進,六十年而中國有不克與歐洲方富而比強者,正吾莠言亂政之罪可也。彼英、法、德、美諸邦之進於今治者,要不外數百年、數十年間耳。況夫彼爲其難,吾爲其易也。嗟乎! 有此無不有之國,無不能之民,用庸人之論,忌諱虛憍,至於貧且弱焉以亡,天下恨事孰過此者! 是故考西洋各國,當知富強之甚難也,我何可以苟安? 考西洋各國,又當知富強之易易也,我不可以自餒! 道在去其害富、害強,而日求其能與民共治而已。語有之曰: "曲士不可與語道者,束於教也。" 苟求自強,則古人之書,且有不可泥者,況夫秦以來之法制! 如彼韓子,徒見秦以來之爲君。秦以來之爲君,正所謂大盜竊國者耳! 國誰竊? 轉相竊之於民而已。既已竊之矣,又惴惴然恐其主之或覺而復之也,於是法與令蝟毛而起。質而論之,其什八九皆所以壞民之才,散民之力,漓民之德者也。斯民也,固斯天下之真主也,必弱而愚之,使其常不覺、常不足以有爲,而後吾可以長保所竊而永世。嗟乎! 夫誰知患常出於所慮之外也哉? 此莊周所以有"胠篋"之説也。是故西洋之言治者曰: "國者,斯民之公產也。王侯將相者,通國之公僕隸也。" 而中之尊王者曰: "天子富有四海,臣妾億兆者。" 臣妾者,其文之故訓,猶奴虜也。夫如是,則西洋之民,其尊且貴也過於王侯將相。而我中國之民,其卑且賤,皆奴產子也。設有戰鬥之事,彼其民爲公產、公利自爲鬥也,而中國則奴爲其主鬥耳! 夫驅奴虜以鬥貴人,固何所往而不敗? 均見《嚴幾道文鈔》。均刊佈於天津《直報》,嚴《譜》。其大旨在尊民叛君,尊今叛古,常以此上説下教。據蔡孑民年丈元培《申報最近五十年·五十年來中國之哲學》。

本年,伯玉京卿赴英吉利遊學。伯玉京卿言:

光緒二十二年丙申—千八百九十六年　**先生四十四歲**

二月，爲書二十一紙，致新會梁任公孝廉啟超規之，略謂苟所學自今以往，繼續光明，則視今之言，必多可恨。又謂毫釐之差，流入衆生識田，將成千里之謬。示人以可歆，而反爲人所籍口。又論變法之難，略謂一思變甲，即須變乙，至欲變乙，又須變丙。又謂黃種之所以衰，雖千因萬緣，皆可歸獄於君主。又論保教，略謂教不可保，而亦不必保，保教而進，則又非所保之本教矣。梁任公年丈《飲冰室文集》卷四《與嚴幼陵先生書》。

夏，初譯英人赫胥黎（Thomas Henry Huxley）《天演論》（Evolution and Ethics），據《天演論》自序。○案：嚴《譜》繫在四十三歲，誤也。以課學子。據《天演論》原本課例言。

七月，致書桐城吳至父京卿汝綸，論天演之説，謂外國格致家，謂順乎天演，則郅治終成。赫胥黎又謂不講治功，則人道不立云云。京卿答書稱先生"博涉兼能，文章學問，奄有東西數萬里之長，子雲筆札之功，充國四夷之學，美具難并，鍾於一手，求之往古，邈焉罕儔"。《吳摯甫尺牘》卷一七月十八日答嚴幼陵書。

梁任公孝廉、汪穰卿中書康年創辦《時務報》於上海，據戈公振《中國報學史》及嚴《譜》。先生《原強》、《闢韓》等篇，均又刊入。湖廣總督張文襄公之洞見而惡之，謂爲洪水猛獸。命屠梅君侍御仁守作《闢韓駁議》，先生幾罹不測。嚴《譜》。嗣鄭孝胥輩爲解圍，事始寝。據《嚴復社會思想》。

譯《天演論》成，重九自序之曰："英國名家穆勒約翰（John Stuart Mill）有言，欲考一國之文字語言，而能見理極，非諳曉數國之言語文字者不能也。斯言也，吾始疑之，乃今深喻篤信，而歎其説之無以易也。豈徒言語文字之散者而已？即至大義微言，古之人殫畢生之精力以從事於一學。當其有得，藏之一心，則爲理；動之口舌，著之簡策，則爲詞。固皆有其所以得此理之由，亦有其所以載焉以傳之故。嗚呼！豈偶然哉！自後人讀古人之書，而未嘗爲古人之學，則於古人所得以爲理者，已有切膚精愫之異矣。又況歷時久遠，簡牘沿譌，聲音代變，則通叚難明，風俗殊尚，則事意參差。夫如是，則雖有故訓、疏誼之勤，而於古人詔示來學之旨，愈益晦矣！故曰讀古書難。雖然，彼所以託焉而傳之理，固自若也。使其理誠精，其事誠信，則年代國俗，無以隔之。是故不傳於茲，或見於彼，事不相謀，而各有合。考道之士，以其所得於彼者，反以證諸吾古人之所傳，乃澄湛精瑩，如寐初覺。其親切有味，較之呫嗶爲學者，萬萬有加焉。此眞治異國語言文字者之至樂也！今夫六藝之於中國也，所謂日月經天，江河行地者爾。而仲尼之於六藝也，《易》《春秋》最嚴。司馬遷曰：'《易》本隱而之顯，《春秋》推見至隱。'此天下至精之言也。始吾以謂本隱之顯者，觀象、繫辭以定吉凶而已；推見至隱者，誅意褒貶而已。及觀西人名學，則見其於格物致知之事，有內籀之術焉，有外籀之術焉：內籀云者，察其曲而知其全者也，執其微以會其通者也；外籀云者，據公理以斷衆事者也，設定數以逆未然者也。乃推卷起曰，有是哉！固吾《易》《春秋》之學也。遷所謂本隱之顯者，外籀也；所謂推見至隱者，內籀也。其言若詔之矣。二者即物窮理之最要涂術也，而後人不知廣而用之者，未嘗事其事，則亦未嘗咨其術而已矣！近二百年，歐洲學術之盛，遠邁古初，其所得以爲名理公例者，在在見極，不可復搖。顧吾古人之所得，往往先之，此非傅會揚己之言也，吾將試擧其灼然不誣者，以質天下。夫西學之最爲切實而執其例可以御蕃變者，名、數、質、力四者之學是已。而吾《易》則名數以爲經，質力以爲緯，而合而名之曰《易》。大宇之內，質力相推，非質無以見力，非力無以呈質。凡力皆乾也，凡質皆坤也。奈端動之例三，其一曰靜者不自動，動者不自止，動路必直，速率必均。此所謂曠古之慮，自其例出，而後天學明，人事利者也。而《易》則曰：'乾其靜也專，其動也直.'後二百年,有斯賓塞爾者,以天演自然言化,著書造論,貫天地人而一理之,此亦晚近之絕作也。其爲天演界說曰:翕以合質,闢以出力,始簡易而終雜糅。而《易》則曰:'坤其静也翕,其動也闢。'至於全力不增減之説,則有自強不息爲之先;凡動必復之説,則有消息之義居其始。而易不可見,乾坤或幾乎息之旨,尤與熱力平均、天地乃毁之言相發明也。此豈可悉謂之偶合也耶?雖然,由斯之説,必謂彼之所明皆吾中土所前有,甚者或謂其學皆得於東來,則又不關事實,適用自蔽之説也。夫古人發其端而後人莫能竟其緒,古人擬其大而後人未能議其精,則猶之不學無術未化之民而已。祖父雖聖,何救子孫之童昏也哉!大抵古書難讀,中國爲尤。二千年來,士徇利禄,守闕殘,無獨闢之慮,是以生今日者,乃轉於西學得識古之用焉。此可與知者道,難與不知者言也。風氣漸通,士知拿陋爲恥,西學之事,問塗日多。然亦有一二巨子,訑然謂彼之所精不外象、數、形下之末,彼之所務不越功利之間。逞臆爲談,不咨其實,討論國聞,審敵自鏡之道,又斷斷乎不如是也。赫胥黎氏此書之旨,本以救斯賓塞任天爲海之末流,其中所論,與吾古人有甚合者。且於自強、保種之事,反復三致意焉。夏日如年,聊爲迻譯,有以多符空言、無裨實政相稽者,則固不佞所不恤也。"又爲譯例曰:"一、譯事三難,信、達、雅。求其信已大難矣,顧信矣不達,雖譯猶不譯也,則達尚焉。海通已來,象寄之才,隨地多有,而任取一書,責其能與於斯二者,則已寡矣。其故在淺嘗,一也;偏至,二也;辨之者少,三也。今是書所言,本五十年來西人新得之學,又爲作者晚出之書,譯文取明深義,故詞句之間,時有所顛到附益,不斤斤於字比句次,而意義則不倍本文。題曰達旨,不云筆譯,取便發揮,實非正法。什法師有云:'學我者病。'來者方多,幸弗以是書爲口實也。一、西文句中名物字,多隨舉隨釋,如中文之旁支,後乃遙接前文,足意成句。故西文句法,少者二三字,多者數十百言，段令放此爲譯，則恐必不可通。而刪削取徑，又恐意義有漏，此在譯者將全文神理融會於心，則下筆抒詞，自善互備。至原文詞理本深，難於共喻，則當前後引襯，以顯其意。凡此經營，皆以爲達，爲達即所以爲信也。一、《易》曰：'脩辭立誠。'子曰：'辭達而已。'又曰：'言之無文，行之不遠。'三者乃文章正軌，亦即爲譯事楷模。故信、達而外，求其爾雅，此不僅期以行遠已耳，實則精理微言。用漢以前字法、句法，則爲達易；用近世利俗文字，則求達難。往往抑義就詞，毫釐千里，審擇於斯二者之間。夫固有所不得已也，豈鈞奇哉！不佞此譯，頗貽艱深文陋之譏，實則刻意求顯，不過如是。又原書論説，多本名、數、格致及一切疇人之學，儻於之數者向未問津，雖作者同國之人，言語相通，仍多未喻，矧夫出以重譯也邪？一、原書多論希臘以來學派，凡所標舉皆當時名碩，流風緒論，泰西二千年之人心民智繫焉，講西學者，所不可不知也。茲於篇末，略載諸公生世事業，粗備學者知人論世之資。一、窮理與從政相同，皆貴集思廣益。今遇原文所論，與他書有異同者，輒就譾陋所知，列入後案，以資參考；間亦附以己見，取《詩》稱嚶求、《易》言麗澤之義。是非然否，以俟公論，不敢固也。如曰標高揭己，則失不佞懷鉛握槧、辛苦迻譯之本心矣。"○案：《學衡》第八期《嚴幾道與熊純如書札節鈔》第十八云："讀《天演論》下篇，稍讀《般若》《楞嚴》諸經已足通曉，不必深入佛海。"可爲讀此書之法，附此。

光緒二十三年丁酉—千八百九十七年　先生四十五歲

二月。先生以《天演論》屬吳至父京卿汝綸序之。京卿讀之大喜，以爲"雖劉先主之得荊州，不足爲喻……蓋自中土翻譯西書以來，無此宏製，匪直天演之學在中國爲初鑿鴻蒙，亦緣自來譯手無似此高文雄筆也。欽佩何極！"又云："抑執事之譯此書，蓋傷吾土之不競，懼炎黃數千年之種族將遂無以自存，而惕惕焉欲進之以人治也。本執事忠憤所發，特借赫胥黎之書，用爲主文譎諫之資而已。必繩以舌人之法，固執事所不樂居，亦大失述作之深旨。顧蒙意尚有不能盡無私疑者，以謂執事若自爲一書，則可縱意馳騁，若以譯赫氏之書爲名，則篇中所引古書、古事，皆宜以元書所稱西方者爲當，似不必改用中國人語。以中事中人，固非赫氏所及知，法宜如晉宋名流所譯佛書，與中儒著述，顯分體制，似爲入式。此在大著雖爲小節，又已見之例言，然究不若純用元書之爲尤美。"《吳摯父尺牘》卷一下《二月七日答嚴幼陵》。德取膠州灣。

夏，先生與定海王菀生觀察修植○據吳至父書、錢唐夏穗卿禮部曾佑創辦《國聞報》於天津。據《國聞報緣起》及嚴《譜》。略倣英國《太晤士報》之例，月報之外，繼以旬報。五月而後事成，《國聞報緣起》。十月初一日出版。其緣起略曰：報將出，客有造室而問曰："《國聞報》何爲而設也？"曰："將以求通焉耳。夫通之道有二：一曰通上下之情，一曰通中外之故。如一國自立之國，則以通下情爲要義，塞其下情，則有利而不知興，有弊而不知去。若是者，國必弱。如各國並列之國，則尤以通外情爲要務，昧於外情，則坐井而以爲天小，捫籥而以爲日圓。若是者，國必危⋯⋯"抑吾嘗聞之，積人而成羣，合羣而成國。國之興也，必其一羣之人，上自君相，下至齊民，人人皆求所以強而不自甘於弱，人人皆求所以智而不自安於愚。夫而後士得究古今之變，而不僅以舊德之名氏爲可食也；農得盡地利之用，而不徒以先疇之畎畝爲可服也；工得講求藝事、探索新理，而不復拘拘於高曾之規矩爲不可易也；商得消息盈虛、操奇計盈，而不復斤斤於族世之所鬻爲不可變也。一羣之民智既開，民力既厚，於是其爲君相者，不過綜其大綱，提挈之，宣布之，上既不勞，下乃太治。泰西各國，所以富且強者，豈其君若臣一二人之才、之力有以致此哉？亦其羣之各自爲謀也。然則今日謀吾羣之道將奈何？曰求其通而已矣。而通下情尤以通外情爲急，何者？今之國，固與各國並立之國，而非一國自立之國也。吾試言不通外情之弊。今歐美教士，足迹遍天下，大都蒙犯霜雪，跋涉險阻，耗資財，勞筋骨，以求其所謂盡人事天之道，此不獨在吾中國然也。而吾民之相遇者，視其勸善之書則以爲收買人心矣，得其治病之藥則以爲迷拐人口矣：此不通西儒之所謂教也。遊歷之士，或登高山，涉大川，地學之家，或搜古迹，考物産，以求其所謂博物窮理之學，此亦不獨在吾中國然也。而吾民之相遇者，睹其籌筆之記載則以爲偵探矣，見其測量之儀器則以爲厭術矣：此不通西士之所謂學也。尤其甚者，見其男女之交際而或疑爲淫亂，見其貴賤之雜坐而或譏爲野蠻：此不通西人之禮俗也。其諸類乎此者，更僕不可以悉計，坐是不通之弊，於是平居無事，則互相猜忌，積不相能。倉卒之間，毫毛之事，羣然而譁，激爲事變。數十年來，如鬧教案，殺遊士，不一而足。上煩九重之慮，下竭舉國之力，僅而後安。不通外情，其流弊乃至於此，可勝痛哉！可勝悼哉！然則求吾民通知外情之道將奈何？曰：欲通知外情，不能不詳述外事；欲詳述外事，不能不廣譯各國之報：此《國聞報》館所爲起也。本館取報之例，大要有二：一翻譯，一採訪。翻譯之報，若俄、若英、若法、若德、若美、若日本、若歐墨，其餘諸國，萃取各國之報凡百餘種，延聘通曉各國文字之士凡十餘人。採訪之報，如天津本地，如保定省會，如京師，如河南，如山東，如山西，如陝、甘、新疆，如奉天、吉林、黑龍江三省，如前後藏，如内外蒙古；外國如倫敦、如巴黎、如柏靈、如森彼得堡、如紐約、華盛頓。訪事之地，大小凡百餘處。訪事之人，中外凡數十位。本館編報之例，大要亦有二：凡尋常之事，無論内地、邊地，中國、外國，義取觀覽明曉者，皆登之每日續印之報；至重要之事，亦無論内地、邊地，中國、外國，苟足備留存考訂者，皆登之十日合印之彙編。閱茲報者，觀於一國之事，則足以通上下之情；觀於各國之事，則足以通中外之情。上下之情通，而後人不自私其利；中外之情通，而後國不自私其治。人不自私其利，則積一人之智力以爲一羣之智力，而吾之羣強；國不自私其治，則取各國之政教以爲一國之政教，而吾之國強。此則本館設報區區之心所默爲禱祝者也。《中國報學史》引○案：此文似出先生手筆，故錄之。

本年，三子琥生，字曰叔夏伯玉京卿言。

光緒二十四年戊戌—千八百九十九年　先生四十六歲

春，吳至父京卿爲序《天演論》，又爲書與商。序略曰："赫胥黎氏之指趣，得嚴子乃益明。自吾國之譯西書。未有能及嚴子者也。凡吾聖賢之教，上者道勝而文至；其次道稍卑矣，而文猶足以久。獨文之不足，斯其道不能以徒存。六藝尚已，晚周以來，諸子各自名家，其文多可喜。其大要有集錄之書，有自著之言。集錄者，篇各有義，不相統貫，原於《詩》《書》者也；自著者，建立一幹，枝葉扶疏，原於《易》《春秋》者也。漢之士，爭以撰著相高。其尤者，《太史公書》，繼《春秋》而作，人治以著；揚子《太玄》，擬《易》爲之，天行以闡：是皆所爲一幹而枝葉扶疏也。及唐中葉，而韓退之氏出，源本《詩》《書》，一變而爲集錄之體，宋以來宗之。是故漢氏多撰著之編，唐宋多集錄之文，其大略也。集錄既多，而向之所爲撰著之體不復多見，間一有之，其文采不足以自發，知言者擯焉弗列也。獨近世所傳西人書，率皆一幹而衆枝，有合於漢氏之撰著。又惜吾國之譯言者，大抵弇陋不文，不足傳載其義。夫撰著之與集錄，其體雖變，其要於文之能工，一而已。今議者謂西人之學，多吾所未聞，欲淪民智，莫善於譯書。吾則以謂今西書之流入吾國，適當吾文學靡敝之時，士大夫相矜尚以爲學者，時文耳，公牘耳，說部耳。捨此三者，幾無所爲書，而是三者，固不足與文學之事。今西書雖多新學，顧吾之士，以其時文、公牘、說部之詞，譯而傳之，有識者方鄙夷而不之顧，民智之淪何由？此無他，文不足焉故也！文如幾道，可與言譯書矣。往者釋氏之入中國，中學未衰也，能者筆受，前後相望，顧其文自爲一類，不與中國同。今赫胥黎氏之道，未知於釋氏何如？然欲儕其書於太史氏、揚氏之列，吾知其難也；即欲儕之唐宋作者，吾亦知其難也。嚴子一文之，而其書乃騤騤與晚周諸子相上下，然則文顧不重耶？抑嚴子之譯是書，不惟自傳其文而已，蓋謂赫胥黎氏以人持天，以人治之日新，衛其種族之説。其義富，其辭危，使讀焉者怵焉知變，於國論殆有助乎？是旨也，予又惑焉！凡爲書必與其時之學者相入，而後其效明。今學者方以時文、公牘、説部爲學，而嚴子乃欲進之以可久之詞，與晚周諸子相上下之書，吾懼其舛馳而不相入也。雖然，嚴子之意，蓋將有待也。待而得其人，則吾民之智淪矣。是又赫胥黎氏以人治歸天演之一義也與？"○案：本書序末著時孟夏，然《吳氏尺牘》卷一下《二月廿八日答先生書》云："接二月十九日惠書，知拙序已呈左右。"則非作於孟夏矣，或其後續有更改，至孟夏始定乎？

書曰："凡己意所發明，皆退入後案，義例精審，其命篇立名，尚疑未愜。厄言既成濫語，縣疏又襲釋氏，皆似非所謂能樹立不因循者之所爲。下走前鈔福本，篇各妄撰一名，今綴録書尾，用備採擇。"《吳摯父尺牘》卷一下《二月二十八日答嚴幾道書》。先生乃復於譯例著之曰："新理踵出，名目紛繁，索之中文，渺不可得，即有牽合，終嫌參差。譯者遇此，獨有自具衡量，即義定名。顧其事有甚難者！即如此書上卷導言十餘篇，乃因正論理深，先敷淺説。僕始翻'厄言'，而錢唐夏穗卿曾佑病其濫惡，謂内典原有此種，可名縣談；及桐城吳丈摯父汝綸見之，又謂厄言既成濫詞，縣談亦沿釋氏，均非能自樹立者所爲，不如用諸子舊例，隨篇標目爲佳。穗卿又謂如此則篇自爲文，於原書建立一本之義稍晦，而'縣談'、'縣疏'諸名，縣者玄也，乃會撮精旨之言，與此不合，必不可用。於是乃依其篇目質譯導言，而分注吳之篇目於下，取便閲者。此以見定名之難，雖欲避生吞活剥之誚，有不可得者矣！他如'物競天擇'、'儲能效實'諸名，皆由我始。一名之立,旬月踟躕,我罪我知,是存明哲。"案:譯例蓋成於譯竣時,故摯父作序已見之,此蓋後加者,移隸於此。其他,先生自以志在達旨,不盡從也《現代中國文學史》。

又譯英人斯密亞丹(Adam Smith)《計學》(*An Inquiry into the Nature and Causes of the Wealth of Nations*),二月中成書一冊。吳摯父《二月廿八日答先生書》云:"斯密氏《計學》稿一冊,敬讀一過,望速成之。《計學》名義至雅馴,又得實,吾無間,然後易名《原富》,蓋簡取斯密氏《國富之性質及原因之研究》之題義也。"嚴《譜》繫在四十五歲,或別有所據,記此存疑。至七月,又成四冊。皆寄吳摯父京卿商榷,京卿答書云:"斯密氏之書,理趣甚奧賾,思如芭蕉,知如涌泉,蓋非一覽所能得其深處。執事雄筆,真足狀難顯之情,又時時糾其韋失,其言皆與時局痛下鍼砭,無空泛之議,此真濟世之奇構。"《吳摯父尺牘》卷二上《七月七日答嚴幾道》。

又爲國聞報社譯英倫斯賓塞爾《羣學肄言》前《砭愚》(*Our need of it*)、《倡學》二篇。事會錯迕,遂以中輟。《羣學肄言》初版譯餘贅語。○案:國聞週報社於本年八月停刊,此書之譯當在八月以前,姑繫於此。嚴《譜》繫此譯於丁酉,四十五歲下,非也。

四月,《天演論》雕板成,初先生脫稿,經梁任公、沔陽盧木齋靖借鈔,勸早日付梓。木齋郵示其弟慎之彌於鄂,亦謂宜公海内,遂付手民。《天演論》初刻譯例言。列入沔陽盧氏《慎始基齋叢書》。後又由先生石印行世,曰"嗜奇精舍石印本"。據木刻本、石印本首葉。先生譯書,以瓌辭達奧旨,風行海内,學者稱爲侯官嚴先生。自是人士漸漸傾向西人學説矣。陳《墓志》。

時媢妒先生者衆,謂先生之爲人,能坐而言,而不能起行者也。吳摯父京卿聞而挫折之曰:"天下有集中西之長而不能當大事者乎?往年嚴公多病,頗以病廢事,近則霍然良已。身强、學富、識泓,救時之首選也。"議者相悦以解,南海張樵野侍郎蔭桓因特科之詔,舉先生以應,京卿復遺書謂:"特科徒奉行故事,不能得真才;得矣,亦不能用。願執事回翔審慎,自重其才,弗輕於一出也。"《吳摯父尺牘》卷一下《二月二十八日答嚴幾道書》。

秋,特詔急人才,先生以王季樵學士錫藩薦,據《嚴復社會思想》。○伍昭扆太守光建云:入都在七月二十七八,太守時在津。召對稱旨。諭繕所擬萬言書以進。陳《墓誌》。○案:嚴《譜》云:召見,德宗詢近日有新著述否,對以有,擬上皇帝書,計萬言,已刊於天津之《國聞報》。德宗命抄一份呈覽。萬言書蓋先生所宿擬。《吳摯父尺牘》卷一下《戊戌二月二十八日答嚴幾道書》已云:"前讀尊擬萬言書。"《現代文學史》謂退上皇帝萬言書,非其實也。其書略曰:"……臣惟中國之積弱,至於今爲已極矣!此其所以然之故,由於內治者十之七,由於外患者十之三耳。而天下洶洶,若專以外患爲急者,此所謂目論者也……蓋今日各國之勢,與古戰國異。古之戰國務兼并,而今之各國謹平權,此所以宋、衛、中山不存於七雄之世,而荷蘭、瑞士、丹麥尚瓦全於英、法、德、俄之間。且百年以降,船械日新,軍興日費,量長較短,其各謀於攻守之術也亦日精。兩軍交綏,雖至强之國,無萬全之算也。勝負或異,死喪皆多,且釁端既構,累世相仇,是以各國重之。使中國一旦自强,在各國有以比權量力,則彼將隱消其侮奪覬覦之心,而所求於我者,不過通商之利而已,不必利我之土地人民也。惟中國之終於不振而無以自立,則以此五洲上腴之壤,無論何國得之,皆可以鞭笞天下,而平權相制之局壞矣!慮此之故,其勢不能不爭,其爭不能不力,然則必中國自主之權失,而後全球之殺機動也。雖然,彼各國豈樂於爲是哉?爭存自保之道,勢不得不然也……今夫外患之乘中國,古有之矣,然彼皆利中國之弱且亂,而後可以得志。而今之各國,大約而言之,其用心初不若是。是故徒以外患而論,則今之爲治,尚易於古叔季之時。夫易爲而不能爲,則其故由於內治之不修,積重而難反,而外患雖急,尚非吾國病本之所在也……其在內治云何?法既敝而不知變也……今日吾國之富强,民之智勇,無一事及外洋者……其所以然之故,所從來也遠，臣請得爲陛下深明之。臣聞建國立羣之道，一統無外之世，則以久安長治爲要圖；分民分土、地醜德齊之時，則以富國強兵爲切計：此不易之理也。顧富強之盛，必待民之智勇而後可幾；而民之智勇，又必待有所爭競磨礱而後日進：此又不易之理也。歐洲國土，當我殷周之間，希臘最盛，文物政治，皆彬彬矣。希臘中衰，乃有羅馬，羅馬者，漢之所稱大秦者也，庶幾一統矣。繼而政理放紛，民俗抵冒，上下征利，背公營私，當此之時，峨特、日耳曼諸種起而乘之，蓋自是歐洲散爲十餘國焉，各立君長，種族相矜，互相砥礪，以勝爲榮，以負爲辱，蓋其所爭，不僅軍旅疆場之間而止，自農工商賈至於文辭學問，一名一藝之微，莫不如此。此所以始於相忌，終於相成，日就月將，至於近今百年，其富強之效，遂有非餘洲所可及者。雖曰人事，抑亦其地勢之華離破碎使之然也。至我中國，則北起龍庭、天山，西緣蔥嶺、輪臺之限，而東南界海，中間數萬里之地，帶山礪河，渾整綿亘，其地勢利爲合，而不利爲分。故當先秦、魏、晉、六朝、五代之秋，雖暫爲據亂，而其治終歸於一統。統既一矣，於此之時，有王者起，爲之內修綱維而齊以法制，外收藩屬而擾以羈縻，則所以禦四夷而撫百姓，求所謂長治久安者，事已具矣。夫聖人之治理不同，而求措天下於至安而不復危者，心一而已。聖人之意，以爲天下已治已安矣，吾爲之彌綸至纖悉焉。俾後世子孫謹守吾法，而有以相生養、相保持，永永樂利，不可復亂，則治道至於如是，是亦足矣！吾安所用富強爲哉？是故其垂謨著戒，則尚率由而重改作，貴述古而薄謀新。其言理財也，則崇本而抑末，務節流而不急開原，戒進取、敦止足，要在使民無凍餓，而有以劑豐歉、供租稅而已。其言武備也，則取詰奸宄、備非常，示安不忘危之義。外之無與爲絜長度大之勁敵，則無事於日講攻守之方，使之益精益密也；內之與民休息，去養兵轉餉之煩苛，則無由蓄大支之勁旅也。且聖人非不知智勇之民之可貴也，然以爲無益於治安，而或害吾治，由是凡其作民厲學之政，大抵皆去異尚同，而旌其淳良謹愨者，所謂豪俠健大、重然諾與立節概之風，則皆懲其末流而黜之矣。夫如是，數傳之後，天下靡靡馴伏，易安而難危，亂萌無由起，而聖人求所以措置天下之方，於是乎大得。此其意，亦非必欲愚黔首、利天下、私子孫也，以爲安民長久之道，莫若此耳。蓋使天下常爲一統而無外，則由其道而上下相維，君子親賢，小人樂利，長久無極，不復亂危，此其爲甚休可願之事，固遠過於富強也。不幸爲治之事，弊常伏於久安之中，而謀國之難，患常起於所防之外：此自前世而已然矣。而今日乃有西國者，天假以舟車之利，闖然而破中國數千年一統之局，且挾其千有餘年所爭競磨礱而得之智勇富強，以與我相角。於是吾所謂長治久安者，有儳然不終日之勢矣……今使中國之民，一如西國，則見國勢傾危若此，方且相率自爲，不必驚擾倉皇，而次第設施，自將有以救正……而數稔之間，吾國固已富且強矣。顧中國之民有所不能者，數千年道國明民之事，其處世操術，與西人絕異故也。夫民既不克自爲，則其事非倡之於上，固不可矣……然所以成其如是者，率皆經數千載自然之勢，流衍而來，對待相生，牢不可破。故今日審勢相時，而思有所變革，則一行變甲，當先變乙，及思變乙，又宜變丙，由是以往，膠葛紛紜。設但支節爲之，則不特徒勞無功，且所變不能久立。又況興作多端，動糜財力，使其爲而寡效，則積久必至不支，此亦事之至爲可慮者也。邇歲以來，朝野之間其言變法以圖自強者，亦不少矣。或曰固圉爲急矣，則請練陸營而更立海軍。或曰理財最優矣，則請造鐵路、開各礦而設官銀號。又以事事雇用洋人之不便也，則議廣開學館以培植人才：大抵皆務增其新，而未嘗一言變舊。夫國家歲入之度支有限，而新政之日增無窮，新舊並存，理自竭蹶。臣聞爲政之道，除舊布新，相因爲用者也……竊謂前者諸事，以治標而論，則事勢太逼，恐無救於危亡；以治本而論，則積疾未袪，亦無益於貧弱。其事誠皆各國所以富強之具，今日所不可不圖。第為之而不得其序，則遠之有資敵之憂，近之有糜財之患，而於自強之實，取之尚遙。何者？將以為標，則救亡圖存，事尚有急於此者；以之為本，則原始要終，事尚有先乎此者也。臣嘗曠觀時變，蚤夜以思，既深識大局之自為難圖，又大願陛下之不可不勉。於未變法之前，陛下所亟宜行者三，既變法之後，陛下之所宜先行者四。狂夫之言，聖人擇焉！屈原不云乎：'所非忠而言之兮，指蒼天以為正。'惟陛下俯垂聖聽而已。臣所謂未變法所急宜行者三：一曰聯各國之歡……二曰結百姓之心……三曰破把持之局……陛下果有意於圖變革、講富強，亦在斷之而已。以上三端，皆未變法之前所亟宜行者也。蓋不聯各國之歡，則侮奪之事，紛至沓來，陛下雖變法而不暇；不結百姓之心，則民情離渙，士氣衰靡，無以為禦侮之資，雖聯各國之歡，亦不可恃；而不破把持之局，則搖手不得，雖欲變法而不能也。一其事在各國，二其事在萬民，而三則在陛下之心。陛下果採臣議而次第行之，則為曠古之盛節，機關闓闢，而數千年之治運轉矣。然後因勢利導，所謂既變法所宜先者，臣請竭其愚慮，繼今而言之。"《嚴幾道文鈔》卷一。為大臣所嫉，格不得上。《現代文學史》。○案：此書未竟，《吳至父尺牘》本年二月二十八日《答嚴幾道書》云："前讀尊擬萬言書，以王荊文公上仁宗書後，僅見斯文而已。雖蘇子瞻尚當放出一頭地，況餘子邪？況今時粗士邪？獨其辭未終，不無遺憾，務求賡續成之。雖時不能聽，要不宜懲羹吹齏，中作而輟。篇中深意，往復深婉，而所言皆確能正傾救敗之策，非耳食諸公胸臆所有。"可謂推崇備至。又七月七日復答書云："尊著萬言書，請車駕西遊（上引節去原在'聯各國之歡'下），最中肯綮，又他人所不敢言。其文往復頓挫，尤深美可誦。自宜續成完書，不宜中途廢止。所示四事，皆救時要政。國勢陵夷，萬物坐敝，條舉件論，不可一二盡，又風俗不變，不惟滿漢畛域不能渾化，即鄉舉里選，亦難免賄賂請託、黨援傾軋之弊。而土著為吏，善則人地相習，不善則親故把持。此皆得半之道，非萬全之策，似不如不復枚舉，但以勸遠巡為一篇歸宿，斟酌今日財政，於何籌此巡遊經費？便是佳文，若國政之因革損益，似非一篇中所能盡具也。"據此，則先生亦欲賡續成之，所謂"既變法之後所宜先行者四"，亦約略於吳書中見之，今已不可得見，惜已！

八月，德宗被幽。太后專政，殺四品卿銜軍機章京上行走内閣候補侍讀楊鋭、刑部候補主事劉光第、内閣候補中書林旭、江蘇候補知府譚嗣同等六人。嚴《譜》。大學士王文勤公文韶密示意先生離京。即日反津，據《嚴復社會思想》。有《感事》詩詠之云："求治翻爲罪，明時誤愛才。伏尸名士賤，稱疾詔書哀。燕市天如晦，宣南雨又來。臨河鳴犢嘆，莫遣寸心灰。"《飲冰室詩話》及《嚴幾道詩鈔》。林旭字暾谷，號晚翠。先生甫於六月中識之，九月哭之以詩云："相見及長別，都來幾晝昏？池荷清遁暑，叢桂遠招魂。投分欣傾蓋，湛冤慘覆盆。不成扶奡弱，直是構恩怨。憶昨皇臨極，殷憂國命屯。側身求輔弼，痛哭爲黎元。大業方鴻造，奇才各駿犇。明堂需杞梓，列辟貢璵璠。豈謂資羣策，翻成罪莠言？釁誠基近習，禍已及親尊。惝恍移宫獄，嗚呼養士恩。人情看禽狱，天意與偏反。夫子南州彦，當時士論存。一枝翹國秀，三峽倒詞源。薦剡能爲鶚，雄圖欲化鯤。楊叔嶠譚復生同御席，江建霞鄭太夷盡華軒。卿月輝東壁，郎星列井垣。英奇相揩拄，契合互攀援。重譯風皆聳，中興勢已吞。忽驚晚鶗鳩，容易刈芳蓀。古有身臨穴，今無市舉旛。血應漂地軸，精定叫天閽。猶有深閨婦，來從積德門。撫絃哀寡鵠，分鏡泣孤鴛。加劍思牽犬，爭權遇償豚。空聞矜庶獄，不得見傳爰。投畀寧無日？羣昏自不論。浮休齊得喪，憂患塞乾坤。上帝高難問，中情久弗諼。詩篇同《乘》《杌》，異代得根原。莫更秦頭責，休將朕舌捫。橫流還處處，只合老丘樊。"狄楚青葆賢《平等閣詩話》卷二及《愈壄堂詩集》卷上。○案：《石遺室詩話》卷七亦引之，只二十四韻，蓋本本年九月先生寄鄭蘇戡漢上之初稿，狄所據則重定稿也，親得之於先生，皆見《詩話》中。又有《綠珠詞》云："情重身難主，淒涼石季倫。明珠三百斛，空換墜樓人。"《飲冰室詩話》及《愈壄堂詩集》。爲德宗發憤而作，兼哭晚翠者也。據《學衡》第二十期先生與熊純如書札第六十一及《飲冰室詩話》、《黄氏見聞録》。

光緒二十五年己亥 一千八百九十九年　先生四十七歲

正月。又譯成斯密氏《計學》四冊，寄吳至父京卿商定。京卿答書云："斯密氏此書，洵能窮極事理，鐫刻物態，得我公雄筆，爲之追幽鑿險，抉摘奧賾，眞足達難顯之情，今世蓋無能與我公上下追逐者也。"《吳至父尺牘》卷二上正月卅日答嚴幾道書。二月七日，又寄書京卿，論新舊二學，當並存具列，且將假自他之耀，以袪蔽揭翳，並商譯事。京卿答書云："歐洲文字與吾國絕殊，譯之似宜別創體制，如六朝人之譯佛書，其體全是特創，今不但不宜襲用中文，並亦不宜襲用佛書。竊謂以執事雄筆，必可自我作古。又妄意彼書固自有體制，或易其辭而仍其體，似亦可也。不通西文，不敢意定，獨中國諸書，無可放效耳。來示謂行文欲求爾雅，有不可闌入之字，改竄則失眞，因仍則傷潔，此誠難事。鄙意與其傷潔，毋寧失眞。凡瑣屑不足道之事，不記何傷？若名之爲文，里俗鄙淺，薦紳所不道，此則昔之知言者，無不縣爲戒律，曾氏所謂'辭氣遠鄙'也。文固有化俗爲雅之一法，如左氏之言'馬矢'，莊子之言'矢溺'，公羊之言'登來'，太史之言'夥頤'，在當時固皆以里語爲文，而不失爲雅。若范書所載'鐵脛''尤來''大槍''五樓''五蟠'等名目，竊料太史公執筆，必皆芟薙不書，不然勝、廣、項氏時，必多有里鄙不經之事，何以《史記》中絕不一見？如今時鴉片館等，此自難入文，削之似不爲過；倘令爲林文忠作傳，則燒鴉片一事，固當大書特書，但必敍明原委，如史公之記平準，班氏之敍鹽鐵論耳，亦非一切割棄，至失事實也……來示謂，歐洲國史，略似中國所謂長編、紀事本末等比，然則欲譯其書，即用曾太傅所稱敍記、典志二門，似爲得體……歐洲記述名人，失之過詳，此宜以遷、固史法裁之。文無翦裁，專以求盡爲務，此非行遠所宜。中國間有此體，其最著者，則孟堅所爲《王莽傳》。若《穆天子》《飛燕》《太眞》等傳，則小說家言，不足法也。歐史用韻，今亦以韻譯之，似無不可，獨雅詞爲難耳。中國用韻之文，退之爲極詣矣。"同□卷二下二月廿三日答書。

譯英文約翰穆勒（John Stuart Mill）《自繇論》（On Liberty）。著其譯例曰："或謂舊翻'自繇'之西文 Liberty 里勃而特，當翻'公道'，猶云事事公道而已，此其説誤也。謹案：里勃而特，原古文作 Libertas 里勃而達，乃'自繇'之神號。其字與常用之 freedom 伏利當同義。伏利當者，無罣礙也。又與 slavery（奴隸）、subjection（臣服）、bondage（約束）、necessity（必須）等字爲對義。人被囚拘，英語曰 To lose his liberty，失其自繇，不云失其公道也。釋繫狗曰 Set the dog at liberty，使狗自繇，不得言使狗公道也。公道，西文自有專字，曰 Justice 札思直斯，二者義雖相涉，然必不可混而一之也。西名東譯，失者固多，獨此天成，殆無以易。中文自繇，常含放誕、恣睢、無忌憚諸劣義，然此自是後起附屬之詁，與初義無涉。初義但云不爲外物拘牽而已，無勝義亦無劣義也。夫人而自繇，固不必須以爲惡，即欲爲善，亦須自繇。其字義訓本爲最寬，自繇者，凡所欲爲，理無不可。此如有人獨居世外，其自繇界域，豈有限制？爲善爲惡，一切皆自本身起義，誰復禁之？但自入羣而後，我自繇者，人亦自繇，使無限制約束，便入強權世界，而相衝突。故曰，人得自繇，而必以他人之自繇爲界。此則《大學》絜矩之道，君子所恃以平天下者矣。穆勒此書，即爲人分別何者必宜自繇、何者不可自繇也。斯賓塞《倫理學・説公》（Justice in Principle of Ethics）一篇，言人道所以必得自繇者，蓋不自繇，則善惡功罪皆非己出，而僅有幸不幸可言，而民德亦無由演進。故惟與以自繇，而天擇爲用，斯郅治有必成之一日。佛言一切衆生皆轉於物，若能轉物，即同如來。能轉物者，真自繇也。是以西哲又謂真實完全自繇，形氣中本無此物，惟上帝真神，乃能享之。禽獸下生，驅於形氣，一切不由自主，則無自繇，而皆束縛。獨人道介於天地之間，有自繇亦有束縛，治化天演，程度愈高，其所得以自繇自主之事愈衆。由此可知自繇之樂，惟自治力大者爲能享之，而氣禀嗜慾之中，所以纏縛驅迫者，方至衆也。盧梭(Rousseau)《民約》(Le Contrat Social)其開宗明義，謂斯民生而自繇。此語大爲後賢所呵。亦謂初生小兒，法同禽獸，生死飢飽權非己操，斷斷乎不得以自繇論也。名義一經俗用，久輒失真。如老氏之自然，蓋謂世間一切事物，皆有待而然，惟最初衆父，無待而然，以其無待，故稱自然。此在西文爲 self-existence，惟造化真宰，無極太極，爲能當之。乃今俗義，凡順成者皆自然矣。又如釋氏之自在，乃言世間一切六如，變幻起滅，獨有一物，不增不減，不生不滅，以其自存，故稱自在。此在西文謂之 persistence，或曰 eternity，或曰 conservation，惟力質本體，恒住真因，乃有此德。今乃斷取涅槃極樂引伸之義，而凡安閒逸樂者，皆自在矣。則何怪自繇之義，始不過謂自主而無罣礙者，乃今爲放肆，爲淫佚，爲不法，爲無禮，一及其名，惡義全集，而爲主其說者之詬病乎？穆勒此篇，所釋名義，衹如其初而止。柳子厚詩云：'破額山前碧玉流，騷人遙駐木蘭舟。東風無限瀟湘意，欲採蘋花不自由。'所謂自由，正此義也。由、繇二字，古相通假。今此譯遇自繇字，皆作自繇，不作自由者，非以爲古也。視其字依西文規例，本一玄名，非虛乃實，寫爲自繇，欲略示區別而已。原書文理頗深，意繁句重，若依文作譯，必至難索解人，故不得不略爲顛倒，此以中文譯西書定法也。西人文法，本與中國迥殊，如此書穆勒原序一篇可見。海內讀吾譯者，往往以不可卒解，訾其艱深，不知原書之難，且實過之，理本奧衍，與不佞文字固無涉也。貴族之治，則民對貴族而爭自繇；專制之治，則民對君上而爭自繇；乃至立憲民主，其所對而爭自繇者，非貴族、非君上，貴族君上，於此之時，同束於法制之中，固無從以肆虐，故所與爭者，乃在社會，乃在國羣，乃在流俗。穆勒此篇，本爲英民說法，故所重者，在小己國羣之分界，然其所論，理通他制，使其事宜任小己之自繇，則無間君上貴族社會，皆不得干涉者也。西國言論,最難自繇者,莫若宗教。故穆勒持論,多取宗教爲諭,中國事與相方者,乃在綱常名教。事關綱常名教,其言論不容自繇,殆過西國之宗教。觀明季李贄、桑悅、葛寅亮諸人,至今稱名教罪人,可以見矣。雖然,吾觀韓退之《伯夷頌》,美其特立獨行,雖天下非之不顧。王介甫亦謂聖賢必不徇流俗,此亦可謂自繇之至者矣。至朱晦翁謂雖孔子所言亦須明白討個是非,則尤爲卓犖俊偉之言。誰謂吾學界中無言論自繇乎?須知言論自繇,只是平實地說實話,求真理。一不爲古人所欺,二不爲權勢所屈而已。使理真事實,雖出之讎敵,不可廢也;使理謬事誣,雖以君父,不可從也:此之謂自繇。亞理斯多德嘗言,'吾愛吾師柏拉圖勝於餘物,然吾愛真理勝於吾師',即此義耳。蓋世間一切法,惟至誠大公,可以建天地不悖,俟百世不惑。未有不重此而得爲聖賢,亦未有倍此而終不敗者也。使中國民智、民德而有進今之一時,則必自實愛真理始。仁勇智術,忠孝節廉,亦皆根此而生,然後爲有物也。是故刺譏謾罵,揚訐讜張,仍爲言行愆尤,與所謂言論自繇、行己自繇無涉。總之,自繇云者,乃自繇於爲善,非自繇於爲惡。特爭自繇界域之時,必謂爲惡亦可自繇,其自繇分量,乃爲圓足。必善惡由我主張,而後爲善有其可賞,爲惡有其可誅。又以一己獨知之地,善惡之辨,至爲難明,往往人所謂惡,乃實吾善,人所謂善,反爲吾惡,此干涉所以必不可行,非任其自繇不可也。"案:據嚴《譜》繫本年。蔡子民年丈《五十年來中國之哲學》說同。又案:譯凡例末著時光緒二十九年癸卯,今以繫於此者,所以釋自繇二字於文較順也。時俄羅斯窺我東北之地甚急。先生曰:"甲午東事以還,彼族常以剖分支那爲必至之事,顧無如其人滿何!此所以但挹其利源而後其土地,至其力爭經營,亦不以此易彼也。獨長城以外,生齒較稀,遼瀋之間,土地尤美,動植以近海而滋,礦產以近極而積,則俄羅斯視爲禁臠,而在所必爭者矣。且以遠近形勢言之,俄於支那,其情亦與各國異也,故中國之大患終在俄。"《原富》部丁篇七案語。

光緒二十六年庚子—一千九百年　先生四十八歲

繼配朱夫人來歸。嚴《譜》。○案：黃公度按察遵憲《人境廬詩草》卷[九]《己亥續懷人詩》，懷先生詩云："一卷生花《天演論》，因緣巧作續絃膠。絳紗坐帳談名理，勝是麻姑背癢搔。"似續娶在己亥，存疑。其本事今亦不可詳矣。生子二：璿、玷；女三：璆、瓏、頊。

五月，"拳匪"事起。先生倉皇避地上海，嚴《譜》。賃廬閘北長康里，據伯玉京卿言，羣籍俱散失。《羣己權界論·譯凡例》，先生總辦水師學堂，前後凡二十年，至是始辭去。據嚴《譜》。嘗謂其中弟子無得意者，伍光建昭扆有學識而性情乖張，王劭廉少泉竺實而過於拘謹，二者之外，餘雖名位煊赫，皆庸材也。《學衡》十八期，《與熊純如書札》節鈔第五十七。

開名學會，講演名學。嚴氏家藏吳至父京卿致先生書云："亂後不知我公消息，近閱《中外日報》，知先生近開名學會，可見達人善己，兼懷濟物之盛心，企佩無量。"見《嚴復社會思想》，京卿尺牘不錄。一時風靡，學者聞所未聞，吾國政論之根柢名學理論者，自此始也。據《嚴復社會思想》。

七月，聯軍陷京師。德宗奉太后西狩，東南各省與列國有東南互保之約。上海人士邀集各省人民組織國會，推南海容達蔭□□閎及先生為正副會長。據《中國報學史》及嚴《譜》。

八月，聯軍陷山海關、北塘炮臺等地，我軍累敗，朝議媾和。先生曰："北方之亂，雖所以戰者非，而其臨陣向敵之氣，發揚蹈厲之風，較之甲午、乙未之際，誠有進焉。然而未足以邀利，何也？當此之時，自國人深憾西人之意而言之，凡可以殺敵致果者，固莫不為，非有所慮於公法，尤非有所愛於西人也。然戕殺不執兵之教士、教民，既為不武矣！乃以直隸數萬之官軍，不能勝千人死守之租界，以京城數萬之練營禁旅，不能破數百人保護之使邸，而北倉潞河之交綏遂潰者，又不足論已。夫戰之甚力如此，器之甚利且衆如此，敵之始本單弱又如此，而卒至敗衂於連雞之軍者，則於戰之術有未盡，可知已。是故整軍經武之道，徒衆徒勇不足恃也。必且知方焉，然則設學教民之道尚焉矣！"《原富》部戊篇一案語。

閏八月二十二日，與上海救濟善會主辦陸純伯部郎樹德登愛仁輪北上，救濟京津一帶難民。同行者，尚有德醫官貝爾榜、德人喜士、陳敬如季同、德文翻譯洪肇生中。先生先歸。是役，共援出被難官民五千五百八十三人。陸純伯《救難日記》。○陳《墓誌》"方拳匪禍作，君自是避地居滬上者七年"，蓋非其實矣。且明年春又有赴津之事，居甚久。譯《計學》脫稿，據嚴《譜》。易名曰《原富》。據吳至父尺牘。

蒯禮卿京卿光典請譯穆勒約翰《名學》(System of Logic)，嚴《譜》○案：先生《名學淺説》自序曰："不佞庚子、辛丑、壬寅間，曾譯穆勒《名學》半部。"則成書不在本年矣。先生引其前曰："案'邏輯'(Logic)此翻'名學'，其名義始於希臘，爲'邏各斯'(Logos)一根之轉。'邏各斯'，一名兼二義，在心之意，出口之詞，皆以此名。引而申之，則爲論爲學，故今日泰西諸學，其西名多以'羅支'結響。'羅支'即'邏輯'也。如'斐洛羅支'(Philology)之爲'字學'，'唆休羅支'(Sociology)之爲'羣學'，'什可羅支'(Psychology)之爲'心學'，'拜訶羅支'(Biology)之爲'生學'是已。精而微之，則吾生最貴之一物，亦名'邏各斯'《天演論》下卷十三篇所謂有物渾成字曰清淨之理即此物也。此如佛氏所舉之'阿德門'，基督教所稱之'靈魂'，老子所謂'道'，孟子所謂'性'，皆此物也。故'邏各斯'名義最爲奧衍，而本學之所以稱'邏輯'者，以如貝根言，是學爲一切法之法，一切學之學，明其爲體之尊，爲用之廣，則變'邏各斯'爲'邏輯'以名之，學者可以知其學之精深廣大矣！《邏輯》最初譯本，爲固陋所及見者，有明季之《名理探》，乃李之藻所譯；近日税務司譯有《辯學啓蒙》。曰探、曰辯，皆不足與本學之深廣相副，必求其近，姑以'名學'譯之。蓋中文惟'名'字所

涵,其奧衍精博,與'邏各斯'差相差,而學問思辨,皆所以求誠正名之事,不得捨其全而用其偏也。"《穆勒名學》部首引論

本年伯玉京卿歸國。次子瓛殤。伯玉京卿言。

光緒二十七年辛丑一千九百零一年　先生四十九歲

三月,據《飲冰室詩話》。應潞河張燕謀學士翼之招,赴津,主開平礦務局事。嚴《譜》。○案:嚴《譜》繫此事於李文忠公卒下。文忠卒在八月,前後倒置,非也。瀕行,和南昌熊季廉解元元鍔詩云:"一十九稘初告終,搏搏員地趨大同。神機捭闔縱變化,爭存物競誰爲雄?至人先天不滯物,高下體合同張弓。心知斯民致仁壽,何徒食苦同蓼蟲?大哉培根氏告我,觀物見道泯纖洪。三王五帝各垂法,當其時可皆爲功。蚩蚩之氓俾自主,如適洲渚浮蒙衝。及其時過仍墨守,無益徒使百弊叢。矧知天意存混一,異類殊族終棟通。是時閉拒議自守,何異毛毳當爐烘?履而後艱常智耳,既懲勿省庸非蒙。四萬萬人皆貴種,遂使奴隸神將恫。所以百千億志士,欲持建鼓撾頑聾。賢愚度量幾相越,聽者一一裒耳充。膠膠擾擾何時已?新舊兩黨方相攻。去年北方致大釁,至今萬乘猶塵蒙。亦知天心未悔禍,南奔避地甘辰終。豈意逃空得謦欬,知交乃遇四五公。就中愛我最親摯,僂指先屈南昌熊。心期渾欲忘彼己,圭角細與加靡礱。人生行止不自詭,扁舟忽欲隨南風。瀕行握手無所贈,惟有真氣如長虹。橫流他日儻相遇,所願身道雙加豐。"季廉,先生高足弟子也。《飲冰室詩話》卷二及《愈懋堂詩集》卷上。

四月,致書吳至父京卿,乞爲《原富》作序。《吳至父尺牘》四月十八日答書。張菊生比部元濟、鄭稚辛孝廉孝檉並爲作中西編年及地名、人名、物義諸表附於後。據《原富》譯事例言。

八月,作《原富》譯事例言,略云:"計學,西名葉科諾密(economics)。'葉科',此言'家';'諾密',爲'聶摩'之轉,此言治。

言計,則其義始於治家。"案:先生謂 economics 一語,出於希臘文之 ol'kov'onos,葉科即"ecs",爲"ol'ko"之轉,此言家也;諾密即"nomics",爲聶摩(v'o uos H. v'euecv)之轉,此言管理也。故言計學之義,始於治家。引而申之,爲凡料量經紀撙節出納之事;擴而充之,爲邦國天下生食爲用之經。蓋其訓之所苞至衆,故日本譯之以'經濟',中國譯之以'理財'。顧必求吻合,'經濟'既嫌太廓,而'理財'又爲過狹,自我作故,乃以'計學'當之。雖計之爲義,不止於地官之所掌,平準之所書,然考往籍'會計''計相''計偕'諸語,與常俗'國計''家計'之稱,似與希臘之'聶摩'較爲有合。故《原富》者,計學之書也。然則何不徑稱計學,而名《原富》?曰從斯密氏之所自名也。且其書體例,亦與後人所撰計學稍有不同。達用多於明體,一也;匡謬急於講學,二也。其中所論如部丙之篇二、篇三,部戊之篇五,皆旁羅之言,於計學所涉者寡,尤不得以科學家言例之。云原富者,所以察究財利之性情,貧富之因果,著國財所由出云爾。故《原富》者,計學之書,而非講計學者之正法也。謂計學創於斯密,此阿好者之言也。夫財賦不爲專學,其散見於各家之著述者無論已。中國自三古以還,若《大學》,若《周官》,若《管子》《孟子》,若《史記》之《平準書》《貨殖列傳》,《漢書》之《食貨志》,桓寬之《鹽鐵論》,降至唐之杜佑,宋之王安石,雖未立本幹,循條發葉,不得謂於理財之義無所發明。至於泰西,則希臘、羅馬,代有專家,而斯密氏所親承之師友,若庚智侖(Richard Cantillon),若特嘉爾(Josiah Tucker),若圖華尼(Du Verney),若休蒙大闢(David Hume),若哈哲孫(Francis Hutcheson),若洛克(John Locke),若孟德斯鳩(Charles Louis de Secondat de Montesquieu),若麥庚斯案:未詳,若柏柢(William Petty),其言論謦欬,皆散見於本書。而所標重農之旨,大抵法國自然學會之所演者,凡此皆大彰著者也。獨其擇焉而精,語焉而詳,事必有徵,理無臆設,而文章之妙,喻均智頑,則自有此書,而後世知食貨爲專科之學,此所以見推宗匠,而爲新學之開山也。計學於科學爲內籀之屬。內籀者,觀化察變,見其會通,立爲公例者也。如斯密、理嘉圖(David Ricardo)、穆勒父子即穆勒詹姆士(James Mill)與穆勒約翰司徒亞特(John Stuart Mill)之所論著,皆屬此類。然至近世,如耶方斯(William Stanley Jovans)、馬夏律(Alfred Marshall)諸書,則漸入外籀,爲微積曲線之可推,而其理乃益密。此二百年來,計學之大進步也。故計學欲窺全豹,於斯密《原富》而外,若穆勒、倭克爾(Francis Amasa Walker)、馬夏律三家之作,皆宜迻譯,乃有以盡此學之源流,而無後時之歎,此則不佞所有志未逮者……計學以近代爲精密,乃不佞獨有取於此書,而以爲先事者,蓋溫故知新之義,一也;其中所指斥當軸之迷謬,多吾國言財政者之所同然,所謂從其後而鞭之,二也;其書於歐、亞二洲始通之情勢,英、法諸國舊日所用之典章,多所纂引,足資考鏡,三也;標一公理,則必有事實爲之證喻,不若他書勃窣理窟,潔淨精微,不便淺學,四也……是譯與《天演論》不同,下筆之頃,雖於全節文理,不能不融會貫通爲之,然於辭義之間,無所顛倒附益。獨於首部篇十一《釋租》之後,原書旁論四百年以來銀市騰跌,文多繁贅而無關宏旨,則概括要義譯之。其他如部丁篇三首段之末,專言荷京版克,以與今制不同,而所言多當時瑣節,則刪置之。又部甲後,有斯密及羅哲斯(James Edwin Thorold Rogers)所附一千二百二年至一千八百二十九年之倫敦麥價表,亦從刪削……夫計學者,切而言之則關於中國之貧富,遠而論之則係乎黃種之盛衰,故不佞每見斯密之言,於時事有關合者,或於己意有所根觸,輒爲案論,丁寧反覆,不自覺其言之長而辭之激也。嗟乎!物競天擇之用,本嘗一息亡於人間。大地之輪廓,百昌之登成,止於有數,智佼者既多取之而豐,愚懦者自少分焉而嗇,豐嗇之際,盛衰係之矣!且人莫病於言非也而相以爲是,行禍也而相以爲福,禍福是非之際,微乎其微,明者猶或熒之,而況其下者乎？殆其及之而後知，履之而後艱，其所以亡失者，已無藝矣！此予智者罟擭陷阱之所以多也。欲違其災，捨窮理盡性之學，其道無由；而學矣，非循西人格物科學之律令，亦無益也。自秦愚黔首，二千歲於茲矣！以天之道，舟車大通，通則雖欲自安於愚，無進於明，其勢不可。數十百年以往，吾知黃人之子孫，將必有太息痛恨於高曾祖父之所爲者。嗚呼，可不懼哉！案：著其月日曰"八月既望，書於輔自然齋"。大學士直隸總督李文忠公鴻章薨。先生有挽句曰："使生平盡用其謀，其成功或不止此；設晚節無以自見，則士論又當何如！"嚴《譜》。

十一月，吳至父京卿序《原富》成，寄先生。見《原富》卷首。

光緒二十八年壬寅—千九百零二年　先生五十歲

長沙張文達公百熙爲管學大臣，聘先生爲編譯局總辦。據嚴《譜》及《庸言報》第一卷第十三號，羅惇曧《京師大學堂成立記》。○案：嚴《譜》作"總纂"，羅記作"總辦"不知孰是，今姑從羅記。

林琴南孝廉紓、曾又固宗鞏、魏春叔易及公子伯玉京卿副之。據《京師大學堂成立記》。聚海外奇書千數百帙，堂室殆滿。《畏廬文集·江亭餞別圖記》。時吳至父京卿方任京師大學堂總教習，時相過從。京卿深知中國之不可不謀新，而每憂舊學之消滅。先生曰："不然。新學愈進，則舊學愈益昌明。蓋他山之石，可以攻玉也。"據嚴《譜》。

譯成《穆勒名學》半部，《名學淺説》自序。○嚴《譜》繫於癸卯，誤。凡八篇：曰《論名學必以分析語言爲始事》，曰《論名》，曰《論可名之物》，曰《論辭》，曰《論辭之義蘊》，曰《論申辭》，曰《論類別事物之理法兼釋五旌》，曰《論界説》，而冠以引論。見本書目錄。

《原富》由南洋公學譯書院出版。原書末葉。復譯法孟德斯鳩(Montesquieu)《法意》(*Spirit of Law*)法文原名爲"Esprit des Lois"。○案：此書不知譯始於何年。中有案語涉《原富》云："羅約翰事見《原富》，鄙人曾考身世崖略,著之後案。"據此,則此譯當在譯《原富》之後,姑繫於此。

八月。林琴南孝廉爲繪《尊疑譯書圖》。《畏廬文集·尊疑譯書圖記》。

歲暮,譯《羣學肄言》成。於本年凡三易稿,《羣學肄言》原刻課餘贅語。曾就商於林琴南孝廉,《國聞周報》第七卷第八期《凌霄一士隨筆》。孝廉以譯歐西説部,與先生齊名,天下有嚴林之目。孝廉挽先生聯有云:"齊名吾有愧,盧前王後,江湖猶是説嚴林。"見《凌霄一士隨筆》。既殺青,乃自序之曰:"羣學何?用科學之律令,察民羣之變耑,以明既往、測方來也。肄言何?發專科之旨趣,究功用之所施,而示之以所以治之方也。故肄言科而有之。今夫士之爲學,豈徒以弋利祿、釣聲譽而已?固將於正德、利用、厚生三者之業有一合焉。羣學者,將以明治亂盛衰之由,而於三者之事操其本耳。斯賓塞爾者,英之耆宿也,殫年力於天演之奧突,而大闢其理於民羣,蓋所著之《會通哲學》成,其年已七八十矣。以其書之深廣,而學者之難得其津涯也,乃先爲之肄言,以導厥先路。二十年以往,不佞嘗得其書而讀之,見其中所以飭戒學者以誠意正心之不易,既已深切著明矣,而於操枋者一建白措注之間,輒爲之窮事變、極末流,使功名之徒失步變色,俯焉知格物致知之不容已。乃竊念近者吾國以世變之殷,凡吾民前者所造因,皆將於此食其報,而淺譾剽疾之士,不悟其所從來如是之大且久也,輒攘臂疾走,謂以旦暮之更張,將可以起衰而以與勝我抗也。不能得,又搪撞號呼,欲率一世之人,與盲進以爲破壞之事。顧破壞宜矣,而所建設者,又未必其果有合也。則何如稍審重,而先咨於學之爲愈乎?誠不自知其力之不副,則積期月之勤,爲迻譯之如左。其敍曰:含靈秉氣,羣義大哉。強弱明闇,理有繇來。哀此流俗,不知本始。在筌忘魚,操刃傷指:譯《砭愚》第一。執果窮因,是惟科學,人事紛綸,莫之掎摭。雖無密合,寧鮮大同?籀此公例,彪彼童蒙:譯《倡學》第二。真宰神功,曰惟天演,物競天擇,所存者善。散曰么匿(Unit),聚曰拓都(Aggregate),知微之顯,萬法所郛:譯《喻術》(Nature of the Social Science)第三。道異兩間,物奚翅萬?人心慮道,各自爲楦。永言時位,載占吉凶,所以東聖,低佪中庸:譯《知難》(Difficulties of the Social Science)第四。難首在物,是唯心所,傳聞異辭,相爲旅距。見者支葉,孰察本根?以槿議椿,如蝨處褌:譯《物蔽》(Objective Difficulties)第五。主觀二義,曰理與情,執己量物,哀此心盲。簡不逮繁,小不容大,滯礙僻堅,舉其羣害:譯《智眹》(Intellectual)第六。憂喜惡欲,皆使衡差,以茲目眚,結彼空花。所嚴帝天,所畏魔蝎,以是言羣,幾何能達?譯《情瞽》(Emotional)第七。心習少成,由來學最,楊取爲我,墨尚兼愛。偏至之德,所傷實多,曷建皇極,以救厥頗!譯《學詖》(The Educational Bias)第八。民生有羣,而傅以國,竺我忘人,愛或成賊。反是爲粤,矯亦失中,惟誠無妄,其例乃公:譯《國拘》(The Bias of Patriotism)第九。演深治久,羣有衆流,以各爭存,乃交相鱄。或怒譸張,或怨施奪,民德未隆,安往不剌?譯《流梏》(The Class Bias)第十。國於天地,基命黔首,云何胥匡?獨責元后。朝有政黨,樂相詆諆,玄黃水火,鑒蔀衡迓:譯《政惑》(The Political Bias)第十一。天人之際,宗教攸資,聽神蔑民,羣治以衰。舉人代天,教又不可,釋景猶回,皆有負荷:譯《教辟》(The Theological Bias)第十二。夫惟知難,學乃殆庶,屬於三科,曰玄間著。玄以觀法,間乃窮因,習著知化,乃凝於神:譯《繕性》(Discipline)第十三。一神兩化,大德曰生,咨此生理,羣義乃明。羣實大生,而生之織,欲觀拓都,視此么匿:譯《憲生》(Preparation in Biology)第十四。我聞佛説,境胥心造,化萬不同,肇於厥腦。主道齊者,民情是由,不洞幽漠,孰知陶甄?譯《述神》(Preparation in Psychology)第十五。惟羣有學,以因果故,去私戒偏,來道先路。盍勿孟晉,猶懷邅廬,譯此縣論,敢告象胥:譯《成章》(Conclusion)第十六。"

本年,有書致上海《外交報》主人,近五千言,具論中國教育方鍼，並條擬新教育行政辦法。據嚴《譜》。其辦法畫一條例云："一、時官局所譯西學，宜從最淺最實之普通學入手，以爲各處小學蒙學之用。其書期使中年士子漢文清通者一覽瞭然，以與舊學相副爲教。一、學生未進中學之先，舊學功課，十當處九，即都不事，亦無不可。第須略變從前教育之法，減其記誦之功，益以講解之業，期使年十六七以後，能搦管爲條達妥適之文，而於經義史事亦粗通曉……一、取進中學堂，年格當以十六至二十爲率。務取文理既通、中學有根柢者，方爲有造，而西文能否可以不論。此後便當課以西學，且一切皆用洋文授課，課中洋文功課居十之七，中文功課居十之三。一、如此四五年，便可升入高等學堂，爲豫備科。三四年後，即可分治專門之業。凡高等學堂中，中文有考校，無功課，有書籍，無講席，聽學者以餘力自治之。一、中學堂課，西文西學宜用中國人，洋人課初學西文，多不得法。高等暨專門諸學宜用洋教習。若人衆班大，則用華人爲助教。一、小學堂有中學教習，無西學教習。中學堂中西學教習並有之。高等學堂有西學教習，無中學教習。至於專門，則經、史、文、詞諸學，列於專科，此其大經也。一、各省如遍設中學堂，則無教習……似宜於各省會先設師範學堂，即爲後日高等學堂之用。令學政於每縣學中咨高才生若干員，皆取年格弱冠者，聚而以中學之法教之。如此，則五年以往不患無師資矣。一、近今海內，年在三十上下，於舊學根柢磐深，文才茂美，而有憤悱之意，欲考西國新學者，其人甚多……此亦國家所亟宜設流裁成、收爲時用者也。第時過而學，自僅能求之轉譯，而以華人之通西學，與夫西人、東人之通曉華文華語者爲之向導，此誠不爲無益。然終……不足以待有志之士。必欲使之大成……道在置之莊嶽之間。第於被選出洋之先，至少須治西文三年，英、法、德、俄隨其所取，初二年專治言語，第三年則治科學……不通言語則出洋無益，不了科學其觀物必膚。故欲裁成此等之才，其術與通行者異。其選之也不可以不嚴，其養之也不可以不足，其鼓舞之也不可以不宏。三者果行，吾未見其不爲晚成之大器也……一、今世學者，爲西人之政論易，爲西人之科學難。政論有驕囂之風，如自繇、平等、民權、壓力、革命皆是。科學多樸茂之意，且其人既不通科學，則其政論必多不根，而於天演消息之微不能喻也。此未必不爲吾國前途之害。故中國此後教育，在在宜著意科學，使學者之心慮沈潛，浸漬於因果實證之間，庶他日學成，有療病起弱之實力，能破舊學之拘攣，而其於圖新也審，則真中國之幸福矣！"《嚴幾道文鈔》卷四〇案：先生生平最重教育，常言國家教育置爲後圖，根本不牢，極爲可慮，至今日而其弊見矣。錄此，以見先生計畫之一斑。

光緒二十九年癸卯——千九百零三年　先生五十一歲

正月十二日，吳至父京卿卒據《羣學肄言》原刻《譯餘贅語》。於其鄉。《庸言報》第一卷第十三號，羅惇曧《京師大學堂成立記》。先生方欲寄所譯《羣學肄言》乞序，而京卿適歸道山。先生哭之慟曰："不佞往者每譯脫稿，輒以示吳先生，老眼無花，一讀即窺深處。蓋不徒斧落徽引，受裨益於文字間也。故書成必求其讀，讀已必求其序。今惠施去而莊周亡質，伯牙死而鍾期絕絃。自今已往，世復有能序吾書者乎？"據《羣學肄言》原刻《譯餘贅語》。集玉谿、劍南詩句挽之曰："平生風義兼師友，天下英雄惟使君。"據嚴《譜》及《古今聯語彙選初集》。又挽之以詩曰："仙舟幾日去東瀛？梁木歸來忽就傾。難遣此哀唯後死，忍將不哲累先生？人間雞壅方爲帝，海內雄文孰繼聲？地下儻逢曾太傅，定知老淚各縱橫。"《愈壄堂詩集》。先生常言，吾國人中，舊學淹貫而不圖夷新知者，湘陰郭侍郎後，吳京卿一人而已。嚴《譜》。

四月，《羣學肄言》由上海文明書局出版。《羣學肄言》初印本末頁。〇案：賀麟《嚴復的翻譯》云一九〇二年出版，誤。

六月，《自繇論》易名曰《羣己權界論》。初，此譯佚於庚子之亂，適爲西人所得，本年春郵以見還，乃略加改削據《羣己權界論・譯凡例》。○案：嚴《譜》繫此於四十九歲下，誤也。作譯凡例。復自序之曰："嗚呼！揚子雲其知之矣，故《法言》曰：'周之人多行，秦之人多病。'十稔之間，吾國考西政者日益衆，於是自繇之説常聞於士大夫。顧竺舊者既驚怖其言，目爲洪水猛獸之邪説，喜新者又恣肆泛濫，蕩然不得其義之所歸。以二者之皆譏，則取舊譯英人穆勒氏書顔曰《羣己權界論》，畀手民印版以行於世。夫自繇之説多矣，非穆勒氏是篇所能盡也。雖然，學者必明乎己與羣之權界，而後自繇之説乃可用耳。"見書首。九月，由上海商務印書館出版。原書末葉。○案：賀麟《嚴復的翻譯》云一八九九年出版，誤。先生睹當時激亢者多，議論遂趨於保守，據蔡孑民年丈《五十年來中國之哲學》。常謂自繇、平等、權利諸説，由之未嘗無利，脱靡所折衷，則流蕩放佚，害且不可勝言，常於廣坐中陳之。陳《墓志》。

復譯英人甄克思（Edward Jenks）《社會通詮》（*A Short History of Politics*），至十月譯成。○案：末篇識語著十月。有案語曰："中國社會，宗法而兼軍國者也。故其言法也，亦以種，不以國。觀滿人得國幾三百年，而滿漢種界，鼇然猶在。東西人之居吾土者，則聽其有治外之法權，而寄籍外國之華人，則自爲風氣，而不與他種相入，可以見矣。故周孔者，宗法社會之聖人也，其經法義言，所漸漬於民者最久，其入於人心者亦最深。是以今日黨派，雖有新舊之殊，至於民族主義，則不謀而皆合。今日言合羣，明日言排外，或甚言排滿；至於言軍國主義，期人人自立者，則幾無人焉。蓋民族主義乃吾人種智之所固有者，而無待於外鑠，特遇事而顯耳。雖然，民族主義將遂足以強吾種乎？愚有以決其必不能者矣。"時日俄俱窺伺於我東北，論者畏俄甚於畏日。先生曰："論者特震於其外云耳，以言其實，則俄不足畏也。種雜，而所收者多半化之民，其弱點一也；其政之不修，弊之所叢，隨地而有，其弱點二也；財賦空虛,而猶勤遠略,其勤遠略也正以泯其內亂,所謂至不得已者也,其弱點三也;以半化之國,與文明鄰,民心浮動,日益思亂,其弱點四也;其虜立者以軍制耳,一役敗衂,則革命立至,其弱點五也;所收諸屬,爲合不深,根本一搖,全體解散,其弱點六也;俄於戰事最有功者,前敗拿破崙之師而已,此雖天幸,然足以鼓舞其民,自茲以往,捨苦來米亞而外,未聞俄有大役也,故其兵力之堅脆,不可知之事也,此其弱點七也。其爲弱點之多若此,吾意俄今之所以勝中國者,其在上之國主官吏爲文明人耳,捨此以外,實無所優於中國也,特於本書案語著之。"十一月,自序之曰:"異哉吾中國之社會也!夫天下之羣衆矣,夷考進化之階級,莫不始於圖騰(Totemistic Society),繼以宗法,而成於國家。方其爲圖騰也,其民漁獵,至於宗法,其民耕稼,而二者之間,其相嬗而轉變者以遊牧;最後由宗法以進於國家,而二者之間,其相受而蛻化者以封建。方其封建,民業大抵猶耕稼也,獨至國家,而後兵、農、工、商四者之民備具,而其羣相生相養之事乃極盛,而大和強立,蕃衍而不可以剋滅,此其爲序之信,若天之四時,若人身之童、少、壯、老,期有遲速,而不可或少紊者也。吾嘗考歐洲之世變,希臘、羅馬之時尚矣。至其他民族,所於今號極盛者,其趾封建,略當中國唐宋間,及其去之也,若法、若英,皆僅僅前今一二百年而已。何進之銳耶?乃還觀吾中國之歷史,本諸可信之載籍,由唐虞以迄於周,中間二千餘年,皆封建之時代,而所謂宗法亦於此時最備。其聖人,宗法社會之聖人也;其制度典籍,宗法社會之制度典籍也。物窮則必變。商君、始皇帝、李斯起,而郡縣封域,阡陌土田,燔詩書,坑儒士,其爲法,欲國主而外無咫尺之勢,此雖霸朝之事,侵奪民權,而迹其所爲,非將轉宗法之故以爲軍國社會者與?乃由秦以至於今,又二千餘歲矣,君此土者不一家,其中之一治一亂常自若,獨至於今,籀其政法,審其風俗,與其秀桀之民所言議思惟者,則猶然一宗法之民而已矣。然則此一期之天演,其延緣不去,存於此土者,蓋四千數百載而有餘也。嗟乎!歐亞之地雖異名,其實一洲而已,殊類異化,並生其中,苟溯之邃古之初,又同種也,乃世變之遷流,在彼則始遲而終驟,在此則始驟而終遲。固知天演之事,以萬期爲須臾,然而二者相差之致,又不能爲無因之果,而又不能不爲吾輩今日之利害,亦已明矣!此不佞迻譯是編,所爲數番擲管太息,繞室疾走者也。"十二月,夏穗卿禮部爲之序。日俄戰起。

熊季廉解元訪先生於京師,請爲英文文譜。時吾國之習英文者益衆,然學者每苦其法之難通,求之於其淺,又罕能解其惑而饜其意,於是先生乃以數月之力,雜採英人馬孫摩栗思等之說,至於析辭而止,旁行斜上,釋以漢文,廣爲設辟,顏曰《英文漢詁》(English Grammar Explained in Chinese)。據《英文漢詁自序》。季廉又出所評老子,就正於先生,先生爲芟薙十九,而以己意列其眉,久之丹黃殆遍;以王輔嗣妙得虛無之旨,亦間有取焉。先生《評點老子道德經》熊元鍔序。先生嘗謂季廉,老子之說,獨與達爾文、孟德斯鳩、斯賓塞相通。《評點老子道德經》夏曾佑序。季廉以示義寧陳散原主事三立,散原嘆絶,以爲得未曾有,促季廉刊行,後季廉復請先生附益千數百言。熊元鍔序。○案:此事不知在本年何月,姑繫於末。

本年,伯玉京卿以參佐隨孫慕韓太常出使法蘭西。據林琴南《送嚴伯玉之巴黎序》。

光緒三十年甲辰—千九百零四年　先生五十二歲

正月,《社會通詮》由上海商務印書館出版。原書末葉。○案:賀麟《嚴復的翻譯》云在一九○三年出版,誤。

辭編譯局事,出都赴上海,知交觴先生於陶然亭,嚴《譜》。皆痛惜先生之去。沈濤園中丞瑜慶、郭春榆侍郎曾炘、張珍五侍御元奇羣倡爲詩,和者十餘人。先生亦有長歌,有云:"君知國有鶴乘軒,何必心驚燕巢幕！乾坤整頓會有時，報國孤忠天鑒之。但恐河清不相待，法輪欲轉知我衰。自慚厚稭豢非才，手版抽將歸去來。"《愈壄堂詩集》。林琴南爲補圖曰《江亭餞別圖》，紀其事，復序其首，據林琴南《江亭餞別圖記》。題咏者甚多嚴《譜》。○案：此事不知在何月，據《江亭餞別圖記》有"蘆柳初苗，黃綠參互"云云，則初春時也。

六月，俄軍累敗，國內革命黨勢益猖獗。先生曰："俄之所敗者，以取强也。日之所以勝者，不得已也，顧不得已前，尚有無數事在，非不知雄而守雌者所可籍口也。"《評點老子道德經》七月十三日識語。

本年四子璿生。字曰季將伯玉京卿言。

光緒三十一年乙巳—千九百零五年　先生五十三歲

春，張燕謀學士以開平礦務局訟事，約先生同赴倫敦。據嚴《譜》。○案：《學衡》第二十期《嚴幾道與熊純如書札》真跡云"丙午同張燕謀赴英國"，蓋誤記。陳散原主事《散原精舍詩卷》甲辰冬有送先生至倫敦詩，則此行自在本年春初也。時孫中山博士文適在英，聞先生之至，特來訪。談次，先生以中國民品之劣，民智之卑，即有改革，害之除於甲者，將見於乙，泯於丙者，將發之於丁。爲今之計，惟急從教育上著手，庶幾逐漸更新乎？博士曰："俟河之清，人壽幾何？君爲思想家，鄙人乃執行家也。"嚴《譜》。後與張燕謀學士議論不合，不終事而歸。《學衡》二十期《與熊純如書札》真跡。順途游法蘭西、瑞士、羅馬各地，折至意大利之稽諾亞 (Genoa)，登德國郵船東歸。嚴《譜》。

五月，《英文漢詁》由商務印書館出版。原書末葉。

八月，熊季廉以《評點老子道德經鈔》付活版於日本東京據熊序。而序之，其略曰："讀是書者，紆神澄慮，去其所先成於心，然後知原書自經評點，字字皆有著落，還諸實地，正無異希世瑰寶，久瘞荒山，一經拭磨，羣知可貴。"熊序。先生與熊季廉解元書論北洋大臣袁世凱，測其終凶。《學衡》十期《與熊純如書札》節鈔第二十。世凱於先生極相引重，侯疑始秘書《洪憲舊聞·籌安盜名記》注。曾數四相邀，先生終蕭然自遠，《學衡》。世凱遂有"嚴某縱聖人復生，吾亦不敢再用之"語。《籌安盜名記》注。日俄媾和。

本年，《穆勒名學》由蒯氏金粟齋刻成。據原刻本。其後，先生思賡續其後半而未逮，自云："以人事卒卒，又老來精神荼短，憚用腦力，而穆勒書精深博大，非澄心渺慮無以將事。"《名學淺說》自序。

光緒三十二年丙午—千九百零六年　先生五十四歲

上海知交請演講政治學，計在青年會演講八次而訖，名所演講者曰《政治講義》。嚴《譜》，自序之曰："余治天學，至於有明之世，波蘭人歌白尼（Nikolaus Copernicus）盡破地靜天動舊說，證地為日局行星之一，歲歲繞日，與諸緯彗字同以定時循軌，即日亦非常靜不徙者。羣以圍繞，太陽居中，以空游懸行，趨於御女。蓋一出入息間，不知其幾千萬里也。喟然嘆曰：'偉哉科學！五洲政治之變，基於此矣。'蓋自古人羣之為制，其始莫不法於自然，故《易》曰：'天尊地卑，乾坤定矣。'有其至高者在上以為吾覆，有其至卑者居下以為吾踐，此貴賤之所由分，而天澤之所以位也。乃自歌白尼之說確然不誣，民知向所對舉而嚴分者，其於物為無所屬也。蒼蒼然高者，絕遠而已，積虛而已，無所謂上下也。無所謂上下，故向之名天者亡。名天者亡，故隨地皆可以極高，高下存乎人心，而彼自然斷斷乎無此別也，此貴賤之所以不分，而天澤之所以無取也。三百數十年之間，歐之世變，平等自繇之說，所以日張而不可遏者，溯其發端，非由此乎？且天演者，時進之義也。古之人發此者，二三千年中西載籍，莫不有考。然而最後百年，其學乃大盛，得此以與向之平等自繇者合，故五洲人事，一切皆主於謀新，而率舊之思少矣。嗚呼！世變之成，雖曰天運，豈非學術也哉？雖然，尚有說也，夫背苦而向樂者，人情之大常也，好善而惡惡者，人性所同具也。顧境之至也，苦樂未嘗不並居；功之呈也，善惡未嘗不同域。方其言樂，而苦已隨之；方其爲善，而惡已形焉。夫人之力求進步固也，而顛隮瞀亂，乃即在此爲進之時，其進彌驟，其途彌險，新者未得，舊者已亡，悵悵無歸，或以滅絕。是故明者愼之，其立事也，如不得已，乃先之以導其機，必忍焉以須其熟，知名勇功之意之不敢存，又況富貴利行之污者乎？夫而後有以與時偕達，有以進其羣矣。而課其果效，惡苦則取其至少，善樂則收其至多。噫！此輕迅剽疾者之所以無當於變法，而吾國之所待命者，歸於知進退存亡之聖人也。"《嚴幾道文鈔》卷三。二月，由商務印書館出版。○案：至四月重印後竟絕版，至民國十九年七月，又由上海金馬書店重版印行。

譯《法意》脫稿。嚴《譜》。○案：本書第二十一卷第九章案語云："乙巳五月，波羅的海旅告熸，而俄國乞和之使出矣。"則脫稿自在乙巳以後，嚴《譜》繫本年，是也。賀麟《嚴復的翻譯》以爲出版在一千九百零二年，林耀華《嚴復社會思想》以爲在一千九百零四年，皆誤。又賀麟以此書與《天演論》《穆勒名學》同爲先生初期譯本，尤謬。《法意》原文多奧賾晦澀，先生自謂："譯文得未曾有，能取之九幽之中，襮之白日之下，然可爲知者道，難爲外人言也。"第五卷第十章案語。八月，由商務印書館出版。原書末葉。

九月，詔試游學畢業生，《清史紀事本末》卷五十六，以外務部尚書唐紹儀任總裁，先生被派爲同考官。據《嚴復社會思想》。

得陳錦濤、顏惠慶等三十一人，賜進士、舉人出身有差。《清史紀事本末》。

冬，出都反上海，遇王書衡推丞式通，語及近年國文之寖衰，科學之無實，太息不已。以先生教人瀏覽古書，熟精西文，爲研究新學之根柢也。據《石遺室詩話》卷六王書衡推丞《題佴宋樓藏書源流考》十二絕句第十首注。

安徽巡撫于庫里忠愍公恩銘聘先生爲安慶高等學堂監督。嚴《譜》。○案：此事不詳在本年何時，姑繫於末。

本年，伯玉京卿回國。伯玉京卿言。

光緒三十三年丁未—一千九百零七年　先生五十五歲

夏,于庫里忠愍公被刺,卒,據《清史稿》本傳。先生尋亦辭職去。

光緒三十四年戊申—一千九百零八年　先生五十六歲

應直隸總督楊文敬公士驤之聘赴津,旅次手批《王荊公詩集》自遣。嚴《譜》。

七月,有女學生旌德呂氏案:名碧城。諄求授以名學,因取英人耶芳斯(William Stanley Jevons)《名學淺說》(Primer of Logic)排日譯示講解,經兩月成書。中間誼旨,則承用原書,而所引喻設辟,則多用己意更易。先生嘗言:"吾之爲書,取足喻人而已,謹合原書與否,所不論也。"先生友朋,或訾先生不自爲書,而獨拾人牙慧爲譯,非卓然能自樹者所爲,先生笑頷之而已。據《名學淺說》自序。

學部尚書鄂卓爾文恪公榮慶聘先生爲"審定名辭館"總纂。自此凡歷三年,積稿甚多。據嚴《譜》。○案:積稿今尚存教育部。《現代中國文學史》云:"其後章士釗董理其稿,草率敷衍,乃彌可驚嘆。復籍館覓食,未拋心力爲之也。"

宣統元年己酉—一千九百零九年　先生五十七歲

四月,派充"憲政編查館"二等諮議官,及"清理財政處"諮議官,福建省顧問官。《宣統元年最新職官錄》。

八月,籌辦海軍大臣載洵赴歐洲考察海軍,據《海軍大事記》。以先生海軍宿學,欲與偕行,先生以病辭。《新語林》卷三。

十二月初七日,上諭欽賜文科進士出身。據《石遺室詩話》卷五、《清史紀事本末》及陳《墓志》。先生作詩云:"自笑衰容異壯夫,歲寒日莫且踟躕。平生獻玉常遭刖,此日聞韶本不圖。豈有文章資黼黻,恥從前後説王盧。一流將盡猶容汝,青眼高歌見兩徒。"《石遺室詩話》卷五及《愈壄堂詩集》。○案:嚴《譜》繫此事於庚戌,誤也。蓬曾以訊之伍昭扆太守,太守係同賜出身者,亦曰在本年,證以先生詩"歲寒日莫"云云,益可知十二月上諭之説確也。

太守又曰:"詔下,先生泊然無所動。初,詹天佑力懇袁世凱謀此事,然不能爲一人謀,請詔各省保薦,先生以名重列名。初定十八人,或慸之曰:何得與十八學士同數?遂益一人,隱以毛遂十九人爲况,宜先生有'恥從前後説王盧'之言矣。"其後鄭孝胥調以二詩曰:"嚴侯本武人,科舉偶所慕。棄官更納粟,被刖嘗至婁。平生等身書,弦誦遍行路。晚邀進士賜,食報一何莫!回思丙丁間,春闈我猶赴。都門有文會,子作必寄附。傳觀比尤王,一讀舌俱吐。誰知厄場屋,同輩空交譽。天傾地維絶,萬事逐烟霧。八股竟夭亡,當時殊不悟。寒窗抱卷客,億兆有餘詛。吾儕老更黠,檢點誇戲具。煩君發莊論,習氣端如故。"又:"左侯左宗棠居軍中,太息謂歐齋。林壽圖以進士出身、官陝西布政使、時左官陝甘總督也。屈指友朋間,才地有等差。進士勝翰林,舉人又過之。我不得進士,勝君或庶幾?歐齋奮然答,霞仙劉蓉以諸生從戎,累官陝西巡撫。語益奇。舉人何足道?卓絶惟秀才。言次輒捧腹,季高怒豎眉。觀君手制藝,折肱信良毉。少年求進士,得之特少遲。風味如甘蔗,倒嚼境漸佳。何可遽驕滿,持將傲吾儕?不穀雖不德,自知背時宜。三十罷應試,庚寅直至斯。誓抱季高説,不顧歐齋嗤。君詩貌煩冤,内喜堪雪悲。官裏行相促,老蒼仗頭皮。八股縱已亡,身受仗餘威。知君不忘故,得意還見思。"《海藏樓詩》卷六。○案:鄭詩編年有誤,不可據。

宣統二年庚戌一千九百零十年　先生五十八歲

四月,詔定八月二十日召集資政院,並預頒欽選議員。先生與吴士鑑、勞乃宣、章宗元、陳寶琛、沈家本、江瀚、喻長霖、沈林一、陶葆廉同以碩學通儒,徵爲資政院議員。據《清史紀事本末》卷七十八及陳《墓志》。

十一月,廷旨設立海軍部。《海軍大事記》。朝旨特授海軍協都統。嚴《譜》。○案:嚴《譜》繫在己酉。云海軍部新設朝旨授云云。考海軍部之立,實在本年十一月,則特授亦當在此時,嚴《譜》誤也。陳《墓志》據譜,亦誤。《清史稿》二百七十二卷本傳謂三年海軍部立,特授協都統,似又以三年特授一等參謀官而誤也。

本年,五子玷生,字曰無玷。伯玉京卿言。

宣統三年辛亥—千九百十一年　先生五十九歲

朝旨特授海軍部一等參謀官。據陳《墓志》。

九月,武昌革命軍起,民國初建,政府未立。先生作詩曰:"鐙影迴疏櫺,風聲過簷際。美人期不來,烏啼蠡窗白。"《愈壄堂詩集》。

中華民國元年壬子—一千九百十二年　先生六十歲

二月十二日,以下日月從太陽曆。清宣統帝下詔遜位,參議院選舉清內閣總理大臣袁世凱爲臨時大總統。世凱之督直隸,招先生不至,以爲憾。及罷政歸,觝者蜂起,先生獨抗言非之,陳《墓志》。謂世凱之才,一時無兩,《中國現代文學史》。則又感先生陳《墓志》。至是,遂任命先生署理北京大學校校長。是時學生八百十八人,每科各置學長一人。先生兼任文科學長,以張祥齡爲法科學長,吳乃琛爲商科學長,葉可梁爲農科學長,胡仁源爲工科學長。《東方雜誌》十六卷三號、《北京大學之成立及沿革》。於五月十五日開學,校中一切規模,頗有更張。當受事之始,與其弟子熊純如書曰:"平生見當事人所爲,每不滿志,而加譏評,甚者或爲悼惜深慨,及其事至職加,自課所行,了不異故。夫如是,他日者猶搖議論、鼓唇舌,以從一世人之後,此其人真不知人道有羞惡矣!故自受事以來,亦欲痛自策勵,期無負所學,不怍國民,至其他利害,誠不暇計。比者,欲將大學經、文兩科合併爲一,以爲完全講治舊學之區,用以保持吾國四五千載聖相傳之綱紀彝倫、道德文章於不墜。且又悟向所合謂一爐而冶之者,徒虛言耳,爲之不已,其終且至於兩亡。故今立斯科,竊欲盡從吾舊,而勿雜以新;且必爲其真,而勿循其僞。則嚮者書院國子之陳規,又不可以不變。蓋所祈嚮之難,莫有踰此者。"《學衡》二十期,嚴幾道《與熊純如書札》節鈔補錄二。

八月，海軍部設編譯處，以先生爲總纂，令部員翻譯外國海軍圖籍。《海軍大事記》。○案：《新語林》云民國授海軍少將，不知在何時。十一月，《北京大學之成立及沿革》。以事齟齬，辭北京大學校校長。據《北京大學之成立及沿革》及《學衡》二十期《與熊純如書札》節鈔補錄三。○案：《書札》節鈔補錄三云："方今吾國教育機關，以涉學之人慕束制，致梏窳不可收拾……教師使復回校，必無此事。其原因複雜，難一二語盡也。"其爲齟齬可見。《北京大學之成立及沿革》一文只云"因事辭職"而已。

又聘爲公府顧問。陳《墓志》。

先生擬續譯《穆勒名學》而未果，嘗曰："能於此書續有心得，真是鳳毛麟角，於十九期哲學思過半矣。"據《學衡》二十期，《與熊純如手札》墨跡。

冬，病喘欬。據《學衡》二十期，《與熊純如書札》節鈔補第五。

中華民國二年癸丑—千九百十三年　先生六十一歲

上巳，先生與鄭叔進秘書沅○清侍讀、王書衡參議式通○清推丞、李木齋總長盛鐸○清提學使、顧亞蘧秘書瑗、袁珏生編修勵準、楊昀谷秘書增犖○清主事、姚重光主事華、易實甫參事順鼎、楊晳子參政度、夏午詔秘書壽田○清編修、陳翼謀秘書士廣、梁任公總長啓超等數十人，修禊京師萬牲園，觴詠流傳，不減山陰蘭亭之會。《新語林》卷三。

三月二十日，前農林總長宋遯初教仁被刺，辭連政府，南北紛紜突起。七月，江西獨立，稱討袁軍。先生聞之，慨然謂所親曰："中央短處，在乎日矜有使令貪詐之能，於古今成說所謂忠信篤敬諸語不甚相信，至於今而其弊見矣！某督……則與法蘭西初次革命時之但唐、魯白斯斐爾等殆無以異。此種人才，其爲禍往往烈於小人者，以其自恃堅而昧於審物故也……往者，不佞以革命爲深憂，身未嘗一日與朝列爲常參官，夫非有愛於覺羅氏，亦已明矣。所以曉曉者，即以億兆程度必不可以強爲，即自謂有程度者，其程度乃真不足,目不見睫,常苦不自知耳。且闇然之風,誰實倡之？苟律以子輿氏行一不義、殺一不辜之義,則黨人往所剚刃施轟者,豈皆悉合於天理？嗚呼！平陂往復,此佛氏之所以悲輪迴也……至於國命所關,則有其深且遠者。其最足憂,在用共和而不知舉權之重,放棄販賣,匪所不為,根本受病,此樹不能久矣。"《學衡》二十期《與熊純如手札節鈔》補錄五。先生既感時驚心,每有切論,談言微中,不為苟同,足以資監觀裨國是者不尟焉。《現代中國文學史》。

九月,討袁軍平。十月,國會正式選舉袁世凱為大總統。論者多謂國家從此統一,先生獨以為甚不敢必,謂:"前之現象,以民德為之因,今之民德則猶是也。其因未變,則得果又何從殊乎？國家欲為根本計畫,如賦稅統系、教育改良之類。其事前皆須有無限預備之手續,而今之人則欲一蹴而成,又烏可得？少年人大抵狂於聲色貨利之際,即其中地稍淨者,亦聞一偏之說,鄙薄古昔,而急欲一試,以謂必得至效,逮情見勢屈,始悟不然。此時即有次骨之悔,而所亡已多。今日之事,不如是邪？"《學衡》六期《與熊純如書札》節鈔第一。又以民生困苦……為慮,謂:"此為革命最切原因,法之為法,正亦坐此,不知者乃一切委之人事,不知人事亦其果耳。沈幾觀變之士,策其勢之所必趣,而有以善持其敝。則如遇颶之舟,幸而出險,昧者當之薔然,一切循其故軌,甚或以苟且之小智當之,必無幸矣。為今之計,則世局已成,雖聖者亦無他術,亦惟是廣交通、平法政、勤教育,以聽人人之自謀。蓋物競天擇之用,必不可逃,善者因之,而愚者適與之反,優劣之間,必有所死,因天演之利用,則所存者皆優,反之則所存者皆劣,顧劣者終亦不存,而亡國滅種之終效至矣！"同上,第二。

在中央教育會演說《讀經當積極提倡》。林耀華《嚴復社會思想》注。又謂:"學校讀經,自應別立一科,而所占時間不宜過多,寧可少讀,不宜刪節,亦不必悉求領悟。至於嘉言懿行,可另列修身課本之中，與讀經不妨分爲兩事。蓋前者所以嚴古尊聖，而後者所以達用適時……士生蛻化時代……依乎天理，執兩用中，無一定死法，止於至善而已。"《學衡》六期《與熊純如書札》節鈔第四。〇案：此説本在三年，因類出此。

十二月，六十一初度，韓生以詩見寄，次三十六韻爲答，詩曰："成毀相因果，賢愚孰判分？立誠斯感物，執象總迷真。緬昔承平日，縶余澹蕩人。所嗟聞道晚，常恐受恩深。飀飲津沽水，燕居二十春。涓塵忘海岳，高下信乾坤。明發求無忝，生涯識有羣。萬間懷夏屋，一得永宵欣。學有今荼蔗，胸無夙怨恩。渾渾時見極，九九或疑神。亦欲新民德，相將討國聞。裒成千腋集，書及萬言陳。敢謂恩無數？方期德有鄰。由來一爓火，不徹百重昏。積毀驚銷骨，羣吹起沸塵。不成一戰伯，徒使萬方嗔。輸幣仍前貫，回鑾祇舊云。普天呻負擔，剗地見創痕。豈謂圖强法？翻成失國因。朕言真不再，大患乃無身。末命馮虛几，皇圖集近倫。龍飛羣首見，蠖屈幾人伸？伊傅原難鄰，研桑不易尋。運丁千世厄，民疾一夫尊。廩廩持三祀，皦皦逮八垠。平安望烽火，彗孛犯星辰。轍償貪人敗，言厖學子訛。早知民最貴，不必古能循。漸米非前甑，成風少妙斤。虛傳馨郅治，直作縱妖氛。眼閲滄桑换，心驚甲子新。玄黃猶未已，衰白日交臻。吉語徵朋友，憂端悸夢魂。新知待培養，舊德願終純。莫動扁舟興，羣扶《大雅》輪。因公惠佳什，爲數鯉魚鱗。"《愈壄堂詩鈔》

中華民國三年甲寅—千九百十四年　**先生六十二歲**

一月二十六日，政治會議議决《約法會議組織條例》。旋先生被舉爲約法會議議員。據陳《墓志》。

梁任公主《庸言報》，苦督先生爲通論。先生嘗謂："自盧梭《民約》風行，社會被其影響不少，不惜喋血捐生，以從其法，然實無濟於治,蓋其本源謬也。因作《民約平議》以應之,藉藥社會之迷信。"據《學衡》六期《與熊純如書札》節鈔第三。其大旨謂:"自繇平等者,法律之所據以爲施,而非云民質之本如此也。夫言自繇而日趨於放恣,言平等而在在反於事實之發生,此真無益,而智者之所不事也。大抵治權之施,見諸事實,故明者著論,必以歷史之所發見者爲之本基,其間籀取公例,則必用内籀歸納之術,而後可存。若夫鄉壁虛造,用前有假如之術,立爲原則演繹之,及其終身,罔不生心害政。盧梭之《民約論》出,以自繇平等爲天下號,適會時世,民樂畔古,而盧梭文辭又偏悍發揚,語辨而意澤,能使聽者入其玄而不自知。顧所謂民居之而常自繇、常平等者,盧梭亦自言其爲歷史之所無矣。夫指一社會,考諸前而無有,求諸後而不能,則安用此華胥、烏託邦之政論而毒天下乎?況今吾國人之所急者,非自繇也,而在人人減損自繇,而以利國善羣爲職志。至於平等,本法律而言之,誠爲平國要素,而見於出占投票之時,然須知國有疑問,以多數定其從違,要亦出於法之不得已。福利與否,必視公民之程度爲何如,往往一衆之專橫,其危險壓制,更甚於獨夫,而亦未必遂爲專者之利。是以其書名爲救世於窮簷編户,嫗煦燠休,而其實則慘礉少恩,恣睢暴戾。"《庸言報》第二十五六兩期合本。其説本之英哲家赫胥黎《人類自然等差》(Huxley: On the Natural Inequality of Men)一文,章士釗《甲寅雜志存稿‧讀嚴氏民約平議》。於《民約論》之利弊及歐洲政治思想變遷源流,均論之甚詳。《嚴復的翻譯》。

五月,簡任先生爲參政院參政。據陳《志》。

七月,歐洲戰起。先生以爲其影響之大,殆非歷史上人所能夢見,從此中國捨自盡其力而外,別無可爲,或亂或治,或存或亡,殆非一昔之談所能盡也。德意志聯邦,自千八百七十年來,可謂放一異彩,不獨兵事船械,事事見長,起奪英法之席,而國民學術,如醫,如商,如農,如哲學,如物理,如教育,皆極精進。乃不幸居於驕王之下，輕用其民，以與四五列強爲戰，而所奉之辭又多漏義，不爲人類之所通趨……自鄙所觀察言之，則德不出半年八月，必大不支，甚且或成內潰。小而比之，今之德皇，殆如往史之項羽，即勝鉅鹿，即燒咸陽，終之無救於垓下。德皇即殘比利時，即長驅入巴黎，恐終亦無補於危敗也。蓋德皇竭力繕武二十餘年，用拿破崙與其祖維廉第一之術，欲以雷霆萬鈞之力，迅霆不及掩聰，用破法禽俄，而後徐及於英國。故其大命縣於速戰而大捷，顧計所不及者，英人之助比、法也，列日(Liege)之致死爲抗也，奧人之節節失敗也。至於今，曩所期於半月十日之目的，乃遥遥而未達，謂巴黎之破。而比、法乃皆遷都矣，英人則節節爲持久之畫，疏通後路，維持海權，聯合三國，不許單獨媾和。曹劌以一鼓當齊之三，以謂彼竭我盈，英人之術，正復如是。至於德人軍術之精，器械之利，彼固早知其如此矣。吾輩於二國之間，固亦無所左右，特今日之事，實爲德人深惜，又嘆帝制之可爲而不可爲耳。大抵德人之病，在能實力而不能虛心。故德、英皆驕國也，德人之驕，益以剽悍，英人之驕，濟以沈鷙。由是觀之，最後壇場可預計矣。《學衡》六期，《與熊純如書札》節鈔第五。〇案：第六書云："德之君民摶心壹志者三十餘年，決以武力與列強相見，可謂壯矣！獨惜所敵過衆，恐舉鼎者終至絕臏。吾輩試思，國若英、法、俄者，豈能中途折服，以俯首帖耳，受戰勝之條件乎？是以德人每勝，則戰事愈以延長，此固斷然可知者耳。"與上書略相同，有精義，附此。

八月二十三日，日本籍口英、日與國，向德宣戰，攻青島。九月二十六日，強占我濰縣。十月六日，竟進占我濟南。先生聞耗，慨然曰："爲中國計，除是於古學宋韓侂胄、於今學清之徐桐，則捨'忍辱負痛'四字，無他政策。夫云山東禍烈固也，然我不授以機，使之無所藉詞，則彼雖極端野蠻，終有所限，以俟歐洲戰事告息，彼時各國協商，而後訴之公會，求最後之賠贖，無論如何，當較今之不忍憤憤者爲勝耳。吾豈忚忚睍睍？但謀國之事，異於謀身，通計全盤，此時決裂,萬無一幸。第一存於財力,其次存於兵械,其次海軍,其次稍練任戰之陸旅。但有一物可以言戰者,嚴復必不忍爲是言也。試問雌弱之辱,方之萬劫不復爲何如?國民果有程度,則死灰之然,當尚有日,如其不然,戰而徒送國民於溝壑,誠何益乎!社會情狀,寂寂沈沈,恐此時政要其如此,無識之民,發揚蹈厲,轉害事也。"同上,第六。

時國家危機四伏,先生建議導揚民國精神案,忠告政府方鍼,自謂"苦無可期實效之辦法,中央財政,尚是補苴,教育置爲後圖,根本不牢,極爲可慮"。《學衡》七期《與熊純如書札》節鈔第七。

譯衛西琴(Dr. Alfred Westharp)《中國教育議》。《庸言報》第二卷第三至第四號。

中華民國四年乙卯—一千九百十五年　先生六十三歲

一月十八日,日本公使日置益向我政府提出五號二十一條要求。先生曰:"倭乘羣虎競命之時,將於吾國求所大欲,若竟遂其畫,吾國誠破碎,顧從其終效而觀之,倭亦未必長享勝利。如此謀國,其眼光可謂短矣。倭雖島國,卅年以來,師資西法,顧所步趨,專在獨逸,甲午以還,一戰克我,再役勝俄,民之自雄,不可復遏。國中雖有明智,然在少數,不敵衆力,又國誠貧,見我席腴履豐,廓然無備,野心乃愈勃然,此我所以爲最險也。雪恥吐氣,固亦有日,然非痛除積習不能,蓋雪恥必出於戰,戰必資器,器必資學,又必資財,吾人學術既不能發達,而於公中之財,人人皆有巧偸豪奪之私,如是而增國民負擔,誰復甘之?即使吾爲國家畫一奇策,可得萬萬之資,以爲擴張軍實之用,而亦不勝當事之貪情慾望。夫如是,則又廢矣!草衣木食,潛謀革命,則痛哭流涕,詈政府爲窮凶極惡,一旦竊枋自雄,則捨聲色貨利別無所營,平日愛國主義,不知何往。以如是之國民,雖爲强者奴隸,豈不幸哉!是故居今而言救亡學,惟申韓庶幾可用,除却綜名覈實,豈有他途可行?試觀歷史,無論中外古今,其稍獲強效者,何一非任法者邪?管、商尚矣,他若趙奢、吳起、王猛、諸葛、漢宣、唐太,皆略知法意,而效亦隨之,至其他亡弱之君,大抵皆良懦者。"《學衡》七期,《與熊純如書札》節鈔第九。○案:第八書大略相同。又曰:"頗聞要求條件,乃日本海陸軍人黨所爲,政府亦知其危險,顧欲保勢力權位,遂爲所牽,其説盡信。去年德之趣戰,強半亦軍人黨所催成也。大抵尚武之國,每患此弊,西方一德,東方一倭,皆猶吾古秦,知有權利,而不信有禮義、公理者也。德案三四兵家,且借天演之言,謂戰爲人類進化不可少之作用,故其焚殺尤爲暢膽,顧以正法眼藏觀之,殊爲謬説。戰真所謂反淘汰之事,羅馬、法國則皆受其敝者也。故使果有真宰上帝,則如是國種,必所不福,又使人性果善,則如是學説必不久行,可斷言也。日本此次要求,中有二説:一是趁此時機,使日得華,猶英得印;一是懍於白種之橫,自命可爲導師,欲提挈中國,用中國民命、錢財,以與白橫相抗。不知二説實無一可,舉國成狂,而後有此。假使今番之事,彼個然一意徑行,則恐歐洲列強,至竟無奈彼何,而美人藉口孟禄主義,亦必退縮。然則日本求所大欲,行且遂得之與?曰必不然,彼之所爲,將徒毁中國而無所利,而數年之後,行且與中國俱亡,徒爲白人增長勢力而已。至於吾國今日政策,捨'忍辱退讓'四字,亦無他路可由,妄交一鋒,浪發一彈,政皆隊其計中者也。非不知日本之兵,已有六萬在吾國境,然使我處處退讓而不允許,則不知彼將如何開戰交鋒也。即使渠欲殺欲奪,是固難忍,然一思戰後喪亡,較此爲多,且與以口實,則難忍者或亦可忍。彼之所爲,既極無理,則吾極力使負不武無道之名於五洲,而後日方長,尚有算帳地步耳。故此乃最後之著,其法歐洲勃牙利嘗一用之,私心竊冀或不至是耳。"同上第十一。又曰:"中國之弱,其原因不止一端,而坐國人之闇、人才之乏爲最重。中倭交涉,所謂權兩禍而取其輕,無所謂當否……若政府長此終古，一二年後，正難言不與敵以間隙耳。大總統固爲一時之傑，然極其能事，不過舊日帝制時一才督撫耳。欲與列強君相抗衡，則太乏科哲學識，太無世界眼光，又過欲以人從己，不欲以己從人。其用人行政，使人不滿意處甚多，望其轉移風俗，奠固邦基。嗚呼！非其選爾。顧居今之日，平情而論，於新舊兩派之中，求當元首之任而勝項城者，誰乎？此國事之所以重可嘆也。財匱民窮，欲政府爲根本救濟之法，殆無其術。何則？觀其舉措，彼方戚戚以斷炊破產爲憂，刻意聚斂，以養軍爲最急之事，尚何能爲民治生計乎？教育強國根本，而革命以後，所謂不特彈無，聽亦無矣！"同上第十二。

先生與馬□□□□、伍□□□□翻譯《歐戰緣起》進呈。同上第十。

四月，先生被聘爲憲法起草委員，據同上第十三及《現代中國文學史》。自謂"聊應故事，仰觀天時，俯察人事，未必有偌大制作"。同上第十三。

先生自歐陸開戰以來，於各國勝負進止，最爲留神。一日十二時，大抵六時皆看西報及新出雜誌，同上第十三。每摘要論述，送公府備覽。積年餘，至數萬言，俱未留稿。嚴《譜》。以爲德意志國力之強，固可謂生民以來所未有，東西二面，敵三最強國矣，而比、塞雖小，要未可輕。顧開戰十閱月，民命則死傷以兆計，每日戰費不在百萬鎊以下，來頭勇猛，覆比入法，累敗俄人，至今雖巴黎未破，喀來未通，東則瓦騷尚爲俄守，海上無一國徽，殖民地十亡七八，然而一厚集兵力，則盡復奧所亡地，俄人退讓，日憂戰線之中絕，比境法北之間，聯軍動必以數千傷亡，易區區數基羅之地，所謂死齡不得入尺寸者也。不獨直抵柏林，雖有聖者，不能計其期日，即此法北肅清，比地收復，正未易言。英人於初起時，除一二兵家如羅勃吉青納外，大抵皆以爲易與，至今始舉國憂悚，念以全力注之，尚不知最後之效果何若也。於政治，則變政黨之內閣而爲會同；於軍械子藥，則易榴彈以爲高炸；取締工黨，向之以八時工作者，至今乃十一時；男子袨兵革，婦女職廠工，國債三舉，數逾千兆鎊而猶若未充。由此觀之，則英人心目之中，以條頓種民爲何等強對，大可見矣。故嘗謂國之實力，民之程度，必經苦戰而後可知。設未經是役，則德之強盛，不獨吾輩遠東之民不窺其實，即彼與之接壤相靡者，捨三數公外，亦未必知其真際也。使彼知之，則英人徵兵之制，必且早行。法之政府，於平日軍儲必不弛然怠缺，如出歲明矣。且由此而知，國之強弱無定形，得能者爲之教訓生聚，組織綢繆，百年之中，由極弱可以爲巨霸。今夫德以地形言，則處中央散地四戰之境，猶戰國之韓、魏也，顧自伏烈大力以來，即持強權主義，雖中經拿破崙之蹂躪，而民氣愈益深沈，千八百七十年累勝之餘，一躍千丈，數十年摩厲以須，以有近今之結果，其國家學說，大抵以'有強權、無公理'一言蔽之而已。雖然大橫，計自師興以來，其恃強而犯國際人道之大不韙者，不一而足。且除破壞比中立而外，其於軍事，實無何等之利益，傲然行之，實不審其用意之所在也。且德雖至強，而兵力固亦有盡……今日東面雖屢勝俄，而其死亡極衆。就令已破瓦騷，然如向俄之得普塞，繁盛都會，化爲瓦礫之場，無益勝算，而俄之戰線未斷，捲土重來，已時日事。英法凝然不動，而舉國組織，趕製軍火，以瓦騷委之，意可知矣。《與熊純如書札》節鈔第十三。

八月，初公府憲法顧問美博士古德諾（Goodnow），忽著《共和與君主論》，發刊於某報，首陳君主與共和之利弊，末言中國以用君主制較爲合宜。高勞《帝制運動始末記》。後三日，參政院參政楊度訪先生於西城舊刑部街之居，佟陳其比來簿籌之利……云："以是知吾運已入亨通之境，意有所圖，必當如願。近謀組織一公司，朋輩爭相附股，羣思託蔭於吾，冀有所膏潤。"先生聞度言之津津，若有至味，頗不識其何所取意。次日度復相過，問："見古德諾《君主論》乎？"曰："見之"。問："公視今日政治何如前清？共和果足以使中國臻於富強興盛乎?"先生喟爾而言曰:"此一時殊未易答。辛亥改革之頃,清室曾頒布憲法信條十九,誓以勿渝。僕於其時,主張定虛君之制,使如吾言,清室怵於王統之垂絕幸續,十九信條必將守之惟謹,不敢或背,而君臣之義未全墮地,內外百官猶有所憚,國事之壞當不致如今日之甚,或得如英國國君端拱無爲而臻於上理,未可知也。"度曰:"惟然,我將與同志諸人擬設一會,名曰'籌安',專就吾國是否宜於共和抑宜於君主爲學理之研究。古德諾引其端,吾等將竟其緒。國中士庶,向惟公之馬首是瞻,請公爲發起人,可乎?"先生瞿然作色曰:"適吾所云,不過追維既往,聊備一説。國經改革,原非一蹴可期其大治。君主之制,所賴以維繫者,厥維人主之威嚴。今日人君威嚴,既成覆水,貿然復舊,徒益亂耳。僕持重,人所共知,居恒每謂國家革故鼎新,爲之太驟,元氣之損,往往非數十百年不易復。故世俗所謂革命,無問其意在更民主、抑君主,凡卒然盡覆已然之局者,皆爲僕所不取。國家大事,寧如弈棋,一誤豈容再誤!"據侯疑始《洪憲舊聞籌安盜名記》。"吾國之宜有君,而興尸征凶,此雖三尺童子知之,《學衡》八期《與熊純如書札》節鈔第十四。而所難者,孰爲之君? 此在今日,雖爲聖者,莫知所從,《學衡》十期《與熊純如書札》節鈔第二十。竊所疑憚。"同上八期第十四。度應之曰:"公曾不聞之乎? 德皇威廉一再語梁崧生公使、袁芸臺公子,○案:梁士詒、袁克定。中國非君主不治,長此不更,爲害必且累及世界。其言誠洞中肯綮,以公之明,詎尚見不及此? 且吾輩但事研究可耳,至君主應否規復之議一決,吾輩之責任已畢,若夫實施,別有措置,爾時水到渠成,尚何疑憚之有?"先生又曰:"若然,則欲君主便君主可耳。自古覬覦大位者,一惟勢力是視,何嘗有待於研究哉!"《籌安盜名記》。度乃以大義相劫,正色告曰:"政治之弛張,不本之學術,於理未融,即於情不順。公宿學雅望,士林瞻仰,既知共和國體之無補於救亡,即不宜苟安聽其流變。"《學衡》八期《與熊純如書》第十四。又云:"此會宗旨，止於討論國體宜否，不及其餘，就令反對君憲，亦成表見。"意態勤懇。《與熊書》第十四。先生乃曰："籌安會，足下必欲成之，僕入會爲會員，貢一得之愚，固未嘗不可。特以研究相號召，度不能強人主張以必同也。"《籌安盜名記》。度不待其辭之畢，《與熊書》第二十。遽起告別。尋語曰："日者相者，俱判吾鵬程萬里，行且搏扶搖上青天。吾不已告公簿籤之微，其通亨且若彼，公果降心相從，無颺颺慮夭閼也。"先生至是始悟昨之侈言簿籤，意在諷喻，爲今日遊說張本耳。○案：嚴《譜》云："項城袁氏有稱帝之意，屢遣人來示意。府君告之曰：'吾固知中國民智卑卑，號爲民主，而專制之政不得不陰行其中，但政體改變已四年矣，袁公既有其實，何必再居其名？且此時欲復舊制，直同三峽之水滔滔流爲荆揚之江，今欲挽之，使之在山，爲事實上所不可能，必欲爲之，徒滋糾紛，實非國家之福，不特於袁氏有大不利也。'"不知爲何人言之，當亦在此時，附出於此。明日，度具柬邀先生晚餐，柬敘同坐則孫毓筠、劉師培、李燮和、胡瑛姓名赫然在焉，皆度所要結以發起籌安會者也。先生以疾辭，度復相過，先生固辭不見，度怏怏去。夜逾半，度忽遣使以書來，謂："籌安會事，實告公，蓋承極峰旨，與公商榷。極峰諭，非得公爲發起人不可，固辭恐不便，事機少縱即逝，發起啓事，明日必見報，公達人，何可深拒？已代公署名，不及待覆示矣！"侯疑始秘書云此函侯官尚藏諸匧笥。先生得書，倉卒不知所爲，召弟子侯疑始秘書毅商應付，矢言不勉強附和。秘書曰："先生既不勉強附和，唯有登報聲明盜名而已。然彼既欲假先生爲用，必脅以強力，罿以網羅無疑，先生能乘夜潛逸乎？"先生踟躕久之，曰："吾年且耄，而哮喘時作。張儉望門投止，殊非所堪。"秘書乃謂："盜名不妨聽之，但始終勿與聞其事可矣。明哲保身，先聖所取。是非歷久自明，天下終當爲先生諒也。"先生意遂決，曰："吾心可告天地，縱被莽大夫之名，庸何傷！矧有侯芭在，子雲心事不患不大白於後世。吾從子言矣！"明日，籌安會啓事出，而先生列名發起人第三。閽者啓門晨出，即有荷槍壯士鵠立其間，詢之，則謂長官恐匪黨或相擾,遣來守護也。《籌安盜名記》。既度又以書來,謂極峰聞公與會,極深歡悦云云。於是先生益知其事之必不軌於正矣。《與熊純如書札》第二十。乃杜門不出,籌安會召議事,輒稱疾謝之,據《籌安盜名記》。自嘆年老氣衰,深畏機阱,當機不決,虛與委蛇,欵聲為累,無勇怯懦,自愧古賢而已。《與熊純如書札》第二十。籌安會發起之後七日,梁任公刊一文於報曰《異哉所謂國體問題者》,據《飲冰室文集》卷五十六《國體戰爭躬歷談》。於帝制有異議。其論一出,風動海内,而袁世凱謀所以折其議者,迺以為非先生莫屬,署券四萬金,令内史夏壽田持以謁先生,請為文以難梁氏。先生却其幣,告壽田曰:"吾苟能為,固分所應爾,若以貨取,其何以昭信天下?非主座見命之意也,容吾徐圖之以報命。"壽田唯唯退,而先生得要脅之書無慮二十通,或諷以利害,或脅以刺殺,或責以義不容辭,而詭稱天下屬望,所署姓字真偽不得知:要皆謂先生非有以折梁氏而關其口不可。先生籌慮數日,乃詣壽田,舉所得諸函示之,曰:"梁氏之議,吾誠有以駁之,惟吾思主座命為文,所祈以袪天下之惑,而有裨於事耳。閩中諺云:'有當任婦言之時,有姑當自言之時。'時勢至今,正當任婦言之。吾雖不過列名顧問,要為政府中人,言出吾口,縱極粲花之能事,人方視之為姑所自言,非惟不足以袪天下之惑,或轉為人藉口,吾以是躊躇不輕落筆。非不肯為也,為之而有裨於事,吾寧不為哉?至於外間以生死相恫嚇,殊非吾所介意。吾年逾六十,病患相迫,甘求解脱而不得,果能死我,我且百拜之矣!"壽田以白世凱,世凱知其意不可奪,駁梁氏之文乃改命孫毓筠為之。《籌安盜名記》及《現代中國文學史》。

居數月,又遣人請為文勸進。先生知其意堅,無從挽救,乃慨然曰:"吾所欲言者,早已盡言之矣!必欲以吾為重,吾與袁公交垂三十年,吾亦何所自惜?顧吾生平不能作違心之言,欲吾為文,吾將何從著筆耶?"自是之後,謝客不與外事。據嚴《譜》。嘗語人曰:

"大總統宣誓就職之後,以法律言,於約法有必守之義務,不獨自變君主不可法,且宜反抗餘人之爲變,堂堂正正,則必俟通國民意之要求。顧民意之於吾國,乃至難出現之一物,使不如是,則共和最高國體,亦無所謂不宜者矣。"《與熊純如書札》第十四。至冬,氣喘常作。嚴《譜》。英人多辣司云:"世凱苟具卓犖之識,積學如嚴先生,正不應牽令入政治漩渦,摧毀國之精英,然未嘗以不如己意而殺其身,賢於貴國古代奸雄遠矣。"《籌安盜名記》。

十二月,袁世凱定明年改帝號。時梁任公弟子蔡松坡都督鍔走雲南,連督理雲南軍務唐繼堯、巡按使任可澄宣告獨立,稱護國軍。任公走廣西,說廣西將軍陸榮廷舉兵響應。其後各省繼起。

中華民國五年丙辰—千九百十六年　先生六十四歲

三月,袁世凱下令撤消帝制,獨立各省要求袁氏退位,國人怒其稔惡,都以亟去之爲快,先生意不然曰:"海上黨人,聯合雲貴,函電旁午,皆以要求項城退位爲宗。顧退位矣,而用何等手續彈壓方面,使神州中國得以瓦全?則又毫無辦法。故復常謂中國黨人,無論帝制、共和兩派,蜂起憤爭,而跡其行事,誅其居心,要皆以國爲戲,以售其權利憤好之私,而爲旁睨肮医之傀儡,以云愛國,邈乎遠矣!夫中國自前清之帝制而革命,革命而共和,共和而一人政治,一人政治而帝制復萌,誰實爲之,至於此極?彼項城固不得爲無咎,而所以使項城日趣於專,馴至握此大權者,夫非辛壬黨人、參衆兩院之搗亂,靡所不爲,致國民寒心,以爲寧設強硬中央,驅除洪猛,而後元元有息肩喘喙之地故耶?不幸項城不悟,以爲天下戴己,遂占亢龍,遽取大物,一著既差,威信掃地。嗚呼!亦可謂大哀也已!籌安會之起,楊度強邀,其求達之目的,復所私衷反對者也。然而丈夫行事,既不能當機決絶,登報自明,則今日受責,即亦無以自解,惟是公於取消帝制之後,復勸項城退位,則又萬萬不能。何則？明知項城此時一去，則天下必亂，而必至於覆亡。德人有言：'祖國無上。'爲此者，一切無形有形之物，皆可犧牲，是故吾之不去，吾之不勸項城退位，非有愛於項城也，無他，所重在國故耳。夫項城非不可去，然必先爲其可以去。蘇明允謂：'管仲未嘗爲其可以死，其於國爲不忠。'使項城而稍有天良，則前事既差，而此時爲一國計，爲萬民計，必不可去。而他日既爲可去之後，又萬萬不可以留。蓋使項城今日而去，則前者既爲其不義，而今日又爲其不仁；使項城他日而留，則前者既爲其寡廉，而他日又爲其鮮恥；故曰今日必不可去，他日必不可留也。夫項城所處地位如是，而區區之言，稍有一當，則海內舉凡愛國之士，所以衛護項城者，今日宜如何？而戰禍已弭、亂事既平之後，所以重整社稷、實行立憲者何若？可以不煩言而解……嗟嗟！吾國自甲午、戊戌以來，變故爲不少矣，而海內所奉爲導師、以爲趨向標準者，首屈康、梁師弟。顧衆人視之以爲福首，而自僕視之則以爲禍魁。何則？政治變革之事，蕃變至多，往往見其是矣，而其效或非，羣謂善矣，而收果轉惡。是故深識遠賢之士，愀然恒以爲難，不敢輕以掉之，而無予智之習，而彼康梁則何如？於道徒見其一偏，而出言甚易。南海高年，已成固性；至於任公妙才，下筆不能自休，自《時務報》發生以來，前後所主任雜志幾十餘種，而所持宗旨則前後易觀者甚衆。然此猶有良知進行之說，爲之護符。顧而至於主暗殺、主破壞，其筆端又有魔力，足以動人：主暗殺，則人因之而偶然暗殺；主破壞，則人又羣然爭爲破壞矣！敢爲非常可喜之論，而不知其種禍無窮……今夫亡有清二百六十年社稷者非他，康梁也。何以言之？德宗固有意向之人君，向使無康梁，其母子未必生釁；西太后天年易盡，俟其百年，政權獨攬，徐起更張，此不獨祖宗之所式憑，而亦四百兆人民之洪福。而康乃踵商君之故智，卒然得君，不察其所處之地位爲何如，所當之阻力爲何等，鹵莽滅裂，輕易猖狂，馴至於幽其君而殺其友，己則消搖海外，立名目以歛人財，恬然不以爲恥。夫曰保皇，試問其所保今安在邪？必謂其有意誤君，固爲太過，而狂謬妄發，自許太過，禍人家國，而不自知非，則雖百儀、秦，不能爲南海作辯護也。至於任公，則自竄身海外以來，常以摧剝、征伐政府爲唯一之能事，清議新民國風，進而彌厲，至於其極，詆之爲窮凶極惡，意若不共戴天。以一己之新學略有所知，遂若舊制一無可恕。其辭具在，吾豈誣哉！一夫作難，九廟遂隳，而天下洶洶，莫誰適主。蓋至辛亥、壬子之交，天良未昧，任公悔心稍萌見矣。依是薰穴求君，思及朱明之恪孫及曲阜之聖裔，乃語人曰：'吾往日議論，止攻政府，不詆皇室。'夫任公不識中國之制與西洋殊，皇室、政府必不可分而二者，亦可謂枉讀一世之中西書矣！其友徐佛蘇曰：'革命則必共和，共和則必亡國。'此其妖言，殆不可懺，而追原禍始，誰實爲之？今夫中國立基四千餘年，含育四五百兆，是故天下重器不可妄動，動則積尸成山，流血爲渠。古聖賢所以嚴分誼而威亂賊者以此，伊尹之三就桀者以此，周發之初會孟津而復散歸者以此，操懿之久而後篡者亦以此。英人摩理有言，政治爲物，常擇於兩過之間。見《文集》第五卷。法哲韋陀虎哥有言，革命時代，最險惡物莫如直綫。見所著書名《九十三年》者。任公理想中人，欲以無過律一切政法，而一往不回，常行於最險直綫者也。故其立言多可悔，迨悔而天下之災已不可救矣。今夫投鼠忌器，常智猶能與之；彼有清多罪，至於末造之親貴用事，其用人行政尤背法理，誰不知之？然使任公爲文痛詈之時，稍存忠厚，少斂筆鋒，不至天下憤興，流氓童駭盡可奉辭與之爲難，則留一姓之傳，以內閣責任漢人，爲立憲君主之政府，何嘗不可做到？然則統其全而觀之，吾國所全，顧不大邪？而無如其一毀而無餘何也？至於今日，事已往矣。師弟翩然反國，復睹鄉紛強健長存，仍享大名，而爲海內之鉅子，一詞一令依然左右羣倫，而有清之社則已屋矣！中國已革命而共和矣！徐佛蘇之妖言，大慮終無可懺。《黃臺瓜辭》曰：'種瓜黃臺下，瓜熟子離離。一摘使瓜好，再摘使瓜稀。三摘猶爲可，四摘抱蔓歸。'康、梁之於中國已再摘而三摘矣，耿耿隱憂，願其愼勿四摘耳！夫袁氏自受委託組織共和以還，跡其所行，其不足令人滿意者何限？顧以平情冷腦分別觀之，其中亦有不可恕者，有可恕者，何則？國民程度如此，人才消乏而物力單微，又益之以外患，但以目前之利害存亡言，力去袁氏，則與前之力亡滿清正同，將又鑄一大錯耳！愚故謂使國有人，而以存國爲第一義者，直此袁氏孤危戒懼之時，正可與之爲約，公選穩健之人，修約法，損其政權，以爲立憲之基礎……似較之陽爭法理，陰攫利權，或起於個人嫌隙之私，似有間也。"《學衡》八期《與熊純如書札》節鈔第十八。又曰："項城末路如此，亦意中事。所謂帝制違誓種種，特反對者所執之辭，而項城之失人心，一敗至於不可收拾者，固別有在，非帝制也。就職五年，民不見德，不幸又直歐戰發生，工商交困，百貨翔騰，而國用日煩，一切賦稅有加無減，社會侈靡成風，人懷非望。此即平世已不易爲，乃國體適於此時議更，遂爲羣矢之的。且項城自辛亥出山以來，因緣際會，爲衆所推，遂亦予聖自雄，以爲無兩。自參、衆兩院搗亂太過，於是救時之士，亦謂中國欲治，非強有力之中央政府不可。新修約法，於法理本屬無當，而當日反對之少，無他，冀少獲救國之效已耳，而誰謂轉厚項城之毒乎？……扳附之徒，變本加厲，以運動爲正法，以粉飾爲成功，極峰自詭，行且即眞，對於羣下，詞色並異，惡異己而親導諛，而事勢遂陷於不可挽救之域矣。"《學衡》十期《與熊純如書札》節鈔第十九。又曰："夫僕之不滿意於洹上，而料其終凶，非一朝夕之事……自庚子以後十餘年間，袁氏灸手可熱之時，數四相邀，而僕則蕭然自遠者可以見矣！辛亥改步以還，滄海橫流，瞻烏誰屋，其竊稍政界者，所謂援止而止。援止而止者，不屑去也……去秋……事之初起也，僕固泊然，而攀龍附鳳者，勢不可當，不獨主帝制者幾於通國一致，即謂皇帝非洹上莫屬者，亦繁有徒。威脅利誘者，固未嘗無，而發於本心，惟恐不得與贊成之數者，亦接跡而踵起。何則？人心趨利，而附羶者衆也。當是之時，使洹上顧諟誓言，聽民表之自擇，而禁制羣下之發縱，則進退綽然⋯⋯老氏不云乎，'將欲取之，必固與之'。惜乎洹上之未聞此義也！及乎滇、黔執言之後，中央行事，幾於無舉不乖，迨夫茲春，已成不可復挽之局，洹上勢成騎虎。而南中首事者，雖爲暫行息爭之思，而權力又不足以指揮羣黨，夫事勢至此，一姓一黨之利害存亡均不足道，而禍之所中者必在吾國，深恐求瓦全而猶難，此僕所夙夜驚心而不知死所者也⋯⋯此時欲洹上之去者，不獨南方諸公已也，即馮、李、靳、段諸帥以至新立之内閣，亦皆以洹上之去爲目的者，其未加迫脅者，求勿亂也。蓋項城之反對衆矣，而最制其死命者莫如日本。洹上之危機夥矣，而莫厲於暗殺之傳言。惟日本反對，故財政無復活之機，而百爲皆廢。梁士詒倡停止付現之院令，蓋以逢洹上之意，欲取中國銀行預備金以爲濟急之計。乃京漢而外，舉不奉令，則事已全反其所期，而徒爲益熱益深之敗著。餘則無論何途借款，日本皆爲力敗之。夫財爲養命之原，小己已然，而國家尤甚。洹上自就職以還，於中、交兩行，其虧負顯然可指者過四千萬，而黯昧通挪，經梁士詒、葉恭綽爲之騰擢者，尚過此數。夫吾曹終日憂嘆，爲國懷破產之懼，而洹上則長作樂觀，泥沙揮霍。小人逢長，因而啜汁促訾，是其宜敗久矣！且⋯⋯生性好用詭謀以鋤異己。往往勿論，乃革命軍動，再行出山至今，若吳禄貞，若宋教仁，若趙秉鈞，若應桂馨，最後若鄭汝成，若張思仁，若黃遠庸，海宇譁然，皆以爲洹上之所主使。夫殺吳、宋，雖公孫子陽而外之所不爲，然猶可爲說；至於趙秉鈞、鄭汝成，皆平日所謂心腹股肱，徒以洩秘滅口之故，忍於出此，則羣下幾何其不解體乎！事極冥昧，非經正式裁判，吾曹固不欲遽以爲真，然即此謠傳已足致衆叛親離之惡果。又況段祺瑞去秋辭職之後，數見危機，寢饋之間，不遑寧處，人間口語,怪怪奇奇,嗟夫!洹上父子之間,僅十餘人耳,左右雖親,炎涼變態,利盡則交亡,即欲長此不去,誰與共排難乎?夫求之財政則如彼,察之人心又如此,此雖以魏武、劉裕當之,殆難爲力,矧乎非其倫耶!且洹上自就職以來,於中國根本問題,毫末無所措注。即以治標而論,軍旅素所自許,而悍兵驕將,軍實戰械,皆未聞有統一之規,至於財政,則比之清世,尤爲放紛,加之景響歐戰,民生蕉萃極矣!是以前有速了瓦全之論。蓋吾曹以安國爲前提,又以袁氏席已成之勢,姑予終任,所全必多,國安而後,徐圖所以更始者,或有望也。惟今此節既不可爲,固以洹上早去爲最利。而後顧茫茫,或因此而成亂局,亦吾國運與吾民程度應歷之境界,天實主之,無如何也。"同上第二十。寓書袁世凱,爲策萬全,勸其謝事歸隱。《籌安盜名記》。○案:原書見《輿論報》。

六月六日,袁世凱以羞憤病歿。先生聞之曰:"今日如此下臺,未始非天相吾國,亦未始非洹上之幸也。但所可憂者,吾國政界往往應於俗諺所謂'一蟹不如一蟹'。今日隔礙,似不在南中起義發難諸公,而在海上五花八門之諸政客。渠輩今日所要求者:一、規復中山之約法;二、召集洹上所解散之參、衆兩院;三、懲治帝制禍首。此其用意不察可知,他日走到極端,自然反對蜂起,又成武力解決問題。山谷詩云'夜來已是風和雨,更著遊人撼落花',從此吾國之有存者幾何!"同上二十一。世凱之歸櫬也,先生哭之以詩云:"近代求才傑,如公亦大難。六州悲鑄錯,末路困籌安。四海猶羣盜,彌天戢一棺。人間存信史,好爲辨賢奸。"又:"霸氣中原歇,吾生百六丁。黨人爭約法,輿論惜精靈。雨灑蛟龍匣,風微燕雀廳。蒼蒼嵩室暮,極眼望雲軿。"又:"夙承推獎分,及我未衰時。積毀能銷骨,遺榮屢拂衣。持顚終有負,垂老欲疇依。化鶴歸來日,人民認是非。"《愈壄堂詩集》卷下。於時長江巡閱使張勳有復辟之倡,先生聞之曰:"此議果行,大非舊朝之福。"又曰:"此類軍人,亦惟在中國始能存立耳！稍與節制師遇，無不披靡。日本有某將官嘗言：軍人娶得美妻，殖產至數十萬金，其人即非軍人，然則歌童舞女列屋環侍，偷糧蝕餉至數百千萬，其人尚有軍人資格耶？"《學衡》十期《與熊純如書札》節鈔第二十一。又曰："復嘗謂奉新諸人，其爲物本是不容於堯舜之世，然當俶擾否塞之秋，有時翻有一割之用。辟如礦石、大黃，本爲有毒，而痰亂者乃非此不蘇，至於耗斲元氣，不及計矣！……人謂方今世界大通，歐化輸入，如風如潮，莫可遏止。吾國遊學東西者，歲達萬人，劣敗優勝，此宜代興，雖吾亦以爲應爾。然所可異者，外國報章，於此類新進，往往排擊不遺餘力，以謂全顧私利，必禍國家，而於吾人所深惡痛絕之項城，則倫敦《太晤士》於其死日登一極長論說，謂惟此人能了東方之事，惜其無祿，而不知中國之亂何時已也！其論調之不同如此，此其故亦可深長思矣！往者突厥，羣稱近東病夫，至十九稘末造，毅然變法，於是有少年突厥之特稱，列邦拭目，觀其變化，僉謂自茲歐亞接壤中間，將必有崛興之強國矣。顧乃大謬，不然，數年之間，埃及、巴爾幹羣屬幾盡，而最後乃不量德力，爲維廉所利用，屈指年月，更繪輿圖，不獨歐洲必無回部，即在安息、大食之間，亦不知占得幅員幾許？是故變法而興者日本也，變法而亡者突厥也。天時、地利、人事，三者交匯以爲其因，此中消息至微，惟狂妄者乃欲矢口高論耳！若奉新與類乎奉新者，固將有最後之失敗，歸天然之淘汰；然此物之能存立於吾國者，與鹵莽滅裂之新黨，猶陰陽二電然，使陽者不消，則陰者亦無由退，此又決然不待蓍蔡者矣。吾輩託生東方，天賦以國。國者，其尊如君，其親如父。今乃於垂老之日，目擊危亡之機，欲爲挽救之圖，早夜思維，常苦無術。又熟知世界大勢，日見半開通少年於醉夢中求漿乞酒，真使人祈死不得。所絕對不敢信者，以中國之地形民質，可以共和存立。梁新會亦謂共和必至亡國，而求所以出此共和者，又斷然無善術。嗚呼！今乃知當日肆口擊排清室、令其一毀無餘者爲可恨也。"同上二十二。七日，副總統黎元洪代爲總統。八日，都下盛倡懲辦禍首，不分皂白。同上二十三。林琴南孝廉涕泣迫先生宵遁，先生慨然曰："吾俯仰無愧怍，雖被刑，無累於吾神明，庸何傷！"夷然處之，家人強舁籃輿登車，始至天津暫避。《籌安盜名記》。謂所親曰："生平浪得虛名，名者造物所忌，晚節末路，固應如此。不過人之爲此，或得金錢，或取好官，復則兩者毫無所有，以此蒙禍，殊可笑耳！"《學衡》十期《與熊純如書札》節鈔第二十三。然當路固知先生之不與謀也，徵之清議，亦殊爲然，故緝治籌安肇首，先生不與焉。《籌安盜名記》。○案：先生致馮國璋書云："當籌安會發起之時，楊、孫二子實操動機，其列用賤名原不待鄙人之諾，夕來相商，晨已發布，我公試思，當此之時，豈復有鄙人反抗之地耶？近者國會要求懲辦禍首，尚幸芝老知其真實，得及寬政，不然，復縱百口，豈能自辯！"於此事首末，言之甚賅，附此。

　　時參謀長段祺瑞將受命組閣，先生遺書，勸其承認袁氏未帝制以前一切之號令法律爲有效，而後急組機關，議定可久之憲法，更依新定之選舉法，以召集國會，與國人一切更始。段氏意頗動，而後不果行。《學衡》十五期《與熊純如書札》節鈔第四十一。黎、段二氏，國人皆推長者，謂其可息世囂，夷大難。《現代中國文學史》。先生獨曰："黃陂良愿有餘，於政體、國是、民情、外勢皆無分曉，以傀儡性質，兼負乘之譏，覆餗僨車，殆可前決；段氏堅確，政見較黎爲高，然愛惜羽毛，無爲國犧牲一切之觀念。"《學衡》十二期《與熊純如書》節鈔第二十七。又曰："吾國際陽九百六之運，當人欲極肆之秋，黎、段兩公，實皆不足撑此政局。當洹上謀鼎暉臺，兩人之聲譽極高，而不佞早知其不逮……可知邦基陧杌，其能弘濟艱難，撥亂世而反之正者，決非僅僅守正高尚，如今人所謂道德者，有以集事。當是之際，能有漢光武、唐太宗，上之上者也；即不然，曹操、劉裕、桓宣武、趙匡胤，亦所歡迎。蓋當國運漂搖，干犯名義是一事，而功成治定，能以芟夷頑梗，使大多數蒼生環堵有一日之安，又是一事。此語若對衆宣揚，必爲人人所唾罵。然仔細思量，更證以歷史之前事，未有不爽然自失者也。"同上第二十八。又云："讀遍中西歷史，以爲天下最危險者，無過良善闇懦人。下爲一家之長，將不足以庇其家；出爲一國之長，必不足以保其國。古之以暴戾、豪縱亡國者，桀紂而外，惟楊廣耳。至於其餘，則皆煦煦姝姝，善良謹葸者也……夫國亂如此，北系經一番酣豢之後，既成暮氣而無能爲。彼輩當此之世，所統軍隊乃身家性命所託，而任其腐敗不可用，如彼浙江一鬨、朱瑞即無容身，此曹尚不足稱強盜，直羊豕雞狗已耳。則使有政黨焉，以其魄力盤踞把持，出而爲一切之治，誅鋤異己，號令由於一門。人曰此暴民專制也，而吾則曰猶有賴焉，而乃主張悖謬，貪酷無厭，假令一旦異己者亡，而彼族之中又乖離分張，芽蘗萌動，而爭雄長矣！夫盜賊匪人，豈有久合之道？欲其利國，不益遠乎！此吾國前途所爲可痛哭也……不佞六十之年又加四矣，羸病掃軌，自力不能，唯有浩嘆。向使年僅知命，抑雖老未衰，將鞭弭橐鞬，出而從事，殺身亡家，所不顧耳。"同上第三十二。冬，氣喘復烈。嚴《譜》。英吉利公使朱邇典返國，先生往送之，與談朝局，撫今感昔，不覺老淚如縆。朱見，慰曰："嚴君，中國四千餘年蒂固根深之教化，不至歸於無效，天之待國猶人，眼前顛沛流離，即復甚苦，然放開眼孔看去，未必非所以玉成之也。君其弗悲！"先生聞其言，稍爲破涕也。《學衡》十三期《與熊純如書札》節鈔第三十四。

是年，手批《莊子》。嚴《譜》。先生嘗言："平生於《莊子》累讀不厭，因其說理語語打破後壁，往往至今不能出其範圍。其言曰：'名，公器也，不可以多取。仁義，先王之蘧廬也，止可以一宿而不可以久處。'莊生在古則言仁義，使生今日，則當言平等、自由、博愛、民權諸學說矣！莊生言'儒者以詩書發冢'，而羅蘭夫人亦云：'自由、自由，幾多罪惡，假汝而行！'甚至愛國二字，其於今世最爲神聖矣，然英儒約翰孫有言：'愛國二字，有時爲窮凶極惡之鐵炮臺。'可知談理論，一入死法，便無是處。是故孔子絕四，而釋迦亦云如筏喻者。法尚應捨,何況非法?"《學衡》十二期《與熊純如書札》節鈔第二六。○案:《學衡》二十期景印民國元年冬《與熊純如書札》真迹云:"平生喜讀《莊子》,於其道理唯否否。每一開卷,有所見則隨下丹黄,馬通伯借去不肯還,乃以新帙見與,已意亦頗鞅鞅。今即欲更擬進退不可知,又須費一翻思索。老來精力日短,恐不能更鑽故紙矣。"是先生原有批本,此則爲第二次。先生族子步韓云此稿付上海商務印書館出版,未行世,燬於"一·二八"日寇之役。此書一厄於攘奪,二厄於兵燹,惜已,聞尚有副本,他日尚能印行也。

中華民國六年丁巳一千九百十七年　先生六十五歲

二月一日,德意志政府宣言列國,將用無限制潛水艇戰爭。美利堅勸與絕交,當路雖抗議,意猶首施,先生則主張加入協約,曾於《公言報》著論一首,持此議,謂人曰:"歐洲戰事日烈,德自協約國拒其和議後,乃以潛水艇爲最後圖窮之匕首,事近忿兵,殆難爲濟。春夏間,將必有最劇烈之戰事,屆時孰爲長雄,當較易決。但兵事一解之後,國土世局必將大異於前,而遠東諸國亦必大受影響。此時中國如有能者抱舵,乘機利用,雖不稱霸,可以長存。假其時機坐失,則受人處分之後,能否成國,正未可知。不成國,則奧區地產將必爲他人所利用,而長爲牛馬,望印度且不可得,況其餘乎!"《學衡》十三期《與熊純如書札》節鈔第三十六。又曰:"夫中國於膠州一事,已授德國口實,今者又起抗議,故使德人而勝,即如此中止,其執辭仇我,正與得罪到底者相等也。中道而止,又何濟乎?至於協商一面,更緣中止而開罪益深,轉不若前弗抗議之爲愈矣。甚矣,闇懦之人真不足與計事也!若察歐洲戰勢,德人乃處强弩之末,潛艇雖烈,不足制英人死命……轉眼春末夏初,西面或沙朗尼加必有劇烈戰爭,疆場之事,一彼一此,固不敢料德、奧之即敗,然以一盈一竭之理言,則最終勝負,皦然可睹。"同上第三十七。又曰:"日本自變法以來,其建國宗旨、法律、軍伍乃至教育、醫療諸事實,皆以獨逸爲步趨,以戰爲國民不可少之聖藥,外交則尚夸詐、重譋偵,其教民以能刻苦、厲競爭爲本,事屬利國,雖邪淫盜殺無不可爲:凡此種種,皆奉德教以爲周旋者也。廿載以還,國以大利。其聯英仇德也,乃邀利乘便之所爲,逢蒙殺羿,以夫子之道,反害夫子,亦非崇拜親愛英人而後與之聯盟攜手也。總之,東方日本,其野心與德正同。平日自言其國,每十年斯與人作戰一次。其學校諸生,畢業後遊於人國者,大抵皆偵探也。德國兵謀之一。自十四年歐戰發生,其始德人原操必勝之畫,天不假易,至今無成。而英、法以方盈之勢,當德國就竭之兵,循是以往,且有不國之憂。又五洲譁然,以德之作戰爲背信野蠻而犯公法,於是日本有鑒於此,稍稍有戒心,而陰懷變計。不然,則其國之東美、西華兩民主,未有不承其看顧者矣!英名與日聯盟,而實陰制之,觀於民國四年當項城時,英國所對於向我要求各條件之論調,可以見矣。吾國人看事最爲膚淺,且處處不是感情之奴隸,即是金錢之傀儡,其程度真無足言也。本月二日,美總統威爾遜親臨國會,與德已宣戰矣;而吾國走到第二步之後,忽然中止。頗聞國會中黨派,尚有藉此時機作種種顧黨不顧國之計畫。宣戰固爲正辦,然如此之政府國會,其能有益於國,不反害否? 真未可知。"同上三十八。又曰:"德之政治,原較各國爲長,其所屬行,乃盡吾國申、商之長而去其短。日本竊其緒餘,故能於三十年之中,超爲一等之強國。方事初起,鄙人亦僅云:德欲得志,當以速勝速了爲期。至馬蘭河之挫衂,而無成之局肇矣;及踰二年,則正蹈曹劌三竭之說。瓦全且難,遑論勝耶? 東面之敵謂俄以兵工之短、交通之難,固爲易與。顧其國土太大,德軍雖有展拓,無補終效。總之,德之失敗,正坐當國秉成者之慮事不周,假威廉第二有畢士馬克之才,德之不至於此,殆可決也。年來,英國屢經失敗,其自救而即以救歐洲者,在幡然改用徵兵制之一著,否則,至今尚未知鹿死誰手耳! ……世變正當法輪大轉之秋,凡古人百年、數百年之經過,至今可以十年盡之,蓋時間無異空間,古之程途待數年而後達者,今人可以數日至也。故一切學說法理,今日視爲玉律金科,轉眼已爲蒭廬芻狗,成不可重陳之物。譬如平等、自由、民權諸主義,百年已往,真如第二福音,乃至於今,其弊日見。不變計者,且有亂亡之禍,試觀於年來英、法諸國政府之所爲,可以見矣。乃昧者不知,轉師其已棄之法,以爲至寶,若土耳其,若中國,若俄羅斯,號皆變法進步,然而土已敗矣,且將亡矣。中國則已趣敗軌,俄羅斯若果用共和,後禍亦將不免,敗弱特早暮耳!吾輩生於此日,所得用心以期得理者不過古書,而古人陳義又往往不堪再用如此。雖然,其中有歷古不變者焉,有因時利用者焉,使讀書者自具法眼,披沙見金,則新陳遞嬗之間,轉足爲原則公例之鐵證,此《易》所謂'見其會通,行其典禮'者也。鄙人行年將近古稀,竊嘗究觀哲理,以爲耐久無弊。尚是孔子之書,四子五經,固是最富礦藏,惟須改用新式機器,發掘淘鍊而已。其次則莫如讀史,當留心細察古今社會異同之點,古人好讀前四史,亦以其文字耳。若研究人心政俗之變,則趙宋一代歷史,最宜究心。中國所以成爲今日現象者,爲善爲惡,姑不具論,而爲宋人之所造就,什八九可斷言也。京中近來氣象愈惡,……由今之道,無變今之俗,雖百易人,不能治也。加入戰團,於德本謀無關出入,而以此爲大禍而將蒙莫大損失者,乃在三四千寓華營業之德僑,此等素與吾國大賈軍官親密,今聞有此,則其大肆運動,不問可知,其以德之勝負爲喜懼而反對加入者,皆以此耳。"同上第三十九。

入夏,喘咳稍差。先生自嘆:"老態日益侵尋,恐無久視之理,身生無益國家,即有所知,但存虛論,以此頗自恨耳!少讀古人之書,立身行己,處處偏於消極,遂復不屑進取,洎今悔之晚已。"同上十五期第四十一。

六月一日,有新星現於牛、女之分,光芒焕發,過於一等星。先生曰:"此自輓近星學家言,固若無與人人事也,而其所可異者,獨見於此時而已。歐陸四年苦戰,死傷總數逾三千萬,宗教用其書之默示錄語,疑世界乃近末日,抑救主有復臨之機。此自人心亂極思治,其然,豈其然與?"《愈懋堂詩集》注。

七月一日,長江巡閱使兼安徽督軍張勳擁遜帝復辟,旋敗。先生譏其本末並失。本失,劉幼雲、萬公雨輩爲之;至於標,則張勳自失之也。同上第四十二注。十三日,黎總統辭職,推副總統馮國璋爲大總統。八月十四日,對德宣戰。先生謂:"嘗深測細審,歐戰之結局何若,終復不敢斷言,以爲他日將必有事變出於人人所慮之外,而兩家之難勢,乃不得不解,即今而預言勝負,要皆明於此者,闇於彼也……兵動以來,俄之受創最鉅,英以島國瓦全,而法自十四年九月之後,馬蘭河一勝,即復有以自完……可知歐西各國,於教民事國,雖有優劣之差,而距離初不甚遠,一行警覺之後,即亦難圖,況合而謀之,短長相資,左提右挈,此德人之所以困也。嘗謂今日之戰,動以國從,故其來也,於人國猶試金之石,不獨軍政兵謀,關乎勝負,乃至政令人心,道德風俗,皆倚爲衡。俄雖歐之大國,民物土地,泱泱雄風,而其間大公竊權,女謁弄政,寵賂苟法,與夫其民之不學,較之吾國,殆有甚焉。故雖蠶食亞洲,而一遇强對,輒復不振。今者其國半明之民,乘機革命,近且定制共和,雖然,國之治亂强弱初不繫此,蓋革命所誅鋤者特貴族耳。而民之愚闇,初不能一蹴而躋休明,而舊法之隄防既隳,忿慾二者,必大橫決。故法經八十年而始有可循之軌,猶不足以爲盛强,最後者俄,其次中國,均不知何日始有向明之機。此時佇苦停辛,所受痛楚,要皆必循之階級……此固無可如何者也。根本救濟,端在教育……德之學說治術,與英、法絶殊,其學者如叔本華、尼采、特來斯基,皆原本性惡,而不以民主共和爲然,與吾國之荀卿、商鞅、李斯最爲相似,其異者,特以時世進化之不同,使申、商、始皇等生於今日,將其所爲,與德無二致也。"同上,第四十四。"時局絶無統一之望,統一不能,則所謂法令格而不行，所設治理人自爲政。長此終古，其魚爛而亡，殆可決也。此日外交，自與德宣戰以來，可謂得未曾有。假使能者在上而羣倫輔之，則轉弱爲強，此真千載一時之嘉會也。顧不幸而各省分裂之形如此，此真陽九百六之會，雖有聖者，莫如何也。"同上，四十五。

九月，南北決裂。先是，北洋之軍閥，南方之民黨，紛紜角訟，各有藉詞，至此以兵戎相見。先生謂："此自勢所必至之事，不足深怪。往者北美林肯當國，有南北花旗之戰，南欲分立，北期統一，爭戰期年。美之財政實業大受其敝，其戡平之後，徐徐整之，遂有今日。然則多難興邦，歷史慣例，目前苦痛，固宜忍之，顧愚之所憂者，則吾國分裂之端，不以此一役而遂泯耳！溯自項城懷抱野心，阻兵安忍，而吾國遂醞成武人世界。夫吾國武人，固與歐美大異，身列行任，大抵皆下流社會之民，真老泉所謂'以不義之徒執殺人之器'者。苟吾國欲挽積弱，變爲尚武，自當先行從事於十年、廿年之軍官教育，而後置之戎行。蓋使吾國軍官，盡若春秋之仕官，漢之趙充國、班超，唐之李、郭，宋之韓、岳，明之俞、戚，則所謂重文輕武之說，何從而施？乃今反之，不揣其本而齊其末，於是以盜賊無賴之人，處崇大優厚之地，操殺伐驅除之柄，而且兵餉之權不分，精械美衣費帑無藝，則由是窮奢極欲，豪暴恣睢，分土據權，寧肯相讓？……況疆場之事，一彼一此，借款輸械，重涉外交，於是密約陰謀，遂啓賣國。"同上四十六。又曰："中國目前危難，全由人心之非，而異日一線命根，仍是數千年來先王教化之澤……但此時天下洶洶，而一切操持權勢者皆是奴才，所謂'地醜德齊，莫能相尚'。必求平定，自當先出曹孟德、劉德興輩，以收廓清摧陷之功，而後乃可徐及法治之事。"同上，十六期第四十九。

時論戒早婚，崇自由。或問於先生，先生曰："吾國前者以宗法社會，又以男女交際不同西國之故，遂有早婚之俗，而末流或至病國,誠有然者。而今日一知半解之年少,莫不以遲婚爲主義,看似於舊法有所改良,顧細察情形,乃不盡爾。蓋少年得此,可以抵抗父母,奪其舊有之權,一也。心醉歐風,於配偶求先接洽,既察姿容之美惡,復測性情之淺深,以爲自由結婚之地,二也。復次,凡今略講新學少年,莫不以軍國民自居,於古人娶婦所以養親之義,本已棄如涕唾,至兒女嗣續尤所不重,則方致力求進之頃,以爲娶妻適以自累,且無端假不知誰氏女子,以一與之商終身不二之權利。案:此二句有誤。《現代中國文學史》引改作'假一不知誰氏女子,以與之商終身不二之權利'。私計亦所不甘,則何若不娶單居,他日學成,幸而月有百金以上之入,吾方挾此遨遊,脫然無累。羣雌粥粥,皆爲肉慾之資,孰與挾一伉儷,而啼寒號飢,日受開門七件之累乎?此其三也。用此三因,於是今之少年,其趨於極端者,不但崇尚晚婚,亦多儻然不娶。又睹東西之俗,通倪踰閑,由是怨曠既多,而夫婦之道亦苦。不知中國數千年敬重女貞,男子娶妻,於舊法有至重之名義,乃所以承祭祀、事二親而延嗣續,而用今人之義,則捨愛情、肉慾而外,羌無目的之存。今試問二者之中,何法爲近於禽獸?則將悚然而知古禮之不可輕議矣!今夫舊法之敝,時流類能言之,至一趨於新,而不知所裁制,其害且倍蓰於舊,彼不知也。"同上,第五十。又曰:"大抵吾人通病,在睹舊法之敝,以爲一從夫新,如西人所爲,即可以得無弊之法,而孰意不然。專制末流,固爲可痛,則以爲共和當佳,而孰知其害乃過於專制。婚嫁舊法,至以子女爲禽犢,言之傷心;而新法自由,男女幸福,乃以益薄。始知世間一切法,舉皆有弊,而福利多寡,仍以民德民智高下爲歸。使其德智果高,將不徒新法可行,即舊者亦何嘗遂病?"同上,五十二。

十月,南北之戰益烈,先生痛之曰:"時局至此,當日維新之徒,大抵無所逃責,僕雖心知其危,故《天演論》既出之後,即以《羣學肄言》繼之,意欲蜂起者稍爲持重。不幸風會已成,而朝宁舉措乖謬,洹上逢君之惡,以濟其私,賄賂奔競,跬步公卿,舉國飲醳,不知四維爲何事。至於今,不但國家無可信之爪牙,即私人亦無不渝之徒黨。鄭蘇戡《五十自壽長句》有云:'讀盡舊史不稱意,意有新世容吾儕。'嗟乎!新則新矣,而試問此爲何如耶?橫覽宇内,率皆'地醜德齊,莫能相尚',求一盜魁不能,長此相攻相感不相得而已。雖然,陽九之運,無有所極。竊意歐戰告終之後,天下將成大聯邦之局,支那物産,爲各國所取資,豈容吾人長此紛擾?且彼鑑於土耳其之前車,其所以對待中國者,必當有不容已之干涉,而吾民所趣者利,必至遍地皆悵,行且不勞征服。前者抵抗異種之説,施諸滿人可耳,施諸白種、倭人,殆無其事。何者?能力志節,均不足語此故也,方未至此之時,復辟之劇,或當更演,惟是一言復辟,則舊人虜至,必樂循極舊之法,以保自身之私利,果其如此,則其勢亦不可長,其與五月間事,案:五月謂夏曆。不過百步、五十步之差而已,況張勳之難其人耶?"同上,五十一。時又有倡聯邦之議者,以謂惟此可以救敗免亡。先生曰:"聯邦有德制、美制之殊。德制上有共主,下有封建,吾國無是之基礎也;美國則原本民權,如華盛頓之十三州,而吾國又無是之基礎也。吾國所有,乃羣督之擁兵,如唐、五代之藩鎮。藩鎮聯邦,實不過連橫合縱已耳。其不足已亂,殆可決也。"同上,五十二。

冬。氣喘又作。入東交民巷法國醫院。嚴《譜》。

中華民國七年戊午—千九百十八年　先生六十六歲

春,與所親書云:"復平生師友之中,其學問、行誼、性情、識度,令人低首下心無間言者,吕君止案:即吕秋樵。而已。然亦有不滿意者,則其爲人太過,坐此致不永年,甚可痛也。餘則已去者如郭侍郎、吴冀州、熊季廉,其猶在者陳太保、陳伯嚴、海鹽張菊生寥寥數公而已,且其人雖皆各具新識,然皆游於舊法之中,行檢一無可議。

至近世所謂新人物,雖聲光燦然,結黨遍海內,如某某公者,吾心目之中固未嘗有一也。語曰:'欲知其人,視其友。'然則不肖一己之所存,亦可以見矣!《學衡》十八期《與熊純如書札》節鈔第五十五。

　　夏,兵禍益烈,先生慨然曰:"吾國革命之後,佔勢力者不過兩系,軍人一也,所謂民黨二也。時局至此,民黨則被罪於倪、段諸人,而北洋軍人,則歸獄於萬惡之國會,互相抨擊,殆無休時,顧我輩平情論之,恐兩派均難逃責也。數千年文勝之國,所謂兵者,本如明允所言'以不義之徒執殺人之器'。武人當令,則民不聊生,乃歷史上之事實。近數十年,憤於對外之累敗,由是項城諸公得利用之,起而放東西尚武之習。自唐以來,朝廷於有兵封疆,必姑息敷衍。清中興以後尤然,此項城所以刻志言兵。雖然,武則尚矣,而教育不先,風氣未改,所謂新式軍人,新於服制已耳,而其爲不義之徒,操殺人之器自若也。以此派而秉國成,淫佚驕奢,爭民施奪,國帑安得而不空虛?民生安得而不彫敝?由是浸淫得成五季之局,斯爲幸耳。此軍人操權之究竟也。若夫民黨,尤爲可哀,侈言自由,假途護法,其在野也,私立名字,廣召黨徒,無事則以報紙爲機關,有事則電報爲羽檄,把持倡和,運動苞苴,一日登臺,所先用者,必其黨徒,曰'此固美、法先進民主國之法程也',蜂屯蟻聚,雖二十二行省全國官僚,不足以敷其位置,吏治官方,掃地而盡,前者孫洪伊欲盡取派置省長之權,即亦爲此。而徒黨之中,駔夫走卒,目不識丁,但前有搖旗吶喊之功,則皆有一臠分嘗之獲。國會之中,黨黨相傾,但聞詬誶,人謂今以紛爭南北之故,致國事不得進行,顧當國會參、衆兩院未散之時,其所謂進行者,又何若耶?且其所謂護法者,亦不遇所奉之辭而已。至於手握重權,則破法者亦即此輩,事雖未至,可斷言也。俄羅斯一行革命之後,保羅民黨(Bolsheviks)最惡軍官,且懼其衆爲主張復辟者之所利用,故其第一義,主於毀軍。然自戛連土機(Kerensky)弟一命令,許兵卒以平等權之後,國軍遂散,即令全國廢然,如巨人病風臥地,任人宰割,而國中無論都鄙鄉邑,皆劫奪公行,糧草罄竭,據所紀載,真令人有天地末日之悲。故中國亂矣,而俄羅斯比之,則加酷焉!汪容父謂:'九淵之下,尚有天衢;秋荼之甘,或云如薺。'真今日吾國與俄相比之謂矣!由是觀之,則軍人誠惡,然使稍有統系紀律之存,其爲害或稍勝狂愚謬妄之民黨也。吾國大患,自坐人才消乏,蓋舊式人才既不相合,而新者坐培養太遲,不成氣候,即有一二,而孤弦獨張,亦爲無補。"同上五十七。

夏,歐戰益亟。先生曰:"西國文明,自今番歐戰,掃地遂盡。英國看護婦迦維勒當正命之頃,明告左右,謂愛國道德爲不足稱,何則?以其發源於私,而不以天地之心爲心故也。案:《愈壄堂詩集》卷下《何嗣五赴歐觀戰歸出其紀念冊子索題爲口號五絶句》注云:'英有看護婦名迦維勒者,在此於扶裏創夷,雖仇敵不歧視,嗣緣英俘之逃,以嫌疑被法,臨告監者曰:"吾有一語煩告人間。"監者問何語,曰:"愛國愛國,一言殊未足以增進人道也。"語已,受槍而死。'可爲此注脚。此等醒世名言,必垂於後。正如羅蘭夫人臨刑時,對自由神謂:'幾多罪惡,假汝而行也!'往聞吾國腐儒議論,謂孔子之道必有大行人類之時,心竊以爲妄語。乃今聽歐美通人議論,漸復同此,彼中研究中土文化之學者亦日益加衆,學會、書樓不一而足;其寶貴中國美術者蟻聚蜂屯,買直千百往時,即此可知天下潮流之所趨矣!"同上五十八。又曰:"不佞垂老,親見脂那七年之民國,與歐羅巴四年亙古未有之血戰,覺彼族三百年之進化,只做到'利己殺人,寡廉鮮恥'八個字。回觀孔孟之道,真量同天地,澤被寰區,此不獨吾言爲然,即泰西有思想人,亦漸覺其爲如此矣。"同上五十九。

又欲續譯穆勒《名學》,云終必成之,同上。未果。時先生生計頗窘,自謂:"得粗了,即亦聽之,不復向胡奴乞米……老境侵尋,生趣漸薄,幸是尚能以看書有得爲樂。"同上五十八。

馮總統代理任滿。九月四日,北方國會選徐世昌爲大總統。

十月十日，徐世昌就大總統。

秋抄，赴閩避冬。嚴《譜》。病中有《述懷》長句云："投老還鄉臥小樓，身隨殘夢兩悠悠。病差稍喜安眠食，語少從教減獻酬。壯志銷沈看劍鼻，老懷回復憶壺頭。遺蹤處處成根觸，依舊城南水亂流。"《愈壄堂詩集》卷下。

冬，氣喘大劇。嚴《譜》。德、奧、土各國與協約國訂定休戰條約。

中華民國八年己未—千九百十九年　先生六十七歲

上巳，福州西湖宛在堂禊集。《愈壄堂詩集》。

歐洲和會開幕，吾國要求一切為日本所壟斷，而加以梗沮。國人集矢於中日交涉案中之交通總長曹汝霖、駐日公使章宗祥、幣制總裁陸宗輿。五月四日，北京學生罷學，牽率罷市，各地繼之，上海尤烈。先生曰："從古學生干預國政，自東漢太學，南宋陳東，皆無良好效果，況今日邪？學衡二十期《與熊純如書札》節鈔第六十一。咄咄學生，救國良苦。顧中國之可救與否不可知，而他日決非此種學生所能濟事者，則可決也。者番上海罷市，非得歐美人默許，自無其事，而所以默許之者，亦因歐戰以還，日本勢力在遠東過於膨脹，抵制日貨，將以收回舊有商場，而暗中慫恿，以學生康擺渡等為傀儡耳。日本維新以還，所步趨者德國，歐戰開場，羣以德人為必勝，故外與協商聯盟，而內與德人密約。去年德敗，石破天驚，而近日其密約又為英美人所發暴，故其處勢最難。而自大正繼統之後，國中革命之說暗長潛滋，統用武力彈壓。又數年中，因以軍械售與華、俄兩國，驟富者多，而民嵒日起，老成凋謝，公德日墮，同上六十二。已非昔之日本矣！"

春抄，至滬，入紅十字醫院。嚴《譜》。

六月，列強專橫，我國拒絕和約簽字。先生曰："和約不簽字，恐是有害無利。蓋拒絕後，於膠濟除排擱日貨外，羌無辦法；而和約中可得利益，從而拋棄，所傷實多。此事，陸專使及中央政府莫不知之，然終不肯犧牲一己，受國不祥，為國家行一兩害擇輕之事，此自南宋以來，士大夫所以自為謀者，較諸秦繆醜諸人為巧多矣。嗟乎，事真不可以一端論也！"《學衡》二十期《與熊純如書札》節鈔第六十三。

又曰："所惡於和約不簽者，以其不簽之後，舉國上下，哆口張目，無一繼續辦法，而齊、魯、奉、吉日墜交際漩渦，民情囂張，日於長官作無理要求，無所不至。用其舊時思想，一落官權在手，便是萬能，不悟官吏之無所能為，正復同已。每遇根觸挑撥，望其為國忍辱，自無其事，甚則斷頭蹈海，自詡義烈，而敵人以靜待躁，伺隙抵罅，過常在我，此亡國之民所為，每況愈下者也。報紙利在諛時，則散布疑似，每云'某國為我仗義執言''某國為我擔保於何時歸還侵地'，大抵其說皆為子虛，而造事之人，愈以得意。《小雅》'視天夢夢'，又曰"辟彼舟流，不知所屆"，正今日之謂耳。"同上六十四。

時學校中人，多言古文辭奧義深，於是有所謂"文學革命"之說者，欲代以白話。或問於先生，先生曰："彼之為此，意謂西國然也。不知西國為此，乃以語言合之文字，而彼則反是，以文字合之語言。今夫文字語言之所以為優美者，以其名辭富有，著之手口，有以導達奧妙精深之理想，狀寫奇異美麗之物態耳！如劉勰云：'情在詞外曰隱，狀溢目前曰秀。'梅聖俞云：'含不盡之意，見於言外；狀難寫之景，如在目前。'又沈隱侯云：'相如工為形似之言，二班長於情理之說。'今試問欲為此者，將於文言求之乎？抑於白話求之乎？詩之善述情者，無若杜子美之《北征》；能狀物者，無若韓吏部之《南山》；設用白話，則高者不過《水滸》《紅樓》，下者將同戲曲中黃、皮之腳本。就令以此教育，易於普及，而遺棄周鼎，寶此康瓠，正無如退化何耳！須知此事全屬天演，革命時代，學說萬千，然而施之人間，優者自存，劣者自敗，雖千陳獨秀，萬胡適、錢玄同，豈能劫持其柄？則亦如春鳥秋蟲，聽其自鳴自止可耳！林琴南輩與之較論，亦可笑也。"同上。又云："寒家子女,少時皆在家塾先治中文,經傳古文,亦無不讀,非不知辭奧義深,非小學生所能了解。然如祖父容顏,總須令其見過,至其人之性情學識,自然須俟年長乃能相喻。四子五經亦然,以皆上流人不可不讀之書,此時不妨先教諷誦,能解則解,不能解置之,俟年長學問深時,再行理會,有何不可?且幼年諷誦,亦是研練記性,研練記性,亦教育中最要事也。若少時不肯盲讀一過,則終身與之枘鑿,徐而理之,殆無其事。至於從事西文西學,極早須十五六方始,此後中文則難,子弟隨地自修可耳。唯如是辦法,子弟須天分稍佳,教師亦須稍勤,方能收效,吾則於舊學終嫌淺薄,其須改良與否,正不欲言也。"同上六十三。

歐洲戰後,世界糾紛日甚。先生慨然曰:"前嘗謂歐戰告終之後,天下將成大聯邦之局,乃復觀世不審,高視人類之言,今則盡成虛願。威總統有大願而無大力,傷心失志,一病垂危,而三洲洶洶,弭兵絕無其事,早晚將復出於戰,而利用支那者自有人也,哀哉!哀哉!"同上第六十七。時歐東過激黨殘暴無人理。先生曰:"其宗旨行事,實與百年前革命一派,絕然不同。其黨極惡平等、自由之說,以為明日黃花,過時之物,所絕對把持者,破壞資產之家,與為均貧而已。殘虐暴厲,其在鄂得薩所為,報中所言,令人不忍卒讀。方之德卒入比,所為又有過矣!其政體屬少數政治。試思如此豺狼,豈有終容於光天化日之下者耶!此如中國明季政窳而有闖、獻,斯俄之專制末流而結此果,真兩間劫運之所假手,其不能成事,殆可斷言。"同上第六十八。

秋杪,北歸,入協和醫院。嚴《譜》。遷入東城大阮府胡同新居,號"愈懋草堂"。據伯玉京卿言。京卿云:"買草堂之錢,係將舊刑部街之宅及天津倭界秋山街之宅、舊德界之地出售而得。"○蓬案:戊午春,先生即擬出售舊刑部街之宅,擬夏間離京云,或南或北,再定計畫。見《學衡》十八期,《與熊純如書札》第五十五於五十七書。又言之,且有或滬、或閩、或津之語,則居京蓋後來始定也。

中華民國九年庚申一千九百二十年　**先生六十八歲**

元旦，長孫以僑生，字曰彥國。先生有詩，有云："神州須健者，勿止大吾門。"又云："震旦方沈陸，何年得解縣？太平如有象，莫忘告重泉。"

夏，閩中大水。先生曰："此等名爲天災，而自科學大明，實皆人力所可補救。所限吾國財力悉耗於率獸食人之中，而令小民處處流離，甚可痛也。"學衡二十期《與熊純如書札》節鈔第七十。

皖、直兩系齮齕日甚，復辟之謠復起。先生曰："此鄙見所必不欲贊成。夫九年鹵莽共和，天下事至於如此，自常識而云，復辟豈非佳事？惟是君主之治，必須出於自力，其次亦須輔佐，況當武人擁兵時代，非聰明神武，豈能戡禍亂而奠治安？此時中國已患無才，至於滿人，更不消說。此正合歷史一姓不再興公理，而辮帥案：指張勳。遺老，尚渴望其死灰復燃，忠貞固自可嘉，而無如不足救億兆塗炭，且使滿人清室，根荄滅絕，名爲愛之，適以害之，萇叔違天，烏足尚乎？須知清室若可再興，則辛亥必不失國，當時天子聲靈，尚自赫曜，故家遺老，猶有存者，手握雷霆萬鈞之勢，乃親貴等顛倒錯亂，令乳臭夷奴成此革命，而謂今日憑藉鴟張亂政之夫，可以光復舊業，必不然矣！"同上第六十九。

七月十四日，皖、直戰起，十八日，皖軍即敗。先生悲之曰："所悲者，一是大亂方始，二是中國人究竟無治軍能力，弊法不改，直是絕望。三是吾輩後日不知託足何所。東海身爲民國總統，果其端已以苾天下，親見政黨所爲無狀，儘可訴諸國民，則安福系雖橫，豈能久據政權？爾乃制名內閣，又欲廣置私人，既爲政黨所尼，乃奮其陰謀，出何進、崔昌遐之下策，已犯歷史上最大禁例。今者中央段系既破壞矣，然恐直、皖之訌未終，而張、曹之鬨又始，而前之受制於安福者，後且受制於奉、直，未見元首之得自由也。至於包辦軍政，爲一國禍源，此制不更，則中國國防，永無此物。蓋剋扣弊深，兵不用命,而軍人暴富,酣豢淫奢,雖有頗牧之才,終歸腐敗,求其死敵,必無是事者也……自前清鐵良首建練兵三十六鎮之議,項城起乘其權,自詡組織新軍,大更湘、淮壁壘。乃不悟根本受病,則兵愈盛而國愈危,甚矣自營之爲禍烈也!"同上第七十。先生善於覘國。熊純如□□錫育謂爲至誠前知,先生曰:"老子云:'前識者,道之華而愚之始。即使能之,亦有道所弗貴。'顧當一事初起,使僕稍諳其中情況,輒有以決其將來。即如直、皖之事,當上月之杪,僕謂段、曹、徐、吳,相爲敵仇,各爲名義固矣。惟是兩方士卒,皆幽、冀、齊、豫之人,雙駆對壘,本非仇讎,而且以鄉里而同袍澤有年,他日交綏,必有反戈不戰者,其後果有十五師某團開炮向天之事,遂起衝突,而成内潰,則僕又不幸而言中也。"同上。

八月,又返閩避冬。據嚴《譜》。○案:嚴《譜》不著時月。據與熊書第七十三云"自靳閣成立"云云。案:靳雲鵬組閣在八月九日,此書語意尚未離京。第七十四云"還鄉後"云云,知返閩在八月初也。坐卧一小樓,看雲聽雨之外……稍稍臨池遣日,自謂:"從前所喜哲學、歷史諸書,今皆不能看,亦不喜談時事,槁木死灰,惟不死而已! 長此視息人間,亦何用乎! 以此却是心志恬然,委心任化。"《與熊純如書札》節鈔第七十四。

或以時局擾攘爲憂,先生曰:"世局如是,誠足使人寡歡,然君子處草昧變化之時,要當有樂天知命之學,生老病死,時至後行。不然,雖爲申徒狄立槁,於己於人,又何益乎? 此亦知道者所不爲也。比來桂、粤、湘、鄂皆起軒然大波,而盡以自治爲幟,顧自不佞觀之,要皆一時假道,於國利民福,毫不相謀。以近事取譬,此正如宣統年間,號呼立憲,辛壬之際,逼取共和,然而立憲則立憲矣,共和則共和矣,而此十餘年來,果效何若? ……或則謂前此皆假,而此後乃得爲真。嗟夫! 由今之道,無變今之俗,其必假而不復爲真,蓋無待蓍蔡而可決也。羣不逞志,太息俟時,而中央失政,方鎮恣睢,與以可乘之隙,則羣起而挺之。至於成事,則得位行權,各出其鉤爪鋸牙,以攘拏國帑、魚肉吾民者,猶吾大夫,未見君子……軍閥財閥猶此民耳,大同開幕,又當若何?"同上第七十五。

中華民國十年辛酉一千九百二十一年　先生六十九歲

夏,至鼓山避暑,據嚴《譜》。有《鼓山》詩。陳《墓志》。○案:當即《愈壄堂詩集》卷下《避暑鼓山》長句。

秋,氣喘復作,自覺病深。嚴《譜》。九月三日,《嚴復社會思想》。○案:原作十月,誤也,今正。手書遺後人。嚴《譜》。其略曰:"愈壄老人諭家人諸兒女知悉:吾自戊午以來,肺疾日甚,雖復帶病延年,而揆之人理,恐不能久。是以及今尚有精力,勉爲身後傳家遺屬如左。非曰無此,汝曹或致于爭,但有此一紙親筆書,他日有所率循而已。汝曹務知此意,吾畢生不貴苟得,故晚年積儲,固亦無幾,然不無可分,今爲汝曹分俵如下……嗟嗟!吾受生嚴氏,天秉至高,徒以中年悠忽,一誤再誤,致所成就不過如此,其負天地父母生成之德至矣!耳順以後,生老病死儵然相隨而來,故本吾身閱歷,贈言汝等,其諦聽之!一、須知中國不滅,案:嚴《譜》作'中國必不亡'。○又案:先生癸卯十月《社會通詮》案語曰:'竊料黃人前途,將必不至於不幸也。即使其民今日困於舊法、拘於積習之中,卒莫由以自拔,近果之成無可解免,而變動光明,生於憂患,行且有以大見於世,史無疑也。今夫合衆之局何爲者?以民族之寡少必并合而後利自存也。且合矣,乃雖共和之善制,而猶不堅,何故?以其民之本非一種而習於分立故也。天下惟吾之黃族,其衆既足以自立矣,而其風俗、地勢皆使之易爲合而難爲分。夫今日謀國者之所患在寡,在其民之難一,而法之難行,而吾民於此實病其過耳焉!有以爲患者乎?且吾民之智德力,經四千年之治化,雖至今日,其短日彰,不可爲諱,顧使深而求之,其中實有可爲強族大國之儲能,雖摧斯而不可滅者。夫其衆如此,其地勢如此,其民材又如此,使一旦幡然悟舊法陳義之不足,殆而知成見積習之實爲吾害,盡去腐穢,惟強之求,真五洲無此國也!何貧弱奴隸之足憂哉!世有深思之士,其將有感於吾言。'云云,時代雖有前後不同,足爲本語注脚。舊法可損益,必不可叛。一、須知人要樂生,以身體健康爲第一義。一、須勤於所業,知光陰時日機會之不復更來。案:嚴《譜》作'新知無盡,真理無窮。人生一世,宜勵業益知'。一、須謹畏,而加以條理。一、須學問,增益知能,知做人分量,不易圓滿。一、事遇羣己對待之時,須念己輕羣重,案:嚴《譜》作'兩害相權已輕羣重'。更切毋造孽。審能如是,自能安平度世,即不富貴,亦當不貧賤;貧賤誠苦,吾亦不欲汝曹傲之也。餘則前哲嘉言懿行,載在典策,可自擇之,吾不能覼縷爾。"《嚴復社會思想》引遺囑。二十七日,考終郎官巷里第。嚴《譜》。

十二月二十日,與王夫人合葬於陽崎鼇頭山之陽。陳弢庵閣學寶琛爲之銘曰:"旗山龍渡歧江東,玉屏聳張靈所鍾。繹新籀古折以中,《方言》揚雲論譚充。千辟弗試干越鋒,昔夢登天照回風。飛火怒扇銷金銅,鯨呿黿跋陸變江。睨猶閱世君非矇,咽理歸此萬年宮,文章光氣長垂虹。"閣學嘗稱先生於學無所不窺,舉中外治術學理,靡不究極原委,抉其失得,證明而會通之,六十年來,治西學者,無其比也。所譯《天演論》《原富》《羣學肄言》《穆勒名學》《法意》《羣己權界論》《社會通詮》,皆行於世。雜文散見,不自留副,僅存詩三百餘首。其爲學,一主於誠,事無大小,無所苟,雖小詩短札,皆精美,爲世寶貴。而其戰術、炮臺、建築諸學,則反爲文學掩矣。陳《墓志》。悲夫!門人私諡曰文惠先生侯疑始與鄙書。

明年春,林琴南孝廉告之以文曰:"嗚呼!君才之大,實北冥之鵬,其振翼也,若垂天之雲,水擊三千里,顧乃無厚風之積,雖未即於夭閼,然亦不復消搖矣!圖南之不終,其責在風,寧復在鵬之翼邪!嗚呼!彼東人之所謂元勳者,勒崇垂鴻,視吾神州如部婁焉,恃其熛銳,肆彼殘齮。君實與此輩同學,前四十年,已痛哭陳述於樞近之臣,發其悖計,顧乃居積薪之上而不知,君雖欲湔剔抉摩,求畢其議而莫可。嗚呼!此宜君之抱疴伏息,憫憫於鄉里間也。嗚呼!當涂篡竊神器之時,乃籠檻及君,君翛然却其千金,不署勸進之表，顧乃以'中國不宜共和'一語，竟竄名入黨籍中，使君抑抑，無可自伸，一腔之冤，不能敵萬衆之口，而吾獨知君者，以君假吾柳州之文，手加丹鉛，知君之屬意於柳州，蓋自方也。柳州，君子人也。昌黎永貞之行，意屬夢得，於子厚無與，至爲之志墓，爲之碑羅池，無一語及於叔文，蓋知柳州深矣！吾文去昌黎萬里，寧足雪君之冤？然君之心，柳州之心也。吾恒謂屈平之騷，《谷風》也；柳州之騷，《氓》也。《谷風》之怨，響抗而長；《氓》之怨，聲咽而悲。讀柳州之騷，其沈憂淒黯，淚與聲俱，而君丹鉛其上，吾未嘗不以悲柳州者悲君也。嗚呼！君今已矣！臨命之前一月，尚以詩壽予七十，有'佩玉利於走趨'一語，蓋用昌黎之文以況予。嗚呼！予長安賣畫翁耳，寧自期爲君子之玉？至所謂利於走趨者，或時流憐予老悖無能恕之，游行於長安人海之中，亦苟延殘喘而已！轉不如君脫然塵埃之表之爲得也。君著述滿天下，而生平不能一試其長，此至可哀也。既瀝酒於墠，復爲悲歌以降神曰：望仙宸之沉寥兮，披瑤草於絳霄。驂龍鷟而上徂兮，託巫陽而雖招。神下盼而長吁兮，知尨亂鉤裂之不可以終朝。毒燎備爨兮，天半絳其芒熛。四海滲涸兮，雜犬禍與詩妖。哀穫至之無期兮，後死者胡以自聊？略董道而仗正兮，世方目爲儒梟。類磨麚之弗息兮，寤駭德於夜晝。倖夫君之蕭閒兮，居帝所而騰嘯。揚桂旗於靈風兮，亦羅池之降廟。請再拜而伸奠兮，冷翠輝乎夕照。尚饗！"

予服膺嚴先生幾二十年，年十四五，即讀《天演論》而好之，嘗竊爲注，塾師見之，大笑以爲妄；又欲輯文集，皆未就。至前年冬，始發憤造此譜，苦史材不足，歷十月而略備，以張菊生年丈之介，得識伍昭扆先生，復以梁園東先生之介，識先生從孫步韓君，由步韓復識先生長公伯玉先生，由伯玉先生復知侯疑始先生：所以進我者皆甚摯且篤，於是知先生身世大詳。

稿凡三易，長兄銘遠及內子沈穆如，皆助迻錄，穆如且爲斠訛誤，祁寒盛暑無間，至今年夏始寫定，前後凡一稘有半。初稿只三萬言，二稿達十餘萬言，終存其半。先生節概，粗具於是，然猶恨未能見先生之全，而所以知先生者淺也。近五六十年來，世變之亟，先生嘗以爲亘古所未有，外至大九州，內至國家社會，逮夫國計民生之要，土風鄉俗之微，先生無不有論。故此譜也，微特先生一人之史而已！皤皤老成，瞻言百里，吾言適不用耳。祝宗祈死，其言至悲，吾譜先生，蓋不獨痛先生一人已也。今也世變益亟，又十百倍於先生之時，獨恨不得先生之讜論，十百倍於昔日，以爲吾民族自救之方也，則又未嘗不以痛先生者痛我民族於無窮矣！雖然，先生臨命有言：中國必不亡。羈危困厄，容玉汝於成。則先生之言，不能用之於身前，必能用之於身後，是在吾後死者勉之而已！先生在天之靈，實式憑之。後學嘉興王蘧常跋於海上雙如閣。時中華民國二十四年夏六月也。